Pergament und Marmor

Mandy Müller

für Karina

viel Spaß beim Lesen!

Mandy Müller

Pergament und Marmor

Mandy Müller

WAGNER VERLAG
www.wagner-verlag.de

Ein Buch aus dem WAGNER VERLAG

Lektorat: Sigrid Ott
Umschlaggestaltung: info@boehm-design.de
Titelfoto: René Tröger (www. devilsart.de)

1. Auflage

ISBN: 978-3-86683-918-2

Bibliografische Information der Deutschen Nationalbibliothek:
Die Deutsche Nationalbibliothek verzeichnet diese Publikation in der
Deutschen Nationalbibliografie; detaillierte bibliografische Daten sind
im Internet über http://dnb.d-nb.de abrufbar.

Die Rechte für die deutsche Ausgabe liegen beim
Wagner Verlag GmbH,
Zum Wartturm 1, 63571 Gelnhausen.
© 2011, by Wagner Verlag GmbH, Gelnhausen
Schreiben Sie? Wir suchen Autoren, die gelesen werden wollen.

www.wagner-verlag.de
www.podbuch.de
www.buecher.tv
www.buch-bestellen.de
www.wagner-verlag.de/presse.php
www.facebook.com/WagnerVerlag
Wir twittern …
www.twitter.com/wagnerverlag

Druck: dbusiness.de gmbh · 10409 Berlin

Realität oder Fantasie

Es war als würde es sich wie ein Schwarz-Weiß-Film in meinem Kopf abspielen. Ich lief und lief, solang mich meine wackeligen Beine noch tragen konnten. Graue, hohe Wohnhausruinen rasten an mir vorbei. Es waren nicht einmal mehr Fenster darin, als hätte hier seit Jahrzehnten keine Menschenseele mehr gelebt. Wie ausgestorben. Tod.

Kalter, schwarzer, beißender Rauch lag in der Luft. Er schnürte mir den Hals zu, meine Lungen bersteten. Ich konnte die Augen kaum öffnen, so sehr rieben die feinen Staubpartikel darin. Immer und immer wieder wischte ich mir die Tränen mit meinen dreckverschmierten Händen aus dem Gesicht. Mein Herz schlug wie wild, als schier kein Atemzug mehr weder rein- noch rausging. *Du darfst jetzt nicht aufgeben. Lauf weiter!, lauf!*, brüllte es in meinem Kopf. Meine Schritte wurden unkontrollierter, ich schwankte, alles um mich begann sich zu drehen.

Plötzlich hallte ein gewaltiger Knall zwischen den Ruinen. Ruckartig drehte ich mich im Laufen um und sah die Straße hinter mir hinunter. Es war heller Tag, doch durch den dicken Rauch gab es nichts zu sehen. Wie ein Schlag traf mich ein stechender Schmerz im linken Unterarm. Mit verzerrtem Gesicht stürzte ich über den Schutt zu Boden. Ich wusste nicht, wovor ich Angst hatte, wovor ich weglief. Die Stille breitete sich wieder aus.

Hatte ich mir diesen durchdringenden Knall nur eingebildet? Meine Blicke wanderten auf meinen Arm. An dem dünnen, wollweißen Langarmshirt war jedoch nichts

Auffälliges zu erkennen, nur der Schmutz vom Schutt. Langsam rappelte ich mich auf und lief weiter. Doch jeder Schritt, den ich tat, fiel mir merklich schwerer. Das Bild vor mir verschwand.

Als ich die Augen öffnete, stand ich wie erstarrt im elterlichen Badezimmer vor dem Waschbecken und Spiegel. Mein Gesicht war von Dreck verschmiert, die Augen *blutunterlaufen*. Das Augenpaar, welches mich ansah, wirkte weniger erschreckend als sonst.

Einige Sekunden starrte ich mich an, bis ich begriff, dass ich wohl zu Hause war. Ein Gefühl von Erleichterung überrannte mich. Ich seufzte. Mir wurde übel von dem rauchigen Geschmack im Mund und ich spuckte ins Waschbecken. Nichts als zähen, dunklen Schleim brachte ich heraus. Was zum Teufel ist nur passiert? Meine Gedanken fuhren Achterbahn. Vorsichtig schob ich die Ärmel meines Shirts hoch, um mir die Hände zu waschen. Ich verrieb mit den Fingern die Seife über den Händen. Grauer Schaum fiel dumpf ins Waschbecken. Das angenehm, warme Wasser lief über meine Arme und Hände.

Vom Waschen abgeweicht, blätterte plötzlich die Haut wie Putz von der Innenseite meines linken Unterarms. Kein Schmerz stieg in mir auf, kein Tropfen *Blut* trat aus der Wunde. Bis auf die Knochen blätterte das Fleisch trocken vom Unterarm. Normalerweise wäre ich schreiend aus dem Badezimmer gelaufen, aber mich beflügelte eine seltsame innere Ruhe. So wusch ich weiter und weiter, bis ich etwas in der Wunde blitzen sah. Mit prüfendem Blick schaute ich näher hin und konnte es kaum fassen, als zwischen Elle und Speiche eine Pistolenkugel steckte. Mit einem Schlag wurde es dunkel.

Ich weiß nicht, wie viel Zeit vergangen war, doch plötzlich befand ich mich wieder draußen, nur nicht an demselben Ort wie vorhin. Es war, als würde ich auf einer großen, freien Fläche stehen, ein Markt, umsäumt von alten Ruinen. Mein Herz raste. Mein Atem ging so heftig und schnell, als wäre ich eben noch gerannt. Ich lehnte meinen Oberkörper nach vorn, legte die Hände über die Knie, schloss die Augen und atmete tief durch. Mir blieb jedoch nicht viel Zeit zum Verschnaufen. Schritte, Schreie und berstendes Glas durchschnitten die Ruhe. Ich schreckte auf und sah, dass bewaffnete, schwarz vermummte Menschen auf mich zuliefen und schossen. So schnell ich konnte rannte ich los. Wenige Sekunden später spürte ich den ersten stechenden Schmerz im Rücken, gefolgt vom nächsten. Ich schrie laut auf und stürzte unkontrolliert nach vorn auf den Asphalt. Mit dem Gesicht nach unten zum Boden musste ich mir eingestehen, dass dieser Kampf wohl zwecklos war. *Das war es dann. Ich sterbe.*

Völlig erschrocken schlug ich meine Augenlider auf. Um mich herum war es dunkel und still. Sanft schmiegte sich weicher Stoff an meine schweißnasse Haut. Langsam gewöhnten sich meine Augen an die Dunkelheit, sodass ich allmählich die Umrisse meines Kleiderschranks wahrnahm. *Schon wieder so ein Traum!*, dachte ich und ließ meinen angespannten Körper erleichtert auf die Matratze sinken.

Nach einigen Minuten knipste ich die weiße, geschwungene Lampe auf dem Nachtisch neben meinem Bett an. Meine Blicke gingen zum Fenster. Die Nacht hatte immer noch die Oberhand, wie es schien. Stockduster, soweit ich das aus dem Bett erkennen konnte. Ich sah auf mein Handy. *Drei Uhr morgens erst.* Da kann es ja auch noch nicht hell sein. So löschte ich das Licht, drehte mich auf den Rücken und starrte gebannt zur Decke. Meine Gedanken kreisten um diesen Traum. Was soll er mir nur sagen? Was sollten sie mir alle sagen? Von Zeit zu Zeit suchten mich diverse Träume heim. Doch die Abstände zwischen den immer lebendiger werdenden, wurden kürzer.

Erst wenige Tage zuvor fand ich mich in einem alten Gemäuer wieder. Die Wände waren hoch, die Räume modrig, feucht und es war furchtbar kalt. Ich ging durch einen schmalen Gang direkt auf einen lichtgedämmten Saal zu. Plötzlich stand mir ein wunderschöner, dunkelhaariger *Vampir*, mit leuchtend gelben Augen gegenüber. An meinem ganzen Körper stellten sich die Haare auf, als er schneller näher kam. Mit festem Griff packte er mich im Nacken, zog mich mit einem Ruck zu sich und biss mir, ohne zu zögern in den Hals.

Dies war dann der Moment, in dem ich abermals schweißgebadet im Bett hoch fuhr, wenn der Schmerz hätte eintreten müssen, wie so oft in den letzten Nächten. Mich gruselte die Vorstellung an die letzten Träume. Ich hatte das Gefühl, sie würden von Nacht zu Nacht ein Stück näher in mein Leben rutschen, an die Realität. Ich hatte Angst, es könnte irgendwann aus dem Ruder laufen und mich völlig in den Wahnsinn treiben.

„Lina schläfst du noch?" Langsam öffnete ich die Augen, streckte meinen Körper unter der mollig, warmen Decke. Ich musste wieder eingeschlafen sein, denn nun durchflutete Helligkeit mein Zimmer.

„Guten Morgen, Mam. Wie spät ist es?", seufzte ich.

„Halb elf."

„Was haben wir für ein Tag?"

„Lina, Sonntag ist heut. Was ist in letzter Zeit nur mit dir los?"

„Nichts", murmelte ich und drehte mich rum, um ihr ins Gesicht zu sehen. „Ich komm gleich runter, okay?" Sie nickte mit einem Lächeln im Gesicht. Das beruhigte mich. Denn Katrin, so ist der Name meiner Mam, hatte selbst eine sehr unangenehme Kindheit und machte sich ihr Leben nicht immer leicht. Sie ist oft traurig und dann versuche ich für sie da zu sein, sowie meine Eltern es bisher immer für mich waren. Was aufgrund besonderer Umstände nicht immer leicht ist. Wegen mir. Denn vor zwanzig Jahren brachte meine Mam mich im zarten Alter von einundzwanzig Jahren zur Welt. Meine Eltern bemerkten schon im Krankenhaus, dass ich irgendwie anders war, als andere Babys. Meine Haut war weiß, durchsichtig und schien zerbrechlich wie Pergament. Sie erzählen mir heut noch oft von ihren Bedenken mich zu berühren, aus Angst mich kaputt zu machen. So zerbrechlich sah ich wohl aus. Kaum vorstellbar. Selbst mein Haar war weiß wie Schnee, überall, die Wimpern und Augenbrauen waren wohl kaum zu sehen. Meine Eltern konnten nicht glauben, dass ich ihr Baby sein sollte, mit ihren Genen. Hätten sie mich nicht direkt nach der Geburt in die Arme geschlossen, verriet mir einmal mein Dad, hätte er vermutet, dass die Schwestern mich mit einem anderen Baby vertauscht hatten. Er war es auch, der mir beichtete, wie Furcht einflößend meine Augen auf ihn wirkten, als er sie zum ersten Mal sah.

„Ihre Augen sind grau und rosa!", hatte mein Dad voller Entsetzen noch im Kreißsaal geschrien. Obwohl er sie kaum gesehen haben konnte, weil ich nur blinzelte.

Es ist im Übrigen sehr interessant meinen Eltern dabei zuzusehen, wenn sie vom Tag meiner Geburt sprechen. Ihre Blicke schweifen dann immer in eine völlig andere Welt, als würden sie die Bilder wieder deutlich vor ihren Augen sehen.

Mam erzählte mir daraufhin weiter, dass die Schwester, die mich nach der Geburt untersuchte, meinte: „Sie ist ein kerngesundes Mädchen. Wie soll die Kleine denn heißen?" Daraufhin sahen sich meine Eltern fragend an. Weniger wegen dem Namen, den hatten sie schon. Lina. Eher wegen meines so wahnsinnig hellen Aussehens, was der Schwester nicht verborgen blieb, sodass sie, sie beruhigen konnte, bevor wie mein Vater sagte: „die Ohnmacht zuschlagen konnte." Sie meinte, dass meine Melaninproduktion noch nicht ganz entwickelt sei und erst allmählich in Gang kommen würde. „Es kommt zwar selten vor, dass voll entwickelte Babys eine Pigmentstörung haben, es ist aber nicht ausgeschlossen. Augen, Haut und Haare werden sich in den nächsten Monaten noch deutlich dunkler färben", beschwichtigte die Schwester meine Eltern. Doch das taten sie nicht. Weder die weiße Haut oder das weiße Haar, noch die am Rand graue, bis zur Pupille rosa werdende Iris. Bis heute nicht. Zwanzig Jahre.

Ich spürte schon als Kind, wie die Blicke der Leute an mir hängen blieben, als wäre ich ein Mutant und manchmal, als hätte ich es nicht genauso wie sie verdient, ein normales Leben zu führen. Sie tuschelten hinter hervorgehaltener Hand und hatten trotzdem alle nicht den Arsch in der Hose, es meinen Eltern ins Gesicht zu sagen, dass ihnen etwas an mir nicht passte.

Es gab immer mal Zeiten, in denen ich mich auf dieser Welt fehl am Platz fühlte. Da redete ich mir schon selbst ein, dass ich weniger normal sei, als es doch wirklich der Fall ist, denn nur mein Anblick ist ein anderer, als bei den meisten Menschen. Ansonsten führe ich ein weitgehendst normales Leben, wie jeder andere auch.

Und inzwischen haben das auch die Leute verstanden, zumindest die aus unserem Dorf. Sie durchbohren mich nicht mehr mit ihren Blicken, sprechen mich an oder stellen mir nach. Einige wissen über mich Bescheid. Andere haben sich an mich gewöhnt und wieder andere, dass waren nur eine Hand voll Leute, hatten gänzlich nie Interesse an mir. Sie ließen mich in Ruhe.

Ich bin uninteressant, kein Gesprächsthema mehr. Und das ist gut so.

Ich schüttelte den Kopf und stand aus dem Bett auf. *Sonntag, 15. Januar*, prüfte ich am Kalender über meinem Schreibtisch nach. *Stimmt.*

Eine ausgewaschene Jeans, Unterwäsche, Socken und ein dicker, türkisfarbener Wollpulli, mussten für den Tag, aus meinem riesigen, fünftürigen Kleiderschrank reichen. Langsam, in Gedanken versunken, zog ich mir die Kleidung über. Meine Blicke fielen zum Fenster. Ich ging am Bett vorbei, zog die Gardine ein kleines Stück beiseite und blinzelte hinaus. Die Helligkeit des Tages hatte genug Kraft, sich im glänzenden Puderschnee zu reflektieren, um mir sofort die ungeschützten Augen zu blenden, obwohl der Himmel wolkenverhangen war.

Seit Tagen hatte es schon geschneit und kein Ende war in Sicht. Die Bäume ließen unter der Last des Schnees ihre Äste fast leblos herunterhängen. Ein rauer, eisiger Wind formte Stunde um Stunde, völlig neue Gebilde aus der weißen Pracht. Selbst die Ampeln hatten schon längst den Kampf gegen die Witterungen verloren und blieben stumm. Die Räumungsarbeiten liefen schleppend, fast aussichtslos voran und kaum eine Menschenseele traute sich noch vor die Tür.

Es schien mir so erschreckend nichts zu hören, als ich mit fast geschlossenen Augen das Fenster öffnete. Keine Autos, kein Gelächter. Nur Stille, den Wind und die, von den Bäumen, herabfallenden Schneemassen. Ich sog die kalte Luft tief in mich ein. Die Äste knarrten, bersteten, als würden sie brechen wollen. Ungewohnte, fast erschreckende Geräusche, welche man sonst zwischen all den anderen, nicht wahrnahm.

Ich verließ mein Zimmer und trat langsam die steile Holztreppe hinab, um gleich links, ins Badezimmer zu verschwinden.

Wie jeden Morgen nahm ich die grün gefärbten Kontaktlinsen aus dem Döschen.

Die sind unausweichlich, eine Notwendigkeit zum Schutz meiner Augen vor Sonnen- und hellem Neonlicht und helfen mir ein wenig über meine Kurzsichtigkeit hinweg. Wobei ich mich noch glücklich schätzen kann, dass nach vorausgesagter, starker Sehbeeinträchtigung durch meinen Arzt, der mich seit meiner Geburt behandelt oder besser gesagt betreut, nur diese Kurzsichtigkeit und winzige, kaum merkliche Problem im räumlichen Sehen von meiner Stoffwechselerkrankung zeugen.

Meine Sehfähigkeit ist schon, solange ich denken kann, ein wenig eingeschränkt. Ich glaube, ich sehe die Bilder nicht genauso scharf und eben nicht ganz so räumlich, wie es üblich ist. Das meint auch mein Arzt inzwischen. Aber ich kenne es nicht anders. Für mich ist es normal, so wie es ist. Ich musste nicht erst lernen damit zu leben.

Mit einigen routinierten Handgriffen, platzierte ich die weichen Linsen in meinen Augen. Ich hab das schon tausend Mal gemacht. Jeden Tag. Seit meine Eltern der Meinung waren, dass ich alt genug dafür bin, mir die Dinger selbstständig einzusetzen und wieder raus zu holen.

Im Winter bevorzuge ich die weichen Kontaktlinsen. Die passen sich einfach wie eine zweite Haut meiner Iris an und sind bequemer im Tragekomfort, fast nicht zu spüren. Die grüne Färbung dunkelt wie eine Sonnenbrille das helle Licht ab, um Blendungen zu vermeiden, während der UV-Filter die Strahlung absorbiert, die meine Netzhaut schädigen würde. Wenn ich die Linsen mal vergesse, was äußerst selten vorkommt, neige ich dazu, ständig zu blinzeln und meine Augen beginnen zu zittern. Eine Reaktion auf zu helles Licht, namens Nystagmus, welche daher rührt, dass bei mir die Makula, die Stelle des schärfsten Sehens in der Netzhautmitte, nicht entwickelt ist. Das ist ziemlich nervig. Also vergesse ich sie am besten nicht.

Nach der allmorgendlichen Katzenwäsche, ging ich in die Küche und ließ mich auf einen Stuhl am Esstisch nieder. Meine Mam kam an den Tisch um mir Kaffee in die Tasse zu kippen.

So wie sie anfing zu reden, war ich in Gedanken versunken. Sie sah mich an und sprach unbeirrt weiter. Ihre Lippen bewegten sich, aber kein Wort drang an mein Ohr. Mir kam diese Situation total bekannt vor. Ein ungewohnt, merkwürdiges Gefühl kroch an diesem Morgen, in meiner Magengegend hoch.

„Mam, bleib so", fuhr ich raus. Mit verwirrtem Blick sah sie mich an.

Im nächsten Moment, war die Situation und damit das Gefühl verschwunden. Es war, als hätte ich das gleiche schon einmal so erlebt. Genauso.

„Lina!", herrschte mich meine Mam mit scharfer Stimme an. „Was ist bloß mit dir los? Ich erkenn dich in letzter Zeit kaum wieder."

„Ich hatte eben ein Déjà-vu", säuselte ich noch völlig abwesend.

„Was hattest du?"

„Na ein Déjà-vu. Dieser Augenblick, als du mir den Kaffee eingegossen hast. Es war, als hätte ich das schon ein Mal genau so erlebt."

„Das hab ich auch schon oft gemacht." Sie lächelte spöttisch.

„Nein Mam, so meine ich das nicht. Ist ja auch egal. Was hattest du, beim Kaffee eingießen, zu mir gesagt?"

„Ich wollte nur wissen was du heut so treibst."

„Keine Ahnung", murmelte ich.

Meine Mam schien zu bemerken, dass ich für kein Gespräch gut zu gebrauchen war, also verließ sie die Küche und ich konnte mehr oder weniger in Ruhe frühstücken. Meine Blicke fielen dabei aus dem Fenster. Heftiger Schneefall erhellte die Landschaft. Irgendwas zog mich nach draußen, eine Art innere Macht, gegen die ich mich nicht wehren konnte.

Schnell schlang ich zwei Bissen vom Brötchen runter, räumte den Tisch nebenbei ab und goss den Rest des Kaffees in die Spüle. Der schmeckte mir heut irgendwie nicht.

Plötzlich rutschte mir die Tasse aus den Fingern und fiel klirrend auf einen Teller, der sofort in der Mitte zerbrach. Mein ganzer Körper zuckte, als ich erschrak.

Ich war schon wieder völlig in Gedanken versunken.

Nur durch den berstenden Knall erwachte ich aus meiner Tagträumerei. Krampfhaft überlegte ich, woran ich eben gedacht hatte, als mir die Tasse entglitt, aber es fiel mir nicht mehr ein.

Hastig lief ich in den Flur, um mir über Schal, Mantel und Stiefel anzuziehen.

„Wo willst du hin?", rief meine Mam aus dem Bad.

„nur mal kurz raus, an die frische Luft", antwortete ich ihr. Sie sagte noch etwas, aber ich verstand es nicht oder wollte es nicht verstehen und verschwand zur Haustür raus, in den Vorraum.

Es war dort schon wahnsinnig kalt. Was würde mich erst draußen erwarten? Ich öffnete die Tür und setze einen Schritt in den knirschenden Schnee. Meine Lungen brannten unter dem ersten, kalten Atemzug. Der kratzende Schmerz verging jedoch schnell.

Mein Dad hatte den Hof schon so gut es ging geräumt. Riesige Schneeberge türmten sich auf, kaum Platz für noch mehr Schnee.

Am Ortsausgang im Dorf Krauschwitz, Richtung Weißwasser, stand unser kleines Haus, aus dunklem Holz. Sehr alt, zwischen den Bäumen, kaum von der Straße aus zu erkennen.

Krauschwitz liegt ganz östlich in Deutschland, nur wenige Kilometer von der polnischen Grenze entfernt. Es ist zwar ziemlich klein, aber wahnsinnig lang gezogen. Ich nenne unser Haus immer kleines Hexenhaus. Parallel dahinter sind die Stallungen, mit einem hohen Dach als Heuboden und daran schließend ein kleiner Holzschuppen auf Höhe des Hauses. Die Stallungen nutzten wir nur noch für die paar Hühner, die uns fast jeden Morgen frische Eier schenkten. Es gibt nichts Besseres als ein frisches Frühstücksei.

Auf den Heuboden gelangten wir früher nur über eine Holzleiter nach oben, durch eine kleine Luke. Der Boden diente aber nur noch als Versteck zu Kinderzeiten für Clara, meine beste Freundin und mich im Sommer. Wenn es kalt wurde, mussten wir diesen, von uns nett eingerichteten Platz wieder verlassen, es war einfach zu kalt. Wir nutzten nur den Bereich gleich links neben der Luke, das sind vielleicht so vier mal fünf Meter und natürlich mit Schrägen von beiden Seiten. Wir waren ja im Dach. Es gab einen kleinen Tisch, zwei Stühle, eine winzige, uralte Kommode und eine Matratze da oben. Über die Matratze hatten wir eine Decke geworfen und eine alte Gardine gespannt, so wie diese Mückennetze aussehen. Im Sommer lagen Clara und ich oft da oben und lasen uns gegenseitig Bücher vor, redeten und genossen die Sonnenstrahlen, die zwischen den Holzbrettern der geraden Wand durchschienen. Hinter den Stallungen steht eine hölzerne Scheune zwischen wenigen, hohen Kiefern auf einer Wiese, welche noch zu unserem Grundstück gehört. Wenn man zum Hoftor reinkommt, ist das Haus rechter Hand und auf der linken Seite. Längs steht ein flaches, längliches Gebäude, unsere Garage. Angrenzend daran ist eine Tür, welche in den Obstkeller runter führt. Denn hinter den Garagen, gibt es eine große Wiese mit vielen Apfelbäumen und die müssen ja irgendwo hin, die sind immer so lecker. Aber ein Haufen Arbeit machen die ganzen Flächen eben auch.

Langsam stapfte ich durch den Schnee, quer über den Hof. Wie kleine Eisbälle prallte mir das Schneegetöse ins Gesicht, während ich mich über den Hof, hinter zur Scheune kämpfte. Links daneben steht eine über hundert

Jahre alte Eiche. Ihr Stamm ist breit, dunkel und knorrig. Die Krone dagegen weit gefächert und im Sommer in ein freundliches grün getaucht. An einem dicken, herab gewachsenen Ast, hängt eine Schaukel. Mein Rückzugsort zum Nachdenken und Ruhe haben.

Nachdem ich die Schaukel von Zentimeter dicken Schneemassen befreit hatte, ließ ich mich auf ihr nieder, den Kopf am Seil gelehnt. Mit dem Rücken saß ich zum Haus und meine Blicke fielen in den weißen, unberührten Wald. In Gedanken versunken, kreisten meine vagen Erinnerungen um den nächtlichen Traum. Dieses Kriegsszenario brachte mir inneres Unwohlsein, als mich plötzlich andauernde Geräusche zwischen den Bäumen aus der Träumerei rissen. Augenblicklich sprang ich von der Schaukel, ging zur nächsten Eiche etwas links vor mir und blieb dahinter stehen. Mit beiden Händen berührte ich die kalte Rinde, um den Kopf unauffällig nach rechts vorzustrecken.

Weit im Wald sah ich den Schnee von den kleinen Bäumchen fallen, als wäre etwas in erstaunlicher Geschwindigkeit lang gesaust. Immer näher vor meinen Augen wirbelte der Schnee in die Luft und fiel zu Boden. Gebannt, wie versteinert starrte ich, ohne auch nur einen winzigen Blick abzuwenden. Ich traute mich nicht zu zwinkern, aus Angst das Schauspiel würde verschwinden.

Der kalte Wind trieb mir Tränen in die Augen, sodass das Bild vor mir verzerrte.

Plötzlich lief mir ein eiskalter Schauer den Rücken runter und ich hielt die Luft an. Auf meiner linken Hand lag eine Eiseskälte. Vorsichtig versuchte ich die Finger zu bewegen. Doch diese Kälte beschwerte sie weiterhin spürbar.

Atmen Lina. Atmen, sagte mir meine innere Stimme, als der Brustkorb schon schmerzte. Mit Druck presste ich die Augen zusammen, um wieder einen klaren Blick zu bekommen. Warm liefen mir die Tränen an den Wangen hinunter und waren bis zum Kinn völlig erkaltet. Der Wind brachte die Laufspuren zum Brennen. Ich wollte sie mit dem Mantelärmel wegwischen und öffnete die Augen.

Ein angenehmer Moschusduft lag in der Luft, während weit aufgerissene, leuchtend blaue Augen mich beäugten. Ich erschrak fast zu Tode, sah ich doch nur dieses wahnsinnige Augenpaar, welches mich und welches ich anstarrte.

Meine Gedanken fuhren Achterbahn, mein Atem setzte aus, mein Herz stolperte. Wie Nadeln bohrte sich der Wind in meine spürbar aufgerissenen Augen. Das Bild wurde unscharf.

„Lina? Lina, wo steckst du denn?", hörte ich meine Mam über den Hof brüllen.

Binnen einer Sekunde sah ich hinter mich und wieder vor. Doch das Augenpaar, welches mich eben noch beäugte, war verschwunden. Nur der süßliche, angenehme Moschusduft lag noch kurz in der Luft. Ich brauchte einen Moment, mich zu sammeln, um ihr zu antworten.

„Ich bin hier hinten, bei der Schaukel", versuchte ich lauthals zu schreien, doch meine Stimme klang nur erstickt. „Ich komme gleich rein."

„Alles klar."

Erleichtert seufzte ich darüber, meine Mam abgewimmelt zu haben.

Was war das denn? Völlig verwirrt durchkämmten meine Blicke den Wald. Hatte meine Fantasie mir einen Streich gespielt? *Aber wenn nicht, müssten ja Abdrücke im Schnee sein.*

Mit den Ärmeln wischte ich mir die Feuchtigkeit aus den Augen und suchte sie. Doch nicht eine kleine Spur hatte sich im Schnee abgezeichnet. Langsam begann ich daran zu zweifeln, dass ich Realität und Fantasie noch auseinanderhalten konnte. Ich würde wohl schneller verrückt werden, als es mir lieb ist.

Doch kann ich mir das wirklich nur eingebildet haben? Vielleicht!
Ich schüttelte den Kopf, drehte mich um und ging zurück zum Haus.

Mit einer Hand griff ich hinein in den Vorraum, um mir eine Zigarette aus der Schachtel vom Fensterbrett zu nehmen. Die konnte ich jetzt gut vertragen. Obwohl das meine denkbar schlechteste Angewohnheit ist. Ich weiß ja, dass es nicht richtig ist zu rauchen und sich einzureden, dabei besser entspannen zu können.

Das ist Blödsinn.
Und doch habe ich das Gefühl, dass es mir beim Nachdenken hilft.

Völliger Blödsinn.
Einige Male hatte ich schon versucht, damit aufzuhören und war immer wieder gescheitert. Irgendwann habe ich es dann aufgegeben dagegen anzukämpfen und gebe mich dem Drang jetzt einfach geschlagen.

Ich schaufelte die Schneemassen mit einer Hand von der Bank, die rechts neben der Eingangstür vom Vorraum stand. Sofort brannte die Eiseskälte auf meiner Haut, errötete meine schneefeuchte Hand. Ich rieb sie an meinem Mantel, bevor ich mich niedersinken ließ und die Zigarette anzündete. Langsam sog ich den Rauch ein, spürte, wie er sich im Mund über die Luftröhre in den Lungen verteilte. Es kratzte ein wenig im Hals. Aber das bin ich inzwischen gewöhnt.

Nach einigen Zügen begann mein Herz heftiger, drängender zu schlagen. Die übliche, aber sicher nicht gesündeste Reaktion. Doch ich ignoriere es, wie immer. Ich weiß, dass es das ist, was mich irgendwann mit Sicherheit umbringen wird, nicht meine Stoffwechselerkrankung.

Ein Laster muss man ja schließlich haben, denke ich mir dann immer.

Mit meinem Defekt kann ich ewig leben, bis ich im Alter dann eines natürlichen Todes sterbe. Obwohl ich nicht glaube, dass das passiert, mit dem normalen Tod. Das habe ich so im Gefühl.

Meine Blicke rannten über den Hof, zu den Garagen, den riesig aufgetürmten Schneebergen und wieder zurück zum Holzschuppen vor mir.

Ich nahm ein Zug nach dem anderen und versuchte eine Erklärung zu finden, für die Kälte, den süßen Moschusduft und dem Augenpaar. So sehr ich mich auch anstrengte, es fiel mir keine plausible Erklärung dazu ein.

Es wurmte mich so sehr, dass ich den Zigarettenstummel in den Schnee feuerte und resigniert ins Haus verschwand.

Der alltägliche Wahnsinn

„Oh nein, es kann doch nicht schon wieder früh sein", seufzte ich, als der Wecker um sechs Uhr laut schrillte. Wie fast alle Nächte zuvor, hatte ich auch in dieser nicht besonders gut geschlafen. Ich konnte mich nicht daran erinnern, geträumt zu haben und trotzdem war ich unruhig, hab mich nur gewälzt und erst irgendwann frühmorgens Ruhe zum Schlafen gefunden.

Langsam erhob ich mich furchtbar schlecht gelaunt aus meinem schönen, kuscheligen, warmen Bett, schmiss die Decke lieblos beiseite und schob die Vorhänge einen Spalt zur Seite, um zu schauen, ob es schneite. Doch es war nichts zu sehen, es war draußen immer noch zu dunkel.

Ich hörte die Haustür unten gehen, als meine Mam das Haus verließ, um auf Arbeit nach Weißwasser zu fahren. Mein Dad ging immer schon viel früher los. Er musste jeden Morgen nach Cottbus zur Arbeit fahren und bei den Witterungsbedingungen gestaltete sich das immer wie ein Spießrutenlauf.

Aus meinem Kleiderschrank klaubte ich allmählich meine Arbeitssachen für den Tag zusammen. Das machte meine Laune definitiv nicht besser. Schon gar nicht, da ich wusste, dass es erst Montagmorgen war und ich das Wochenende schon herbeisehne, ehe die Woche richtig begonnen hatte.

Ich zog mir frische Unterwäsche und eine Jeans über. Dann nahm ich ein weißes Unterhemd aus dem Schrank und zum Darüberziehen ein schwarzes Langarmshirt. Es hatte einen ziemlich weiten Ausschnitt, deshalb das Unterhemd. Ich mochte Oberteile mit V-Ausschnitt.

Doch für die Arbeit im Salon musste ich schon eher diskret auftreten. Da konnte ich nicht meinen halben Busen zeigen.

Ich zog mich schnell an, denn es war ziemlich kalt in meinem Zimmer. Dort drehe ich fast nie die Heizung auf, auch nicht im Winter. Wenn es so warm und stickig ist, kann ich einfach nicht schlafen, obwohl ich das momentan ja eh kaum kann.

Schnell noch das Fenster zum Lüften geöffnet, danach ging es die schmale, steile Holztreppe hinab ins Badezimmer, zur all morgendlichen Katzenwäsche und Kontaktlinsen rein machen. Die kann und darf ich beim besten Willen nicht vergessen.

Das grelle Neonlicht im Laden würde mich wahnsinnig machen und darüber hinaus könnte ich unter diesen Umständen auch nicht arbeiten. Ich wüsste nicht, wie ich das meinem Chef erklären sollte. Ich hab ihm, glaube ich, noch nichts von meiner Stoffwechselerkrankung erzählt. Warum sollte ich auch? Es beeinflusst meine Arbeit ja nicht direkt und vielleicht hat er sich ja auch schon selbst einen Reim auf mein Aussehen gemacht. Obwohl, so auffällig ist es ja auch wieder nicht. Wir leben schließlich in Europa und da gibt's hellhäutige Menschen ohne Ende. Da falle ich nicht unbedingt auf.

Der Kaffee duftete schon aus der Küche als ich die Tür öffnete. Meine Mam hatte, wie so oft, das Frühstück vorbereitet. Aufgebackene Brötchen, Wurst und Marmelade standen zum Verzehr bereit.

Mir fiel das Aufstehen noch nie richtig leicht. Ich bin zwar auch keine besondere Langschläferin, aber vom Wecker aus dem Schlaf gerissen zu werden, bringt mich schon manches Mal aus der Ruhe. Da musste ich mich morgens ganz schön aufrappeln, um Lust zum Arbeiten zu bekommen. Am meisten graust es mich jedoch, den Weg bis nach Weißwasser mit dem Rad fahren zu müssen. Den Führerschein hab ich zwar, aber kein eigenes Auto, nur das jeweilige meiner Eltern und die brauchen sie selber. *Naja.*

Das sind ja nur siebeneinhalb Kilometer mit dem Rad hin und noch mal so viel wieder nach Hause. Aber zum Glück ist der Radweg, die komplette Strecke asphaltiert und im Winter notdürftig geräumt. Also nichts, was man gut angezogen, nicht überleben würde.

Ich nahm am Küchentisch Platz und begann mit dem Frühstück. Nebenbei schmierte ich mir dann wie immer, gleich mein Pausenbrot für die Arbeit. Sonst lief an diesem Morgen alles wie immer. Ich räumte den Frühstückstisch ab und ging noch mal ins Badezimmer.

Meine nicht ganz echten, aber schönen grünen Augen umrahmte ich mit einer dünnen, schwarzen Kajallinie und tuschte die Wimpern mit Mascara, um sie noch mehr zu betonen.

Für mich ist es wichtig, ein angenehmes Erscheinungsbild zu haben, dass verlangt mein Beruf ja schließlich auch von mir. Hab ich doch so eine Art Vorbildfunktion meinen Kunden gegenüber zu erfüllen. Es gibt ja genug Mittelchen, um etwas dafür zu tun. Mir reicht es dennoch, nur die grünen Augen zu betonen und vielleicht noch ein wenig Rouge, gegen meine Blässe, anzuwenden. Weiter geht es dann mit der besten Erfindung der Welt im Haarstylingbereich, dem Glätteisen. Ich vergöttere dieses Gerät. Meine Wunderwaffe gegen verlegene Haare, am Morgen. Binnen von fünf Minuten, hab ich die wirren Zotteln richtig glatt in den Längen und dem

Oberkopf fransig gestylt. So ist diese letzte Badrunde, wie an jedem Arbeitstag, schnell erledigt.

Einmal noch die steile Treppe hoch ins Zimmer genommen, um den Rucksack zu holen und wieder runter, um den schwarzen Wollmantel, der bis über den Po geht, anzuziehen. Der graue Schal und die dazu passenden Handschuhe dürfen bei der Eiseskälte natürlich nicht fehlen. Dann konnte es schon fast losgehen.

Ich drehe meist noch mal eine Runde durch das Haus. Die Kaffeemaschine wird schließlich gern mal angelassen, und um sicherzugehen, schaue ich lieber danach.

Dann zog ich die Winterstiefel an, ging aus dem Haus und schloss hinter mir ab.

Irgendwas war anders an diesem Morgen. Ich hatte ein sehr merkwürdiges Gefühl im Bauch. Einige Male sah ich mich auch um, konnte aber nichts Auffälliges entdecken. Es schien mir allmählich regelrecht sinnlos, jegliche Gedanken an dieses Gefühl zu verschwenden.

Es hatte fast aufgehört zu schneien.

Zum Glück sind es nur etwa sechs Meter, von der Haustür bis zum Fahrradschuppen. Der Schuppen ist mit einem Vorhängeschloss gesichert und trotzdem schließe ich mein Rad noch zusätzlich an. Man kann ja nie wissen, wer sich nachts hier rumtreibt. Lieber zwei Schlösser öffnen, als das Fahrrad geklaut zu bekommen oder jeden Morgen in einen dunklen Keller stürzen zu müssen.

Ich ging zum Hoftor raus und fuhr los.

Um halb acht breche ich normalerweise, jeden Morgen in meiner Frühschichtwoche auf. Jetzt im Winter immer etwas zeitiger, gegen viertel acht, weil es so verdammt glatt und finster ist. *Gruselig.* Meine Spätschicht beginnt dagegen meist erst ab dreizehn Uhr. Da könnte ich mir, wenn ich wollte, den ganzen Vormittag Zeit nehmen, um zur Arbeit zu fahren. Mach ich aber nicht. Dazu ist mir meine Freizeit zu wertvoll. Auch wenn ich die manchmal nur zum Schlafen nutze.

Der festgefahrene Schnee auf dem Radweg war glatter, als ich vermutet hatte, und so war es mehr eiern als fahren.

Um acht Uhr beginnt meine Schicht im Friseursalon. Ich bin nun seit einem halben Jahr unbefristet als Junggeselle eingestellt. Im Sommer letzten Jahres, beendete ich meine Ausbildung im Handwerk, Friseur und Kosmetik, mit mittlerem Durchschnitt. Ich war wirklich froh, dass ich alles bestand, hatte ich mir die Ausbildung doch gar nicht so schwer vorgestellt, wogegen ich mich in der Realschule nie ernsthaft anstrengen musste. Den Unterrichtsstoff sog ich wie ein Schwamm auf und für die Prüfung lernte ich nicht sonderlich viel. Trotzdem lag mein Durchschnitt bei 1,9.

Meine Familie kann bis heut nicht verstehen, warum ich, trotz guter Leistung, ausgerechnet Friseurin werden wollte. Einen der schlecht bezahltesten Berufe überhaupt. Inzwischen kann ich sie wiederum sehr gut verstehen. Es ist schon ein hartes Pflaster, bei dem Verdienst, wobei ich mich da eher weniger beschweren sollte. Es gibt Läden, da verdienen die Angestellten nicht annähernd so, sagen wir mal gut, wie ich.

Ich mag den Beruf, lebe ihn vielleicht auch, aber lieben? Nein, so richtig lieben würde ich ihn wohl nie. Das ist nun mal meine persönliche Einstellung dazu. Ich bin einfach zu wankelmütig und möchte mich für meine Zukunft noch nicht so festlegen. Ich will noch andere Sachen in meinem Leben sehen.

Während meiner halbstündigen Fahrt, über den unbeleuchteten Radweg nach Weißwasser, kreisten meine Gedanken um das Hirngespinst vom Vortag. Ich stellte mir dieses wundersame, leuchtende Augenpaar vor und konnte mir beim besten Willen nicht vorstellen, dass es nur Einbildung gewesen sein sollte. Ich spürte doch ganz deutlich die Eiseskälte auf meiner Hand.

Allmählich begann es ein wenig heller zu werden. In der Ferne glaubte ich, eine Person auf dem Radweg stehen zu sehen, aber als ich näher kam, war sie weg. Das hatte ich doch eines morgens schon einmal gesehen oder war es nur wieder meine Fantasie, die mit mir durchging? Es war eher wie ein Déjà-vu, dieses Gefühl im Bauch. Ich zweifelte allmählich an meinem Kopf und schob es auf mein eingeschränktes Sehvermögen. Ein Schütteln durchfuhr meinen Körper.

Die Hirngespinster häufen sich in letzter Zeit drastisch.

Langsam kamen die ersten Straßenlaternen von Weißwasser näher und ich trat noch mal kräftig in die Pedale.

Der Salon liegt vom Ortseingang noch etwa fünfhundert Meter entfernt. Dann muss ich nach rechts noch die Nebenstraße runter und bin da. Diese sowie auch die Hauptstraße, sind größtenteils von schönen Altbauten gesäumt. In der Stadt gibt es viele Neu- und Alt-Neubauten und bei einem Spaziergang kann man die eine oder andere Villa entdecken. Eigentlich ein ganz schönes Städtchen, in dem sich einiges, positiv im Stadtbild in den letzten Jahren getan hatte.

Inzwischen könnte ich den Weg sicher schon mit verbundenen Augen zurücklegen. Musste ich ja nur immer geradeaus fahren und auf den letzten Zügen nur einmal abbiegen. Und das seit nunmehr dreieinhalb Jahren.

Eigentlich sehr praktisch, keine unheimlichen Gassen, nur ein dunkler Wald. Aber der reicht zum Gruseln.

Als ich auf der Arbeit ankam, stellte ich das Rad wie immer im Hof ab, betrat den Salon und begrüßte meinen Chef, Herrn Kahle. Der Salon ist nicht sehr riesig. Fünf Bedienplätze haben wir zur Verfügung, davon einen mit Vorwärtswaschbecken und zwei zusätzlichen Rückwärtswaschbecken, eine kleine Mixecke und einen Tresen. Der Platz wird nur dann knapp, wenn unsere gesamte Belegschaft arbeitet. Dann sind wir drei Arbeitskräfte, mit je zwei bis drei Kunden. Da kann es schon mal eng werden. Mir war an diesem Montagmorgen nicht nach reden, so zog ich mich an meine zwei Arbeitsplätze im vorderen Bereich zurück. Ich mag diesen Platz. Er liegt zur Straße hin und so ist immer etwas Bewegung vor meinem Auge, auch wenn ich kaum Zeit finde, mal bewusst nach draußen zu schauen. Dennoch gibt mir die größere Fensterfront ein bisschen das Gefühl von Freiheit, während meine Kunden was zu gucken haben, denn dadurch sind sie abgelenkt und ich muss weniger reden. Was nicht heißt, dass ich nicht gern rede. Aber sechs bis acht Stunden ununterbrochen schwatzen, ist dann auch für mich zu viel.

An diesem Vormittag sah ich jedoch häufiger nach draußen als sonst. Ich wurde das Gefühl, beobachtet zu werden, einfach nicht los.

Mein Terminbuch war bis zum Mittag gefüllt und so verging die Zeit bis dahin ziemlich schnell. Nur hin und wieder kam ein älterer Herr rein. Die wollen immer spontan drankommen. Jetzt. Sofort. So blöd das auch klingt, wir als arbeitendes Glied der Gesellschaft denken, im Rentenalter hat man alle Zeit der Welt. Das ist aber

häufig nicht der Fall. Rentner haben nie Zeit. Da ist die Terminvergabe schon ein echter Balanceakt. Denn ...
- morgens wollen sie ausschlafen oder frühstücken,
- vormittags wird Zeitung gelesen und Essen gekocht,
- mittags muss pünktlich gegessen werden,
- am frühen Nachmittag wird geruht,
- am Nachmittag, wollen sie Kaffee trinken,
- später Nachmittag, ist schon zu spät von der Zeit und zu guter Letzt, ist es am Abend dann auch schon dunkel. Soviel also zu Rentner sein und Zeit haben. Aber ich gebe mir die größte Mühe, ein paar Minuten rauszuschlagen, um die Herren noch zwischendurch zu machen. Da muss eben gelegentlich die Pause ausfallen.

Gegen dreizehn Uhr hatte ich meinen Planer abgearbeitet. Es gab an dem Tag nichts mehr zu tun, also machte ich Feierabend und begab mich wieder auf den Heimweg.
Ich schob das unbehagliche Gefühl, dass mich beim Verlassen des Salons erneut überkam beiseite und fuhr nach Hause.
Dort angekommen, klopfte ich erst einmal den Schnee vom Mantel, der inzwischen wieder stärker fiel. Es hatte den ganzen Vormittag unaufhörlich weitergeschneit, obwohl es am Morgen mal so aussah, als würde es aufhören. Pustekuchen. Das Gegenteil war der Fall. An unberührten Stellen lag der Schnee inzwischen mindestens sechzig Zentimeter hoch. Genau nachgemessen hab ich es natürlich nicht.
Ich trat ins Haus und machte mir das Mittagessen vom Vortag in der Mikrowelle warm. Rouladen, Klöße und Rotkraut. *Lecker.* Danach beschloss ich, Clara einen Besuch abzustatten. Sie wohnt nur drei Häuser weiter.

Best Friend? Clara!!!

Clara riss mir die Tür schon vor der Nase auf, bevor ich überhaupt klingeln konnte. Lautstark und mit einem Wangenkuss begrüßte sie mich.

„Hi Süße, schön das du kommst", meinte sie strahlend. *Wie immer.*

Wir sehen uns so oft es geht. Das ist seit unserer gemeinsamen Kindheit so und das werden wir auch nicht einreißen lassen.

Unser Verhältnis ist eher das von Schwestern, als von Freundinnen, nur dass wir uns nicht ähneln. Clara ist so knapp einen Meter sechzig groß und ziemlich dünn, aber nicht dürr. Ich dagegen, sehe fast dick aus neben ihr, und das, obwohl ich wirklich schlank bin. Sie muss immer ein wenig zu mir hoch schauen, weil ich zehn Zentimeter größer bin. Die vielen, gewellten, bis über die Mitte des Rückens langen Haare, trägt sie meist ganz natürlich offen. Wenn es mich mal in den Fingern juckt, darf ich ihr eine dezent, kupferne Tönung in die Haare ziehen. Das sieht echt klasse zu ihrem hellen Teint und den leichten Sommersprossen aus. Meine Haare sind dagegen verhältnismäßig dünn und glatt, aber trotzdem fast so lang wie ihre. Ich färbe sie mir, fast seit ich denken kann, dunkelbraun, seit ich bemerkt hatte, dass die Leute mich weniger anstarrten. Nur im Pony lasse ich provokant eine breite Strähne einfach weiß. Aber ich bin ja nun mal Friseurin und da kann ich es mir auch erlauben danach auszusehen.

Die einzige Gemeinsamkeit die Clara und ich haben, ist die Augenfarbe, ein sattes, klares grün. Auch wenn ihre Augen natürlich grün sind und meine nur eine Lüge. Ich bin wirklich ein wenig neidisch, dass sie eine so wunderschöne Augenfarbe hat. Das ist sehr selten eine derart durchdringende Farbe zu haben, ganz ohne einen Mischton. Keine Spur von braun oder grau. Darauf kann sie wirklich stolz sein. Ihre Augen sind wirklich etwas Besonderes. Sowie sie etwas Besonderes ist.

Wir gingen die Treppe hoch in ihr Zimmer.

Clara wohnt mit ihrer Mam Tanja, allein im Haus. Ich kenne ihren Vater zwar vom Sehen, aber ihre Eltern hatten sich schon vor langer Zeit getrennt. Manchmal sehe ich ihn kurz, an Claras Geburtstagen.

Ich habe schon das Gefühl, dass er seine Tochter wirklich liebt. Doch sein mangelndes Interesse, was er ihr zollt, indem er sie schon als Kind äußerst selten zu sich holte und sie auch jetzt kaum besucht, macht mein gutes, wohliges Gefühl fast zunichte.

Nur, es ist eine Sache zwischen den beiden. Da kann und möchte ich mich nicht einmischen. Wie auch immer …

„Wie war dein Arbeitstag?", fragte sie.

„Gut, ist schnell vergangen", seufzte ich, mit dem Blick auf den Fußboden geheftet.

Langsam ließ ich mich auf ihrem Bett nieder. Aus dem Augenwinkel sah ich, dass sie mich fragend anschaute.

„Ist etwas passiert?", hakte sie gleich besorgt nach.

„Nein nicht direkt." Ich hielt einen Moment inne, um mich zu sammeln. „Die Träume lassen mich kaum noch eine Nacht ruhig schlafen."

„Das beunruhigt dich?", meinte sie und schaute mir in die Augen.

„Ja, nein, ich weiß nicht." Langsam ließ ich die Schultern sinken. „Ich hab das Gefühl, dass ich verrückt werde."

„Lina, so schnell wird man doch nicht verrückt", versuchte Clara mich zu beruhigen und rutschte ein Stück näher zu mir.

„Ich hab in schwarz-weiß vom Krieg geträumt und wurde erschossen. Ich dachte, es wäre alles vorbei."

„Aber das war nur ein Traum."

„Ja ein sehr realer. Das ist das Problem."

Mit scheuem Blick sah ich in ihre Augen, als sie ihren Arm um meine Schultern legte. „Ob das was zu bedeuten hat?", murmelte ich.

„Nein, ich denke nicht. Sie es doch mal so, die stressige Weihnachtszeit bei euch auf Arbeit ist noch nicht lange her. Du solltest dich vielleicht einfach mal entspannen und den Kopf frei bekommen."

„Leichter gesagt, als getan", seufzte ich. „Mit den Gedanken über mein Ableben im Kopf, entspannt es sich gerade nicht besonders gut."

Clara lächelte mich sanft an.

„Dann lass uns über etwas Anderes reden."

Wir ließen uns nebeneinander ins Bett sinken und starrten zur Decke. Einige Minuten vergingen.

„Kannst du dich noch an den Abend erinnern, als wir beide, wie jetzt, hier auf dem Bett lagen und festgestellt haben, dass wir das perfekte Paar abgeben würden, wenn eine von uns männlich wäre?", fragte Clara mich lachend.

„Ja, da erinnere ich mich noch sehr gut dran", murmelte ich. „Da waren wir gerade dreizehn."

Währe eine von uns ein Junge gewesen, hätten wir nie so ein Verhältnis zueinander aufgebaut. Es wäre also nie eine Bindung daraus entstanden, dessen waren wir uns sicher.

So fingen wir an, in alten Erinnerungen zu schwelgen.

Ich kann mich nicht entsinnen, Clara bewusst kennengelernt zu haben. Es gibt für mich keine Zeit vor ihr. Sie ist in jeder winzigen Erinnerung meiner Kindheit verknüpft. Ich weiß auch noch, dass der erste Weg, den wir beide im Kleinkindalter schon kannten, von ihrem Haus zu unserem und umgekehrt verlief. Wenn ich dann mal ausgebüchst war, wussten meine Eltern wo sie mich suchen mussten und das mussten sie ziemlich oft.

Clara und ich gehen durch dick und dünn.

Sie ist neben meiner Familie die Einzige, der ich von meiner Stoffwechselerkrankung erzählt habe. Die Person, die mich in schwierigen Zeiten immer wieder aufbaut und auch die Einzige, die mich ohne Kontaktlinsen kennt. Vor ihr muss ich mich nicht verstecken oder verkleiden.

Ich kann mich noch gut an eine ganz besondere Nacht erinnern, die Clara bei mir verbracht hatte. Wir waren vielleicht zehn Jahre alt, als ich ihr das Geheimnis um meine Augen lüftete. Ich zeigte und erzählte ihr, dass ich nicht ganz gleich wie alle anderen Menschen bin. Und Clara verblüffte mich. Ich hatte erwartet, dass sie erschrecken würde oder so was in der Art. Aber sie war völlig relaxt, fand das überhaupt nicht schlimm, eher cool und unsere Freundschaft schweißte sich fester denn je zusammen.

Manchmal fragt sie mich, ob ich die Kontaktlinsen nicht rausnehmen könnte, damit sie sich meine Augen ansehen kann. Sie ist so fasziniert von meinen rosagrauen, wie ich von ihren leuchtend grünen. Da kommt es manchmal vor, dass wir uns eine Ewigkeit gegenübersitzen und anstarren. Was, wenn wir das in der Öffentlichkeit machen würden, sicher für Außenstehende den Anschein erwecken würde, dass wir mehr als nur Freundinnen sind. *Ein gleichgeschlechtliches Paar!* Sind wir aber nicht.

Wir besuchten gemeinsam den Kindergarten im Dorf und die Grund- und Realschule in Weißwasser. Es gab da schon nichts, was unser Verhältnis ins Wanken hätte bringen können.

Clara hat inzwischen allerdings seit einem Jahr einen festen Freund, Tobias. *Nichts mit homosexueller Beziehung!* Seitdem sehen wir uns nicht mehr jeden Tag, zu jeder Zeit. Aber sie bringt alles ziemlich gut unter einen Hut, mit Tobi, mir und ihrer Arbeit im Klamottenladen. Ich fühle mich nicht ausgegrenzt oder vernachlässigt oder so. Mein Verständnis reicht schon so weit, dass ich verstehe, dass die beiden auch mal Zeit für sich brauchen. Tobi ist ein echt netter Kerl.

Wir unternehmen viel gemeinsam, Kino, Disco und Anderes. Er ist zwei Jahre älter als wir und steht definitiv mit beiden Beinen im Leben. Kochen ist sein Hobby, seine Leidenschaft und die hat er sich mit Bravour zum Beruf gemacht. Manchmal können Clara und ich auch seine Kochkünste testen. *Clara wohl eher als ich.* Und wir sind immer sehr zufrieden.

Tobi arbeitet nicht einfach nur als Koch, er lebt und liebt es, was für mich immer sehr verblüffend ist. Sicherlich weil es mir nicht so geht und weil ich mir nicht vorstellen kann, dass es so einen perfekten Beruf für mich jemals geben wird.

Es gibt schier nichts, was er nicht ausprobiert hat oder noch ausprobieren will.

Tobi ist circa einen Kopf größer als ich. Er hat kurze, mittelbraune Haare und eine normale Statue. Nicht dick, nicht dünn. Was soll ich sagen? Er passt einfach prima zu Clara. Ihre Liebe zueinander fasziniert mich. Ich dagegen, hatte mir über diesen ganzen Beziehungskram nie ernsthaft Gedanken gemacht und tue es auch jetzt noch nicht.

Männer interessieren mich nicht sonderlich und ich sie offensichtlich auch nicht.

Ich habe schon zeitig gelernt, auf eigenen Beinen zu stehen, eigene Entscheidungen zu treffen. Deshalb ist meine Einstellung zu bestimmten Dingen sicher oft so viel anders, als die meiner Mitmenschen. Viele zum Teil jüngere Frauen oder Mädchen als ich es bin, reden schon von Familie und Kindern. Dabei sind sie in meinen Augen ja selbst noch Kinder. Es ist wie ein gelebtes Klischee. Man verliebt sich ganz unsterblich, heiratet, bekommt eins, zwei oder mehr Kinder, geht arbeiten und lebt dann bis zum Tode, ach so wahnsinnig glücklich zusammen.

Alles Blödsinn! So denke ich darüber.

Wie zum Teufel kann man glücklich sein, wenn man den ganzen Tag nur am Hetzen ist? Früh bringt man die Kinder weg. Dann geht's auf Arbeit. Nachmittag holt man sie wieder ab, muss sie beschäftigen, den Haushalt schmeißen und am Abend für den Mann da sein.

Es mag egoistisch klingen, aber wo wäre dann mal die Zeit für mich selbst? Bei mir stößt diese Vorstellung von Leben, absolut auf taube Ohren. Da bin ich ziemlich bodenständig und sehe nicht alles durch die rosarote Brille.

Das Leben ist schließlich kein Ponyhof.

Da tobten Clara und ich uns lieber in unserer Freizeit, in kreativer Hinsicht aus. Davon hatten wir mehr, als vom ewigen Beziehungskisten kramen.

Unsere letzten Versuche – von vor längerer Zeit – uns Kleidung zu nähen oder die eigene ein wenig aufzupeppen, ging ziemlich in die Hose.

Doch in letzter Zeit schlagen wir uns eher mit der Thematik Kochen rum. Wobei uns Tobi als Lehrer zur Seite steht und aufpasst, dass wir uns nicht die Fingerkuppen abkacken oder etwa die Küche in Brand setzen. Und inzwischen kann ich stolz von mir behaupten, etwas Kochen zu können. Das kann ich sogar schon auf die Liste der Sachen, die ich wirklich gern tue, bringen. Dennoch ist das Zeichnen meine größte Leidenschaft. Mit Blei- und Buntstift, Kohle oder einfacher Wasserfarbe. Da kann ich so richtig entspannen und mir meine Ruhe einklagen.

Clara ist da eher die Bastlerin. Ein paar kleine Gegenstände auf einen Kartondeckel geklebt, bunten Sprühlack von Tobi gemopst und alles kräftig eingesprüht. Fertig ist ein kleines Kunstwerk.

Wir haben schon sehr schöne, lustige Zeiten erlebt, wobei einige witzige Fotos entstanden sind.

Claras wirkliche Leidenschaft ist oder besser war – als sie noch die Zeit dazu hatte – das Keyboard spielen. Dabei konnte ich stundenlang auf dem Bett liegen und ihr zuhören. Manchmal sang ich auch zu ihrer Melodie. Aber ich habe es bei Zeiten aufgegeben. Es klang nicht schlecht, aber auch nicht so richtig gut. Ich bin, außer im Zeichnen, eben in vielen anderen Sachen nur ziemlich durchschnittlich.

Normalerweise nutzten wir einen Tag am Wochenende meistens, zum gegenseitigen Massieren und Haare machen. Das war aber noch zu Mittelschulzeiten, als wir die Zeit dazu hatten. Aber mit Beginn unserer Ausbildungen, blieben die Wellnesstage immer mehr auf der Strecke. Arbeiten, zur Berufsschule gehen, Fahrschule machen, das schränkte unsere gemeinsame Freizeit mehr und mehr ein. Wir haben es bis jetzt noch nicht geschafft, unsere Wellnesstage aus dem Winterschlaf zu wecken. Denn bei Clara haben sich die Prioritäten –

durch Tobi –, in andere Richtungen verschoben. Mehr zu Familie, Haushalt, arbeiten, ...

Meine sind dagegen immer noch fast dieselben. Arbeiten, arbeiten und wieder arbeiten, und zwischendrin mal ein bisschen zeichnen oder lesen oder einfach nichts tun. Also total spannend.

Begegnung ganz besonderer Art

Am Mittwoch hatte es, nach dem Schneefall der vergangenen Tage, endlich aufgehört.

Pünktlich um dreizehn Uhr machte ich mich auf den Weg von der Arbeit nach Hause. Der Himmel war grau und bedeckt. Eisiger Wind pfiff hörbar zwischen den Bäumen durch den Wald. Meine Finger froren, trotz Handschuhe, fast ab.

Es muss während des Vormittags wesentlich kälter geworden sein. Am Morgen empfand ich es lang nicht so eisig.

Von den Kiefern fielen die Schneebrocken berstend hinunter und schlugen mit dumpfen, verschluckendem Geräusch auf.

Ich trat kräftig in die Pedale, um schnellstmöglich ins warme Heim zu kommen. Bei den Temperaturen kam mir der Weg immer viel länger vor, als sonst. Aber alles hat ja ein Ende und so kam ich völlig außer Atem, zu Hause an. Meine Blicke fielen über den Hof zur Scheune.

Ich hatte die letzten zwei Tage oft darüber nachgedacht, den Sonntag vielleicht Revue passieren zu lassen. *Wenn das gleiche geschieht, wie an dem besagten Tag, dann bin ich doch nicht verrückt!*, grübelte ich ständig nach und schob den Gedanken dann doch wieder beiseite, nachschauen zu gehen.

Mit großen Schritten stapfte ich durch den Schnee zum Haus, trat ein und befreite mich von den Bewegung einschränkenden Winterklamotten.

Wie an fast jedem Tag unter der Woche, gab es auch an diesem Mittwoch, nur faule Weibersuppe. Buchstabensuppe. Für mich allein brauche ich mir ja kein Drei-

Gänge-Menü zaubern. Das würde ich vielleicht sogar noch hinbekommen. Aber der Aufwand ist mir zu groß. Mit den Fingern schob ich mir die Haare hinter die Ohren, damit sie mir beim Essen nicht in der Suppe hingen. Wieder kreisten meine Gedanken um die Idee.

Nach einer halben Stunde hin- und hergrübeln, gab ich mir selbst nach und ging auf den Hof. Die Mantelkapuze tief ins Gesicht gezogen, den Schal bis unter die Nase gezerrt, die nackten Hände in den Taschen. So dick eingemummelt trat ich über den Hof, hinter zur Scheune und lauschte akribisch jedem winzigsten Geräusch.
Die kalte Luft brannte auf den Wangen. Unbehagen durchfuhr meinen Körper, als ich mich gegen eine Kiefer lehnte und in den Wald sah. Ich hatte keine Ahnung, was mich eventuell erwarten würde. Doch es erwartete mich nichts.

Eine gefühlte Ewigkeit hatte ich sicher schon zwischen die Bäume gestarrt und war vor Kälte fast angefroren. Mein ganzer Körper zitterte unkontrolliert. Es war wohl besser, ins Haus zu gehen, um mich aufzuwärmen. Einmal schaute ich noch gebannt in den Wald, dann drehte ich mich um und setzte zum ersten Schritt an. Mir fiel das Laufen, in den eisigen Gliedern schwer. Es fühlte sich an, als wäre ich schon ein wenig steif geworden.
Plötzlich spürte ich einen kräftigen, eisigen Windhauch im Nacken. Süßlicher Duft stieg mir in die Nase. Mit einem tiefen Atemzug sog ich den Moschusduft in mich auf, schloss die Augen. Ich kannte ihn bereits und genoss einen Moment. Mein Kopf sank in den Nacken. Entspannung durchfuhr meine Glieder. Langsam, fast wie in Zeitlupe, drehte ich mich um. Dieser süße, verlockende

Geruch lag immer noch in der Luft und berauschte mich zusehends. Ich spürte keine Angst oder andere negativen Gefühle, als ich langsam die Augenlider hob. Mein Herz pochte wie wild gegen die Rippen und schien mir fast aus der Brust zu springen, während meine Handflächen immer kälter und in den Manteltaschen schweißnass wurden.

Vor mir bäumte sich eine dunkle, scheinbar riesige, menschenähnliche Gestalt auf. Mindestens fünfundzwanzig Zentimeter größer als ich es bin, mit meinem knapp einen Meter siebzig.

In meinem Kopf herrschte augenblicklich Verwirrung, dann Leere, aber nicht ein Funke Angst, um wegzulaufen. Mit einer blitzschnellen Bewegung, die meine Augen nicht fassen konnte, trat die Gestalt dicht an mich heran. Ich fühlte schneidend den kalten Atem im Gesicht und stolperte einen Schritt zurück, meine Augen fest auf den Boden geheftet. Schwarze Schuhe, schwarze Stoffhosen und einen grauen Mantel erhaschte mein kurzer Blick, vom Gegenüber.

Einige Sekunden verstrichen, als plötzlich kalkweiße Hände aus dessen Manteltaschen schnellten und die Kapuze vom Kopf schoben.

Nicht der beste Maler der Welt hätte dieses hübsche, markante Gesicht porträtieren können, kein Schriftsteller je mit Worten beschreiben. So wunderschön war es. Zu schön, als das es wirklich wahr sein konnte. Es schien fast schon unnormal.

Seine Augenbrauen waren perfekt geformt und blond wie sein Haar. Während seine Augen, blauer als das Meer und der Himmel zusammen, schier aus seinem blassen Gesicht stachen. Ich dachte bis eben nicht, dass es ein Augenpaar geben konnte, was meines – ohne Kontaktlinsen natürlich – in den Schatten stellen würde. Doch seine Iris tat dies. Sie lebte, war so ausdrucksstark, dass sie mich mit jeder Faser, jedem einzelnen Pigment, spürbar durchbohrte. Ich konnte ihn einfach nur anstarren.

Nur schwach umgaben leichte, violette Schatten seine Augen. Während sein zart bläulicher Teint, ihn fast leblos aussehen ließ.

Ich erschauderte beinahe vor seinem Antlitz. Er schien mir so ähnlich zu sein. Die weiße Haut. Das helle Haar. Die ungewöhnliche Augenfarbe. Und doch hatte ich das Gefühl, dass etwas an ihm entschieden anders war, im Vergleich zu mir. Ich sah es nur einfach nicht, konnte es nicht deuten. Weiche Züge umschmeichelten sein ovales Gesicht. Nur über dem leicht ausgestellten Unterkiefer und den Wangenknochen, spannte sich die makellose Haut. Wobei ihm zerzaust die mittellangen, beige- aschblonden Haare ins Gesicht fielen.

Und dann waren da wieder diese blauen Augen, die mich anstarrten und von denen ich hoffte, weitere Blicke zu erhaschen, um zu wissen, dass ich sie mir nicht nur eingebildet hatte.

Seine Statue schien unter dem grauen Mantel nicht son- ,derlich muskulös, eher weich und schlank, athletisch und dennoch nicht dürr. Und obwohl seine Kleidung einiges vor meinen Augen verbarg, verriet mir sein Gesicht, dass der Rest seines Körpers sicher nicht weniger wunderschön sein konnte.

Sollte sich mit diesen Gedanken, mein Desinteresse an Männern plötzlich in den Gegensatz umkehren? Mein Prinzip, mein Pakt, den ich offensichtlich mit mir selbst geschlossen habe?

Ja! In diesem Moment als ich ihn sah, konnten meine Augen seinem Antlitz nicht mehr entweichen. Ich versuchte mich wach zu rütteln, meine Blicke von ihm zu nehmen. Doch, je mehr ich dagegen ankämpfte, umso stärker fühlte ich mich von ihm angezogen. Wie von einem Magneten. Seine Anziehungskraft war so enorm, dass ich nicht laufen musste, um mich ihm zu nähern. Ich wollte mich keinen Zentimeter mehr bewegen und doch schaffte er es, dass ich geschlagen gegen seine stein harte Brust pralle. Wie Feuer schoss mir die Schamesröte ins Gesicht, weil ich ihn ununterbrochen anstarrte, ihn begehrte. *Ihn begehre? Ihn begehre!* Das war der richtige Ausdruck, zu dem Gefühl in meinem Bauch. Ein Gefühl, wie ich mir nur den freien Fall, noch hätte vorstellen können.

Mein Körper schwebte, obwohl ich mit beiden Beinen am Boden stand. Ich spürte sie nicht, glaubte es aber zu wissen.

Lina, sieh weg. Sieh schon weg. Du starrst ihn an!, schrie meine innere Stimme lauthals. Immer und immer wieder. Doch ich konnte mich dem atemberaubendem Blau seiner Augen nicht entziehen. Seine Iris war tiefblau, fast schwarz umrandet, färbte sich nach innen zur Pupille hin leuchtend meeresblau und endete schließlich in einem strahlenden Weiß. Es wirkte, als würde sich jede einzelne Zelle darin bewegen und das Blau zum Leben erwecken. Wie ein Strudel, der versucht, mich in die Tiefe zu ziehen. In meinem Unterbewusstsein kämpften Vernunft und Verstand.

In meinem Kopf drängte die Stimme, befahl mir, davonzulaufen, signalisierte Gefahr und schob mir Unbehagen in die Magengegend. *Lauf!*, schrie sie. Aber ich konnte nicht gehen. Ich wollte nicht gehen. Mein Gesicht brannte vor Schamesröte und eisiger Luft.

Seine Finger fuhren mir an die Wange, schoben den Schal runter bis zum Hals, um scheinbar mein Gesicht völlig seinem Blick freizulegen. Sie waren kalt, so kalt, dass sich mir die Härchen am Körper aufstellten.

Mit festem, schmerzendem Griff packte er mich urplötzlich und blitzschnell im Nacken. Ich erstarrte vor Eiseskälte. Panik, Unsicherheit stieg in mir auf. Mein Atem stockte, ich rang nach Luft. Was war passiert, dass er mir so weh tat? Mit einem Ruck zog er mich an sich und ich prallte erneut auf seine Brust, wie auf eine Wand. Doch nicht wie bei den Magneten durch die Anziehungskraft, sondern durch seine aggressive, mir scheinbar unnatürliche, körperliche Kraft. Ein heftig stechender Schmerz durchfuhr meinen Rücken. Ich hing in der Luft, nur meine Zehenspitzen berührten noch den schneebedeckten Boden. Er hatte mich mit einer Hand fast völlig angehoben. Nun hatte ich Angst. Große Angst. Panik. Ich ballte die Hände zu Fäusten und trommelte wie wild auf seine Brust. Ich boxte, als würde ich um mein Leben kämpfen müssen. Doch in seinen Augen war nichts als Kälte.

Es ließ ihn völlig unbeeindruckt und ich ahnte, dass es genau das ist, worum es ging. Um mein Leben oder den Tod.

In der nächsten blitzartigen Bewegung spürte ich seinen kühlen Atem und die harten Lippen, unter meinem Ohr am Hals. Ein Kribbeln in einer Mischung aus Angst und Erregung durchzuckte heftig meinen Körper, machte mich bewegungsunfähig. Ich kniff die Augen zusammen, die Zähne fest aufeinandergepresst, im Gedanken daran, was kommen würde.

Er hatte mich in der Hand, war mir um einiges überlegen, egal, wie ich mich hätte drehen und wenden wollen. Ich war in seinen Fängen, ihm ausgeliefert.

„Lina?"

Eine leise Stimme drang an mein Ohr. Sie wurde lauter,
energischer.

„Lina?"

Das war Claras Stimme, die zu uns rüber drang und
sofort ließ der feste Griff nach, die Kälte im Nacken.
Meine Fußsohlen berührten den Boden und erschöpft,
erleichtert, wütend fiel ich in den Schnee, der meinen
Aufprall ein wenig dämpfte. Mit der Hand fuhr ich mir
an den Hals, rang nach Luft.

Er, der Sonderbare, der Wunderschöne war verschwunden, blitzschnell, ohne einen Laut. Nur der süßliche
Duft, der mich benommen machte, lag noch in der Luft.

„Lina Was ist passiert?"

Voller Sorge klang Claras Stimme zu mir, während ihre
Füße hörbar schnell durch den Schnee stapften. Sie
schmiss sich neben mir auf die Knie und nahm mich in
die Arme.

„Ich …", meine Stimme versagte.

Ich brauchte einige Sekunden, mich zu sammeln. „Ich
weiß nicht", stammelte ich heraus und sah Clara fragend
an, als würde ich von ihr eine Antwort erwarten.

In meinem Kopf herrschte Leere und gleichzeitig ein
wirres Durcheinander. Wie sollte ich das Clara nur erklären? Am besten gar nicht, vorerst zumindest.

„Lass uns reingehen", meinte sie bedrückt und zuppelte
mich am Ärmel.

„Ja", flüsterte ich. „Ja okay."

Noch völlig benommen stand ich vom nassen, kalten
Boden auf.

„Warte, ich helfe dir", meinte sie und griff mir unter die Arme.

„Nein, es geht schon, danke", wandte ich mich aus ihrem Griff.

Ich wollte jetzt einfach nicht angefasst werden. Die letzte Berührung von ihm, noch eben gerade, brachte mir Schmerzen. Ich konnte nicht zulassen, gleich wieder angetatscht zu werden. Auch von Clara nicht. Nicht so lang ich selbst nicht wusste, ob mit mir alles in Ordnung war oder ob ich nicht doch eventuell etwas abbekommen habe.

Ich fühlte mich wie ein Gummiball, als würden die Gelenke nicht mehr richtig an Ort und Stelle sitzen. Ein sehr unangenehmes, wackeliges Gefühl. Was ich erst überprüfen musste, bevor ich je wieder jemanden so nah an mich rankommen lassen würde.

Schweigend traten wir vom Hof in den Vorraum des Hauses. Die Stille zwischen uns hielt an und ich spürte, wie Clara auf eine Erklärung drang. Sie ließ sich am Küchentisch nieder.

„Möchtest du auch einen Tee?", fragte ich sie, während ich den bordeauxroten Wasserkocher unter dem Hahn füllte.

„Ja."

„Und welchen, Fenchel-Anis-Kümmel, Pfefferminz, Früchte?"

„Fenchel-Anis-Kümmel, bitte."

„Mit Honig oder Kandis", ich zögerte „oder nichts?"

„Mit Honig, bitte."

Ich versank sofort in die rege Betriebsamkeit meines Kopfes, als ich die Tassen vorbereitete und bemerkte dabei nicht, wie Clara mich zu beobachten schien. Erst als sie einen lauten Seufzer ausstieß.

Das Wasser hatte gerade gekocht, so ignorierte ich sie einfach und mehrte weiter mit dem Tee rum. Mit den zwei Tassen bewaffnet ging ich zum Tisch, stellte sie ab und setzte mich Clara gegenüber. Ihre Blicke durchbohrten mich regelrecht, dass konnte ich ganz deutlich spüren.

„Was ist?" zischte ich ihr zu, den Löffel laut in der Tasse rührend.

„Willst du mir nicht erklären was das da eben war?"

„Was soll ich dir da erklären?", fragte ich verdattert.

„Sitzt du neuerdings zum Spaß im Hinterhof, mit dem Hintern im Schnee?", herrschte sie mich durchdringend an.

„Nein, natürlich nicht."

Ich machte eine Pause und überlegte, was ich ihr auftischen konnte.

„Ich bin rausgegangen, um den Kopf freizukriegen. Wie du so schön sagst. Zum Entspannen und frische Luft schnappen. Da war plötzlich ein lautes Geräusch bei der Scheune."

„Was für ein Geräusch?"

Clara unterbrach mich ungläubig.

„Na ein Geräusch eben, ein Knall", erwiderte ich genervt. „Ich weiß es nicht mehr genau. Es war laut und nah. Ich habe mich total erschrocken und bin beim Rückwärtslaufen über meine eigenen Füße gestolpert und auf den Hintern gefallen." Ich sah Clara an und hoffte erkennen zu können, was sie dachte. Doch ihr Blick war undurchschaubar.

„Bist du dir sicher, dass es nur ein Geräusch war? Du sahst aus, als hättest du einen Geist gesehen." *Miese Fang-*

frage. Die beherrschte Clara perfekt, wenn sie etwas rausbekommen wollte.

Ich erzählte ihr die Geschichte wieder und wieder und wieder und immer etwas detaillierter. Mit dem Erzählen, fühlte ich mich mehr in die gesponnene Situation. Das machte die ganze Sache glaubwürdiger, hatte ich das Gefühl. Nur mit der Wortwahl musste ich mich zügeln, um den Schwindel nicht auffliegen zu lassen. Das war schwieriger, als ich dachte.

Die blauen Augen, das perfekte Gesicht, das ich sah. Der Duft. Der wunderbar süßliche Duft, benebelte mir beim Gedanken daran, schon völlig den Verstand.

Nach drei Tassen Tee und hundert Mal dieselbe Geschichte erzählen, war ich erlöst aus der Höhle des Löwen.

Clara wirkte gebändigt. Sie hatte keine Fragen mehr und wollte heim, sicher weil Tobi dort schon auf sie wartete.

„Hey Schatz."

„Oh! Hallo Mam." Erschrocken hob ich den Kopf aus den Kissen vom Sofa zu ihr auf. Im Hintergrund dudelte der Fernseher leise.

„Entschuldigung. Hab ich dich geweckt? Das wollte ich nicht."

„Ich bin wohl eingeschlafen", murmelte ich noch völlig benommen. Ich rieb mir die Augen und streckte mich, mein Blick wanderte zum Fenster. Es war schon dunkel geworden.

„Es ist gleich sieben, Zeit für das Abendbrot."

„Ich möchte nichts essen", seufze ich, dass ich es selbst kaum verstand.

„Lina, du musst doch ein bisschen was essen."

Sorge klang in ihrer Stimme mit.

„Ich hab vorhin erst gegessen und noch keinen Hunger."
Das war gelogen. Aber was soll's. An diesem Abend hatte ich definitiv keine Lust über Arbeit, den Tag und andere belanglose Sachen zu plaudern. Ich hatte schon genug geredet. Mit Clara.

Verschlafen kroch ich vom Sofa hoch, schüttelte die Kissen auf und ging schnellen Schrittes durch die Küche, an Mam vorbei.

„Ich gehe jetzt duschen."

Noch ehe sie etwas erwidern konnte, zog ich die Tür ins Schloss.

Meine Mam neigt dazu, viel zu viel zu reden und darüber hinaus sich ständig zu wiederholen.

Ich huschte durch den kalten Flur ins Badezimmer.

Es ist immer wieder ein wahnsinniges, angenehmes Gefühl, das warme Wasser auf der Haut runterperlen zu spüren. Ich schlang die Arme um meinen Oberkörper, legte den Kopf in die Schulter, als würde mich jemand umarmen.

Im Gedanken an ihn, den Fremden, mit dem makellos schönen Gesicht versunken, genoss ich die Wärme unter der Dusche vollends.

Sobald ich die Augen schloss, sah ich ihn ganz deutlich vor mir, zum Greifen nah. Ich fühlte die Kälte Revue passieren, an den nackten Körperstellen an denen er mich berührt hatte und ein Schauer lief mir den Rücken hinunter, ließ mich frösteln. Ich dachte daran, wie er mich grob packte, mir wehtat und damit die Vertrautheit, die Zuneigung zerstörte.

Ich zuckte unter der Dusche zusammen. Mein Atem ging schwer durch die heiße, feuchte Luft. Das plötzlich eintretende Schwindelgefühl ließ mich schwanken. Mit den

Händen stützte ich mich an den Plexiglaswänden ab und stieß die Tür mit einem Ruck auf. Kühle Luft strömte sofort in die Kabine. Ich konnte wieder atmen und das Schwindelgefühl verschwand kurz darauf.

Mit gekonnten Griffen schlang ich mir das große Badehandtuch um den Körper und trat aus der Duschkabine.

Ich hörte, wie ein lautes, erleichtertes Seufzen, über meinen, fast Duschunfall, aus meinem Mund rang.

Mit einem kleinen Handtuch drückte ich mir die Feuchtigkeit aus den Haaren.

Für einen Moment ließ ich mich auf dem Wannenrand nieder und grübelte weiter, bis ich schon fast trocken war.

Ich raffte mich auf, zog mir mein langes Schlafzeug an, und putzte mir halbherzig die Zähne. Anschließend ging ich durch die Küche ins Wohnzimmer, wo meine Eltern gemütlich auf dem Sofa saßen und fern sahen.

„Ich geh schlafen. Gute Nacht."

Mam und Dad sahen mich verdutzt an. „Was, jetzt schon?", fragten sie mich, mit hochgezogenen Augenbrauen.

„Ja, ich bin irgendwie fertig."

Ich ging zum Sofa, gab beiden einen Kuss auf die Wange und wendete mich ab, um zu gehen.

„Gute Nacht", dröhnte es aus dem Wohnzimmer, zweistimmig hinter mir her.

Mit leichtfüßigem Schritt trat ich die Holztreppe hinauf und nahm dabei nur jede zweite Stufe. Oben angekommen, schaltete ich gleich das Licht im kleinen Flur an.

Hier im Obergeschoss – in meinem Geschoss – gab es nur drei bewohnbare Räume.

Gegenüber vom Treppenaufgang gab es eine Tür zum Gästezimmer, welches kaum genutzt wurde. Da stand links an der geraden Wand nur ein alter, dreitüriger Eichenholzschrank und gegenüber an der schrägen Wand ein Sofa, ein Zweisitzer aus DDR-Zeiten mit hell- dunkelbraun, gewebter Sitzfläche, Rücken- und Armlehnen. Die Armlehnen waren an der Vorderansicht mit braunem Leder abgesetzt. Nicht ganz mein Geschmack.

Das Obergeschoss war eher mein Bereich. Meine Eltern kamen selten hier rauf, wir trafen uns immer unten in der Küche oder im Wohnzimmer.

Für den Flur hatte ich mir irgendwann mal einen kleinen, buchefarbenen Schuhschrank gekauft, dazu passend eine Kommode und metallene Garderobenhaken. Der Schuhschrank stand links, wenn man die Treppe rauf kam, direkt hinter der Tür, die Flur und Treppe trennte. Es war ein kleiner, länglicher Raum. Rechter Hand war die größere Fläche des Flurs. Ein Dachschrägenfenster erhellte ihn. An der geraden Wand, rechts neben der Gästezimmertür stand die Kommode. Ich hatte einen Spiegel darüber gehängt und die Stellfläche mit Accessoires wohnlich gemacht. Der Teppich war in einem dunklen Violett gehalten, die Wände waren bis auf eine weiß.

Die Wand bei der Kommode hatte ich in einem violetten Ton, gleich dem des Teppichs gestrichen und darauf in Flieder Rechtecke, mit abgerundeten Ecken im Retrostil gemalt. Rechts, neben der Kommode, auf den letzten fünfzig Zentimetern, hatte mein Dad die Garderobenhaken angebracht. Ich hatte überlegt, sie an die gegenüberliegende Wand zu befestigen, aber dann wäre nicht mehr viel Platz zum Gehen gewesen. Auf der rechten, leeren Wandseite ging die Tür in mein Zimmer. Es war groß und hell, durch das Doppelfenster geradezu, wenn man reinkam und ebenfalls weiß, wie der Flur. Nur links die schräge Wand, an der mein Bett mit dem Kopfende stand, war bordeaux.

Natürlich hatte ich mich auch in meinem Zimmer kreativ ausgelassen und die dunkelrote Wand zusätzlich mit weißen Ranken und Blättern verziert. Mein Bett stand in der Mitte der Wand, sodass ich zu beiden Seiten aussteigen konnte. Es hatte ein dunkelbraunes Gestell, mit weiß, dunkelbraunem Kopfteil.

Rechts an der geraden Wand stand mein ganzer Stolz. Ein großer, fünftüriger Schrank, in den selben Farben, wie das Bett. Die drei Vorleger rings ums Bett waren bordeaux. Alles war aufeinander abgestimmt, sogar die dunkelrote Bettwäsche. Da machte ich keine Abstriche. Was das Wohngefühl anging war ich wirklich Perfektionistin durch und durch.

Mit Lichtelementen und dekorativen Accessoires machte ich es mir richtig gemütlich. Schließlich wollte ich mich ja auch so richtig wohlfühlen, zu Haus.

Ich öffnete die Tür zu meinem Zimmer und schaltete das Licht im Flur, mit dem Schalter direkt neben der Zimmertür aus. Blind stolperte ich am Bett vorbei, um rechts davon die Lampe auf meinem Schreibtisch zu erhellen.

Immer noch im Badehandtuch gehüllt, ließ ich mich auf die Mitte des Bettes sinken. Die feuchten Haare auf meine, hinter dem Kopf verschränkten Arme gelegt. Ich überschlug die Beine auf den Knöcheln und schloss die Augen, um meine Gedanken schweifen zu lassen. Doch das einzige, an das ich denken konnte, war er. Sein schönes Gesicht und diese wahnsinnig tollen Augen, ließen mich nicht los. Sogar der Duft, den er verströmte, schien mir in der Nase zu liegen.

Ich musste mich gedreht haben. Als ich auf der rechten Seite liegend, wie ein Fötus zusammengerollt erwachte, erhellte meine Tischlampe immer noch den Raum. Ich drehte mich auf den Rücken, um meine Gliedmaßen auszustrecken.

Ein dunkler Schatten in der rechten Ecke, zwischen Fenster und Schrank sowie ein kalter Luftzug, schreckten mich auf. Ich starrte rüber in die Ecke.

Nichts.

Beruhigt nach dem kurzen Schreck, schob ich die Bettdecke zur Seite, nahm mein Schlafzeug unter der Decke hervor und ließ das Badetuch, welches noch fest um mich geschlungen war, neben dem Bett zu Boden sinken. Schnell huschte ich in meine Schlafsachen und unter die Decke.

Ich löschte das Licht ohne auf die Uhr zu sehen und schlief erstaunlich schnell und die erste Nacht seit Langem, völlig traumlos wieder ein.

Eiskalt erwischt!

Langsam öffnete ich die Augen, drehte mich auf den Rücken und streckte mich ausgiebig.

Endlich mal ein Morgen, an dem ich nicht mit dem nervigen Weckerklingeln aus dem Schlaf gerissen wurde. Es war Freitag und ich hatte frei. *Gott sei Dank. Ein langes Wochenende nur für mich*, seufzte ich vor mich hin. Für die Samstage die ich arbeiten gehe, bekomme ich alle vier Wochen einen Werktag frei. Es kommt ziemlich selten vor, dass ich ausgerechnet an einem Freitag zu Hause bleiben kann, denn so kurz vor dem Wochenende kommen immer besonders viele Kunden in den Laden. Mehr Laufkundschaft als sonst unter der Woche. Einige Leute haben freitags schon mittags Feierabend oder kommen von weiter her in ihre alte Heimat, um ihre Verwandten zu besuchen. Da nutzen sie gleich die Zeit für einen Friseurbesuch, denn im Osten können und wollen sich die Leute den Friseur noch leisten. Wogegen im Westen, in dem viele von ihnen jetzt wohnen, inzwischen doppelt so viel zahlen.

Mein Blick fiel zur Decke und meine Gedanken kreisten wieder um ihn. Ich hatte in der Nacht die Situation mit ihm an der Scheune erneut durchlebt und war aufgeschreckt. Ein wenig angesäuert war ich schon, dass ich wieder so beschissen geschlafen hatte und das, obwohl die Nacht zuvor so ruhig und traumlos verlief. Ich hatte gehofft, die Zeit der üblen Träume sei damit vorüber. Aber dem war wohl nicht so.

Er stand in der Dunkelheit. Seine Augen, wie sie mich beobachteten. Ein verschwommener Traum, sein blasses Gesicht in meinem Zimmer schwirrte in meinem Kopf.

Die Erinnerung daran verwirrte mich. In der Nacht kamen mir diese zwei Sekunden, die ich ihn zu sehen schien, so real vor, aber jetzt?

Mit den Handflächen wischte ich mir fest über das Gesicht. Die Helligkeit des Morgens durchflutete den Vorhang meines Zimmers. Langsam erhob ich mich aus dem Bett, ging zum Fenster und schob ihn wie jeden Morgen einen winzigen Spaltbreit zur Seite. Der Himmel war grau, so dunkel, als wollte es jeden Moment wieder losschneien. Dennoch blendete mich das wenige Licht genug, dass ich den Vorhang wieder völlig zuzog.

Ich trat zum Schrank und nahm mir Sachen für den Tag raus, um gleich runter ins Badezimmer zu gehen. Ich wollte mich ein wenig beeilen, schließlich hatte ich mir einiges für den Tag vorgenommen. Vormittags sollte es nach Weißwasser gehen. Als erstes hatte ich mir gedacht, Kaffee zu holen und anschließend Clara damit auf Arbeit im Laden zu besuchen. Anschließend würde ich vielleicht in die Bibliothek gehen und noch eine Weile in der Stadt schlendern.

Ich hatte nicht auf die Uhr gesehen, als ich nach unten ins Badezimmer ging. Schätzungsweise war es so um acht und ich war froh, dass ich mir am Vortag die Haare noch gefärbt hatte. So kam ich nun nicht in Zeitschwierigkeiten. Der weiße Ansatz war bis gestern kaum noch zu übersehen und zog schon wieder ungewollt neugierige Blicke auf mich. Es war wirklich höchste Eisenbahn, dass da wieder Farbe draufkam. Und wie immer, hatte ich mir die weiße Blocksträhne im Pony abgeteilt und sie sorgfältig in Alufolie eingepackt, um sie nicht aus Versehen mit der dunkelbraunen Farbe zu versauen. Denn ganz so einfach ist es nicht, sich selbst die Haare zu färben, auch als Friseurin nicht. Anderen Leuten eine Farbe aufzutragen ist dagegen bedeutend einfacher. Ihnen kann man dabei auf den Kopf schauen. Das macht sich allein sehr schlecht. Aber inzwischen habe ich mich daran gewöhnt, mir die Haare allein zu färben. Denn mit zwölf Jahren hatte ich schon damit angefangen, gegen den Willen meiner Eltern. Anfangs probierte ich es mit einer Tönung in hellbraun, doch die nahm meine Haare kein bisschen an. Also versuchte ich es weiter mit einer hellbraunen Farbe, welche normalerweise mühelos 100 % Grauwert abdecken soll und das klappte schon etwas besser. Obwohl auch hier meine Haare dem Ganzen einen Strich durch die Rechnung machten. Die Farbe nahm im ersten Moment ganz gut an, wenn auch bedeutend heller als auf der Verpackung. Aber nach ein paar Mal waschen war sie dann ganz raus. Meine Haare sind nicht besonders gut geeignet, künstliche Pigmente festzuhalten. Die fallen bei mir eben schneller raus, als bei anderen Menschen mit einer Naturhaarfarbe. Weil ich, das kann man ja sagen, 100 % weiß bin, wenn nicht sogar noch weißer. Aber dafür gibt's keine Bezeichnung. Mit den Jahren der Färberei und meinem erlernten Beruf, hab ich inzwischen einen Weg gefunden, ein einigermaßen erträgliches Ergebnis zu erzielen. Ich färbe mir den Ansatz jetzt immer mit dunkelbraun oder schwarz und 9 % Oxidanten, sowie bei Kunden mit 100 % Grauwert. Damit bekomm ich meine weißen Haare ganz gut dunkel, wenn auch immer noch heller, als es auf der Verpackung abgebildet ist. Aber dunkel genug, um auf der Straße nicht aufzufallen, wie ein bunter Hund. Und dass ich vorn die Strähne naturweiß lasse, ist eben eine Art von Provokation. Es kann ja schließlich fast niemand von sich behaupten, so weiße Haare zu haben wie ich.

Tja die Haare hatte ich mir also am Vortag gefärbt, nur zum Duschen hatte ich nicht mehr die Muße gehabt. Das musste ich nun nachholen.

Ich hatte mich schon einige Tage nicht mehr rasiert und fühlte mich allmählich nicht mehr wohl in meiner Haut. Da musste unbedingt was passieren.

Ich ließ mir beim Duschen alle Zeit der Welt um stressfrei in mein verlängertes Wochenende zu starten. Sogar die Zähne putzte ich gleich darunter mit.

Als ich so weit fertig war, trat ich aus der Kabine, wickelte mich in ein Badehandtuch und begann, mir die nassen Haare zu trocknen. Bei den Witterungsbedingungen wollte ich kein Risiko eingehen krank zu werden; denn wie so ziemlich in jedem Job, ist es auch bei uns nicht gern gesehen, mit einer Schnupfnase durch den Salon zu schleichen.

Es dauerte keine zwanzig Minuten, bis ich die Kontaktlinsen eingesetzt, mich geschminkt, meine Haare fertig getrocknet und wild mit einem Gummiband zusammen geknotet hatte.

Als ich in die Küche kam, roch es nach warmen Kaffee vom Frühstück meiner Eltern. Die Thermokanne und eine Tasse standen noch auf dem Esstisch. Mein Dad feuerte morgens immer kurz den kleinen Ofen im Wohnzimmer an und ließ die Tür zur Küche weit geöffnet, sodass sie sich mit molliger Wärme füllte. Da fiel es mir nicht schwer, mich auf den Stuhl sinken zu lassen.

Wenn ich freihatte, räumte meine Mam den Frühstückstisch immer ab, weil sie dachte, ich würde erst spät aufstehen und gleich zum Mittagessen übergehen. Manchmal tat ich das auch. Aber an diesem Morgen mussten die altbewährten Cornflakes herhalten.

Ich kippte mir die Schokoflakes in eine Schüssel, goss Milch darüber und rührte ein wenig drin rum, dass sie weich wurden. Die ersten Löffel mit Flakes schlang ich runter, immer mit einem Schluck Kaffee im Nachgang. Dann merkte ich, dass ich gar keinen so großen Hunger hatte und kippte den Rest in den Biomüll.

Im Flur zog ich mir den Mantel über.

In Vollmontur aus moosgrünen Schal, Mütze und Handschuhen, passend zueinander, und dicken, schwarzen Winterstiefeln, passend zum Mantel, trat ich, wie ein Eskimo aus der Haustür, rüber in den Fahrradschuppen. Die Luft war eisig und der Himmel immer noch dick bewölkt.

Ich hoffte, dass es nicht anfangen würde zu schneien, dass würde mich um meine Heimfahrt bringen und es müsste mich jemand abholen. Und mein Fahrrad auch.

Während ich über den Hof zum Tor ging, durchdachte ich die Reihenfolge, in der ich meine Erledigungen machen wollte. *Als erstes fahr ich zum Bäcker, um mir einen Café to go zum Aufwärmen zu holen. Danach geht's in die Bibliothek und dann zu Clara und danach … .* Meine Gedanken schweiften im Tagesablauf, als ich den Radweg betrat.

Ich stellte schnell fest, dass es an diesem Morgen viel glatter war, als die Tage zuvor. Zu festgefahren war der Schnee schon und machte den Weg zur reinsten Schlitterpartie. Ich war nicht einmal fünf Minuten unterwegs, als mich das Eis in die Knie zwang und mich vom Fahrrad katapultierte. Mit voller Wucht schlug ich auf den vereisten Boden. Im ersten Moment blieb mir die Luft vom Aufprall weg.

Mein Hinterrad musste wohl weggerutscht sein.

Da lag ich nun, wie ein Käfer auf dem Rücken. Das Bein schmerzte, die Schulter schmerzte, es schmerzte einfach überall. Ich verweilte einen winzigen Moment um mich zu sammeln, starrte in die grauen Wolken am Himmel und versuchte, nicht drauf loszuheulen. Ich bin ja sonst nicht so eine Mimose, aber das unebene Eis im Rücken zu haben, tat wirklich höllisch weh.

Langsam rappelte ich mich auf, streckte mich und prüfte, ob noch alles an mir heil war. Bis auf die Schmerzen, die allmählich zurückwichen, schien nichts Schlimmeres passiert zu sein.

Hoffentlich hat das jetzt niemand gesehen, dachte ich mir. Bei dem Gedanken daran, fühlte ich schon, wie sich die Schamesröte in mein Gesicht legte. Aber die Hauptstraße neben mir war um diese Zeit, nicht mehr so befahren. Der Berufsverkehr war durch. Zum Glück.

Ich klopfte mir den Schnee von der Kleidung und hob das Fahrrad auf, als plötzlich ein lautes Knacken aus dem Wald drang. Meine Glieder zuckten heftig zusammen.

Ich weiß ja, dass es im Wald öfter Geräusche gibt, aber es war so viel lauter, als man es eigentlich kennt und nur wenige Meter entfernt. Das machte mir Unbehagen. Ich fühlte mich auf einmal nicht mehr so wohl in meiner Haut.

„Hallo, ist da jemand?", rief ich in den Wald. Doch nichts kam zurück. Was sollte auch zurückkommen? War es nicht schon dämlich genug, überhaupt zu rufen?

Ich bin eben nicht gerade ein Fan von komischen Geräuschen, schon gar nicht aus dem Wald. Mir war das alles in diesem Moment fast übertrieben unheimlich.

Ich hätte mich auf mein Rad setzen und weiterfahren können oder sollen. Stattdessen lauschte ich. Vielleicht würde sich dieses Knacken wiederholen, obwohl ich tief im Inneren hoffe, dass es das nicht tut.

Und tatsächlich, da ist es wieder.

Angst und Neugier paarten sich.

Ich legte mein Fahrrad wieder in den Schnee, lauschte, schaute. Es gab nichts zu sehen, obwohl es helllichter Tag war.

Aber vielleicht konnten es meine Augen einfach nur nicht fassen. Ich meine, Sehschwäche, Defizite im räumlichen Sehen, die können einen schon mal einen Streich spielen oder einfach etwas im Verborgenen halten.

Komisch, dachte ich mir. Wobei mich, nach allem, was ich die letzten Tage gesehen, erlebt und geträumt hatte, nichts mehr überraschen dürfte.

Meine Neugier übertrumpfte meine Angst. So ging ich zwei, drei Schritte in den Wald hinein. *Was wird mich dort wohl erwarten? Vielleicht ein angefahrenes oder krankes Tier?* Ich wollte darüber gar nicht erst intensiver nachdenken, während ich Schritt für Schritt unermüdlich weiterlief, mit zittrigen Knien und dem Gedanken, wieder umzukehren. Doch ehe ich zurück wollte, stand ich schon am Ort des Geschehens. Es war kein Tier. Was mich einerseits beruhigte, andererseits eher fraglich stimmte. Im ersten Moment sah es aus wie ein Haufen alter Lumpen, die vom Schnee ein wenig zugeweht waren.

Hin und wieder kam es eben vor, dass die Leute ihren Müll in die Wälder schafften, um sich die Entsorgungskosten zu sparen. So war das damals schon und so ist das heute immer noch.

Also machte ich kehrt, um zu meinem Fahrrad zurückzugehen.

Plötzlich stöhnte es hinter mir. Ich überlegte, ob ich mich wieder umdrehen sollte. Das tat ich dann, wenn auch nur sehr widerwillig und sah nur wieder diesen Haufen Lumpen. *Scheiß Neugier. Die wird mich noch mal irgendwann den Hals kosten.*

Ob ich Angst hatte? Riesige Angst. Wie erstarrt stand ich nun da und wusste nicht, was ich tun sollte. Hingehen und nachschauen? Das musste ich erst kurz überdenken.

Zwei Schritte noch vor, dann kam ich mit Zeigefinger und Daumen an eine Ecke des Stoffes. Vorsichtig zog ich daran. Mir schossen tausend furchtbare Gedanken durch den Kopf. Von einem kranken Psychopaten, der mich anfallen würde, bis zur halb verwesten Leiche. Wirklich widerliche Gedanken, welche ich mit Augen schließen, Kopf schütteln und tief Luft holen, versuchte aus dem Kopf zu kriegen.

Doch es war ein junger Mann. Dieser junge Mann. Ich erkannte ihn sofort und meine Glieder fuhren vor Schreck zusammen. Meine Finger ließen den Stoff fallen, als ich einen Schritt zurückwich, während meine Augen nur einen kurzen Blick dieses blassen, wunderschönen Gesichts erhaschte, welches jetzt so reglos aussah, wie aus Stein gemeißelt, genauso weiß, wie beim letzten Mal. Mit dem Unterschied, dass sich tiefe, violette Schatten unter seinen geschlossenen Lidern abzeichneten. Der Rest war bedeckt vom Stoff eingehüllt, in die Kleidung, welche ich ebenso wiedererkannte. Die schwarzen, eleganten Schuhe, die schwarze Stoffhose und den grauen Mantel, dessen Kapuze eben noch tief in sein Gesicht gezogen lag, bevor ich an ihr rumgezuppelt hatte.

Wieder stöhnte er kurz auf und ich erschrak. Mein Herz schlug so heftig, dass ich dachte, es selbst hören zu können.

Es ist doch eigentlich ein gutes Zeichen, so kann er schließlich nicht tot sein, dachte ich. Aber was tun in so einer Situation? Hätte ich vielleicht einfach weglaufen sollen und sich ihm seinem Schicksal überlassen? Das ging beim besten Willlen nicht. Dazu hatte er mich schon viel zu sehr in seinen unwiderstehlichen Bann gezogen.

Ich ließ mich auf die Knie sinken, um näher an ihn ranzukommen, ihn zu betrachten.

Langsam lehnte ich meinen Kopf, mein Ohr, zu seinem Mund. Nur sehr schwach, war noch etwas wie Atmen zu hören.

„Hilf mir", hauchte er mir ins Ohr.

„Ja aber wie, wie soll ich dir bloß helfen?", flüsterte ich vor mich hin und nahm meinen Kopf hoch.

Meine Blicke fielen dabei in sein Gesicht. Wie er so dalag, unschuldig, bleich, sonderbar schön. Die Augen geschlossen, als würde er schlafen, ganz friedlich. Nur seine Nasenflügel bewegten sich plötzlich heftig.

Es kam mir vor wie eine halbe Ewigkeit, dass ich ihn anstarrte.

„Oh mein Gott. Was zum Teufel …?", platzte es lauthals aus mir raus, dass auch er es sicher gehört hatte.

Ich konnte gar nicht so schnell reden und denken, während ich rückwärts stolperte und auf meinen Hintern fiel. Meine Augen konnten von seinen nicht mehr lassen. Sie waren wieder so leuchtend blau wie Kristalle, nur dass ich diesmal wirklich ernsthaft überlegte, wie nah das noch der Realität sein dürfte.

In diesem Moment fiel es mir wie Schuppen von den Augen, was ich außer seinem perfekten Antlitz, noch sonderbarer fand. Seine kalte Haut. Seine Kraft. Die leuchtende Farbe seiner Augen. Seine unendliche Schönheit. Erst jetzt begriff ich, was an ihm so anders war. Wie des Rätsels Lösung lag mir der Gedanke jetzt nah und erfüllte mich mit einer Befriedigung, zu dem inneren Drang, den ich die letzten Tage indirekt verspürte.

Ich hatte in meinem jungen Leben ja schon einige, unter anderem seltsame Leute kennengelernt, aber jemand wie er, ist mir noch nie begegnet. Jemand, der mir optisch so ähnlich ist und doch einer ganz anderen Spezies angehört.

Das kann nicht wahr sein. So etwas kann es einfach nicht geben!, schoss es mir durch den Kopf.

Plötzlich fielen seine Augen wieder zu. Ich sprang auf und schmiss mich wieder neben ihn auf die Knie, mein Ohr dicht an seinem Mund. Keine Atmung war mehr zu hören. Das beunruhigte mich noch mehr, als die gesamte Situation so schon. Mir tat sich die Frage auf, ob er überhaupt atmen musste, um zu leben. *Das tut doch nun wirklich nichts zur Sache!*, wies ich mich zurecht.

Ich schob seinen Mund auf und zwei perfekte Zahnreihen entblößten sich meinem Blick. Weiß wie der Schnee, blitzten sie mich an, schienen mich fast zu blenden.

„Oh nein. Das darf nicht wahr sein! Das kann es einfach nicht geben!", fielen mir die eben nur gedachten Worte aus dem Mund. Für einen kurzen Moment sackte ich in mich zusammen und schloss die Augen, in der Hoffnung, wenn ich sie öffnete, nur einen normalen, jungen Mann mit Unterkühlungen vorzufinden. Obwohl das ein sehr abgedroschener Wunsch oder eine Vorstellung war, die ich mir da vorlog. Denn warum sollte er, der mich schon aufgesucht hatte, ganz zufällig im Wald mit Unterkühlung liegen? Sehr unwahrscheinlich. Und als ich meine Augen wieder öffnete, bot sich mir das gleiche Bild wie vorher.

Seine Eckzähne waren zwei, vielleicht auch drei Millimeter länger, als bei einem Menschen. Sie waren so gerade und weiß, fast zu perfekt. Ich hatte schon Bücher darüber gelesen. In denen werden sie oft als Menschen fressende, hässliche Kreaturen beschrieben und gezeichnet. Sie haben außergewöhnliche Fähigkeiten, können sich in Tiere verwandeln und nur durch das Blut der Menschen existieren. Aber dass es *Vampire* wohl wirklich gibt, bemerkte ich widerwillig, erst in diesem Augenblick.

Erschrocken, verdutzt – ich wusste nicht einzuordnen, wie ich mich fühlen sollte –, nur eines wusste ich genau, dass ich ihn da wegbringen musste. Denn wie ein schlechtes Omen verzogen sich die dicken Wolken und der Himmel wollte aufreißen.
„Hey wach auf", meinte ich verwirrt.
Doch das ganze Rütteln und Reden half nichts. Er bewegte sich nicht, blinzelte nicht, nichts. Der Mantel schien offen zu sein. Vorsichtig schob ich ihn über seiner Brust auf.
Mit Wut und Entsetzen betrachtete ich das entsetzliche Bild vor meinen Augen, wie aus seiner Brust dieser Pflock ragte. Aber wie konnte das nur möglich sein? In jedem Buch war geschrieben, dass ein Pflock ins Herz, einen *Vampir* töten würde. Vielleicht hatte er das Herz verfehlt? Ich zitterte am ganzen Körper vor Kälte, Aufregung, Nervosität und Angst. Es war ein ganz eigenartiges, interessantes Gefühl, Kribbeln und Zittern zugleich.
Langsam zog ich mir die Handschuhe aus, ließ sie in den Schnee neben mir fallen und griff vorsichtig mit einer Hand an den Pflock. Sollte ich ihn rausziehen oder lieber doch nicht? Es riss mich hin und her, die geeignete Entscheidung zu treffen, obwohl ich nicht wissen konnte, welche die richtige sein würde. Das stand nicht in den Büchern.
Doch eine Sache hab ich mir gemerkt, aus all den Büchern die ich gelesen und Filmen, die ich gesehen hatte, dass die Wunden von *Vampiren* wahnsinnig schnell hei-

len. *Was nur, wenn das eine Lüge ist?*, grübelte ich, obwohl ich nicht die Zeit dazu hatte. Ich musste es einfach versuchen. Blieb mir ja doch nichts anderes übrig, als das Ding rauszuziehen und zu sehen, was passiert.

Plötzlich stöhnte er auf, als ich beide Hände von meinen Handschuhen befreite und fest um den Pflock legte. Es zerriss mir fast das Herz, wie er seine Augen zusammenkniff. Schmerzen, unendlich große Schmerzen mussten ihn in diesem Moment quälen, so heftig, dass ich es mir nicht einmal vorstellen wollte. Ich wusste, dann würde ich nicht mehr handeln können.

Ein lautes, kehliges Knurren und ein tiefes Stöhnen entfuhren seiner Brust.

Mir standen die Tränen in den Augen. Fest hielt ich den blutigen Pflock in der Hand, starrte ihn an und zitterte wie verrückt. Wie ein eiskalter Schauer rannte mir Gänsehaut über den Rücken, während die Wunde *blutig* auseinanderklaffte.

Einige Sekunden später, hatte ich mich wieder gefangen und schmiss den *blutigen* Pflock zur Seite in den Schnee, wo er rote Spuren ins Weiß malte.

Wie sollte es nun weiter gehen?

Er rührte sich weiterhin nicht.

Ich rüttelte ihn erneut. Nichts passierte.

So blieb mir nur ein Ausweg. Ich öffnete seinen Mund und schob den Ärmel meines Mantels zurück. Für einen kurzen Moment hielt ich inne. Ich wusste nicht, was es war, was mich dazu trieb, diesen Weg zu gehen, diese Wahl zu treffen. Es war, als wäre nicht ich diejenige, die diese Entscheidung traf. Es fühlte sich eher an wie eine fremde Macht, welche nun die Fäden in die Hand nahm. Sie brachte mich dazu etwas zu tun, zu was ich allein nicht den Mut gehabt hätte. Plötzlich hielt ich mein

Handgelenk genau zwischen seine Zähne und stieß es mit einem kurzen Ruck dagegen. „Aua!", entfuhr es mir, während ich versuchte die Bilder zu ordnen. Jetzt war ich noch unsicherer, ob es meine eigene Entscheidung war, ihm mein Blut zu geben oder ob es da doch etwas gab, was mich dazu drängte. Ich wusste es einfach nicht, konnte es nicht fassen. Genauso wenig wie die Tatsache, dass ich keine Ahnung hatte, welcher Gefahr ich mich damit ausgesetzt hatte.

Ein Tropfen *Blut* fiel in seinen Mund, ein zweiter, ein dritter. Doch es tat sich nichts. Er reagierte nicht einmal. Mein Kinn sank gescheitert runter, auf meine Brust.

Blitzschnell griffen plötzlich seine eiskalten Hände mein Gelenk. Er biss so heftig zu, dass es sich anfühlte, als würde es brechen und ich schrie auf. Wie gestochen, versuchte ich mich aus seinen Fängen zu befreien, versuchte mich wegzudrücken, mich irgendwo festzuhalten.

„Lass los! Du tust mir weh!", schrie ich ihn hysterisch an. Dann sah er mir direkt in die Augen und ich verstummte, wie hypnotisiert. Gänsehaut rannte mir über den Körper, über jede winzige Hautpartie. Dann wurde mir kalt, kälter und als mir schummerig wurde, ließ er endlich von mir ab.

„Willst du mich umbringen?", lallte ich. Es sollte wütend und vielleicht auch tadelnd klingen und dennoch kamen die Worte nur kläglich über meine Lippen.

„Nein. Hätte ich das gewollt, hätte ich es auch getan und jetzt sei still!", herrschte er zurück.

Ich hörte seine Stimme nun das erste Mal aus voller Brust.

Als er geflüstert hatte, war mir nicht aufgefallen, wie schön sie klingt, fast wie ein Gesang, tief, aber nicht rau oder kratzig. Ganz klar und samtweich. Trotz der Aggression in seiner Wortwahl, hatte sie etwas unheimlich Angenehmes.

Mit einem Mal war die Angst verflogen und ich fühlte mich wohl, geborgen in seiner Nähe, die mir eben noch Unbehagen in die Magengrube schob. Meine Muskeln entspannten sich, ohne dass ich es lenken konnte oder musste.

Er setzte sich mit verzerrtem Gesicht auf. Vielleicht war es der Schmerz der das hervorrief, vielleicht aber auch meine Reaktion auf seine Nähe. Ich konnte mir keinen Reim aus seinem Blick machen und hatte auch keine Kraft, geschweige denn den Nerv dazu.

„Rutsch ein Stück rüber an den Baum, sodass du dich anlehnen kann."

Ich gehorchte und lehnte mich mit dem Rücken an die Kiefer hinter mir, während ich bei jedem einzelnen Wort an seinen Lippen klebte.

Meine linke Hand hielt die rechte zum Schutz. Der Schmerz zog sich bis in die letzte Faser meines zitternden Körpers, bis ins Mark. Doch ich verspürte keine Angst, kein bisschen.

„Ich werde dir jetzt die Wunde abbinden. Du hast einiges an *Blut* verloren und wirst etwas wackelig zu Fuß sein."

Seine Haut war rosiger geworden, fast ein wenig lebendiger, wenn man es so nennen konnte. Er streifte seine Kapuze runter und knotete ein schwarzes Tuch von seinem Hals ab.

„Ich glaub, mir wird übel", seufze ich zwischen den aufeinanderliegenden Zähnen.

Mir wurde schwindelig. Das Bild vor meinen Augen verschwamm, wurde undeutlicher. Es begann immer heftiger zu wanken, zu stocken, bis nur noch wirre Farbblitze über die Linse huschten, wie eine kaputte DVD, die im Sekundentakt auf das gleiche Bild zurücksprang.

„Hey, komm zu dir!"

Ganz dumpf und aus scheinbar ewig weiter Entfernung drang mir eine samtweiche Männerstimme ins Ohr. Sie kam allmählich näher, wurde klarer.

„Komm schon!", meinte sie samtweich.

Noch völlig benommen, versuchte ich meine schweren Augenlider zu heben. Mein Kopf schwirrte. Ich kam mir vor wie in einem Traum, in einem sehr dunklen, in dem ich schwebte, bis ich spürte, wie die Kälte in meinen Adern hochkroch und versuchte, mich völlig zu erkalten. Ich zitterte heftiger, als jemals zuvor am ganzen Körper, als sollte ich bei vollem Bewusstsein spüren, wie ich erfriere. Zur Strafe ihm geholfen zu haben? Wenn ich das denn wirklich getan hatte.

Langsam verließ ich den Traum, die Dunkelheit und blinzelte vorsichtig unter den Wimpern hervor.

Im ersten Moment erhaschten meine Augen nur unscharfe Bilder. Also schloss ich sie wieder und probierte es ein paar Sekunden später erneut. Nach und nach erkannte ich den Wald vor mir. Mein Kopf wankte unkontrolliert von links nach rechts, hoch und runter. Plötzlich spürte ich kalte Hände im Gesicht. Mit viel Mühe bekam ich meine Augen geöffnet und vor mir bot sich das Bild eines wunderschönen Gesichts. *Er ist wirklich hier. Bei mir.*

„Ich habe nicht geträumt", seufzte ich fragend und erleichtert zugleich, so leise, dass ich mich selbst kaum hören konnte. Fragend, weil ich die Antwort aus seinem Mund, mit seiner tiefen Stimme hören wollte. Und gleich darauf erleichtert, weil ich dann den Beweis hatte, dass er nicht nur ein Hirngespinst sein konnte. Keine Fantasiegestalt wie die, die meine Träume beherrschten.

„Nein hast du nicht", flüsterte er und seine Samtstimme klang wie Musik in meinen Ohren.

Er kam mir so schnell so nah, dass unsere Gesichter nur wenige Zentimeter voneinander entfernt waren. Ich sah seine Augen ganz deutlich vor mir und roch, schmeckte fast den wunderbar intensiven Moschusduft, der mich auf eine angenehme Weise durcheinanderbrachte.

„Deine Augen. Sie leuchten nicht mehr so stark", murmelte ich mit wackeliger Stimme und fuhr ihm mit der linken, nicht verletzten Hand über die Augenbraue.

Mit aufgerissenen Augen starrte er mich an und wich zurück. Ein kurzes, kaum hörbares Knurren rang aus seiner Brust.

Ich zuckte zusammen. Kälte vor Ehrfurcht rannte mir über den Rücken. In diesem winzigen Moment der undurchdachten Berührung, hatte ich eine wirklich bedrohliche Haltung in ihm ausgelöst. In Bruchteilen einer Sekunde hatte er sich drei Meter von mir weg bewegt. Seine Körperhaltung wirkte in der Bewegung erstarrt. Vom *Vampir* zur Statue. Seine Hände zu Klauen geformt. Die Augen leuchtender denn je, und starr auf mich gerichtet.

„Tu das nie wieder!", herrschte er mich im drohendem Ton und fest aufeinander gepresstem Kiefer an.

Ich war mir nicht sicher was er meinte. In meinem Kopf herrschte wirres Durcheinander. Einige Sekunden verstrichen, bis ich begriff, dass es wirklich meine Berührung war, die ihn so zornig machte.

„Entschuldigung", meine Stimme brach ab.

Meine Blicke fielen auf den schneebedeckten Boden, auf die *Blutspuren,* die der Pflock hinterlassen hatte, als ich ihn wegwarf. Mich wunderte es nicht sonderlich, dass der Schnee unter dem Pflock nicht aufgetaut war und ihn verschlungen hat. Er war kalt wie Eis, als ich ihn ihm aus der Brust zog und selbst die geringe Temperatur meiner Hände, konnte ihn in der kurzen Zeit, da ich ihn in der Hand hielt, nicht erwärmen um das Eis dann unter sich zum Schmelzen zu bringen.

Es stimmte mich auf eigenartig intensive Weise traurig, dass ich ihn mit der Berührung scheinbar verletzt hatte. Mein Blick fiel nach links, wo ich die *Blutlache* und die Flecken erhaschte, die größtenteils von ihm und sicher auch ein bisschen von mir stammten.

Sofort schob sich mir die Übelkeit in die Magengrube. Wie versteinert stand er immer noch da und starrte mich weiterhin hasserfüllt an. Doch ehe ich auch nur in Erwägung ziehen konnte aufzustehen, spürte ich schon etwas unter mir und im selben Moment schmiegte sich mein Kopf an seine harte Brust, mein Körper behutsam, sanft in seinen Armen. Mein Herz raste, dann stolperte es, dass mir die Luft wegblieb und raste weiter. In einem tiefen Zug sog ich die eisige Luft in meine Lungen, die darauf heftig zu schmerzen begannen. Ich verzerrte das Gesicht ungewollt vor Schmerzen und ein Seufzen drang zwischen meinen Lippen hervor.

„Ist alles okay?", fragte die Samtstimme besorgt.

„Ja!", log ich.

Ich presste die Augen fest zusammen und versuchte, mich zu konzentrieren, um mich nicht auf seine Sachen zu übergeben.

„Lass mich runter. Ich lauf allein weiter", ich räusperte mich. „Du bist selbst verletzt!", brabbelte ich vor mich hin und war mir nicht sicher, ob er es überhaupt verstand. Denn ich wollte nur noch runter, im kalten Schnee liegen und hoffen, dass sich die Übelkeit verzieht.

„Sei nicht albern Lina.", erwiderte er mir, ohne meiner Bitte die geringste Aufmerksamkeit zu schenken. Ich meinte ein Lächeln in seiner weichen Stimme zu erkennen.

„Wir sind doch schon da!", fuhr er fort.

Was meint er damit, wir sind schon da? Wo sollen wir denn sein und hat er eben meinen Namen genannt? Den hab ich ihm doch gar nicht gesagt!

Als ich die Augen langsam öffnete, um mich umzuschauen, erkannte ich schnell, dass er mit mir im Arm mitten auf unserem Hof stand. Erschrocken sah ich ihn an und er erwiderte meinen Blick mit einem Lächeln. Ich hatte nicht bemerkt, dass er sich unter mir fortbewegt hatte, weder dass er loslief, noch dass er rannte. Mir kam es vor wie wenige Sekunden, die er mich im Arm hielt.

„Das ist unmöglich!", entfuhr es fasziniert meinen Lippen.

Sein Griff war so sanft, dass ich kaum die Arme und Hände an mir spürte.

Langsam richtete er mich auf, um mich abzusetzen und ich krallte mich an seinen steinernen Körper. Ich wollte nicht, dass er mich loslässt, mich ansieht und einfach wieder aus meinem Leben verschwindet. Doch so sehr ich an ihm klammerte, er befreite sich mühelos aus meinem Griff.

Kaum dass meine Füße den Boden berührten, brach die Wolkendecke über uns auf.

Es hatte bis vor zwei Tagen noch heftig geschneit und ewig war keine Sonne mehr zu sehen. Ausgerechnet an diesem Morgen wollte sie wieder mit geballter Kraft, gleißender Helligkeit scheinen. Meine Gedanken fuhren

Achterbahn. Ich hatte keine Zeit und keine Kraft mit ihm zu reden oder darüber nachzudenken, wie es weitergehen sollte, als die ersten Sonnenstrahlen auf ihn einschlugen und sichtbare Hautpartien im Gesicht und an den Händen zu verbrennen begannen. Es ging so schnell, dass seine Haut rot wurde und nur einige Sekunden später schwarz. Sofort lag der Geruch von verbrannter Haut in der Luft.

Mein Herz raste.

Ich sah wie sich sein Gesicht vor Schmerz verzerrte und erst jetzt bemerkte ich die tiefen violetten Schatten um seine Augen. Sofort spürte ich die Schmerzen, als hätte ich sie selbst, nur eben in der Brust. So sehr litt ich nun mit ihm.

„Du brauchst theoretisch nur die Dunkelheit? Keinen Sarg oder so was?"

Im Affekt packte ich seinen Arm und er ließ mich gewähren, zog mich während des Laufens fest an seine Seite, damit ich nicht umkippte.

„Nur Dunkelheit, fürs Erste", erwiderte er gequält.

Ich zerrte ihn, während er mich stützte, quer über den ganzen Hof an den Garagen vorbei, zu der Tür, welche runter in den Obstkeller führte. Ich öffnete die Holztür und stieß ihn hinein.

„Geh die Treppe runter. Der Raum links ist stockduster. Ich geh kurz ins Haus Verbandszeug holen."

„Brauchst du nicht! Es geht schon", rief die Samtstimme mir nach, als ich die Tür schloss, um ins Haus zu wanken. Im Gehen griff ich aus einem Reflex heraus in meine Manteltaschen und erfühlte überrascht, dass meine Handschuhe sorgfältig zusammengelegt darin waren. Ich wusste, dass ich die da nicht hineingetan hatte. Nur er konnte es gewesen sein, der die Handschuhe vom Schnee bedeckten Boden aufgehoben und sie mir dann, als ich bewusstlos war, in die Taschen gesteckt haben musste. Ich zog einen grauen aus jeweils jeder Manteltasche, betrachtete sie und schob sie desinteressiert wieder zurück.

Erst im Haus bemerkte ich so richtig, dass mein Handgelenk mit schwarzem Stoff eingebunden war. Meine Neugierde trieb mich fast dazu, das Tuch abzumachen, um zu sehen, wie die Wunde aussah. Aber meine Angst, dass es wie verrückt *bluten* könnte, hielt mich von dieser Dummheit ab.

Wie in Trance stürzte ich durch das Haus, suchte Kerzen, Streichhölzer, ein paar Decken und Mullbinden zusammen, mit dem Gedanken, dass er diese dringend brauchen würde. Ich wickelte alles in eine Decke ein, um sie mir unter den gesunden Arm zu klemmen.

Wie Feuer brannte das eingebundene Handgelenk und pochte wild, als würde etwas von Innen nach Draußen springen wollen.

Im Flur fiel mir der kleine, weiße Heizlüfter in die Augen. Es erschien mir eine gute Idee zu sein, diesen mitzunehmen, in der Hoffnung, dass es im Keller eine gängige Steckdose gab. Wenn überhaupt. Doch schnell stellte sich dieser Heizlüfter als echtes Hindernis dar. *Wie soll ich den denn jetzt noch wegbekommen?* Mit dem dicken Paket unterm Arm, angelte ich den Lüftergriff über die noch freien Finger. *Geschafft!*

Erleichtert über den Erfolg beim Päckchen packen, ließ ich die Haustür hinter mir ins Schloss fallen. Auf wackeligen Beinen wankte ich bepackt über den Hof wieder zum Keller.

Langsam schritt ich die steile Steintreppe in die Dunkelheit hinunter und lauschte, aber ich konnte nichts hören.

„Hey, bist du noch da?", rief ich hinab und kam mir ziemlich dämlich vor.

„Natürlich bin ich noch da! Ich kann ja gerade schlecht weg hier."

Gott war ich froh, seine warme, weiche Stimme zu hören, die leicht amüsiert und stärker unzufrieden klang.

„Entschuldige bitte. Ich sehe dich im Dunkeln nun mal nicht", meinte ich leicht angesäuert, riss mir die graue Wollmütze vom Kopf und warf sie auf eins der Regale.

Unten angekommen musste man sich nach links drehen, zum Raum, der ebenfalls abgetrennt durch eine Holztür war. Dort lagerten wir den Winter über Obst und Gemüse ein. Hauptsächlich Äpfel, aus unserem Garten.

Es gab einen Wandvorsprung, gleich rechts, wenn man den Raum betrat. Der Vorsprung war vielleicht drei Meter breit, achtzig Zentimeter hoch und anderthalb Meter tief.

Ich ließ das dicke Paket auf den Boden sinken und zündete einige Kerzen an, um mir einen Überblick zu verschaffen.

Drei Kisten voller Äpfel standen auf dem Vorsprung und erfüllten den winzigen Raum mit ihrem zart süß- säuerlichen Duft.

„Könntest du die Kisten bitte runter stellen?", bat ich ihn mit zurückhaltender Stimme.

„Ich schaff das ni…"

Er schnitt mir das Wort ab. „Musst du auch nicht!"

Und wieder klang ein Lächeln in seiner Stimme mit.

Schnell waren weitere Kerzen angezündet und auf den Holzregalen im Keller mit flüssigem Wachs aufgestellt.

Dann drehte ich mich um und trat bis auf einen halben Meter an ihn heran, drängte ihn an die Wand, dass er mir nicht wieder ausweichen konnte.

Ich betrachtete ihn, suchte mit den Augen sein Gesicht, so wie seine Hände nach den Verbrennungen ab.

„Deine Verbrennungen. Sie sind weg!"

Ich war darüber so erstaunt, dass ich noch näher zu ihm trat und mit meinen Fingern sanft sein kaltes Gesicht berührte.

„Zieh deinen Mantel aus!", meinte ich ernst und er sah mich entrüstet an „und das Shirt auch. Wir müssen dir die Wunde verbinden."

Während ich das sagte, riss ich ihm schon das Shirt, unter dem geöffneten Mantel, vor Sorge hoch. Doch auch an seiner marmornen Brust war nichts mehr zu sehen, die Wunde war weg, als wäre nie etwas passiert. Keine Narbe, kein Kratzer, nicht einmal eine Rötung. Ich ließ vom Shirt ab und sah ihn an.

„Wie ist das nur möglich?", flüsterte ich ihm erstaunt zu, bevor er mich mit einem Ruck zurückstieß.

„Was hast du eigentlich für ein Problem?", herrschte ich ihn an und erschrak über den Groll in meiner Stimme.

„Es ist besser, wenn du gehst", meinte er leicht bedrückt, fast tonlos.

„Aber warum?", flüsterte ich, während mein Blick unter den Wimpern hervor an ihm heftete.

„Geh!", schrie er mich bissig an.

Seine Samtstimme klang weich, aber sehr viel aggressiver, als kurz zuvor.

„Verschwinde!"

Er stieß mich wieder heftig.

Mit dem Rücken prallte ich gegen den Türgriff. Stechender Schmerz durchzuckte die Nierengegend, sofort stieg wieder diese wahnsinnige Übelkeit in mir auf, ich schwankte. Keinen klaren Gedanken konnte ich fassen, noch irgendetwas dazu sagen. Nur mein Blick wanderte kurz zurück zu ihm, bevor ich die Tür öffnete, einen Schritt raus trat, sie hinter mir ran zog und langsam die Treppe hoch schwankte. Ich stützte mich mit der linken Schulter an der Wand ab. Es war dunkel, nur ein wenig Licht drang durch die Ritzen zwischen den Holzbrettern der oberen Tür. Ich war so wütend, wie er mich behandelte und schrie noch in den Keller.

„Lina. Das ist mein Name."

Er kannte ihn schon. Doch ich wollte mich wenigstens förmlich vorstellen, bevor er gleich wieder aus meinem Leben verschwand. *Wenn es ihn denn überhaupt interessierte? Wohl eher nicht!*

So schleppte ich mich Stufe für Stufe der Tür entgegen, ohne auch nur einmal den Blick zu heben.

Plötzlich hörte ich ein Geräusch und sah einen Schatten vor mir. Erschrocken blieb ich stehen.

„Dein *Blut* riecht einen winzigen Tick süßer, als das anderer Menschen, aber nicht viel besonderer. Eher anders, intensiver."

Für einen kurzen Augenblick verstummte er und redete dann hastig weiter.

„Jetzt hab ich es gekostet und es wirkt fast animalisch auf mich, betäubend, als wäre ich auf Speed. Allein die Vorstellung, die Erinnerung an den Geschmack deines *Blutes*, macht mich rasend."

Er kam mir entgegen, so schnell, dass ich die Treppen rückwärts runterstolperte und dachte, ich würde jeden Moment fallen. Doch plötzlich fuhr seine Hand mit festem Griff in meinen Nacken und zog mich an sich heran. Ich hielt den Atem an.

Die gleiche Situation wie an der Scheune vor zwei Tagen, nur an einem anderen Schauplatz.

In einem tiefen Atemzug sog er meinen Geruch regelrecht in sich auf. Ich konnte seine kalte Haut an meiner Wange und dem Hals spüren. Er begann mir Angst zu machen. Es war das erste Mal, dass ich so in seiner Nähe empfand. Mein Herz stolperte und mir wurde schummerig vor Augen, als ich begriff, wieder atmen zu müssen.

„Ich will dich haben!", flüsterte die Samtstimme ruhig.

So sehr ich auch versuchte ihn von mir wegzudrücken, es gelang mir einfach nicht. Ich konnte ihn keinen Millimeter wegschieben. Er war einfach zu stark. Wohl eine der Fähigkeiten, von denen ich gelesen, sie aber im Eifer des Gefechts, vergessen hatte.

„Ich habe keine Angst vor dir!", meinte ich bestimmend.

„Du wirst mir nicht wehtun, das weiß ich."

Das war zum Teil gelogen. Ich konnte mir kein Urteil über jemanden bilden, den ich erst wenige Minuten kannte. Wenn man das überhaupt so betiteln dürfte. Doch ich rechnete mir die Chance, ihn so zu besänftigen, ziemlich hoch aus. Nicht aus Angst, eher am Interesse, etwas mehr Zeit mit ihm zu gewinnen. Zum Kennenlernen, etwas über ihn zu erfahren.

„Wie kannst du mir vertrauen, wenn ich mir nicht einmal selbst vertraue? Ich kann den *Vampir* in mir nicht kontrollieren."

„Doch, kannst du!", herrschte ich ihn an. „Konntest du vorhin auch."

Ich war entsetzt über seine schlechte Selbsteinschätzung, während ich keinen Zweifel daran hatte.

„Du hättest mich töten können. Verstehst du?"

Einen Moment hielt ich inne, um meine Worte wirken zu lassen und flüsterte dann, „hast du aber nicht."

„Ich will dir nicht wehtun, verstehst du das? Deshalb ist es besser, wenn du gehst", meinte er jetzt mit weniger Aggression in der Stimme.

Ohne noch ein Wort dazu zu sagen, schob ich ihn weg und er ließ mich gewähren.

Langsam trottete ich die Stufen hinauf, öffnete die Tür, sodass die Helligkeit den oberen Teil der Treppe durchflutete. Mein Blick ging nach unten zu ihm, bevor ich die Tür mit berstendem Knall hinter mir zuschmiss. Die Gedanken in meinem Kopf, die Gefühle in meinem Bauch, quälten mich und drohten mich zu zerreißen. Mit einem tiefen Zug atmete ich die eisige Luft in mich ein.

Neben der Tür an der Wand ließ ich mich nieder, die Beine angewinkelt, mit dem Po im Schnee. Ich schlang die Arme fest um die Knie, die Stirn mit geschlossenen Augen darauf gelegt und grübelte. Nicht lang, denn ich beschloss, wieder zu ihm zu gehen.

Irgendetwas hatte mich an ihm fasziniert. So ein Gefühl wie es mich in diesem Moment überkam, kannte ich überhaupt nicht, hatte ich noch nie im Leben so gespürt.

Keine fünf Minuten saß ich draußen und schon drängte mich der Gedanke an ihn wieder hin zu ihm. Es war wie eine unsichtbare Leine, die mich aus dem Schnee zog, die Tür zu öffnen und zum Runtergehen bewegte.

Die zweite Holztür stand offen, sodass ich vorsichtig in den Raum schauen konnte.

„Ich wusste du würdest wieder kommen", meinte er, als mein Blick ihn erhaschte.

Da saß er nun, auf dem Vorsprung mit dem Rücken zur Wand, die Beine ausgestreckt.

Ich erschrak, als er mich so laut und trocken ansprach, ohne mich wiederum eines Blickes zu würdigen.

Seine blonden, mittellangen Haare fielen ihm zerzaust ins Gesicht.

Ich trat einige Schritte in den Raum, um ihm gegenüberzustehen, wenn ich mit ihm sprach.

„Ich kann den Gedanken nicht ertragen dich in die Dunkelheit gehen zu lassen, ohne zu wissen, was es mit diesem Gefühl auf sich hat. Wie ich schon sagte, ich vertraue dir. Es ist, als ob ich dich schon ewig kenne und ich will wissen, warum. Ich weiß, du wirst mir nicht wehtun."

„Corvin", erwiderte er mir auf mein wirres Wortgefecht.

„Wie Corvin?"

Er hatte mich sofort aus der Fassung gebracht. Ich verstand nur noch Bahnhof.

„Mein Name ist Corvin."

Ach so ja, Corvin eben! Das leuchtete mir ein.

„Du hast Mut hier zu stehen."

Er kniff die Augen fest zu, bevor er seine Hände ins Gesicht legte und stöhnte, als hätte er Schmerzen. Vor Sorge sprang ich auf den Vorsprung.

„Was ist mit dir?"

„Komm mir doch bitte nicht so nah", wimmerte er regelrecht, als ich nach seinen Händen griff und aus dem Gesicht zog. Sie waren so wahnsinnig kalt, so hart und bleich.

„Es ist okay. Vertrau mir!", flüsterte ich und sah ihm dabei in seine wieder grellblau gewordenen *Vampiraugen.*

Dieser erste intensive Blickkontakt war erschreckend und faszinierend zugleich.

Ich hatte noch nie zuvor solche Augen wie seine gesehen, außer meine und die waren bei weitem nicht ungewöhnliche und schon gar nicht so unbeschreiblich schön. Es war, als könnte man darin eintauchen. Wie ein gigantischer Wasserfall.

„Für mich ist es nicht okay! Eine einzige falsche Bewegung von mir und ich könnte dir das Genick brechen", tönte es gequält aus ihm und wir zuckten beide über seine scharfen Worte zusammen.

„Ich vertrau dir!", meinte ich großspurig.

Sein Blick wurde plötzlich wilder, entschlossen zu etwas, dass ich nicht ahnte.

Ich saß auf meinen Unterschenkeln vor ihm, als seine Hände blitzschnell meine griffen und sie nach hinten, jeweils neben mir, fest auf den Vorsprung pressten.

„Ahhhh!" Mein schmerzerfüllter Schrei hallte im Keller wieder. „Meine Hand," fuhr ich ihn mit zittriger Stimme an.

Sein Gesicht verzog keine Miene, es war starr und ausdruckslos.

Mit seiner Stirn kam er an meine und lehnte dabei über meinen nach hinten gebeugtem Oberkörper. Ich konnte die Kälte seiner Brust deutlich durch die Kleidung spüren. Der süßliche Duft benebelte mich zusehends.

Plötzlich drückte er sein Knie zwischen meine Beine und sah mir mit wütendem Blick in die Augen.

„Ist es das was du willst?", er schnaufte. „Willst du, dass ich dich töte?"

Die Worte kamen gestochen scharf aus seinem Mund, gefolgt von einem leisen, bedrohlichen Knurren, als er sich noch heftiger gegen mich lehnte. Unerträglich wurde der Schmerz in meiner Hand, fuhr über die Schulter, den Rücken hinab. Und so sehr ich auch versuchte dagegen anzukämpfen, schossen mir dennoch augenblicklich Tränen in die Augen. Sofort wich ich seinen Blicken aus, kniff die Lider zu, dass er mich weiter mit seinen Worten peinigen konnte.

„Dich fasziniert alles an mir, meine Stimme, mein Aussehen, das Anderssein. Und soll ich dir etwas sagen? Das muss so sein. Es ist das Beuteschema von uns *Vampiren*. Obwohl es völlig überflüssig ist", er lachte hämisch. „Ich würde dich auch kriegen, wenn du vor mir weglaufen würdest!"

„Ich habe keine Angst vor dir!", seufzte ich nur mit Mühe durch die zusammengepressten Kiefer. Es fiel mir schwerer als ich dachte, das Schluchzen zu unterdrücken, welches mir die Angst und dieser grässliche Schmerz entlockten.

Plötzlich ließ er von mir ab und ich umfasste mein Handgelenk.

Corvin war ein gut aussehender Mann, aber auch ein *Vampir* und ich hatte unterschätzt, wie stark diese Seite von ihm war. Ich hatte es nicht nur unterschätzt, sondern völlig aus den Augen verloren, außer Acht gelassen. Ein Fehler, der mir jede Sekunde den Hals hätte kosten können. Eine so greifbare Gefahr, die inzwischen spürbar die Luft erfüllte.

Für eine scheinbar endlos lange Zeit zog Ruhe in den Raum, machte die Luft um uns wieder reiner.

Mythen und Geheimnisse ...

„Weinst du?", fragte er plötzlich, mit völlig veränderter, ruhiger Samtstimme.

Doch ich konnte nichts darauf antworten, mich nicht einmal bewegen, so sehr hatte mich sein anderes Ich schockiert. Seine bleichen Finger schnellten auf mein Gesicht zu. Ruckartig wich ich ihnen aus, die Glieder starr vor Angst. Obwohl ich mir bis vor ein paar Minuten nichts sehnlicher gewünscht hatte, als dass er mich berührt. Aber das Blatt hatte sich gewendet. Corvin schaffte alles zu zerstören, bevor es überhaupt einen richtigen Anfang, zu was auch immer, geben konnte.

Ich versuchte mir in diesem Moment einzureden, ihn abgrundtief zu hassen, weil er ein *Vampir* war. Nur mich hasste ich noch mehr, weil ich wusste, dass ich so nicht für ihn empfinden dürfte und weil ich ihm immer noch vertraute. Es stand außer meiner Kraft, meine Gefühle zu kontrollieren.

„Es tut mir leid, dass ich dich so ekelhaft behandle. Ich kann mich in deiner Nähe nicht kontrollieren. Ich will dich nicht verletzen oder vielleicht sogar aus Versehen ...", er verstummte, ließ den Satz unbeendet im Raum stehen. Sicher weil er wusste, dass ich wusste was er sagen wollte. Etwas wie töten oder umbringen.

Allmählich hatte ich mich wieder gefangen. Ich fand meine Stimme wieder, um etwas zu sagen. „Du hast recht!", meinte ich und ließ die Worte einen Moment lang im Raum stehen.

„Alles an dir fasziniert mich. Deine Augen, deine Stimme, dein Duft. Es ist wie ein Fluch, dem ich mich nicht entziehen kann. So sehr ich auch versuche es zu verdrängen, in meinem Kopf dreht sich, seit ich dich das erste Mal sah, alles nur noch um dich!"

Aus ein paar Worten ist eine halbe Rede geworden. Sachen, die ich bis eben nur dachte, sprudelten völlig unkontrolliert aus mir heraus und verrieten viel. Viel zu viel.

„Es ist die Hingabe, die in deiner Stimme schwingt, nicht die Faszination und das darf nicht sein!", zischte er zwischen den Zähnen.

„Ich habe keine Angst vor dem Tod. Darüber habe ich mir noch keine Gedanken gemacht", brabbelte ich abwesend vor mich hin, ohne zu bemerken, es ausgesprochen zu haben.

Mein Kinn lag auf der Brust, den Blick in die Decken vor mir geheftet.

„Aber ich werde es nicht sein, der dein Leben beendet!" Corvins Stimme bebte wieder vor Aufregung.

„Darum habe ich dich auch nicht gebeten."

Langsam löste ich den Blick und sah zu ihm auf, in seine inzwischen unscheinbar blau gewordenen Augen.

„Deshalb ist es besser, wenn ich jetzt gehe."

Es fiel mir schwer, mich von seinem wunderschönen Gesicht zu lösen und doch musste es sein. Es war die einzige Möglichkeit, bei welcher wir beide mit einer weißen Weste aus der Sache rauskommen würden.

Allmählich entspannten sich meine Muskeln. Nur der innere Schmerz wurde schlimmer, trieb mir erneut Tränen in die Augen. Ich wollte nicht gehen, wollte nicht, dass Corvin mich verlässt, dazu hatte er mich schon zu sehr in seinen Bann gezogen. Aber nach mir allein ging es hier nun mal nicht.

Langsam rutschte ich zur Kante des Vorsprungs, als sich unsere Blicke ein letztes Mal treffen sollten.

Völlig unerwartet, blitzschnell fuhr seine eisige Hand in mein Gesicht. Ich erstarrte unter der Berührung. Es gab kein Anzeichen für den Auslöser seiner Reaktion. Ich traute mich nicht mich zu bewegen, wollte es ihm nicht noch schwerer machen, als es sicher so schon war.

Es kostete ihn einiges an Überwindung vorsichtig zu sein, dass konnte ich spüren, als seine Hand an meiner Wange zitterte.

Langsam schob er mein Gesicht hoch, dass ich ihn ansehen musste und sah wie sein Augenpaar im Wechsel, erst mein linkes, dann mein rechtes Auge betrachtete. Ich verstand nicht, weshalb er es tat. Mein Herz raste vor Aufregung, als unsere Gesichter nur noch wenige Zentimeter voneinander entfernt waren. Dennoch versuchte ich möglichst flach zu atmen, um ihm meinen Duft nicht noch heftiger in die Nase zu treiben und seinen nicht zu sehr einzuatmen.

Die Tränen waren getrocknet, als ich es schaffte, mich einigermaßen zu entspannen und ihn einfach gewähren zu lassen, was immer er auch suchte oder bereits gefunden hatte; denn meinem Auge blieb es verborgen. Irgendwas an mir war, was seine Aufmerksamkeit erregte, was mich inne halten ließ obwohl ich schon längst gegangen sein sollte.

Es dauerte Minuten, bis Corvin sein scheinbar großes Interesse zurückgeschraubt, seine statuenhafte Starre löste und die Stimme wieder gefunden hatte.

„Was ist mit deinem Auge?", fragte er mich plötzlich.

Ich weiß nicht wie ich ihn ansah, aber offensichtlich verlangte mein Blick nach weiteren Erklärungen.

„Du hast zwei verschiedene Augenfarben! Das ist mir vorhin gar nicht aufgefallen", meinte er mit einer Faszination, welche ich nicht erwartet hatte.

„Oh!", stieß ich heraus und ahnte, was er meinte.

„Was?", hakte er nach.

Wieder wanderte sein Augenpaar hin und her. Dann ließ er mein Gesicht los und sah mich fragend an.

Ich drehte mich aus seinem Blickfeld, prüfte mit einem Finger, ob meine Kontaktlinsen an Ort und Stelle saßen. Doch eine fehlte.

„Das kann dir vorhin auch nicht aufgefallen sein", meinte ich bedrückt. Das ist mir noch nie passiert, eine Kontaktlinse zu verlieren und es nicht mal zu bemerken.

„Du siehst das in dem schummerigen Licht?"

„Ja, sehr gut sogar!"

Ich sah zu Corvin, direkt in seine Augen.

„Und was ist deine Theorie dazu?"

Beiläufig zeigte ich auf mein linkes Auge.

„Ich habe keine. Erklär du es mir!"

Die ganze Sache schien sein Interesse mehr geweckt zu haben, als ich annahm.

„Ich dachte immer, ihr *Vampire* könnt Gedanken lesen oder so."

„Kann ich auch! Will ich aber nicht! Und außerdem ist es nicht so einfach", antwortete er mir knapp.

„Wie ist es dann?", hakte ich nach.

„Ich erzähle es dir, wenn du mir das mit deinen Augen erklärst", stellte er mir ein Ultimatum.

Ich dachte einen Moment darüber nach, drehte mich weg und fummelte mir die zweite Kontaktlinse raus. Auf der Fingerkuppe platziert, hielt ich sie ihm hin.

„Ist es denn nicht schon offensichtlich genug?", fragte ich, während ich seinen Blick suchte.

Mit dem Daumen schnipste ich die Kontaktlinse letzten Endes auf den Kellerboden. Hier unten war es dunkel genug, um ohne die Dinger auszukommen und im Haus hatte ich immer noch ein- oder zwei Paar vorrätig. Für den Fall aller Fälle. Wie jetzt.

Unsere Augenpaare trafen sich. Fasziniert rückte Corvin noch näher an mich heran und schaute noch genauer hin.

„Sie sind rosa und grau!“, stellte er verblüfft fest.

„Sag ich doch. Offensichtlich!“

Corvin sah mich immer noch mit fragendem Blick an.

Ohne Scheu und ohne darüber nachzudenken, legte ich ihm meine Hand in seine.

„Schau sie dir an!“, und er tat, ohne zu fragen, was ich ihm auftrug.

„Sie ist weiß wie Schnee! So bleich wie deine!“, fügte ich hinzu.

„Das habe ich bemerkt, als ich dich das erste Mal sah. Du bist meinesgleichen optisch so ähnlich und doch schlägt ein Herz in deiner Brust. Also was bist du?“

Und es klang fast anschuldigend, als erwartete er eine Erklärung, vielleicht so etwas wie eine Spezies zwischen Mensch und *Vampir*. Die perfekte Mischung aus beiden.

„Ich bin nicht was! Dass ich anders aussehe, liegt ganz einfach an einer Stoffwechselerkrankung. Es hat nichts mit irgendwelchen übernatürlichen Dingen gemein.“

Ich nahm an, dass diese drei Sätze reichten, ihm zu erklären was mit mir los ist und ich hoffte, er würde sich selbst einen Reim daraus machen. Aber so fragend wie er mich erneut ansah, kapierte er es nicht. So lang hatte ich keinem davon erzählt. Ich hatte es mir fast zur Aufgabe gemacht die Leute zu verwirren, ihnen aber nie die Wahrheit zu verraten, außer sie würden von selbst darauf kommen. Zu meinem Glück sprach mich kaum jemand auf meine weiße Haut an. Es fiel wahrscheinlich auch den wenigsten wirklich auf. Ich habe eben gelernt, mich anzupassen. Außerdem geht das nur mich, meine Familie, den wenigen Ärzten bei denen ich so bin und natürlich Clara etwas an. Genau so sollte es auch auf ewig bleiben. Bis jetzt, da Corvin vor mir saß und mich mit seiner bloßen Anwesenheit und dem berauschenden Duft verwirrte.

Ich atmete tief durch und sah ihn an.

„Albinismus! Ich habe so ziemlich die schwerste Form davon. Nur mit dem Unterschied, dass ich nicht fast blind bin." *Jetzt ist es raus!* Mein Geheimnis, mein wohl gehüteter Schatz, rausposaunt durch meine eigenen Lippen.

„Ich hab schon davon gehört, aber eher aus dem Tierreich."

Das war sicher nicht das, was ich unbedingt hören wollte, aber eigentlich wusste ich auch nicht, was ich erwarten sollte.

„Und was genau löst das aus?", fuhr er neugierig fort.

„Willst du die kurze, einfache Erklärung dazu oder lieber die komplizierte?"

Ich fragte ihn, weil ich wissen wollte, wie sehr es ihn wirklich interessierte und ob er mir wohl folgen konnte, wenn ich ihn mit weniger geläufigen Worten bombardieren würde.

„Die komplizierte. Ich denke, ich kann dir folgen."

Unser Gespräch schien allmählich in Gang zu kommen, trotz aller vorherigen Zwischenfälle. Es war, als sollte ich mit einem guten Kumpel, den ich vorher nie hatte, über etwas völlig belangloses sprechen.

Meine Angst war verflogen, weg, als hätte es sie gar nicht gegeben. Ich fühlte mich wohl, war froh, doch noch Zeit mit Corvin verbringen zu können, die ich meiner Krankheit, wenn man es so nennen kann, zu verdanken hatte.

Bisher hatte ich es immer als kleines, aber lästiges Hindernis gesehen. Das ständige Haarefärben, die Kontaktlinsen, im Sommer Sonnenschutzfaktor fünfzig. Und nun sah ich, dass es für diesen Moment die Beziehung zwischen mir und Corvin positiv beeinflusste.

„Okay, du hast es so gewollt!"

Ich lächelte ihn an und er erwiderter es. Mein Herz machte einen Sprung.

„Also, Melanin ist ein dunkles Pigment, der Farbstoff für Haut und Haare. Es schützt den Körper, in dem er die Sonnenstrahlen absorbiert. Mir fehlen diese Pigmente. Besonders bei den Augen wird das zum Problem. Ich bin extrem blendempfindlich, deshalb die Kontaktlinsen."

„Und was ist mit deinen Haaren, Augenbrauen und Wimpern?", unterbrach mich Corvin.

„Haare und Augenbrauen färbe ich und die Wimpern werden schwarz getuscht."

„Ach so! Ja klar!", stammelte er, als hätte er selbst drauf kommen müssen.

„Soll ich weiter … , oder ist es dir schon zu viel?", stichelte ich ihn amüsiert an.

„Sprich weiter!"

„Melanin wird in Farbstoff bildenden Zellen produziert, den Melanozyten. Sie enthalten kleine membranumschlossene Bläschen, Melanosomen, in denen das Melanin gebildet wird. Bei der Melaninsynthese, also der Produktion des Farbstoffs, entstehen Zwischenprodukte, wie Chinone und Phenole, die den Membranen der Zelle gefährlich werden können und sie beschädigen würden. Deshalb geschieht der Vorgang in den sogenannten Melanosomen. Es bedarf diverser Enzyme, die nacheinander beim Aufbau des Melanins, in den Melanosomen, mitwirken. Wenn aber eines dieser Enzyme nicht mehr funktionsfähig ist, tritt, wie eben bei mir, Albinismus auf."

Ich sah Corvin prüfend an.

„Konntest du mir folgen oder soll ich noch mal anfangen", fragte ich schnippisch und musste mir das Lachen verkneifen.

„Nein, lass gut sein! Wenn man sich versucht das bildlich vorzustellen, ist es verständlich. Danke!"

Es fühlte sich gut an, dieser kleine Anflug von Überlegenheit, den ich verspürte. Ich hatte nicht erwartet, ihn wirklich überraschen zu können, aber es schien mir gelungen zu sein. Jetzt konnte ich mir ein leises, hämisches Lachen nicht mehr verkneifen.

„Jetzt bist du dran!", forderte ich ihn auf, mich über die Sache mit dem Gedankenlesen aufzuklären.

„Ich kann dir ehrlich gesagt nicht erklären, wie und warum das möglich ist. Es hat mich wirklich viel Zeit gekostet, die Gedanken der Menschen zu hören."

Corvin wirkte angespannt, als grübelte er darüber nach, was und ob er mir überhaupt etwas erzählen sollte.

„Erzähl mir mehr davon! Kannst du meine Gedanken lesen oder hören oder wie auch immer?", drängte ich ihn vorsichtig, weiter zu reden.

„Am Anfang, also kurz nachdem ich verwandelt wurde, hörte ich nichts. Mit der Zeit kam ein Summen, wie ein Bienenschwarm und entwickelte sich weiter zu Gebrüll, wie in einem Stadion voller feiernder Menschen. Diese Stimmen machten mich fast wahnsinnig. Nach und nach hatte ich gelernt, aus dem Geflecht aus Wörtern, einzelne Personen auszukristalisieren oder das Gesäusel völlig auszublenden. Aber inzwischen mache ich das gar nicht mehr, Gedanken lesen. Ich muss dann einfach immer aufpassen, dass ich nicht eine Frage beantworte, die keiner laut gestellt hat oder reagiere, wenn irgendwer meinen Namen denkt."

Ich wollte ihn nicht unterbrechen, doch meine Beine waren inzwischen eingeschlafen, kribbelten und piksten, während sie schlaff am Vorsprung herabhingen. Ich rutschte ein Stück zurück, weiter auf den Vorsprung, streckte die Beine geradeaus und setzte mich dann in den Schneidersitz, um Corvin weiter aufmerksam zu hören zu können.

Er beobachtete mich, folgte mit seinen wachsamen Augen jeder einzelnen meiner Bewegungen und schüttelte dabei gelegentlich grinsend den Kopf.

Es schien ihm inzwischen leichter zu fallen mit mir über sich zu reden und auf mich wirkte alles allmählich unbeschwerter, ohne Zwang. Ein Gespräch unter Freunden. Bis ich, wie so oft, mit meinen Gedanken nicht hinter den Berg halten konnte …

„Das klingt doch gar nicht so unnormal oder gefährlich", … und prompt in ein Fettnäpfchen trat.

„Ich bin ein Monster, ein Mörder! Ich töte Menschen und Tiere, um selbst zu überleben. Verstehst du das, Lina? Ich trinke ihr *Blut* und töte sie damit."

Corvin wirkte nervös, aufgebracht. Seine Muskeln spannten sich an.

„Es tut mir leid!", entschuldigte ich mich.

„Tu mir ein Gefallen und unterschätze nie, nie die Gefahr, welche es birgt, wenn ich in deiner Nähe bin."

„Okay!", stammelte ich und fühlte mich peinlich berührt, dass er mich ständig darauf hinweisen musste. Aber es fiel mir in seiner Nähe so leicht, einfach ich zu sein.

„Ich dürfte das hier", er machte eine wedelnde Handbewegung, betrachtete dabei den kleinen schummerigen

Keller und dann mich, „überhaupt nicht zulassen. Ich bring dich in höchste Gefahr und niemand weiß, wo du bist."

Es klang leidend, wie er das sagte. Als wäre es ausgeschlossen, dass ich diesen Keller lebend verlassen würde. Er hatte Angst, mich zu töten. Ich hingegen sah es anders. Sah ihn in einem anderen Licht, als er sich. Er kann sich ganz offensichtlich selbst nicht gut einschätzen. So sehr wie er sich davor fürchtete, wusste ich, dass er nie dazu in der Lage wäre, mir etwas anzutun.

„Ich bin mir der Gefahr bewusst, vielleicht nicht so wie du es gern hättest, aber ich werde versuchen, es mir immer wieder vor Augen zu halten."

Er erwiderte darauf nichts, hatte offensichtlich mal keine oder andere negative Einwände zu bringen, wie er es sonst schon die ganze Zeit tat, wenn ich mich mal falsch ausgedrückt hatte und es doch eigentlich anders meinte. Ich nahm es als gutes Zeichen und unterbreitete ihm gleich einen Kompromiss.

„Und im Gegenzug solltest du versuchen, weniger pessimistisch an das hier," ich imitierte seine Bewegung von eben, „ranzugehen."

„Oh. Du schlägst mir einen Deal vor?"

„Ja, so könnte man das nennen."

Ich nickte, legte die Stirn in Falten und lächelte ihn vorsichtig an.

Er erwiderte es.

Also fasste ich es als „ja" auf.

„Ich bin mir dessen wohl bewusst, was deine Ernährungsgewohnheiten angeht, das mit dem *Blut.* Aber es gehört nun mal in dein Leben, wie das Essen und Schlafen in meins. Wie das Amen in die Kirche", meinte ich mit fester, entschlossener Stimme.

„Ja vielleicht hast du recht!", entgegnete er mir, nicht sonderlich überzeugt.

Corvin wandte seinen prüfenden Blick nicht eine Sekunde von mir, während er sich wieder mit dem Rücken gegen die Wand, die Beine ausgestreckt hinsetzte. Ich konnte spüren, wie er weiterhin jede kleinste meiner Bewegungen beobachtete. Nur kurz stand ich vom Vorsprung auf, um meinen Mantel auszuziehen, mich in eine Decke zu wickeln und gegenüber von ihm wieder Platz zu nehmen.

Es wurde schon spürbar wärmer im Raum. Meine Blicke wanderten und erhaschten den Heizlüfter, der angeschlossen an einer Steckdose hing. Ich schüttelte kurz den Kopf, um mich wieder auf Corvin zu konzentrieren.

„Wie lang schleichst du mir schon hinterher und versuchst mich zu töten?"

Mit entsetztem Blick sah er mich an und es schien, als würde seine Haut noch bleicher werden.

„Ich meine …", eiskalt fuhren mir die Worte aus dem Mund. „Also ich bin der festen Überzeugung, dass du mich vorgestern getötet hättest, wäre dir meine Freundin nicht in die Quere gekommen. Oder irre ich mich da?"

Ich sah ihm direkt ins Gesicht und dachte, er würde bei diesen Anschuldigungen wegschauen, doch sein Blick klebte weiter an mir.

Ein langer, stiller Moment verging, ehe er antwortete.

„Ich beobachte dich schon eine ganze Weile", er machte eine Pause, dann sprach er ruhig weiter, „länger, als du glaubst!"

Entsetzt, erschrocken fuhr ich ihm ins Wort.

„Aber warum? Warum ich?"

„Vor ziemlich genau einem halben Jahr durchquerte ich an einem Nachmittag dieses Dorf. Der Himmel war wolkenverhangen und ermöglichte mir, zu dieser Tageszeit die Durchreise. Hier, am Ortsausgang schlug mir dann ein süßlicher, eigenartig anderer, aber angenehmer Duft von *Blut* in die Nase. Wie schon gesagt, nicht viel besonderer, als das anderer Leute. Was mich jedoch verblüffte, war, dass der Duft aus schier endlos weiter, unmöglicher Entfernung zu mir zu ziehen schien. Er kam plötzlich aus allen Richtungen und legte sich um mich, wie eine Glocke. Ein Duft, wie ich ihn noch nie so derart intensiv gerochen hatte. Ich kann nicht mit Worte beschreiben, wie du riechst. Ich kann mir auch jetzt, da ich weiß, dass du nicht ganz wie all die anderen Menschen bist, noch keinen Reim daraus machen, was an deinem *Blut* so anders ist, warum es mich so sehr reizte. Jedenfalls lief mir das Wasser im Mund zusammen. Ich ging dem nach und dann sah ich dich auf der Schaukel sitzen, ein Stück weg von eurem Haus. Allein. Dein Duft war so verlockend, dass ich mich am liebsten sofort auf dich gestürzt hätte."

Ich meinte, ein Schimmern in Corvins Augen zu sehen. Mir verschlugen seine Worte dennoch die Sprache. Ich wollte ihn fragen, warum er es nicht getan hat, aber ich brachte keine Bewegung in mein Gesicht. Es war wie versteinert, völlig unkontrollierbar. Mit weit aufgerissenen Augen starrte ich ihn an.

„Du hast eine unbeschreiblich faszinierende Wirkung auf mich. So etwas habe ich noch nie bei einem Menschen erlebt. Ich sah dich, deine Haut, so weiß wie Schnee. Die fast noch bleicher zu sein schien, als meine und um ein tausendfaches zerbrechlicher. Auf den ersten Blick dachte ich, du wärst eine von uns. Doch der intensive Duft von *Blut* und der lebendige Herzschlag, passten nicht ins

Bild." Prüfend wanderten seine Blicke über meinen Körper und er setzte wieder zum Sprechen an.

„Halt! Du sagtest eine von uns. Gibt es denn so viele *Vampire*?"

„Nein nicht viele! Nur eine Hand voll über den ganzen Globus verteilt."

„Okay!"

Damit beendete ich den kurzen Einwand und wartete, dass er weiter erzählte.

„Es war mir völlig schleierhaft, was du bist. Ich dachte vielleicht an eine Art neue Spezies von Mensch oder *Vampir* oder einer Mischung aus beidem."

Damit bestätigte er meine Vermutung von vorhin.

„Ich hatte mir fest vorgenommen, nicht in deinen Gedanken zu stöbern, aber die und deine Gefühle schienen mir verborgen zu bleiben. So beschloss ich, dich für eine Weile zu beobachten."

Ich schnitt ihm das Wort erneut ab und beendete den Satz. „Und mich nach deinen Studien zu töten."

Das war keine Frage, sondern die pure Wahrheit, die ich aussprach und damit ins Schwarze traf.

„Ja!", er zuckte belanglos die Schultern.

„Und in dieser Woche hattest du die Jagdsaison auf mich eröffnet!"

„Kann man so sagen!"

Ich erschauderte und begriff, in welcher Art von Gefahr ich mich jetzt wohl befand. In der realistischen, auf alle Fälle tödlichen Gefahr. Als würde es auf einer Leuchttafel in Großbuchstaben geschrieben stehen. DANGER!!!

Es fiel mir wie Schuppen von den Augen, als könnte ich das Klicken in meinem Kopf, über des Rätsels Lösung, selbst hören. Langsam schloss ich resigniert die Augen, ließ das Kinn auf die Brust sinken. Was hatte es noch für einen Sinn darüber nachzudenken? Sollte ich vielleicht lieber weglaufen? Ich hätte nicht einmal den Hauch einer Chance gehabt. Mein ganzer Körper begann heftig zu zittern. Ich versuchte, alle Gedanken aus meinem Kopf zu schieben und wartete darauf, dass er sich auf mich stürzt; denn früher oder später würde es sicher so kommen.

Langsam wickelte ich den grünen Schal vom Hals, ließ in auf den Boden fallen und legte den Kopf in den Nacken, um die nackte Haut sichtbar freizulegen. Es vergingen endlose Sekunden, bis mir seine kalte Hand spürbar in den Nacken fuhr und mich zu ihm hinzog. Ich kniff die Augen fest zusammen, hielt den Atem an. Dann spürte ich seine eiskalten Lippen an meinem Hals, am Ohr, immer im Wechsel. Mein Herz raste, stockte und raste wieder.

Flüsternd, ganz sanft, nahm ich seine Worte wahr.

„Glaubst du wirklich, ich würde dich immer noch umbringen wollen?"

Ich öffnete die Augen und sank den Kopf, um ihn anzusehen, als er die Frage so im Raum stehen ließ.

„Jetzt, nachdem du mir, sagen wir, das Leben gerettet hast?"

„Tust du nicht?", flüsterte ich mit erstickter Stimme.

„Nein natürlich nicht! Nicht, solange ich einen klaren Kopf bewahre und mich beherrschen kann."

Seine Samtstimme brach fast in Gelächter aus. Während ich mich wie neugeboren fühlte, als anstelle des Zitterns, Kribbeln trat. Endlich ließ der Druck in meinen Lungen nach. Ich hatte wieder angefangen zu atmen.

„Dachtest du, ich würde dich ...?", jetzt klang er erschrocken, fast schon entsetzt und nahm seine Hand aus meinem Nacken.

„Ja!", antwortete ich peinlich berührt, über meinen voreiligen Schluss, den ich, wie so oft in meinem Leben, gezogen hatte. „Schon ein wenig."

Mein Gesicht lief hochrot an.

Einige Minuten erfüllte Stille den Raum.

Ich starrte überall mal hin, während Corvin mich fixierte, beobachtete.

In meinem Kopf schwirrten hundert, nein tausend Gedanken, bis ich sie fassen und ordnen konnte, um etwas daraus zu einem Satz zu formulieren.

„Du hast deine Studien über mich also beendet?", flüsterte ich.

„Das klingt wirklich abwertend, wie du das sagst."

„Wie würdest du es sonst nennen?"

Ich funkelte ihn an und hoffte, er würde nur einmal keine für mich nachvollziehbare Antwort haben. Denn dann bräuchte ich mich für diese grobe Aussage nicht zu rechtfertigen, wenigstens nicht mir gegenüber. Der Schuldgefühle wegen.

„Nenne es wie du willst!"

Er verstummte kurz und sprach hastig weiter.

„Ich habe dir lange genug nachgestellt und bin aus dir einfach nicht schlau geworden! Nicht einmal deine Gedanken verrieten etwas über dich. Weder über deinen Schöpfer, den ich vermutet hatte zu finden, noch warum ein Herz in deiner Brust schlägt. Ich bekam auf all das nicht eine Antwort. Und dass ist es, was mich gefesselt hat, warum ich dich beobachtet habe."

Die Samtstimme brach plötzlich ab.

Erst, als kalte Finger mein Kinn berührten und mit leichtem Druck hoch schoben, merkte ich, dass ich die Decken vor mir anstarrte.

„Du warst, wie ein unlösbares Rätsel für mich. Ich musste näher an dich ran kommen, um zu verstehen, wie du tickst. Was du bist, was dein Geheimnis ist. Und dann hast du mich entdeckt und mit deinen großen, leuchtend grünen Augen angesehen. Wie du vor mir standest. Jeder andere Mensch wäre instinktiv vor mir weggelaufen, aber du?"

Es wurde eine Beichte, die ich nicht gehofft hatte von Corvin zu bekommen und gestand, wie für mich dieses erste Treffen war.

„Ich war erschrocken und neugierig", ich atmete tief ein … „und fasziniert."

„Wusstest du in dem Moment was ich bin?"

„Nein!", flüsterte ich.

„Aber du hast mich gesehen und darum wollte ich dich töten, weil du mich nicht sehen solltest. Kein Mensch darf mich sehen, darf wissen, was ich bin."

Seine Finger wichen von meinem Kinn und die Stimme klang ernst, tief und eiskalt, fast wie eine Drohung.

Ich dachte kurz über seine Worte nach und sah ihm — ohne auch nur eine Sekunde den Blick von ihm zu nehmen — in die unscheinbaren, blauen, wunderschönen Augen.

„Ich werde niemandem davon erzählen. Versprochen!"

Ich versuchte meine Stimme so ehrlich wie möglich klingen zu lassen; denn ich hatte ihm dieses Versprechen gegeben und werde es mit ins Grab nehmen.

„Nicht?"

Corvin zog die Augenbrauen überrascht hoch.

„Ich traute meinen Augen kaum, als du das erste Mal vor mir standest und war mir im Nachhinein nicht mehr sicher, ob du nicht nur eine Einbildung warst, ein Hirngespenst. Aber du warst so real. Deine kalte Haut, der Schmerz am Hals, den dein Griff mir zugefügt hat. Die Stärke, als du mich mühelos angehoben hast und die leuchtenden Augen, die mir fortan im Kopf rumgeschwirrt sind. Ich dachte, ich bin verrückt. Doch nun sitzt du mir gegenüber, perfekt, schön, zu schön, um wahr zu sein."

„Du hast an deinem Verstand gezweifelt, obwohl du mich gesehen und gespürt hast?"

Wie flüssiger Honig klang seine Samtstimme jetzt. „Das ist wirklich verrückt."

„Ja das ist es! Das ist alles gerade ziemlich verrückt."

Diesmal wendete ich den Blick von ihm und lachte ein ironisches Lachen. Sollte ich ihm von den Träumen erzählen, die mich fast jede Nacht quälten und langsam in den Wahnsinn zu treiben schienen? Vielleicht war er der Auslöser dafür? Es war nur eine vage Vermutung, dass seine Anwesenheit in den letzten Monaten, was mit meinen Träumen zu tun haben konnte. Obwohl es mir jetzt fast logisch vorkam. Aber fragen wollte ich ihn deshalb trotzdem nicht.

Ich schob den Gedanken beiseite.

Es vergingen endlos lange Minuten, in denen ich wieder in die Decken starrte und den wirren Dingen in meinem Kopf freien Lauf ließ. Jeder Muskel in meinem Körper wurde fest, als die schmerzlichen Erinnerungen an unsere erste Begegnung wie ein Film vor meinen Augen abliefen. Unendlich viele Facetten schienen über mein Gesicht zu huschen. Angst, Schmerz, Wut … . Ich spürte wie Corvins Blick an mir heftete, wie er versuchte, jede meiner ständig wechselnden Mienen zu deuten und doch unterbrach er mich nicht.

Die Spannung in meinem Körper ließ nach.

Als ich plötzlich heftig zusammenfuhr, umfassten seine eisigen Hände beruhigend mein Gesicht.

„Ist alles okay?"

Er riss mich total aus den Gedanken.

In meinem Kopf schwirrte es, als der kalte, süßliche Moschusduft auf meiner Haut und dem Mund niederschlug, mich benebelte. Ich schloss die Augen, um mich wieder in die Gegenwart zurückzuholen.

„Ja, mir geht's gut!", antwortete ich flüsternd.

„Den Anschein hast du eben aber nicht gemacht. Du solltest vielleicht ein wenig schlafen!", schlug Corvin vor und wollte wohl, dass ich die beste Zeit meines Lebens verpasse. *Niemals.*

Seine Stimme war sanft und doch lag so viel Sorge darin, dass es mich eigenartigerweise berührte. Ich fühlte die Schamesröte in mein Gesicht steigen und seine Finger kamen mir noch eisiger vor, sie brannten fast auf der Haut. Hätte ich es ihm gestanden, wären seine Hände sofort verschwunden, aber das wollte ich nicht. Ich wollte nicht, dass er mich loslässt, also hielt ich es aus.

„Ich möchte nicht schlafen!", entgegnete ich ihm hauchend.

Solange er mir so nah war und sein Duft unermüdlich auf mich einschlug, konnte ich kaum sprechen, geschweige denn klar denken.

Ein Gefühl der Zufriedenheit durchflutete mich, machte mich glücklich.

„Du bist erschöpft!"

„Ja, aber ich will nicht schlafen!"

Ich wollte keine Sekunde vergeuden, ihn nicht ansehen und seiner Samtstimme lauschen zu können. *Wie lange kann ich das überhaupt genießen?*

„Bitte zwing mich nicht dazu, okay?"

Schon bei dem Gedanken, ich könnte etwas verpassen und sei es nur ein kurzer Blick aus seinen faszinierenden Augen oder ein Wort seiner tiefen, süßen Stimme, zerstörte fast das wohlige Gefühl in meiner Brust.

„Ich würde dich nie zu irgendwas zwingen Lina!"

Jedes seiner Worte ging runter wie Öl, besonders als er meinen Namen aussprach. Sein Duft und Klang berauschte mich immer wieder aufs Neue, dass ich kaum den Sinn, in dem was er zu mir sagte, fassen konnte.

Plötzlich wichen seine Hände langsam aus meinem Gesicht. Unkontrolliert, fast schreiend, entfuhr meinem Mund ein „Nein!". Ich erschrak und Corvin ebenso.

„Was ist?"

„Nichts! t- Entschuldigung."

Er erschrak vor meinem Klagelaut, ich jedoch vor mir selbst. *Was ist nur mit mir los?*

Sollte, nein konnte ich mein Herz schon so unwiderruflich an ihn verloren haben? *Unmöglich.* Einfach unmöglich, versuchte ich mir einzureden und doch war es die Tatsache, die mir jetzt klar auf der Hand lag.

Ich musste es mir nur noch eingestehen.

Totenstille erfüllte endlose lange Minuten den inzwischen gut erwärmten Raum, bis ich mich gefangen hatte und versuchte, die Gefühlsduselei wegzuschieben. Ich wollte nicht, dass Corvin etwas davon bemerkte. So entschloss ich mich, ein eher banales, aber für mich trotzdem, interessantes Thema anzuschneiden. Schließlich gab es noch so viele Dinge, die ich über *Vampire*, ich traute mich das Wort *Vampir* kaum zu denken, wissen wollte.

„Was ist an dieser Pflock durchs Herz Geschichte dran? In den Büchern steht, dass man einen *Vampir* damit für immer tötet."

Großes Interesse klang in meiner Stimme mit.

„Nein das stimmt nicht so richtig. Der Pflock lähmt uns, macht uns bewegungsunfähig, tötet aber nicht. Kann uns nicht töten. Wie auch? Ich bin mit dem Tag meiner Verwandlung gestorben. Alles Menschliche stirbt und damit auch das Herz. Es hört auf zu schlagen, sobald sich das *Vampirblut* im menschlichen Körper verteilt und alles Lebende getötet hat. Der Pflock kann nichts zerstören, was nicht mehr existiert."

Ich lauschte akribisch jedem einzelnen seiner Worte.

„Tut das weh? Ich meine, spürt man die Verwandlung?"

Corvin sah mich eindringlich an, suchte scheinbar nach einem Zeichen in meinem Gesicht, welches ihm zum Sprechen bewegte. Ich lächelte ihn zaghaft an.

„Oh ja! Es gibt nichts auf der Welt, was mir je solche Schmerzen zugefügt hat. Das Lebende kämpft gegen das todbringende in deinem Körper. Eine hitzige Schlacht, die Stunden und manchmal auch Tage dauern kann. Je geschwächter und blutleerer ein Mensch ist, umso schneller breitet sich das *Vampirblut, das Gift* aus und bringt die Verwandlung."

Ich klebte an seinen Lippen, während er sprach und traute mir nicht einmal vorzustellen, von welch entsetzlichen Schmerzen er da wohl redete. Allein der Gedanke an jegliche Form von Schmerz, jagte mir einen eisigen Schauer über den Rücken. Dennoch bemerkte Corvin meine Reaktion nicht. Seine Augen blickten in die Ferne, verrieten mir, dass er völlig in seinen Gedanken eingetaucht war.

„Man kann mit Worten nicht beschreiben, wie es sich anfühlt. Nur, dass es schlimm ist, sehr schlimm", fügte er noch fast flüsternd hinzu.

Ich schwieg, ließ die Worte auf mich wirken und beobachtete ihn. Er war so vertieft, dass ich es nicht wagte ihn an zusprechen und damit aus seinen Gedanken zu reißen. Ich sah Corvin einfach nur an. Es dauerte jedoch keine zwei Minuten, dass er bemerkte wie ich ihn anstarrte. Und aus einer eben noch unbewegten Statue, blitzte plötzlich Leben, als hätte ihm irgendwer ein Zauberpuder über den Körper gehaucht.

„Was ist, warum siehst du mich so an?", fragte plötzlich die honigsüße Stimme.

Und nun war ich es, die beim dahin träumen ertappt wurde.

„Sehe ich dich denn überhaupt an?", flunkerte ich zurück. „Eigentlich wollte ich dich nur nicht unterbrechen."

„Du starrst mich an!", gab er mir Kontra.

„Tue ich gar nicht!", verteidigte ich mich und spürte, wie mein Gesicht puterrot anschwoll.

„Tust du doch!", Corvin grinste. „Aber ist ja auch egal. Willst du noch was von den Sagen geklärt bekommen?"

Ich brauchte einen winzigen Moment, mich zu sammeln.

„Ähm ja", gab ich kleinlaut zu. „Stimmt es, dass ihr kein Spiegelbild habt?"

Erst sah er mich fast ratlos an, bis er kurz darauf in lautes Gelächter ausbrach. Corvin lachte mich aus. Gott war das erniedrigend. Peinlicher konnte es fast nicht mehr werden für mich. Aber ich muss ja auch immer alles glauben was in den Büchern so steht.

Corvin hatte sich inzwischen wieder gefangen.

„Natürlich haben wir ein Spiegelbild!"

Immer noch amüsiert griff er nach meiner Hand.

„Das fühlst du doch auch oder etwa nicht?"

„Deine Berührung?", fragte ich vorsichtshalber nach, bevor ich wieder in ein Fettnäpfchen treten würde.

„Ja!", entgegnete er mir gespielt entnervt.

Er muss doch denken, dass ich nicht mehr alle Tassen im Schrank habe. Aber mir fällt es in seiner Gegenwart so wahnsinnig schwer, klar zu denken und allmählich überkam mich auch das Gefühl, mein Gehirn auf dem Hof vor der Tür abgelegt zu haben.

„Lina, wir sind keine Geister, wir sind erschaffen aus Leuten wie dir, aus *Fleisch und Blut*."

Ja, das klang einleuchtend, was das Spiegelbild anging, aber irgendwie auch irre aus dem Mund eines, sagen wir *Untoten*.

„Okay, lassen wir das mit dem Spiegelbild. Wie sieht es aus mit Knoblauch und Kruzifixen? Ist das etwa auch alles Blödsinn?"

„Naja vielleicht nicht ganz. Die Sinne bei uns *Vampiren* sind einfach um ein vielfaches ausgeprägter, empfindlicher als bei euch Menschen. Und dass Knoblauch stinkt weiß ja jeder. Noch mehr verabscheue ich jedoch den Geruch von Bärlauch. Was mich dennoch nicht davon abhält, meinen Opfern in ihre Häuser zu folgen."

Corvin machte eine kurze Pause, beobachtete mich, nachdem er das erste Mal ernsthaft von *seinen Opfern* sprach. Und ja, mir war es wirklich aufgefallen, dass er vorher nicht so offen davon gesprochen hatte. Sicher erwartete er, dass ich nun einen gewissen Abstand zwischen uns wahren würde. Doch da hat er sich geschnitten. Ich wollte ihn nicht weniger als vorher.

Er sprach weiter.

„Und was Kruzifixe angeht, sehe ich sie mir wirklich gern an, am liebsten in Form von Halsschmuck. Da gibt es wirklich außergewöhnlich schöne Einzelstücke zu sehen. Nur mit Kirchen und sonstigen Gotteshäusern kann ich nichts anfangen. Das rührt aber eher aus meiner Grundeinstellung. Ich glaube, in meinem ersten, menschlichen Leben hatte ich schon nichts mit Glaubensfragen am Hut. Wahrscheinlich war meine Familie nicht so kirchlich eingestellt."

Mich erstaunte seine Offenheit immer mehr und machte mich mutig; denn so wie es aus ihm heraussprudelte, schaffte er mir eine gute Grundlage, um noch einige Fragen meinerseits loszuwerden.

„Wie kam es, dass du in diesen Wald geraten bist?"

„Auch *Vampire* haben Feindschaften und ich habe da meine ganz speziellen!"

„An wen denkst du?", fragte ich. Auch wenn ich sie oder ihn sowieso nicht kennen konnte.

„Warum willst du das wissen?"

„Warum beantwortest du mir einige Fragen immer mit einer Gegenfrage?"

Corvin sah mich verwundert an.

„Du kennst ihn doch eh nicht?"

Ich wusste, dass so eine Aussage kommen würde.

„Nein sicher nicht. Aber ich bin eben wissbegierig!"

„Du meinst wohl eher neugierig?", flogen mir die Worte, wie ich sie erwartet hatte, um die Ohren.

„Ich weiß ja, dass man uns Frauen nachsagt, wir seien neugierig. Das stimmt aber nicht!", meinte ich und flunkerte ihn an.

„Meine persönlich Einstellung ist, dass man nie auslernt. Das ganze Leben ist ein Lernprozess und deshalb sind wir so wissbegierig."

Meine Satzungetüme verfehlten ihren Sinn nicht. Corvin brach in helles Gelächter aus und ich stimmte ein.

„Okay!", meinte er nur amüsiert.

Dann wurde seine Miene wieder hart.

„Mein Schöpfer Ludwig", meinte er und brachte unser Gespräch zurück zum eigentlichen Punkt.

„Du meinst, er war es?"

„Nein!"

Corvin hielt kurz inne.

„Ich weiß es nicht. Aber das tut jetzt auch nicht's zur Sache."

Der runtergespielte Ton seiner Stimme, signalisierte mir, dass er darüber nicht sprechen wollte. Also ging ich nicht weiter auf Ludwig ein, obwohl die Neugier in mir brannte. In meinem Kopf durchforstete ich die anderen Kuriositäten, zu denen ich Fragen hatte.

„Was ist mit dem Tageslicht? Kann es euch töten?"

„Tageslicht an sich, ist kein großes Problem, nur die Sonne. Sie verbrennt die Haut rasend schnell, schneller als es Feuer bei Menschen tut. Wobei Sonne als auch Feuer, unter Umständen einem *Vampir* das Dasein kosten kann. Das sind dann aber auch so ziemlich die einzigen beiden Sachen, welche uns gefährlich werden."

Corvin hatte sich ein wenig beruhigt und konnte verhältnismäßig normal mit mir darüber reden. Er sprach das Wort *Vampir* gelassener aus, als ich es je denken könnte. Es schien mir alles immer noch zu unwirklich zu sein. Für mich gab es bis hier hin, nur Sagen und Legenden über *Vampire*. Dass sie nun die pure Wahrheit sein sollten, fanden in meinem Kopf einfach noch keinen Platz.

Ein bisschen elektrische Spannung

Corvins tiefe, warme Stimme zog mich immer mehr in ihren Bann. Ich konnte meinen Blick kaum von ihm lassen, so wie er scheinbar von mir nicht. Dennoch galt sein Blick der Beobachtung, Neugier, meinte ich zu wissen. Während ich ihm gnadenlos verfallen war.

Ich stand erneut vom Vorsprung auf, nahm die zwei Decken, die noch auf dem Boden lagen und sah zu ihm.

„Ich wusste nicht, ob du Decken brauchen würdest?"

„Zum Draufsetzen sind die schon ganz gut. Danke! Aber ich kann mit Kälte leben. Du wirst die Decken wohl eher brauchen, hier unten."

Ich setzte mich gegenüber auf den Vorsprung und wickelte mich wieder bis zum Hals in meine Decke ein.

„Wie lang bist du schon so?"

Ich gab mir Mühe, *Vampir* nicht allzu oft auszusprechen. Dabei kam ich mir so blöd vor, als müsste ich von Drachen, Zwergen, bösen Hexen und Werwölfen gleichzeitig sprechen. Obwohl es mir sicher geholfen hätte zu begreifen und zu akzeptieren, was dieser wahnsinnig gut aussehende Mann mir gegenüber, wirklich war.

„Inzwischen seit siebenundsiebzig Jahren. Ich wurde im Sommer 1928 im Alter von vierundzwanzig verwandelt", unterbrach er mich in meinem Gedankengang.

Ich überschlug die Daten schnell im Kopf und war sofort völlig baff.

„Dann bist du jetzt einhundert und ein Jahr alt?" Mir klappte das Kinn runter.

Woraufhin Corvin sich vor Lachen bog und mir nur mit einem leichten Kopfnicken Recht gab.

„Dafür siehst du aber noch ziemlich gut aus!"

Ich schenkte ihm ein breites Lächeln.

„Vielen Dank! Das ist einer der wenigen Vorzüge, des *Vampirdaseins*."

Seine Stimme klang bedrückt.

„So richtig glücklich bist du damit nicht, oder?"

„Es ist schon toll. Noch ist es mir nicht langweilig geworden. Nur die Nacht hängt einem irgendwann zum Hals raus. Ich würde gern mal wieder einen Sonnenaufgang sehen!"

„Kannst du doch! Es gibt genug Filme mit Sonnenaufgängen, in all seinen schönen Facetten", schlug ich vor.

„Das ist aber trotzdem nicht das Gleiche, als am Meer zu sitzen und zuzusehen, wie die Sonne am Horizont emporbricht."

„Ja du hast recht! Es ist nicht das Gleiche. Aber es ist die Möglichkeit überhaupt einen zu sehen."

Corvin nickte kurz und erzählte weiter.

„Weißt du, es gab Menschen in meinem vorherigen Leben, die mir wirklich etwas bedeutet haben. Doch nach meiner Verwandlung konnte ich mich kaum noch erinnern. Von allen Erinnerungen an das Leben davor, sind nur noch Schatten über. Eine verschwommene, trübe Brühe, von Menschen die ich einst liebte."

„Hattest du zu diesen Menschen Kontakt?"

„Nein, um Himmels willen. Sie wussten nicht, dass es mich gibt. Für sie war ich nach einer Party, einfach spurlos verschwunden. Aber inzwischen sind alle tot."

Gleichgültig klang seine Samtstimme.

„Ich erinnere mich kaum an mein Menschenleben. Es bedeutet mir nichts mehr. Ich habe aufgehört darüber nachzudenken."

Corvin sah mich prüfend an.

„Das klingt so makaber, wie du das sagst", meinte ich erschaudert.

Er redete über diese Sachen mit einer Eiseskälte in seiner Stimme, zeigte mir deutlich, dass ihn das Vorher, jetzt kein Stück mehr interessierte.

„Ich kann es doch nicht ändern. Die Dinge sind, wie sie sind."

„Doch! Du hättest sie zu dem machen können, was du bist?"

„Jetzt klingst du aber makaber. Redest von mir, als wäre ich ein Ding."

„Entschuldigung! So war das nicht gemeint."

Ich wendete meinen Blick von ihm und sank den Kopf vor Schamgefühlen. Das war mir so peinlich, wie ich auf Corvin zu wirken schien. Er rutsche näher zu mir. Seine Finger fuhren unter mein Kinn und schoben mein Gesicht in seine Richtung. Seine Kälte brannte auf der Haut und ich spürte, wie mein Körper versuchte sich zu wehren. Doch ich ließ es nicht zu, zu zucken oder zurückzuweichen. Dann währen seine Finger sicher blitzschnell entwichen.

„Entschuldigst du dich immer für alles?"

„Ich weiß nicht. Tu ich das?"

Er sah mir direkt in die Augen und lächelte dezent.

Mein Gesicht lief sofort hochrot an. Bei jeder anderen, fremden Person wäre ich diesen Blicken ausgewichen, aber bei ihm war es irgendwie anders.

„Dir ist kalt! Und sag jetzt nicht wieder nein, ich kann das deutlich spüren."

Erst als er mich darauf hinwies, bemerkte ich, dass ich wirklich fröstelte. Meine Füße fühlten sich plötzlich so eisig an und schoben die Kälte durch meinen gesamten Körper, sodass ich mich schütteln musste.

„Es ist schon viel wärmer geworden. Aber ganz ehrlich, so richtig erwärmen kann ich mich nicht", gab ich klein bei.

Corvin stand auf, zog seinen dunklen Mantel aus und setzte sich wieder in seine Position.

„Zieh die Stiefel aus! Deine Füße können nicht warm werden, wenn deine Stiefel die Kälte schon gespeichert haben."

Ich gehorchte aufs Wort, streifte mir die Stiefel von den Füßen und ließ sie auf den Kellerboden fallen, auf dem sie mit einem dumpfen Schlag zum liegen kamen.

„Komm zu mir rangerutscht!", forderte er mich dann mit ernster Stimme auf.

Im ersten Augenblick wusste ich mit dieser Einladung nichts anzufangen und sah ihn mit großen Augen an, bevor ich ein klein wenig zu ihm hinrutschte. Er warf mir seinen schweren, grauen Mantel über die Schultern und umfasste sie gleichzeitig. Ich zuckte ungewollt von seiner Berührung zusammen, während sich die Kühle des Mantels auf meinen nackten Händen niederschlug. Langsam zog er mich an sich heran, presste mich mit dem Rücken auf seine Brust. Mein Herz schlug wie verrückt vor Aufregung, dass ich es selbst zu hören schien.

„Hast du Angst?"

„Nein!", ich suchte nach Worte. „Aber ich sollte dir doch nicht so nahe kommen."

„Ich versuche mich zurückzuhalten", lächelnd klang seine Samtstimme. „Versprochen!"

Er hatte mich, mit dieser Aktion, für einen kurzen Moment erschreckt. Ich drehte meinen Kopf zu ihm hinter und sah ihn über die Schulter an. Sein Blick verriet mir, dass ich nicht verunsichert sein brauchte.

„Nun wird dir sicher schnell wieder warm."

Ein verschmitztes Grinsen ging über seine Lippen und er verschränkte die Arme um mich, sodass ich meinen Kopf auf seine Schulter sänken konnte.

Ich war mir nicht sicher, ob das richtig war, wie wir da so saßen. Aber ich fühlte mich wohl und geborgen und schob alle negativen Gedanken weg, um diesen Moment zu genießen.

„Versuch ein wenig zu schlafen!", forderte er mich nun zum zweiten Mal auf.

„Nein! Nein, ich bin nicht müde!"

Und wie müde ich war, kaputt und ausgelaugt. Aber das würde mit der Zeit sicher vorbeigehen, dachte ich. Doch keine fünf Minuten später, musste ich weggenickt sein. Erst als Corvin seine eisigen Hände unter die Decke schob, um nach meinen zu greifen, erwachte ich und schreckte regelrecht hoch.

„Oh Gott, ich bin eingeschlafen!", tadelte ich mich selbst, sah mich um und erhaschte seinen amüsierten Blick.

„Wie lange habe ich geschlafen?"

„Eine knappe Stunde. Deine Hände sind schon viel wärmer geworden."

Ich musste grinsen, weil seine so kalt waren und sank zurück auf seine steinharte Brust.

Ich war so glücklich darüber, dass er bei mir war.

„So lange? Warum hast du mich nicht wach gemacht?", seufzte ich noch benommen vom Schlaf.

„Es war so schön, dir beim Schlafen zuzusehen."

Ein Lachen entfuhr ihm.

„Warum lachst du?", amüsiert und gleichzeitig etwas entsetzt, entfuhr mir die Frage.

„Du lachst doch nicht etwa über mich?"

„Nein, wie kommst du darauf?" Jetzt lachte er laut drauf los.

„Du hast gezuckt und vor dich hingesäuselt", gestand er mir.

Lautes Gelächter von uns beiden durchflutete den Keller.

„Demnach hast du also nicht geschlafen?", stellte ich peinlich berührt fest.

„Nein ich schlafe nicht!"

„Nie?"

Das konnte ich mir kaum vorstellen. Jeder muss irgendwann mal schlafen.

„Ich kann mich hinlegen, die Augen schließen, aber schlafen tu ich nie so richtig. Nicht wie ihr Menschen, so tief und träumend. Es ist eher wie ein Dösen zum Kraft tanken. Ich stehe mit einem Fuß im Schlaf und mit dem anderen im Wachzustand."

Ich kroch unter der Decke vor und drehte mich zu ihm um, sodass er mich ansah, wenn wir miteinander sprachen.

„Das kann ich mir beim besten Willen nicht vorstellen", gestand ich kleinlaut.

„Und ich kann es dir nicht erklären. Ich meine wie es sich anfühlt. Dazu bin ich inzwischen kaum noch Mensch, um diese Art von Empfindung beschreiben zu können."

„Soll das heißen ihr fühlt anders?", unterbrach ich Corvin fasziniert und schockiert zugleich.

Es sah aus, als müsste er darüber erst einen Moment nachdenken. Also ließ ich ihn grübeln ohne erneut nachzuhaken oder ihn zu unterbrechen.

„Ja schon, irgendwie.", brachte er schließlich heraus und warf mir damit noch mehr Futter für Fragen hin.

Langsam hob ich meine Hand, setzte den Mittelfinger auf seinen Handrücken und strich vorsichtig hinüber. Es fühlte sich so eben an, so glatt, als würde ich eine glattpolierte Marmorplatte berühren.

„Wie fühlt sich das an?", fragte ich, um seinen Empfindungen auf die Spur zu kommen.

Er sah mich verdattert an.

„Ich spüre es kaum."

Ich erhöhte den Druck, presste die Finger fest über seine Haut, die kein bisschen nachzugeben schien. Fast, als würde ich versuchen eine Delle in einen Stein zu drücken.

„Und jetzt?"

„Es fühlt sich noch um ein tausendfaches zarter an, als es dein Äußeres preisgibt. Ganz schwach und zerbrechlich."

Ich setzte alle Kraft daran, noch fester zu zudrücken. Doch seine Miene verharrte in einem leichten Lächeln. Also würde es, egal wie viel Kraft ich auch anwende, sich für ihn immer anfühlen, als berühre ihn eine Feder. Ich ließ von ihm ab, ließ die Bloßstellung meiner Schwäche im Raum hängen und grübelte kurz, was ich noch von ihm wissen wollte.

„Du schläfst nicht, also brauchst du sicher auch keinen Sarg in einer Grotte", stellte ich fest und kam damit wieder auf unser eigentliches, belangloses Thema zurück.

Wieder brach Corvin in helles Gelächter aus.

„Nein, keine Grotte", antwortete er mir knapp.

„Ach, die nicht! Aber einen Sarg?", hakte ich nach. Mir ist schließlich nicht entgangen, dass er nur die Grotte ausgeklammert hatte.

„Särge sind zum Teil unabdingbar. Doch wenn ich reise, so wie jetzt, kann ich schlecht einen mit rumtragen. Das würde sicher zu viel Aufmerksamkeit erregen."

Er sah zu mir rüber und lächelte verschmitzt.

„Das würde es mit Sicherheit."

Ich grinste zurück.

„Mein Schöpfer war sehr altmodisch, als er mich erschuf. Ich habe die ersten zwanzig Jahre, als *Vampir,* in einem Sarg geschlafen."

Während Corvin „geschlafen" aussprach, machte er mit den Finger Ausrufezeichen in die Luft. Offensichtlich als Gedankenstütze für mich, da er ja nicht schläft. Zumindest nicht so richtig, wie auch immer sich das anfühlen soll.

„Es ist die Macht der Gewohnheit, dass ich immer noch am liebsten meinen Sarg bei mir habe. Wenn ich an einem Ort etwas länger verweile, mir eine Wohnung nehme, sehe ich schon zu, ihn mir nachschicken zu lassen oder zu holen. Auch wenn ich dann eh nicht drin schlafe."

„Nachschicken?", fragte ich verdutzt. „Wie geht das? Ich meine, ist das nicht genauso auffällig? Das muss doch den Postleuten auffallen. Es lässt sich doch nicht jeder, einfach mal so, einen Sarg schicken?"

„Nein, dass tut sicher keiner, außer uns *Vampiren.* Wir haben da unsere Leute, Menschen. Sie wissen nicht was wir sind, lassen sich mit Geld aber einfach bestechen. Von vielen dieser Boten, wie wir sie nennen, nehmen wir die Leistungen schon einige Jahrzehnte in Anspruch und wenn sie in Rente gehen oder sterben, haben sie meist schon ihre Nachfolger, unsere neuen Boten, in der Hinterhand."

Corvin sah mich mit einem kurzen, kaum wahrnehmbaren, prüfenden Blick an, während ich seiner Honigstimme interessiert lauschte. Dann sprach er weiter.

„Da es uns nicht möglich ist, an jedem Ort tagsüber unterwegs zu sein, brauchen wir die Menschen. Sie suchen und mieten uns Wohnungen, fälschen uns Papiere, schicken uns unsere Särge, melden uns an Schulen oder Universitäten an. Das Feld ist breit gefächert."

„Also könnt ihr alle Stipendien machen, die ihr wollt, lernen was ihr wollt, tun und lassen was ihr wollt?"

Der Gedanke, dass Corvin alles machen, jeden Job und jedes Studium ausprobieren kann, traf mich schmerzlich. Dass ihm die Türen offen stehen, die mir verwehrt bleiben würden.

Es gibt nicht genug Zeit für mich, mich zu finden, zu sehen, was mich glücklich macht. Eine Arbeit zu finden, in der ich vollends zufrieden wäre und welche ich guten Gewissens bis an mein Lebensende gern machen würde. Wie groß ist wohl die Chance, dass ich in der Kürze des Lebens genau das und darüber hinaus noch alles andere, was lebenswert ist bekommen kann. Ich rechnete mir in diesem Moment, als Corvin mir verdeutlichte wie kurz unser menschliches Leben doch ist, aus, dass meine Chancen schlecht standen, wenn ich nicht bald etwas ändern würde. Etwas, das mein Leben lebenswerter macht, glücklicher, erfüllter. Aber was, was sollte es sein, dass mir all das gibt? Ich bin zu wankelmütig. Es würde wohl doch mehr Zeit in Anspruch nehmen, mir darüber den Kopf zu zerbrechen.

Corvin bemerkte meine plötzliche Niedergeschlagenheit.

„Was ist mit dir?", fragte er leise, flüsternd. Offenbar um mich nicht aus meinen Gedanken zu reißen und mich zu erschrecken.

„Ist das nicht ungerecht verteilt? Die Zeit."

Etwas verdutzt und dann fragend sah er mich an.

„Wie meinst du das?", hakte er nach und brachte mich um eine Antwort ins Schleudern.

Wie sollte ich einem *Vampir*, ich mochte das Wort kaum denken, erklären, dass mir nicht mehr viel Zeit bleibt, um zu erkennen, was ich will und es vielleicht auch in die Tat umzusetzen?

„Ach nichts. Ist egal", meinte ich und beließ es dabei.

Schließlich kann ich die Zeit nicht ändern. Nicht ändern was ich bin, oder was ich bisher gemacht habe. Corvin bemerkte meinen Schmerz sicher, ging jedoch nicht darauf ein. Sicher weil er mich nicht verletzten wollte, vermutete ich. Vielleicht hatte er auch einfach schlichtweg kein Interesse daran.

Für einen Moment verstummten unsere Stimmen nachhallend in dem kleinen Raum.

„Hast du das mit den Särgen und Gruften auch in deinen schlauen Büchern gelesen?", fragte er plötzlich und kam wie ich vorhin, auf unser ursprüngliches Gespräch zurück und ich errötete.

„Ja!", gab ich kleinlaut zu. „Aber warum steht das denn dann so drin, wenn es ja doch nicht stimmt?"

Wir mussten beide grinsen. Meine Niedergeschlagenheit verflog sofort, als ich in sein perfektes, schönes Gesicht blickte.

„Die Sagen über uns, *Vampire*, sind über Jahrhunderte durch alle Länder und Völker der Erde gewandert. Da kam es eben vor, dass Sachen dazu gedichtet wurden."

„Das klingt plausibel."

Es ist eben wie mit allen anderen Geschichten auch. Bevor das mal jemand aufgeschrieben hatte, waren schon hundert weitere Aussagen dazu gesponnen worden.

Knistern und mehr?

Corvins Blick wurde eindringlicher. Anders. Und plötzlich fühlte ich mich von ihm, wie von einem Magneten angezogen und kam seinen Lippen immer näher. Meine Augen konnten von seinen nicht lassen, bis ich so nah war, dass ich seinen Atem deutlich auf meinem Mund spüren konnte und flüsterte.

„Kann ich etwas versuchen? Also ich meine, darf ich?"
Corvin begriff sofort worauf ich hinaus wollte.

„Du bist doch schon dabei!" und er kam mir entgegen, sodass sich unsere Lippen sanft berührten.

Eine Schar Schmetterlinge tanzte in meinem Bauch Samba, machten ihn voll, dass ich sicher den Rest des Tages keinen Hunger mehr verspüren würde. Ein gewaltiges Gefühl, welches ich mit Worten nicht zu beschreiben vermag. Man muss es spüren und genießen. Und ich genoss es, jede Sekunde, als könnte es die letzte sein.

Nie hätte ich mir träumen lassen, dass etwas wie das hier, in der ungebremsten Geschwindigkeit einer Achterbahn auf mich einrauschen würde. Denn vor einigen Stunden gab es nicht einmal einen richtigen, männlichen Kumpel in meinem Leben. Es gab immer nur meine Familie, Clara und ein paar Freunde. Und plötzlich sollte sich so einiges verändern. Ich habe meinen Seelenverwandten gefunden und dennoch nie danach gesucht. Ich ahnte bis jetzt ja nicht mal, dass ich einen haben könnte oder bräuchte. Und nun hab ich das Gefühl, brauche ich ihn mehr, als je zuvor, als hätte es kein Leben davor für mich gegeben. Ein Leben ohne ihn.

Seine Lippen fühlten sich hart unter meinen an, dass es eher die meinen waren, welche sich um seine schmiegten.

Dennoch, den Vergleich zu wagen, einen Stein zu küssen, würde einer Beleidigung gleichgekommen.

Es war eher sanft, angenehm, behutsam und völlig entwaffnend, als sein kühler Atem zwischen unseren Lippen in meinen Mund strömte. Ein Kuss, viel unglaublicher, als ich ihn mir je hätte vorstellen können.

In diesem Moment verschwand mein Bauchgefühl. Das Gefühl, welches mich seit Tagen verfolgte und auf das ich keine Antwort hatte. Was mich verrückt machte und welches ich ständig von mir wegschob. Nun war es verpufft, befriedigt durch meinen Seelenverwandten, der mich fand und ich ihn.

Corvins kurzer Bart kitzelte ein wenig, pikste mich fast. Meine Lippen wurden drängender, wollten seine noch intensiver spüren.

„Ist das okay für dich?", fragte ich ihn nach kurzer Zeit leise, fast flüsternd.

Ich wollte sicher gehen ihn nicht zu sehr zu reizen, mein Leben nicht unnötigerweise aufs Spiel setzen. Denn würde das geschehen, schrumpfe der Grat zwischen Leben und Tod auf ein Minimum. Das hatte ich kapiert.

„Es geht. Noch kann ich es kontrollieren!", hauchte er leise, während seine Finger sanft über meine Stirn strichen. Sie streiften die Haare aus meinem Gesicht, wanderten weiter auf die Wange und verweilten dort.

Ich presste mein Gesicht fest in seine Hand und schloss die Augen für einige Sekunden. Es war ein so wahnsinniges Gefühl, seine kühle, aber sanfte Berührung an meiner Haut zu spüren. Ein gewaltiges Kribbeln durchfuhr meinen Körper, als ich ihn wieder in Augenschein nahm. Wie er mir gegenübersaß, mich ansah. So perfekt, so schön, fast unreal. Wie ein Rauschzustand, der nie hätte enden müssen.

Corvins Finger wanderten weiter, über meine Haare, lösten das Gummiband und verweilten einen winzigen Moment, um sich dann einen Weg zum Ohr zu bahnen. Meine Augen fielen zu und ich begann dieses Kribbeln zu genießen.

Seine Finger strichen behutsam am Ohrbogen entlang, bis zum Hals.

„Siehst du! Es wird immer leichter", flüsterte er mit einer wahnsinnigen Ruhe in seiner wunderschönen Samtstimme.

Mit leichtem Druck zog Corvin mich, ein Stück an sich heran.

Eine neue, noch heftigere Welle unbekannter Gefühle überrollte mich, als er mich erneut ganz sanft küsste.

Seine perfekt geformten Lippen waren fest und kalt und doch so auf Vorsicht bedacht.

Ein kalter Schauer und gleichzeitig Hitze rannten mir über den Rücken, dass sich meine Schultern völlig anspannten.

Seine Hände fassten mein Gesicht. Sein Mund berührte meine Stirn, dass mich das Gefühl von Geborgenheit schier überrannte. Und genau das fühlte ich mich bei ihm, geborgen, sogar sehr.

Ich öffnete meine Augen, um seine zu sehen. Tiefe Blicke wanderten zwischen uns, ohne auch nur ein Wort zu sagen. Seine Hände fuhren in meine strubbligen Haare, verweilten dort und wir küssten uns erneut. Immer länger. Immer intensiver.

Mein Verlangen nach ihm wurde wach. Ich wollte ihn berühren, ihm immer näher kommen, griff ihm in die zerzausten Haare und hielt mich an ihnen fest.

Minute um Minute verrannte. Der kleine Raum hatte sich inzwischen völlig mit warmer Luft gefüllt.

Hitze rannte mir über den Körper. Ich konnte nicht einschätzen, ob es nur durch den Lüfter kam. Es war wohl eher die Tatsache, dass Corvin mir so nah war.

Ich wandte mich aus seinem sanften Griff, stand auf und ließ seinen Mantel von den Schultern, irgendwo neben meinen, auf den Boden sinken. Sein Blick folgte jeder meiner Bewegungen. Ich wusste was ich wollte und war fest entschlossen, es mir zu holen.

Corvin saß immer noch mit dem Rücken zur Wand, die Beine nun ausgestreckt auf dem Vorsprung. Dies war meine Einladung, weiter an ihn heranzukommen.

Ich setzte jeden einzelnen Schritt so kurz und langsam voreinander, dass er mich beobachten konnte. Ich dachte mir, dass es besser wäre, ihm Zeit zu lassen sich seine Gedanken zu jedem meiner Schritte zu machen, um mich zurückzuweisen, sollte es ihm zu viel werden.

Doch es kam keine Zurückweisung, wie ich eigentlich erwartet hatte.

Corvin folgte meinem Blick, wie ich seinem, als ich näher an den Vorsprung trat.

Noch langsamer bewegte ich mich auf den Knien, über seine Beine hinweg, direkt auf ihn zu und presste ihn fest an die Wand, während ich ihn küsste. Seine Lippen berührten meinen Hals, seine Hände umfassten mein Becken. Sie fuhren zum Rücken, als ich mich auf seinen Oberschenkeln niederließ und er zog mich weiter an sich heran, sodass ich seinen kalten Atem auf der Haut spüren konnte.

Ich fröstelte kurz.

„Ist das okay für dich?", flüsterte er mir zu und ich entgegnete ihm mit leiser hauchender Stimme.

„Ja, es ist völlig okay und bei dir?"

„Ich denke, ich kann es noch kontrollieren."

Langsam begann ich mein Becken zu kreisen, spürte dass es ihm gefiel, sah es in seinem Blick und schürte damit mein Verlangen, bis es unkontrollierbar wurde.

Mit meinen Lippen öffnete ich seine.

Ich sog den kühlen Atem tief in mich ein, eine Mischung aus Moschus, Honig und Blumen, bevor ich seine Oberlippe vorsichtig mit der Zungenspitze berührte. Warme, feuchte Luft strömte in einem heftigen Stoß, aus meinem Mund in seinen.

Corvin keuchte, rang nach Luft.

Sofort ließ ich verunsichert von ihm ab und wartete auf die nächste Reaktion.

Einige Sekunden vergingen, bis er sich offenbar gefangen hatte.

Ich traute mich nicht zu fragen, was passiert war, was ich falsch gemacht hatte. Traute mich nicht, überhaupt irgendetwas zu sagen, stattdessen sah ich ihn nur entschuldigend an.

„Das war jetzt schon knapp an der Grenze!", flüsterte er mir ans Ohr, während sein Blick eine Mischung aus Selbsthass, Verlangen und Tadel verriet.

Daraufhin konnte ich ihn nur wieder entschuldigend ansehen.

„Hast du Angst?", fragte er mich plötzlich, völlig aus dem Zusammenhang gerissen.

Ich erstarrte auf seinem Schoß zu Stein, während seine Lippen blitzschnell an meinen Hals fuhren.

„Bissccccchhhen!", antwortete ich erstickt. Meine Stimme sprang zwei Oktaven höher.

„Das ist gut!"

Ein Lächeln über diese Aussage klang in seiner Samtstimme mit, als seine Lippen von meinem Hals verschwanden. Mit ernster Miene sah er mir ins Gesicht.

„Wieg dich nie zu sehr in Sicherheit!"

Ich begriff gleich, was er mir damit klarmachen wollte. Dass mit jeder meiner Bewegung, mit jedem Atemzug, mit jeder Berührung seine Selbstbeherrschung zusehends bröckelte. *Ich bin mir der Gefahr wohl bewusst, die von ihm ausgeht.*

Er beobachte mein Mienenspiel gespannt, während ich eins und eins zusammenzählte. Dann legte sich ein Grinsen in sein Gesicht und ich entspannte mich wieder. Er küsste mich sanft und legte erneut einen ernsten Ausdruck auf.

„Du solltest Angst haben!", meinte er und grinste wieder, während er mir mit einer Hand, wie man es eigentlich eher bei einem Kumpel macht, die Haare verwuschelte. Was mich durchaus mehr verwirrte, als seine Warnungen. Ich schüttelte den Kopf.

„Ich habe keine Angst vor dir!", widersprach ich ihm schnippisch.

„Solltest du aber!", wies er mich mit ernster Honigstimme zurecht.

„Ja gut, ich hab Angst! Okay?", meinte ich ironisch, während ich versuchte seine Stimme nachzuahmen und lachte daraufhin.

„Ich mein das wirklich ern…"

„Scht!", schnitt ich ihm das Wort ab, legte meinen Finger auf seinen Mund und schob meine Lippen nach. Dass er erst gar nicht zum Zug kam zu widersprechen.

Corvin schob meinen Pulli hoch, höher, riss ihn mir regelrecht vom Leib und ließ ihn seitlich vom Vorsprung fallen.

Wieder sahen wir uns tief in die Augen, küssten uns, während seine kalten Hände meine Taille berührten und ich erneut unter seiner kühlen Haut fröstelte. Dennoch ließ er sich nicht beirren. Die Finger wanderten weiter, über meinen Rücken, unter meine langen Haare, entlang der Wirbelsäule, sodass ich am ganzen Körper Gänsehaut bekam. An den Beinen, dem Bauch, den Busen.

Es kribbelte, heiß und kalt zugleich.

Langsam schob ich sein fast hautenges, schwarzes Langarmshirt hoch. Sein steinerner Oberkörper war nicht übermäßig muskulös und doch zeichneten sich leichte Schatten der Bauchmuskeln ab.

Ich wollte nicht länger warten und obwohl ich nicht wusste, was mich erwarten würde, zog ich ihm das Shirt über den Kopf aus. Meine Fingerspitzen berührten seine kalte Brust. Sanft strich ich ihm über den Bauch runter zum Hosenbund und öffnete, mit einem winzigen Lächeln, provokant seinen Gürtel.

Erneut zog mich Corvin mit festem Griff an sich heran, sodass sich unsere Körper berührten. Meine erhitzte Haut traf auf seine eisige. Ein Gefühl, als würde man einen Stromschlag versetzt bekommen, traf mich, ließ mich frösteln und zucken. Dennoch ließ ich meinen Körper nicht gewähren, von diesem Aufeinandertreffen zurückzuweichen. Ihn vielleicht zu verunsichern, sodass er sich mit hoher Wahrscheinlichkeit von mir weg bewegen würde. Das wollte ich nicht zulassen und bemerkte sogleich, wie schnell seine Haut, einen Teil meiner Temperatur annahm. Die steinharte Brust, die eisigen Arme wurden wärmer, schienen noch samtener zu sein, als zuvor.

Seine Lippen liebkosten meinen Hals, während seine Finger meinen BH von hinten nach vorn erkundeten.

Ich konnte deutlich spüren, wie seine Hände meinem bedeckten Busen näher kamen und ganz langsam, sanft darüber strichen. Jeder einzelne seiner Finger fuhr über mein Dekolleté, zwischen meine Brüste. Sie spielten mit mir, sie massierten mich.

Eine Hand fasste meinen Busen fest, während die andere den BH öffnete, von meinen Schultern streifte und zu Boden fallen ließ.

Wir waren so verrückt aufeinander, dass unser Atem immer tiefer und lauter wurde.

Wenn in diesem Moment der *Vampir* in ihm durchgekommen wäre, hätte ich wohl keine Chance gehabt ihn zu stoppen. Doch diesen Gedanken schob ich so gut es ging beiseite. Denn ist es nicht die Gefahr, die das Leben süßer macht?

Corvin legte seinen linken Arm um meine Taille, seine rechte Hand presste er an meinen Po. Hoch konzentriert ließ er seine Fähigkeiten, in einer Mischung aus Geschwindigkeit und behutsamer Kraft spielen, ohne mich auch nur grob zu berühren.

Plötzlich stand er auf den Knien mit mir im Arm und ließ mich, nachdem ich meine Beine um seine Hüfte geschlungen hatte, sanft mit dem Rücken in die Decken sinken. Er bäumte über mir während er mich innig küsste und sein Becken vorsichtig auf meins sank.

In diesem Moment stieß ich ein erstes, dezentes Stöhnen aus, welches Corvin bemerkte und etwas unsicher flüsterte.

„Ich habe noch nie mit einem Menschen, also einer Frau geschlafen, seitdem ich ein *Vampir* bin."

„Ist das anders?", entgegnete ich ihm ebenfalls flüsternd, noch völlig benommen von seinem Moschusduft und den sanften Berührungen.

„Nein, ich denke nicht! Nicht solange ich dich nicht verletze", antwortete er mir verunsichert.

„Wirst du nicht! Ich vertrau dir!", versuchte ich ihn zu ermuntern. Obwohl ich mir nicht einmal selbst die Sicherheit geben konnte, ob nicht doch etwas Unvorhergesehenes passieren könnte.

Mit viel Druck presste ich ihm meinen Zeigefinger, wie vorhin schon, auf seinen Mund.

Was bis dahin zwischen uns geschehen ist, war einfach zu wertvoll, um es so plötzlich zu zerstören.

Er kam mir wieder näher und küsste mich, als hätte ich ihm damit signalisiert, dass er sich nicht sorgen müsste.

Seine Lippen, umrandet von dem kurzen, blonden Bart, wanderten über meinen Busen, meinen Bauch, bis an den Hosenbund.

Unterdessen streifte ich mir, so gut es ging die Socken von den Füßen. Der Gedanke, dass er dies tun würde, schien mir zu peinlich zu sein.

Corvin schaute zu mir auf, während seine Finger den Knopf, sowie den Reißverschluss öffneten und er mir die, vom Schnee am Po, total nass gewordene Jeans langsam auszog. Fragend, mit einem Lächeln im Gesicht sah ich ihn an und forderte ihn somit auf, seine Hose ebenfalls auszuziehen. Wollte ich schließlich nicht die einzige sein, die halb nackt da unten im Keller lag. Er kam meinem Gedanken so schnell nach, dass ich es nicht einmal sah, nur spürte, als er sich mit einer Decke über den Schultern zwischen meinen Beinen niederließ.

Er war so wahnsinnig auf meine Sicherheit bedacht, dass ich sein Gewicht überhaupt nicht merkte, als würde er kurz über mir schweben. Ich zog ihn fester an mich heran. Nun konnte ich seine Erregung deutlich spüren, was in mir die Lust schürte, immer und immer weiter mit ihm zu gehen.

Meine Hände strichen über seinen Rücken, unter die Shorts, auf seinen Po. Mit leichten, kreisenden Bewegungen presste er sein Becken auf meins. Ich fuhr mit meinen Fingern sanft zurück auf seinen Rücken und schlang meine Beine um seine Hüfte.

Es war so wahnsinnig still in diesem Keller, dass wir nur uns und das Knistern der Kerzen vernahmen.

Corvin fasste mit einem Arm unter meinen Rücken, zog mich fest an sich und setzte sich mit mir im Arm auf. Er ließ mich auf seine Oberschenkel sinken, um mir die Decke auf der ich lag, über die Schultern zu legen.

Ich schaute ihm wieder und wieder in die Augen. Sie waren wie Magneten, denen ich meinem Blick nicht entziehen konnte.

Unser Verlangen aufeinander hatte die höchste Stufe erreicht.

Corvin stellte sich mit mir in den Armen auf die Knie. Er presste mich fest mit seinem Becken gegen die Wand. Wir sahen uns an. Sein Blick war so verträumt, so erregt.

Ich strich ihm durch die Haare, fast, als würde ich mich festhalten wollen, küsste ihn und genoss die Nähe zwischen unseren Körpern.

Wir waren nicht mehr davon abzubringen, vielleicht eine Dummheit zu begehen.

Für mich eine Dummheit, weil ich noch nie mit einem Mann geschlafen hatte und es nun mit jemandem vorhatte, der weder ein Mensch war, noch dass ich ihn danach jemals wieder sehen würde. Und doch ist es mir gleich, aufgrund der Tatsache, dass das etwas ganz Besonderes werden würde.

Für Corvin würde es sicher die größere Dummheit sein und Ärger mit sich ziehen, sollte es irgendwer aus seinen Reihen erfahren. Schließlich bin ich ein Mensch und dürfte von seiner Existenz überhaupt nichts wissen. Eine Gefahr, die so weit weg zu sein scheint, dass es wohl die nächsten hundert Jahre keiner erfährt und danach kann er davon berichten, denn dann werde ich bereits tot sein. Ich schob diese Gedanken unausgesprochen beiseite. Vielleicht dachte Corvin ebenfalls darüber nach und tat es mir gleich, indem er es, wie ich, einfach verdrängte, um die Zeit im Jetzt zu genießen.

Corvin lehnte über mir und sah mich mit seinen unscheinbaren, schönen, blauen Augen an.

Mit sanften, aber bestimmtem Griff packte er meine Hände und streckte meine Arme nach oben aus. Seine eine Hand hielt meine beiden sanft fest, während er sich mit der anderen abstützte.

Ich hatte keine Ahnung wie es weitergehen oder sich anfühlen würde. So überließ ich ihm voller Erwartung die Führung.

Unsere Oberkörper berührten sich, bevor er sich vorsichtig zwischen meine Beine gleiten ließ. In diesem Moment hätte ich laut aufschreien können, so überwältigend war dieses Gefühl.

Langsam bewegte er sich auf und ab.

Mit meinen Händen suchte ich seine Nähe, in seinen Haaren, auf seinem Rücken. Ich umschlang seine Hüften fest mit beiden Beinen und konnte ihn noch deutlicher spüren, während seine Lippen meinen Hals liebkosten. Ich schloss meine Augen, während seine Bewegungen schneller und wieder langsamer wurden und genoss.

Bis ich plötzlich seine scharfen Zähne auf meiner Haut kratzen fühlte.

Ich hatte keine Angst davor, dass er mich vielleicht töten könnte, dazu vertraute ich ihm viel zu sehr. Aber die Gefahr, dass er in seiner Erregung die Kontrolle über sich verlieren konnte und mich biss, war mir dennoch zu riskant.

Mit viel Kraft drückte ich seinen Kopf hoch, sodass ich ihn ansehen konnte. Und da war Er wie vermutet, der *Vampir*.

Corvins Augen waren grell blau, fast, als hätten sie geleuchtet und seine Reißzähne waren deutlich länger als nur einen kurzen Moment zuvor.

Meine Hände fassten seine Schultern, langsam schob ich ihn, so gut es mit meinem verletzten Handgelenk ging, seitlich von mir herunter. Er ließ mich gewähren, *ein gutes Zeichen*. Ich drückte ihn weiter, bis er auf dem Rücken lag. „Corvin!", herrschte ich ihn an.

Ohne auch nur einen Blick von ihm zu wenden, beobachtete ich ihn einige Sekunden.

Mit vollem Körpergewicht lehnte ich mich auf seine Schultern, soweit es mir die Verletzung möglich machte.

Für mich standen nur zwei Varianten offen, diese brenzlige Situation zu regeln. Entweder, ich laufe weg, mache ihn damit erst richtig rasend und hoffte ich würde schneller in den Hof, in die Sonne kommen. Ich hätte es wahrscheinlich nicht einmal aus der Kellertür geschafft. Oder, ich bleibe bei ihm, versuche zu schlichten und begebe mich nicht weniger in Gefahr, als bei Variante eins. Ich entschied mich für die zweite.

Er sah mich an und fuhr sanft mit seiner Hand in mein Gesicht. Sie schien warm und weniger grob zu sein, als ich es erwartet hatte.

In langsamen, behutsamen Bewegungen ließ ich mich auf ihm nieder, senkte meine Brust auf seine und beobachtete ihn aufmerksam. Ich blickte in seine wilden, blauen Augen, versuchte daraus zu lesen, wie es ihm ging, was jetzt passieren sollte.

Doch sein Blick ließ keine Vermutung zu.

Er starrte mich an, ohne auch nur ein einziges Mal zu blinzeln. Und es fühlte sich an, als würden seine Blicke mich schmerzlich durchbohren.

Ich war verunsichert, traute nicht, mich nach ihm zu erkundigen, geschweige denn mich jetzt noch zu bewegen. Ich verharrte und hoffte, dass dieses Szenario bald vorüber sein und Corvin wieder der alte sein würde. Der liebevolle, zärtliche, wunderschöne, junge Mann, den ich die letzten, wenigen Stunden kennengelernt hatte.

Meine Angst, er könnte sich zurück in dieses unnahbare, kalte Wesen verwandeln, wuchs mit jeder Sekunde, in der er mich anstarrte.

Ich konnte seinem Blick nicht mehr standhalten, drehte den Kopf und ließ ihn auf seine Brust sinken, mit dem Gedanken, einen kräftig hämmernden oder völlig ruhigen Herzschlag zu hören. Doch da war nichts, nur Stille, kein Herzschlag, kein Atemzug, einfach nichts. Es schien mir so abwegig zu sein, dass das wirklich möglich war. Dass man ohne all diese Organe trotzdem leben konnte. Wenn mein Herz aufhören würde zu schlagen, wäre der Tod das Resultat. Dessen bin ich mir bewusst.

Alle möglichen Gedanken schwirrten durch meinen Kopf. Corvin ist kein Mensch, genauso wenig wie ich ein *Vampir* oder besser eine *Vampirin* bin. Für ihn ist das alles, was bisher zwischen uns geschehen ist, sicher genauso neu und unreal und vielleicht auch so überirdisch schön und überwältigend, wie für mich. Seine Haut wirkt so kalt und hart auf mich. Während sich meine dagegen, sicher heiß und zerbrechlich für ihn anfühlt. Er ist so wunderschön, zu perfekt würde ich fast sagen. Aber wie sieht er mich wohl aus seiner Sicht?

All unsere körperlichen Eigenschaften unterschieden sich im genauen Gegensatz und es schmerzte mich, darüber zu grübeln, ob es mit der äußeren Wirkung genauso sein könnte.

Ich vergrub mein Gesicht an seiner Brust, aus Scham, dass ich mir über solche belanglosen, unwichtigen, materiellen Sachen ernsthaft den Kopf zerbrach.

Einige Minuten waren verstrichen, bis ich den Mumm hatte, ihm wieder in die Augen zu sehen.

Seine Selbstkontrolle schien zurückgekehrt. Die Iris seiner Augen zeigten sich mir in ihrem unscheinbaren Blau. Er war wieder „Er". Nicht mehr der *Vampir*, der nach meinem *Blut* lechzte und dennoch bangte ich, dass er mich von sich schieben, sich anziehen und da er nicht nach Draußen gehen konnte, wohl in die äußerste Ecke des kleinen Kellerraumes zurück ziehen würde. Ein abruptes Ende, eines so wunderschönen Zusammenkommens. Ich versuchte, mich mit diesem Gedanken abzufinden.

Und doch kam es erneut anders, als ich annahm.

Corvin schob die Decke von meinen Schultern, runter bis auf meinen Po. Dann küsste er mich mit viel Druck, schob mich regelrecht in die sitzende Position und signalisierte mir, dass wir dort weiter machen konnten, wo wir vor einigen Minuten stehen geblieben waren.

Meine Angst, er würde mich jetzt verweisen, war völlig unnütz, ganz umsonst.

Seine Hände zogen die Decke straff um meinen Po, dass ich ihn noch intensiver fühlen konnte, während ich meine Hände auf seine Brust drückte. Voller Erregung spannte ich meinen Rücken durch und schloss die Augen, um zu genießen.

Immer wieder zog Corvin die Decke um meine Hüfte fest und bestimmte somit das Tempo meiner kreisenden Bewegungen. Mein Atem stieß so heftig aus und strömte ein, dass ich das Gefühl hatte, gleich zu hyperventilieren oder gar keine Luft mehr zu bekommen. Mir wurde schummerig vor Augen und ich zwang mich, meinen Atem zu kontrollieren.

Nach einiger Zeit setzte Corvin sich auf. Seine Hände fuhren über meinen Rücken und pressten mich fest an seinen Oberkörper, als er zum Höhepunkt kam und ich ihm kurz darauf folgte. Es kribbelte, es vibrierte, es war so wundervoll, mit ihm diesen Moment zu erleben. Ein so wundervolles Gefühl, dass es mich regelrecht versuchte dazu zu treiben, noch mehr davon zu wollen. Doch zu glücklich und viel zu kaputt war ich gewesen, als dass ich mir hätte holen können, wonach mein Kopf so heftig verlangte.

Meine Haare klebten verschwitzt, feucht, strähnig auf dem Rücken und vorne am Busen. Voller Erschöpfung ließ er sich gemeinsam mit mir in die Decken sinken, sodass ich auf seiner Brust verweilte, er mich zudeckte und mir behutsam einen Kuss auf die Stirn gab.

Ohne ein Wort

Eine halbe Stunde war inzwischen sicher vergangen, als ich von Corvin krabbelte und mich neben ihm, in seine Arme legte. Wir sahen uns verträumt an und mussten schmunzeln. Ein Moment, der nie hätte enden müssen, nie dürfen, weil er einfach zu wertvoll war. Stünde es in meiner Macht, die Zeit zu beeinflussen, hätte ich sie angehalten und nie mehr weiter laufen lassen.

Im Keller herrschte eine Totenstille, triste, karge Dunkelheit. Nur das orangefarbene Licht der Kerzen, tanzte unruhig an den Wänden und brachte einen Hauch von Harmonie in diesen Raum. Feuchte Wärme durchströmte die Luft, legte sich auf unsere Haut und trieb allmählich lähmende Müdigkeit in meinen Körper. Meine Augen fielen zu und immer und immer wieder öffnete ich sie. Nicht eine Minute wollte ich noch in Corvins Armen verschlafen, nicht einen Blick, einen Kuss oder eine Berührung verpassen.

Ich konnte sein Gesicht nur im Seitenprofil sehen. Dennoch bemerkte ich erst jetzt, wie perfekt seine zerzausten Haare lagen, obwohl ich mich so an ihnen festgekrallt hatte. Sein Gesicht wirkte entspannt und nicht einmal der Hauch einer Schweißperle war darauf zu finden. Als wäre nie etwas geschehen. Als hätte man Corvin eben erst aus der Maske für eine Unterwäschewerbung entlassen. Einfach perfekt und so wunderschön, um wirklich wahr zu sein. Wogegen ich nur furchtbar aussehen musste. Kajal und Wimperntusche verschmiert, die Haare feucht klebend im Gesicht. Ich war froh, mich nicht sehen zu müssen und machte mir sofort Sorgen, dass Corvin mich so sah. Doch er blickte nicht zu mir, sondern fixierte mit weit geöffneten Augen die karge Kellerdecke.

Seine Mimik stimmte mich fraglich, ließ mich grübeln, weshalb er so nachdenklich schien.

Mit der flachen Hand fuhr ich ihm an die Wange und schob ihn, dass er mich ansah.

„Schlaf doch ein wenig! Ich spüre doch wie erschöpft du bist", flüsterte er mit tiefer Samtstimme.

„Ich möchte nicht schlafen!", widersprach ich sofort. Sein ewiger Versuch, mich zum Schlafen zu bewegen, ging mir allmählich gegen den Strich.

Wir sahen uns an und ich musste schmunzeln. Ich konnte ihm nicht böse sein, auch wenn er wahrscheinlich alles dafür getan hätte, mich zum Einschlafen zu bringen.

„Egal was ich zu dir sage, du hast immer das letzte Wort!", stellte er fest und musste selbst über diese Aussage lachen. Aber recht hatte er, zumindest ein wenig. Dies nahm ich zum Anlass, ihn anzustacheln. So setzte ich mich eingewickelt in eine Decke neben ihm auf, nahm eine Decke und warf sie ihm ins Gesicht.

„Du bist doch völlig verrückt!", meinte Corvin und lachte, als er sich von der Decke befreit hatte.

„Ja so bin ich eben!", setzte ich ihm entgegen. Seine Hände griffen nach meinen Schultern und ich sprang in einem Satz vom Vorsprung. Er tat, als würde er fast das Gleichgewicht verlieren und stürzen. Das war eine Schrecksekunde für mich. Ich hielt kurz den Atem an und eilte sofort zu ihm hin. Er lachte, packte mich und schmiss mich auf die Decken.

„Du bist ganz schön frech!", meinte er mit sanfter Stimme und schüttelte den Kopf. Ich hatte ihm, außer einem Lächeln, nichts entgegenzusetzen. Ein Grinsen umschmeichelte sein wunderschönes Gesicht, als er „ich gebe auf, da fehlen mir wirklich die Worte", sagte.

Seine Finger spielten mit meinen Haaren. Er strich sie mir aus dem Gesicht, beugte sich zu mir runter und küsste mich zärtlich. Damit hatte er mich erst einmal ruhig gestimmt.

Tiefe Blicke wanderten zwischen uns hin und her. Mein Herz stolperte, als sein kühler Duft mich merklich benommen machte.

„Entschuldigung wegen vorhin!", flüsterte Corvin mir, mit seinen eisigen, harten Lippen an mein Ohr. Ein angenehmes Frösteln rannte mir über den Körper.

„Ist doch nichts passiert!", beschwichtigte ich seinen Selbstzweifel.

„Aber es hätte was passieren können!", entgegnete er mit aggressiver, ernster Stimme.

„Corvin! Es war wunderschön mit dir."

Ich musste es ihm sagen, weil es einfach den Tatsachen entsprach. Weil es noch viel schöner war, als ich es mir je vorgestellt hatte.

Vertraut zwinkerte er mir daraufhin zu.

Dann kehrte Stille ein und seine Arme umfassten mich fest. Mein Körper war immer noch so überhitzt, dass ich seine wieder kühler gewordene Haut, als sehr angenehm empfand.

Es vergingen sicher zehn Minuten, in denen ich diejenige war, die an die Decke starrte.

„Über was denkst du gerade nach?", fragte er mich, ohne mich überhaupt angesehen zu haben.

„Nichts!"

„Nichts also! Und deshalb hypnotisierst du schon seit geraumer Zeit die Decke?"

„Ich lass meine Gedanken schweifen", entgegnete ich ihm und versuchte, meine Stimme belanglos klingen zu lassen.

„Lügnerin!", warf er mir völlig überzeugt an den Kopf.

Ich war ein wenig erstaunt über diese gnadenlose Ehrlichkeit, die er zutage brachte. Er drehte sich in meine Richtung. Meine Augen trafen seine. Ein Schmunzeln ging über seine Lippen und ich spürte, wie mir das *Blut* in den Kopf schoss. Er wusste, worüber ich nachdachte. Sicher wusste er das. Hatte er mir nicht vorhin erst erzählt, dass er Gedanken hören konnte, wenn er nur wollte und sich genug darauf konzentrieren würde? Zu meinem hochroten Kopf kam nun noch Scham, so heftig, dass ich das Gefühl hatte, schwere Steine im Bauch zu haben. Erst wurde mir übel und als ich begriff, was er gehört hatte, wurde ich sauer.

„Verschwinde sofort aus meinem Kopf!", herrschte ich ihn zornig an und sein Lächeln verschwand abrupt.

„Entschuldigung! Ich wollte nicht …"

Ich musste ihn mit einem so grimmigen Blick angesehen haben, dass er den Satz nicht einmal beendete.

Mit seinen blauen Augen sah er mich entschuldigend an, wirkte entsetzt über die Reaktion, die er bei mir ausgelöst hatte. Und sofort tat es mir leid. Doch dafür wollte ich mich nicht entschuldigen müssen. Er hätte mir ja nicht im Kopf rumgeistern brauchen.

„Du hast ja recht! Nur weil ich diese Gabe habe, muss ich sie nicht benutzen", meinte er noch entschuldigender, als eben und ich wusste, dass er immer noch in meinem Gedanken war.

„Ist okay!", meinte ich nur, drehte mich weg, zog die Beine an die Brust und starrte weiter an die karge Kellerwand vor mir, während ich meine Arme um die Knie schlang.

Ich stierte vor mich hin und bereute plötzlich, ihn so angefahren zu haben. Schließlich ist es sein gutes Recht von seinen Fähigkeiten Gebrauch zu machen. Hätte ich die gehabt, wäre ich wahrscheinlich jede Sekunde in seinem Kopf rumgegeistert, um zu sehen, was er denkt. Über mich. Über die Situation hier. Über uns.

Ich drehte den Kopf nach hinten und sah ihn durch die Wimpern an. Vielleicht würde seine Miene verraten, ob er noch in meinem Kopf ist und ob er meine Reue sieht. Aber er ließ sich nichts anmerken, während sein Blick in den Decken klebte.

Für einen Moment hatte mich sein Antlitz gefangen. Ich konnte meinen Blick nicht von ihm nehmen, bis sein Augenpaar meines traf. Sofort kroch die eben verflogene Schamesröte in mein Gesicht zurück. Jedoch auch die Begeisterung und das Interesse an den übernatürlich, schönen Mann, mir im Rücken.

Ich weiß nicht wie er das macht, mich mit einem einzigen Blick, nur einem kleinen Laut so derart aus der Fassung zu bringen.

Noch fester schlang ich die Arme um meine Beine, um nicht erst in die Versuchung zu kommen, mich zu ihm umzudrehen, ihn zu küssen und mich an seine marmorne Haut zu schmiegen. Erst musste jenes unausgesprochene Thema zur Sprache kommen.

Ich sammelte meine Gedanken und sah ihn weiter an, Corvin der seinen Blick nicht eine zehntel Sekunde von mir zu nehmen schien.

„Und?", meinte ich leise.

Er sah mich an, redete nicht, wartete wohl darauf, dass ich noch etwas sagen würde.

„Kann ich schwanger sein, werden, wie auch immer … von dir?"

Ich flüsterte es so leise, dass kein Mensch es hätte hören können. Aber ich wusste, Corvin tat es, er hörte mich, auch wenn ich mich nicht einmal selbst hörte.

„Nein, ich denke nicht. Wie kommst du denn darauf?"

Etwas überrascht schien er schon zu sein, als ich aussprach, was er längst aus meinen Gedanken gehört hatte.

„Ich weiß nicht? Geht das denn?"

Mein Blick heftete nervös auf ihm. „Nun sag schon!", drängte ich ihn auf eine Antwort.

„Davon stand auch nichts in deinen Büchern, was?"

Es schien ihn allmählich zu amüsieren, dass ich panisch wurde und das Gefühl hatte, kurz vor dem Herzstillstand zu stehen. Am liebsten wäre ich auf der Stelle im Boden versunken.

„Nein!", hauchte ich. Das war alles, was noch aus mir rausgehen wollte, ein Hauchen.

„Außerdem nehmt ihr Mädels doch alle schon bei Zeiten die Pille. Wie man dazu so schön sagt. Ist mir zumindest zu Ohren gekommen. Nicht, das es mich sonderlich interessiert hätte."

Ich war im ersten Moment erschrocken, musste aber schmunzeln, über den Gedanken, dass ihn so banale, menschliche Sachen zu beschäftigen schienen. Auch wenn er das verleugnete.

„Ich nicht! Hab ich bisher nie gebraucht. Aber das weißt du ja sicher auch schon!", meinte ich inzwischen resigniert.

Plötzlich verging Corvin das Lächeln und ich dachte, das Klicken in seinem Kopf gehört zu haben, als er begriff.

Hätte ich es doch einfach für mich behalten. Wie peinlich, dachte ich.

Er hatte es nicht in meinem Kopf gehört und nun hatte ich mich selbst verraten.

„Aber warum hast du nichts gesagt?"

„Warum sollte ich? Hättest du dann nicht mit mir geschlafen, wenn du gewusst hättest, dass ich noch Jungfrau bin?", jetzt klang ich fast hysterisch, war sauer, dass jeder aus dem ersten Mal so ein Drama machte.

Das ist wohl die einzige Gemeinsamkeit zwischen Menschen und *Vampiren*, abgesehen von der äußerlichen Ähnlichkeit.

„Ich wusste es aber nicht und habe es auch nicht bemerkt."

Wir sahen uns an. Ich konnte seinen Blick nicht deuten, bis er weitersprach.

„Lina! Es war unglaublich schön!"

Er drehte mich zu sich herum, zog mich an seine marmorne Brust, schloss seine festen Arme um mich und küsste mich auf die Stirn.

Ich dachte darüber nach, wie es weiter gehen sollte, mit uns. Doch nach der kurzen Zeit, die wir gemeinsam verbrachten, schien mir ihm diese Frage zu stellen übereilt. Also grübelte ich im Stillen für mich weiter und hoffte, dass er nicht wieder in meinen Kopf schaute. Der Gedanke, ihn so schnell zu verlieren, wie er in mein Leben getreten war, stimmte mich traurig.

Nach einigem hin und her überlegen beschloss ich, die Zeit die ich noch mit ihm hatte zu genießen und alle Sorgen vorerst wegzuschieben.

„Wie ist es möglich, dass ich nicht schwanger werden kann?"

Corvin nahm meine unversehrte Hand, die schlaff auf den Decken lag und legte sie unter seine linke Brust.

„Spürst du was?", flüsterte er, während sein Blick in meinen Augen heftete.

Ich wusste nicht sofort, worauf er hinauswollte und beantwortete seine Frage unbeteiligt.

„Nein!"

Erst, als ich begriff, wo meine Hand lag, auf seinem Herz, merkte ich, dass ich nichts spürte und ein überraschtes „Oh!", entfuhr mir.

„Ich denke, das ist der Grund."

Jetzt klang seine Samtstimme ein wenig bedrückt.

„Deshalb kann ich mir nicht vorstellen, dass es geht, dass du schwanger von mir werden kannst. *Vampire* können untereinander auch keine Kinder zeugen. In mir ist nichts Lebendiges mehr."

Ich ließ seine Worte auf mich wirken. Sie machten mich spürbar traurig und ich vergrub mein Gesicht an seiner marmornen Brust.

„Es ist nicht so schlimm, wie es für dich jetzt scheinen mag."

„Ich kann mir nicht einmal vorstellen, ohne das Pochen in meiner Brust sein zu können. Das ist es ja gerade, was mich daran erinnert zu leben!"

„Das ist der wesentliche Unterschied zwischen uns. Ich kann mich nicht daran erinnern, wie es ist, wenn etwas in der Brust schlägt, wie es sich anfühlt."

Flüsternd kamen die Worte an mein Ohr, während seine Hand unter meine linke Brust fuhr und mein Herz prompt wie verrückt zu pochen begann.

Ich hob den Kopf, um ihn anzusehen und grinste verschmitzt über die Reaktion meines Herzens, die seine Berührung ausgelöst hatte und die ich nicht kontrollieren konnte.

„Es ist gigantisch!"

Sein Gesicht kam mir auf fünf Zentimeter nah und ich spürte, wie der kühle, süße Duft ohne Warnung auf mich einschlug, mich berauschte. Mein Herz schlug noch wilder.

„Und lässt sich so einfach ins Straucheln bringen."
Das Lachen in seinen Worten war kaum zu überhören.
„Das gefällt dir wohl?", seufzte ich schnippisch. „Zu spüren, wie es in mir tobt, wenn du mich berührst."
„Ja, das gefällt mir wirklich!"
Ein breites Grinsen umschmeichelte sein wunderschönes, perfektes Gesicht.
Sanft strichen seine Finger über meine heiße Wange und er kam mir noch näher. Ich schloss die Augen langsam und wartete auf den zuckersüßen Kuss, der gleich folgen würde. Mein Herz stolperte schon beim Gedanken daran, ohne dass seine harten, aber so sanften Lippen mich berührt hatten.

Dann, nach endlosen Sekunden, fühlte ich sie auf meinen.

Ich wusste nicht, ob ich schlief oder wach war, als sich vor meinem Auge Dunkelheit erhob. Meine Hände fuhren in mein Gesicht, über die Augen. Sie sind offen, stellte ich mit Entsetzen fest. Also konnte ich nicht schlafen. Ich drehte mich auf den Rücken, während meine Finger den warmen, weichen Stoff unter und auf mir prüften. Er fühlte sich nicht an, wie die Decken in denen wir aneinander geschmiegt lagen. Irgendwas hatte sich verändert. Suchend streckte ich meine Arme zu den Seiten aus, wedelte über den warmen Stoff und doch bekam ich nichts zu greifen.
Ich wurde panisch, immer hektischer wanderten meine Hände hin und her.
Ein warmer, bekannter Geruch lag in der Luft.

Meine Augen gewöhnten sich allmählich an die Dunkelheit, wo das dämmerige Mondlicht, bis dahin unsichtbare Dinge, sichtbar machte.

Ich spürte, wie mein Herz zu rasen begann und Übelkeit in mir aufstieg, als ich begriff, dass ich in meinem eigenen Bett liegen musste. *Oh nein, ich bin eingeschlafen!!!* Diese Tatsache erschlug mich. Sofort folgte ein erbärmlicher Druck auf meiner Brust. Ich schrie seinen Namen, zwei Tonlagen höher als normal, in den Raum. Hysterisch. Ängstlich. Doch wie ich erwartet hatte, kam keine Antwort.

Ich schloss die Augen und aus meinem Mund entfuhr nur noch ein resignierendes Winseln. „Corvin! Corvin?" Langsam rollte ich mich auf die Seite, zog die Beine an die Brust und schlang die Arme um die Knie. „Corvin?" Mein Herz schlug spürbar unregelmäßig, als ich zu keuchen begann. Die Luft wollte weder in, noch aus meinen Lungen weichen. Ich hatte das Gefühl, jeden Moment zu ersticken. *Lina atme doch*, brüllte meine innere Stimme.

„Ich kann nicht!", schrie ich lauthals und das letzte bisschen Luft entfuhr mir.

Atme!, herrschte es in mir.

In meinem Kopf begann es zu schwirren, dann zu drehen. *Atme!!!*, brüllte es immer drohender, als der Schmerz in meiner Brust unerträglich wurde.

Mit weit aufgerissen Augen fuhr ich im Bett hoch. Wie Klauen griffen meine Finger vor mir in die Decke, krallten sich hinein, dass ich die Fingernägel durch den Stoff in den Handflächen spürte. Es sah sicher aus, wie in einem Horrorstreifen. Die Wolken geben den gleißend, hellen Vollmond frei, der bis eben noch, normale Menschen, unter unvorstellbaren Schmerzen zu Bestien werden lässt. *Werwölfe*. Der ganze Körper bebt, zittert, während sie in der Verwandlung auf die Arme fallen. Jeder Muskel ragt unnatürlich angespannt aus den Gliedern, bis der Spuk vorbei ist.

Mein Rücken spannte sich völlig an. Ich würgte und keuchte, als endlich die Luft in meine Lungen schoss. Es war ein so überwältigendes Gefühl, den ersten Sauerstoff zu spüren, der den Schmerz nahm. Jetzt war ich richtig wach, fernab jeder Illusion.

Er ist weg!

Der Gedanke fuhr messerscharf und nüchtern durch die graue Masse, welche man sonst Gehirn nennt und was bei mir nur noch Brei zu sein schien.

Er hat mich verlassen!

Das begriff ich nun und verbot mir fortan seinen Namen auszusprechen, geschweige denn IHN nur zu denken. Nie mehr.

Verlassen ohne ein Wort!

Und das war wohl das Schlimmste daran.

ER ging, ohne sich zu verabschieden.

Doch hätte es etwas geändert, wenn ER es getan hätte? Würde es jetzt weniger wehtun?

Sicher nicht, dass wusste ich genau, aber eingestehen wollte ich es mir nicht.

Es war doch von vornherein klar, dass ER wieder verschwindet, beschwichtigte mich die Stimme in meinem Kopf. Und ja, sie hatte verdammt noch mal recht.

Der erste Gedanke, der mir durchs Hirn schoss, war, mich gnadenlos zu betrinken, um den Schmerz im Herzen für eine Weile zu lindern. Doch mein gesunder Menschenverstand zeigt mir sofort die negativen Seiten auf. Der Kater am Morgen und die Wahrheit, dich mich dann noch heftiger treffen würde, als sie es jetzt schon tat.

Mir war elend zumute.

Statt mich bewusstlos zu saufen, wollte ich nur einen Tee und ein heißes Bad, in dem ich ja vielleicht auch einfach ertrinken könnte. Wie groß wäre wohl die Wahrscheinlichkeit einzuschlafen und unbemerkt zu ertrinken?

Mir flogen schon die Schlagzeilen, der Tageszeitungen von übermorgen durch den Kopf.

Junge Frau in der Badewanne ertrunken!
oder
Junge Frau tragisch verunglückt!

So etwas in der Art.

Ich vertiefte den sarkastischen Gedanken nicht weiter.

Langsam rappelte ich mich auf und knipste das Tischlicht neben mir an. Wenigstens das Baden und den Tee wollte ich in Tatsachen umsetzen.

Das Badezimmer war länglich und im Übrigen auch der einzige nicht modernisierte Raum im Haus. Alles noch im Original- Retro- DDR- Chick. Ganz hilfreich für die etwas andere Zeitreise.

Wann bereist man schon alte Bäder aus Zonenzeiten. Wenn man zur Tür rein kommt, steht die Wanne mit dem daran anschließenden Kessel, auf der linken Seite. Der muss vor dem Baden immer erst angefeuert werden. Rechts davon ist das Waschbecken an der Wand befestigt und weiter daneben eine Duschkabine. Wohl das einzige mehr oder weniger moderne in dem Raum.

Es sind also alle Armaturen auf einer Seite, außer die Toilette, die ist am Ende des länglichen Raumes noch durch eine Tür vom restlichen Badezimmer abtrennt.

Gegenüber der Armaturen ist ein riesiges Fenster, mit dicken Vorhängen, dass niemand einen Blick erhaschen kann, obwohl das Bad ja zur Hofseite rausgeht und nicht zur Straße. Aber man fühlt sich dadurch eben unbeobachteter. Die Vorhänge sind also nur für das gute Gefühl.

Die linke Wand ist wegen dem Spritzwasser gefliest, mit so hässlich hellblauen Dingern. Wie die damals mal modern waren.

Nachdem ich den Ofen mit den, unter dem Waschbecken liegenden Papier, Holz und Streichhölzern angefeuert hatte, trottete ich aus dem Badzimmer, in die Küche.

Das Nächste, woran ich mich erinnern kann, ist, dass ich mit der heißen Teetasse in der Hand am Küchentisch saß und mich beim Stieren ertappte. In meinem Kopf herrschte wirres Durcheinander. Die letzten Schritte, welche ich zuvor getätigt hatte, waren wie durch die Entf- Taste einer Tastatur, völlig ausgelöscht.

Den Wasserkocher anstellen, Teebeutel in die Tasse hängen, ...

Alles weg.

Naja, ich empfand es, in dem Moment, auch nicht so wichtig, mich daran zu erinnern. Jeder weiß ja, wie man Tee aufbrüht.

Mein starrer Blick fiel auf die angelehnte Küchentür und blieb haften, während ich den heißen Tee schlürfte.

Ich erhob mich wieder und nahm eine Tüte aus einem der drei Schubfächer unter der Arbeitsfläche. Das Wasser im Kessel musste nun warm genug zum Baden sein. So ging ich ins Badezimmer, ließ das Wasser ein und schlug mir indessen die Tüte mit Pflasterband um das eingebundene Handgelenk.

Nach einigen, vorsichtigen Ausziehversuchen hatte ich es geschafft und konnte mich in die Fluten stürzen, mit dem einen Arm in die Luft ragend.

Je länger ich in der Wanne lag, umso eindringlicher war mein Versuch, endlich entspannen zu können. Aber es gelang mir nicht. Viel zu aufgewühlt, erregt, durcheinander, traurig war ich.

Mit Zeigefinger und Daumen drückte ich meine Nase zu, um unterzutauchen. Ich konnte spüren, wie meine Haare durch das Wasser bewegt wurden, ganz langsam, ganz sanft. Wie ein Kuss fühlte es sich auf der Haut an und ich stellte mir vor, dass ER es war, der mich in diesem Moment noch tausendmal sanfter küsste. Ein wahnsinnig toller Gedanke. Ein tolles Gefühl.

Aber ER hatte mich verlassen.

Das machte alle schönen Erinnerungen, mit einem Schlag zunichte, weil sie schmerzten und an mir zerrten, mich verrückt und gleichzeitig, todtraurig machten. Sie machten alles Unmögliche, alles Schlimme mit mir. Aber glücklich machten sie mich nicht.

Mit Schwung stieß ich mich unter Wasser am Wannenrand ab und atmete einen tiefen Zug Luft in mich auf. Ich war schon wieder viel zu lange ohne Sauerstoff. Mein Kopf schwirrte, schwindelte.

Wenn das so weiterging, bräuchte ich bald ein neues Gehirn, weil in meinem vor Sauerstoffmangel, alle Zellen abgestorben sind.

Ich ließ mich zurück ins Wasser sinken und verweilte über zwanzig Minuten in dieser Stellung, bis ich aus der Wanne stieg.

Das Wasser war inzwischen kalt geworden.

In das kleine, grüne Frotteehandtuch vom Wannenrand, schlug ich meine Haare. Mit dem großen, blauen trocknete ich mich ab, wickelte es mir um den Körper und ging rüber zur Toilette. Links darüber hängt ein Apothekenschrank, aus welchem ich eine dicke Mullbinde holte.

Vorsichtig entfernte ich die Tüte vom Handgelenk.

So ein Tuch um den Arm gebunden, war schon ungewöhnlich, auffällig und ich musste es wohl oder übel abmachen.

Es hatte eine ganze Weile gedauert, bis ich mich dazu durchgerungen hatte.

Das Tuch klebte durch das trocken gewordene *Blut* fest. Was für eine schmerzhafte Angelegenheit, aber da musste ich nun durch. Mit einem Ruck riss ich es mir vom Handgelenk und die zwei sichelförmigen Wunden begannen sofort zu *bluten*. Fest presste ich das Tuch wieder darauf, um mir Toilettenpapier zum Abtupfen zu holen.

Ein Handtuch konnte ich ja schlecht nehmen. Meine Mam währe sicher stutzig geworden, wäre ihr das in die Hände gefallen.

Ich öffnete den Wasserhahn und hielt die Hand darunter. Im Sekundentakt lief das *Blut-Wassergemisch* in einen Strudel und verschwand im Abfluss. Es brannte und hämmerte wie verrückt, dass es mir fast schwindelig wurde. Die Schmerzen waren kaum auszuhalten. Ich presste die Augen zusammen, krümmte mich und stöhnte in mich hinein. Vielleicht hätte ich kein Wasser darüber laufen lassen sollen. Blöde Idee. Ganz blöde Idee.

Plötzlich nahm ich Geräusche aus dem Flur wahr und zuckte vor Schreck zusammen. Es klopfte an die Badtür.

„Lina?" Leise drang die Stimme meiner Mam durch die Badezimmertür.

Mir fielen tausend Steine vom Herzen und gleichzeitig beschwerten sie es wieder, dass nur Kerstin es war, nicht ER, der es sich anders überlegt hatte und zurückkehrte.

„Hey Mam."

Nur ein zitteriges Gestotter entfuhr meinen Lippen. Ich wusste nicht, ob sie es hörte, ob sie überhaupt ein Wort durch die Tür verstand.

„Ich trockne mich noch ab und komm dann gleich."

Abgetrocknet war ich schon längst. Doch bevor ich ihr unter die Augen treten konnte, musste ich den Schalter finden, die wirren Gedanken in meinem Kopf auszuschalten.

Immer und immer wieder tupfte ich die Wunde mit Toilettenpapier ab, aber es wollte einfach nicht aufhören zu *bluten*, geschweige denn weniger werden. Ich konnte gar nicht so schnell wischen, wie das *Blut* lief und am Handgelenk runter zu tropfen drohte.

Mit einer schnellen Bewegung schlang ich die Mullbinde darüber.

Es dauerte keine zehn Sekunden, bis die erste, zweite, dann dritte Lage total durchtränkt war. Ich wickelte hastig weiter und hoffte, dass das *Blut* irgendwann den Kampf gegen die vielen übereinandergeschichteten Lagen aufgeben würde.

Dann, als ich es schon fast aufgeben wollte, blieb die Binde weiß.

„Gott sei Dank!", seufzte ich erleichtert.

Mein Blick fiel in den Spiegel. Ich sah müde aus. Das Gesicht bleich. Die Augen fast zusammengekniffen, weil das Licht so hell schien und vom Heulen total angeschwollen waren. Ich beobachtete mich, grübelte, ob ich tagsüber im Keller vielleicht auch schon so furchtbar aussah und stellte fest, dass ich jetzt nur deshalb so schlecht aussah weil ich nicht mehr glücklich war. Vor ein paar Stunden war ich es noch, aus ganzem Herzen und nun hingen meine Mundwinkel. Meine Augen hatten ihren Glanz verloren.

Ich starrte vor mich hin, überflog jeden Zentimeter der Glasablage unter dem Spiegel und entdeckte ein paar meiner grünen Kontaktlinsen. Obwohl ich mir sicher war, die dort nicht hingelegt zu haben, trat ich erneut zum Apothekenschrank und sah nach den Reservelinsen. Zwei Paare lagen drin, eingehüllt in ihrer Originalverpackung, genau wie ich sie vor geraumer Zeit hineingetan hatte.

Wie auch immer das möglich war, die Kontaktlinsen aus dem Keller waren sorgfältig in ihre Flüssigkeit zurückgetan worden.

So schnell ich konnte warf ich mir den Bademantel über. Erst öffnete ich die Tür nur einen Spalt breit, vergewisserte mich, dass der Flur leer war und lief hinaus. Leise machte ich die nächste Tür auf, raus in den Vorraum, zog sie hinter mir wieder vorsichtig ins Schloss. Eiskalte Luft umgab mich, am Fenster hatten sich Eisblumen gebildet.

Für einen Moment überlegte ich, einfach zurück ins Badezimmer zu gehen und mich bettfertig zu machen. Doch die Neugierde siegte.

Ohne mir auch nur die Schuhe anzuziehen, rannte ich zur Haustür hinaus und griff im Laufen noch ein Feuerzeug vom Fensterbrett. Wie angestochen lief ich durch die Dunkelheit über den völlig zugeschneiten Hof. An der Holztür angekommen, bemerkte ich, dass meine Fußsohlen vor Kälte begannen zu verkrampfen. Ich riss die Tür auf und stürzte die Steinstufen regelrecht hinunter. Vor dem Obstkeller blieb ich stehen, gespannt und noch viel ängstlicher, was mich hinter der Tür erwarten würde.

Ich stieß sie auf, trat drei Schritte in den Raum, in dem jede winzigste Bewegung lautstark widerhallte und entflammte das Feuerzeug in meiner Hand. Doch nichts war zu sehen, gar nichts. Es war, als wäre hier ewig niemand mehr gewesen. Alles stand genau an der gleichen Stelle wie heut morgen. Die Kisten auf dem Vorsprung. Selbst das Wachs von den Regalen war verschwunden. Nicht mal den winzigsten Rückstand fand ich mehr.

Panisch suchte ich jedes einzelne Brett ab, verbrannte mir den Daumen am heiß gewordenen Feuerzeug.

Nicht einmal der Duft lag noch in der Luft. Sein Duft, der so intensiv zu sein schien, dass er binnen von Sekunden den ganzen Raum erfüllte. Jetzt roch es feucht und moderig. Dunkelheit, nicht Kerzenschein, Eiseskälte, statt Wärme und Erregung lagen nun vor meinem Auge, auf meiner Haut. Der Raum hatte jede Schönheit vom heutigen Tag verloren. Alles war wieder wie immer, es war, als wäre nie etwas da unten passiert, jede kleinste Spur verwischt, ausgelöscht, dass es mich fast zweifeln ließ, dass das mit IHM überhaupt wirklich geschehen sein konnte.

Resigniert trat ich hinaus, schloss erst die eine, dann kurze Zeit, später die zweite Tür hinter mir. Ich schlürfte mit den nackten, eisigen Füßen über den Hof zurück zum Haus. Meine Fußsohlen brannten, piksten, als ich den warmen Flur betrat.

Jetzt musste ich mir eingestehen, dass es eine absolut bescheuerte Idee gewesen war, im Keller nachzusehen.

Die Neugier hatte mich nun einiges an Zeit gekostet.

Schnell betrat ich die Küche, versuchte mich zu sammeln um weiter ins Wohnzimmer zu gehen, damit Kerstin nicht stutzig werden würde, wo ich so lang bleibe. Ich atmete tief durch.

Jetzt konnte es in die Höhle des Löwen gehen, Frage und Antwort stehen. Das gleiche Spiel wie jeden verdammten Tag, mit dem Unterschied, dass ich an diesem Abend nicht mitspielen wollte.

Ich sah zurück in den Flur und überlegte, einfach nach oben zu gehen, in mein Reich. Am liebsten wäre ich sofort die steile Holztreppe hochgelaufen. Doch das hätte meine Mam ganz sicher stutzig gemacht und keine Minute später, stünde sie in meiner Zimmertür. Dann ging ich doch lieber gleich zu ihr.

„Hallo Mam", meinte ich und versuchte, es möglichst wenig bedrückt klingen zu lassen.

„Hey mein Schatz!" Sie kam sofort zu mir und drückte mir einen dicken Kuss auf die Wange." Wie war dein Arbeitstag?"

„Arbeitstag? Ich war heut nicht arbeiten!" Langsam begann ich an mir selbst zu zweifeln. Hatte ich ihr nichts von meinem freien Tag erzählt? Naja und wenn schon …

„Wieso warst du nicht arbeiten?"

„Ich hatte heut meinen freien Tag Mam!", seufzte ich gelangweilt. Gott, wie mich dieses Palaver gerade nervte.

„Ach so! Und was hast du heut gem…"

Ich unterbrach sie mitten im Satz.

„Im Bett gelegen und da geh ich jetzt auch wieder hin!", antwortete ich ihr knapp. Während ich mit ihr sprach, kehrte ich ihr den Rücken und setzte zum Gehen an.

„Geht es dir nicht gut Schatz?", fragte sie sofort besorgt, als ihre Hände mich fassten und an sich zogen.

„Alles okay! Ich will nur in mein Bett."

Unsere Blicke trafen sich und ihrer erwiderte meinem mit Verständnis. Ganz sanft traten ihre Lippen an meine Wange und ein Flüstern rann aus ihrem Mund.

„Gute Nacht Liebling!", meinte sie.

„Gute Nacht Mam!"

Schnell, aber behutsam, schob ich ihre Hände von mir und verschwand aus der Küche.

Im Gehen spürte ich, wie mich die Gefühle von vorhin übermannten und Tränen mir die Sicht vernebelten. Eilig stolperte ich die steile Treppe hinauf. Erst als die Tür in meinen kleinen Flur hinter mir zufiel, konnte ich richtig losweinen und mich von dem erstickenden Kloß im Hals befreien. Ohne auch nur einen Lichtschalter zu betätigen stürzte ich in mein Zimmer und ließ mich geradewegs ins Bett fallen. Jetzt schlugen die Gedanken an IHN mit voller Wucht, ungebremst auf mich ein.

Schmerzliche beinahe Überraschung

Früh am Morgen riss mich ein ungewöhnlich hohler Schmerz im Bauch aus dem Schlaf. Es schien schon ein wenig heller zu werden und dennoch verspürte ich den Drang, einfach im Bett liegen zu bleiben und möglichst niemanden über den Weg zu laufen.

Langsam ließ ich mich auf den Rücken rollen. Sofort drängte sich ein Kloß in meinen Hals und brachte mir Übelkeit. Erst nur ganz leicht. Doch mit scheinbar jeder Sekunde wurde dieses unangenehme Gefühl stärker, bis es zur Unerträglichkeit anschwoll. Ich sprang aus dem Bett, musste mich krümmen vor Schmerzen. Mit den Händen an den Wänden taumelte durch den Flur, die Treppe hinunter ins Badezimmer. Mich beflügelte mit jedem Schritt den ich tat, immer stärker die Angst, es nicht mehr heil hinunterzuschaffen. Vielleicht auf der Stufe abzurutschen und mir ernste Verletzungen zuzufügen. Es ist nicht mal auszudenken was alles passieren könnte, wenn ich die steile Treppe runterpoltern würde.

Flink huschte ich durch die Tür ins Bad und ließ sie leise hinter mir ins Schloss fallen. Jetzt galt es nur noch schnellstmöglich zur Toilette zu kommen, bevor mich die bis an die Grenzen angeschwollene Übelkeit endgültig übermannte. Ich schaffte es gerade noch so, mich hinüberzubeugen, um mich heftig zu übergeben. Doch außer ein bisschen Flüssigkeit kam nichts. Ich konnte mir beim besten Willen keinen Reim daraus machen, gegen was sich mein Körper so hartnäckig zu wehren versucht. *Ich bin doch sonst nicht so empfindlich.*

In den nächsten Tagen kamen zu den Schmerzen und der damit verbundenen Übelkeit, sowie dem Erbrechen, noch *Regelblutungen,* völlig außerhalb der eigentlichen Zeit. Ich hatte noch nie *Zwischenblutungen* gehabt und sollte es mal dazu kommen, hätte ich nie gedacht, dass es so heftig werden kann. Sie waren fast noch stärker als an meinen normalen Tagen. Bis zu diesem Tage hatte ich sie immer regelmäßig und ohne Komplikationen bekommen. Im ersten Moment dachte ich, das es der normale Rhythmus meines Zyklus sein würde, doch dann viel mir fast im selben Atemzug ein, dass es erst zwei Wochen her war und ich nun noch eine Woche bis zum nächsten warten müsste.

Nach zwei Tagen behielt ich nicht einmal mehr einen winzigen Schluck Wasser in mir. Sobald ich auch nur irgendwas zu mir nahm, kam es wieder hinauf, bevor ich es richtig geschluckt hatte. Für den Rest der Woche musste ich mich wohl oder übel krankschreiben lassen, auch wenn das meinem Chef eigentlich gar nicht gefiel. Doch diesmal war er es sogar, der mich heimgeschickt hatte. Ich glaube, so schlecht habe ich in meiner ganzen Friseurzeit nicht ausgesehen, bemitleidend und fast ein bisschen erschreckend.

Ich tat vor Übelkeit die Nacht kaum noch ein Auge zu und das, obwohl ich mir im Dreistundentakt eine Tablette gegen Brechreiz einwarf. Wahrscheinlich hätte ich mir eine ganze Hand voll davon reinschmeißen können, ohne Erfolg.

Normalerweise bin ich nicht so ein Medikamentenjunkie, aber bei Übelkeit mache ich schon mal eine Ausnahme; denn es gibt nichts Schlimmeres für mich, als mich übergeben zu müssen. Die Leute, also speziell meine Eltern sind der Meinung, wenn sie neben mir stehen und mir zureden, würde es besser werden. Aber dem ist nicht so. Das mach ich lieber allein, ohne Zuschauer. Mir ist der Gedanke, dass jemand mein brechen sieht, schon viel zu peinlich, unangenehm. Man ist den Bedürfnis seines Körpers so ausgeliefert, kann nichts dagegen tun, sich nicht wehren. Nein, dann leide ich lieber für mich selbst, da kann ich keine Gaffer gebrauchen.

Mit den Tagen, an denen die Symptome sich hartnäckig hielten, beflügelte mich allmählich ein Gedanke, der mir ganz und gar nicht gefiel. Verstärkt wurde dieser dann eines Nachmittags, als ich wieder mit einer Brechattacke über der Toilette hing.

Vielleicht ist es ja doch möglich …

Ich vermochte es kaum zu denken, was mein Hirn aus eins und eins zusammengezählt hatte. Der Würgereiz verstärkte sich sofort, als ich mir die Worte durch den Kopf schießen ließ.

Nein, das kann nicht sein …

ER meinte doch, dass es nicht möglich wäre, zumindest denkt ER das. Ob ER es wirklich weiß, steht wohl auf einer anderen Seite geschrieben. Ich erbrach mich daraufhin so heftig, dass nur noch grüne Gallenflüssigkeit über die Speiseröhre hinauf kroch. Das ständige Erbrechen hatte inzwischen zur Folge, dass mir wie verrückt der Hals brannte, völlig gereizt von der aufsteigenden Säure.

Tausende von Jahren gab es den Menschen nun schon und mit ihm sicher auch die *Vampire*. Woher wollte ER es dann so genau wissen, mit seinen nicht einmal hundert Jahren? Vielleicht gab es in der Geschichte ja doch einen so außergewöhnlichen Fall. Halb Mensch, halb *Vampir*. Mir schwirrte der Kopf bei dieser Vorstellung.

Ich spülte mir die Säure aus dem Mund und putzte mir sorgfältig die Zähne, obwohl ich den Kampf gegen den widerlichen Geschmack längst aufgegeben hatte; denn weder Zähne putzen noch mit Mundwasser spülen, vertrieben das pelzige Gefühl und den säuerlich, gammeligen Geschmack. Allein das war ein Grund, weshalb mir ununterbrochen übel war.

Mit einem, viertel mit Wasser gefüllten Eimer in der Hand schlich ich die Holztreppe hoch, zurück in mein Zimmer. Direkt neben dem Bett stellte ich den Eimer ab, um vorbereitet zu sein, falls es mich wieder überkommt. Ich ließ mich vorsichtig aufs Bett sinken. Bloß keine ruckartige Bewegung zu viel machen, die meinen Magen wieder reizen könnte. Nur einige Minuten hielt ich es auf dem Rücken liegend aus, bis ich mich zur Fötusstellung zusammenrollte. Die einzige Stellung, in welcher sich die Schmerzen im Unterleib verringerten.

Wie von einer unsichtbaren Macht gesteuert, suchte sich meine unversehrte Hand den Weg an meinen Bauch. Mit leichtem Druck fuhr ich ihn ab, tastete, ob sich etwas Ungewöhnliches erfühlen ließ. Doch nichts fühlte sich anders an, als sonst. Zumindest meinte ich das sagen zu können. Es kam vorher nie vor, dass ich solche Selbstuntersuchungen unternahm.

Ein Teil in mir war rasend vor Wut, traurig und völlig überfordert, allein nur durch den Gedanken, von einem *Vampir* schwanger zu sein. Wenn es so sein würde, wollte ich damit doch nicht mutterseelenallein dastehen. Die erste Frage: Was werden meine Eltern nur sagen?, trieb mich schon fast in den Wahnsinn. Doch ab diesem Zeitpunkt kamen noch ungefähr weitere hundert dazu.

Halb Mensch, halb Vampir, schwirrte es in meinem Kopf. Wie viel hat es dann von IHM und was wohl von mir?

Allein in Betracht zu ziehen um des Babys willen *Blut* trinken zu müssen, brachte mir einen heftigen Würgereiz. Als ich mich beruhigt hatte, überkam mich ein wohliges Gefühl von Liebe und Wärme, die andere Seite in meinem Kopf. Der Gedanke, jemanden noch inniger zu lieben, als Freunde oder Familie. Dennoch beflügelte mich Angst. Angst vor der Zukunft, die bis eben so ungewiss schien. Plötzlich füllte sich der leere Platz in meinem Bauch, in meinem Kopf, mit einem Menschlein, welches nicht erwartet wurde. In Schönheit und Perfektion würde es wohl alles von seinem oder ihrem Vater haben, dessen war ich mir sicher. Ich konnte mich nicht festlegen, nicht so schnell, ob ich lieber ein Mädchen oder einen Jungen erwarten würde. Doch würde es ein Mädchen sein, hieße sie Roke und ein Junge ... . Ich weiß es nicht, vielleicht nach seinem Dad.

Vor Erschöpfung tauchte ich allmählich in die Traumwelt ab. Die Bilder wurden klarer, in denen ich mein Baby schon spürbar in den Armen wiegte. Mit weißer Haut und vielen asch- beigeblonden Härchen. Kleine Grübchen umschmeicheln das babyhafte Gesicht, während es mich mit seinen strahlend blauen Augen betrachtet.

Ich rutschte weiter in meinen Traum, genoss, was ich sah, obwohl ich vor Angst scheinbar zitterte.

Drei Tage vergingen, in den ich zwischen wach sein und schlafen schwebte, an denen ich nicht mehr zwischen Realität und Traum unterscheiden konnte. Es fühlte sich an, als würde ich auf Federn gebetet. Nur der Schmerz und das Erbrechen ließen mich hin und wieder durch die Oberfläche meiner wirren Gedanken stoßen.

Ich hatte mich damit abgefunden, meinen Eltern wohl bald die freudige Nachricht, dass sie Großeltern werden, überbringen zu müssen. Doch, noch hatte ich nicht den Mumm dazu, geschweige denn einen Schwangerschaftstest gemacht; denn auch den schob ich in Gedanken vor mich her. Ich war bis dahin weder in Lage, mir einen zu besorgen, noch war ich überzeugt, ob der überhaupt was nützen würde.

Doch all diese Überlegungen verpufften mit der Zeit, als nach einer Woche die Symptome plötzlich von einer zur anderen Stunde verschwunden schienen.

Ich musst mich wohl damit abfinden, dass es kein Baby gab, welches ich schon begann zu lieben und dennoch ein wenig froh war, die Thematik schnell hinter mir zu lassen. Sollte doch ein Baby in mir ranwachsen, dachte ich, würde ich es irgendwann schon registrieren und könnte mir dann noch genug den Schädel über dies alles zermartern.

Schwere Zeit

Es vergingen Tage, Wochen und ganz bald auch Monate. Kein Babybauch kam, wie vermutet, zum Vorschein. Eine lange Wartezeit wegen Nichts war vorüber und brachte in mir das Gefühl auf, ernsthaft über meine Zukunft nachzudenken.

SEIN kurzer, aber heftiger Besuch und der Gedanke an ein Baby, was es nicht gibt, schürten in mir das Verlangen, etwas grundlegend zu ändern. So wie jetzt, kann es nicht weiter gehen. Jeder Tag, der vergeht, macht mich trauriger und unzufriedener.

Ich muss nun nicht, wie erwartet, Verantwortung übernehmen. Ich kann frei sein, was erleben, raus aus dem Kaff Krauschwitz kommen und die Welt sehen.

Vielleicht sollte ich das Abitur nachholen, studieren und in eine Großstadt ziehen, wo ich nicht Lina wäre, sondern eine von Abertausend Menschen. Dort würde ich sicher meine Berufung finden und glücklich sein. In München oder Berlin oder besser noch Hamburg, hoch, Richtung Küste. Aber nichts Konkretes kommt mir in den Sinn, nur verworrene Gedanken, die in mir den Druck schüren, ziemlich bald eine Entscheidung treffen zu müssen. Mir sitzt die Pistole also sprichwörtlich auf der Brust.

Bisher hatte ich noch niemandem von meinen Plänen, die noch keine waren, erzählt. Denn eigentlich möchte ich tief in mir drin, nur eines: meine Sachen packen und in einer Nacht- und Nebelaktion verschwinden. Irgendwo hin, fernab jeglicher Zivilisation, auf eine einsame Insel oder in einen dicht bewachsenen Wald. Nur für ein paar Wochen oder Monate, um mir im Klaren darüber zu werden, was ich wirklich will. Vielleicht sollte besser keiner von meinen Plänen erfahren.

Mein Handy würde ich unterwegs in irgendeinem See versenken und vorher noch eine Nachricht an meine Eltern absenden, in der steht: „Macht euch keine Sorgen. Ich bin bald zurück!"

Ich überdachte diese Situation immer und immer wieder. Nur leider habe ich einfach nicht den Arsch in der Hose, es durchzuziehen. Manchmal macht mich das rasend vor Wut. Eine Wut, die ich vor einem knappen halben Jahr noch nicht kannte. Dafür spüre ich sie jetzt heftiger und intensiver denn je.

Inzwischen hatte ich mich mehr und mehr von Freunden und meiner Familie abgewandt. Ich bin jetzt lieber für mich allein. So kann ich den tauben Schmerz in meinem Herzen besser ertragen.

Die Winter bei uns hier in Ostdeutschland fingen immer so im Oktober, November an. Da wurde es meist schlagartig kalt, feucht und neblig. Dieser triste Zustand, behielt dann bis März die Oberhand. Es gab meist nur einen bis maximal zwei zusammenhängende, sonnige Tage – alle paar Wochen –. Aber in diesem Jahr hatte ich dem Rest des Winters keine Beachtung geschenkt. Ich verbrachte ihn in meinem Zimmer. Allein.

Jeder neue Morgen der beginnt, macht es mir schwerer mich aufzuraffen, um auf Arbeit zu gehen. Schon die Tür in den Salon zu öffnen, brennt mir immer größere Löcher der Unzufriedenheit in den Leib.

Ich mache meine Arbeit längst nicht mehr so gut, wie ich es eigentlich kann und so bleiben immer mehr Kunden weg. *Mir ist es egal!*

Ich verbringe meist Stunden, an den Wochenenden auch den ganzen Tag, nur im Bett, starre vor mich hin oder vergrabe mich in Büchern. Durch sie gelingt es mir, für einige Zeit aus der Realität zu fliehen.

Die Fantasie ist nun meine Boje, das einzige was mich noch über Wasser hält. Während das schwarze, kalte Wasser nur danach durstet mich in die Tiefe zu reißen.

Nur einen Steinwurf bin ich noch davon entfernt, verrückt zu werden, daran kaputt zu gehen.

Das hatte ich mir eines Tages selbst eingestanden, als ich wie hypnotisiert vor der Arbeitsfläche in der Küche stand. Meine Hand umklammerte den Griff des riesigen Messer so fest, dass die Fingergelenke schmerzten. Die Klinge lag schon mit festem Druck auf dem Handgelenk, bis ich kapierte, was ich im Begriff war zu tun. Ich erschrak vor mir selbst, als das Messer, knapp neben meinem Fuß, laut klirrend zu Boden fiel.

Das war nicht das Ende, was ich mir eigentlich für mich gewünscht hatte, aber es wäre ein Ausweg gewesen. Ein Ausweg, aus dem Gewirr in meinem Kopf und doch nicht die optimale Lösung. Wenn ich gehe, dann still und leise ohne irgendwen da mit reinzuziehen.

Ich dachte eine Weile darüber nach und beschloss, mir noch ein wenig Zeit auf dieser Gott verdammten Welt zu geben.

Es gibt eben doch noch einen winzigen Funken Hoffnung in mir, dass ich es irgendwann schaffen würde wieder zufriedener, glücklich zu sein und dieser Funke ist es, der mich am Leben hält.

Seitdem ER so schnell aus meinem Leben verschwand, wie er hineingetreten war, träume ich jede Nacht von IHM.

Hin und wieder bleibt ER bei mir, bis der Wecker mich aus dem Schlaf reißt. Doch meist verlässt ER mich schon lange vorher, ohne ein Wort, wie an dem besagten Tag.

In diesen Nächten säusel ich SEINEN Namen, schrecke schweißgebadet hoch und sehe IHN kurz in meinem Zimmer stehen. Ich bin mir dessen bewusst, dass es mein Kopf ist, der mir diesen Streich spielt. Aber ich halte mich eisern an SEINEM Anblick fest, bis mir Tränen die Sicht trüben. Meine Angst, dass SEIN Gesicht irgendwann im dicken Nebel meiner wirren Gedanken verschwindet und ich mich kaum noch daran erinnern kann, zerreißt mich fast. Ich will IHN nicht vergessen. Nicht SEINE honigsüße Samtstimme, SEINE asch- beigeblonden, zerzausten Haare oder den süßlich berauschenden Duft SEINER Haut. Ich sträube mich mit Händen und Füßen gegen das Vergessen.

Es gibt nur zwei wirklich grundlegende Gedanken in meinem Kopf, die mich zu jeder Zeit, in jeder Situation bestimmten.

Zum einen: ER kehrt zu mir zurück liebt mich, wie ich denke IHN zu lieben und bleibt dann für immer.

Und zweitens: ER kommt nicht. Warum auch? Denn es gäbe keine Perspektive für eine Liebe zwischen Mensch und *Vampir*. Nicht auf Dauer.

Die zweite ist wohl die realistischste Möglichkeit und damit versuche ich, die Hoffnung der ersten im Keim zu ersticken.

Gleißend, helles Sonnenlicht brannte mir in den Augen, als ich, wie jeden Morgen, schweißgebadet in meinem Bett hochfuhr.

ER hatte mich wieder verlassen.

Doch inzwischen ist der Schmerz über SEINEN Verlust nicht mehr so schneidend, wie eine Messerklinge, welche mir zwischen die Rippen fährt und alles in mir zu zerstören scheint. Es ist eher dumpf, betäubend.

Ich versuche nach wie vor IHN zu verdrängen, IHN aus meinem Kopf zu schieben, ohne IHN jedoch völlig zu vergessen. Ist es doch die einzige Möglichkeit, mir das Weiterleben leichter zu machen. Das gelingt mir dennoch nicht immer und dann kommt der Fußtritt in die Magengegend und raubt mir für einen Moment die Luft zum atmen.

In den letzten Wochen hatte ich es einigermaßen geschafft, damit umzugehen, mich immer wieder zu kontrollieren und zurechtzuweisen, wenn ich eigentlich nur noch zusammenbrechen will; denn das kann ich weder meinen Eltern, noch meinen wenigen übrig gebliebenen Freunden antun. Eigentlich gibt es nur noch Clara und Tobi. Sie bemühen sich, mich mit Samthandschuhen anzufassen, obwohl sie den Grund für meinen plötzlichen Wandel nicht einmal kennen. Ich bin ihnen wirklich dankbar dafür, dass sie für mich da sind, wenn es mir besonders schlecht geht, wenn ich jemanden, außer meinen Eltern, zum Reden brauche. Geschweige denn ich bekomme dann überhaupt ein Wort raus. Ich hatte mich binnen von wenigen Tagen, von der absoluten Quasselstrippe zum schweigenden Grab entwickelt. Die Mundwinkel nach unten, die Augen leer.

Clara hat wirklich eine Engelsgeduld mit mir, auch wenn ich mich tagelang nicht bei ihr melde, wenn ich wieder, nur einen Schritt weg, von der Kante zum Abgrund stehe und überlege, ob ich springen soll oder nicht. Selbst, als ich nicht einmal mehr den Nerv gehabt hätte, mich selbst richten zu können. Dann ist sie plötzlich da, sitzt Stunde um Stunde auf meiner Bettkante und redet, obwohl ich ihr nicht antworte. Meist liege ich nur starr und zusammengerollt, mit den angewinkelten Beinen im Arm, vor ihr. Manchmal gibt sie mir beim Gehen einen Kuss auf die Stirn. Sie versucht nicht durchscheinen zu lassen, wie sehr sie ihre Hilflosigkeit quält, aber ich fühle es. Schließlich ist sie wie eine Schwester für mich.

Ich weiß noch, wie sie ein- oder vielleicht auch zweimal – daran kann ich mich nicht mehr genau erinnern, nur dass ich sie anstarrte – tränenüberströmt vor mir saß und winselte.

„Wie kann ich dir nur helfen?", wiederholte sie ständig. „Was kann ich tun, dass es dir besser geht?"

Die Fragen lagen im Raum. Aber ich konnte nichts sagen. Es war, als wäre ich stumm. Wie in einem Wachkoma. Ich nahm sie wahr, konnte aber nicht reagieren.

„Ich würde dir gern den Schmerz abnehmen, der dich so quält," seufzte sie, „um dich zu verstehen."

Ihre langen, kupfernen Haare klebten feucht auf ihren Wangen. Ich öffnete den Mund. Clara sollte doch wissen, dass sie diesen Schmerz nie für mich hätte aushalten müssen, dass sie das nicht durchmachen wollte – *ich würde es eigenhändig zu verhindern wissen.* – was ich gerade am eignen Leib erfahre und fast daran zerbreche.

Doch es kam in solchen Momenten nicht einmal ein Hauch eines Wortes aus meinem Mund und meist schloss ich ihn resigniert wieder.

„Lina, sag mir was ich tun kann!", meinte Clara und ich erinnere mich noch gut, wie zerbrechlich und doch drängend die Worte aus ihren fast geschlossenen Lippen drangen.

„Ich kann dir nicht helfen, nicht wahr?", flüsterte sie, dass ich es kaum verstand.

Endlos lange, totenstille Zeit verging. Ich kann nicht sagen, wie viel. Es könnten Sekunden gewesen sein, vielleicht sogar mehrere Minuten. Plötzlich schossen Clara mehr und mehr Tränen aus den Augen und sie sprang vom Bett hoch. Ich fuhr kurz, kaum merklich, vor Schreck zusammen.

„Niemand kann dir helfen!", rief sie fast hysterisch, als sie mit finsterer Miene die Zimmertür öffnete und laut hinter sich ins Schloss knallen ließ. Ohne Abschied war sie verschwunden.

Am nächsten Tag kam sie dann wieder und entschuldigte sich tausendfach, dafür, dass sie ausgeflippt war. Ich hörte ihr zu, aber sagte wie so oft zuvor, nichts. Ihre entschuldigenden Worte rannten mir durch den Kopf. Es waren die ersten Gedanken, die ich wieder klar fassen konnte und begriff allmählich, wie aufreibend meine Situation für die Leute, um mich herum sein musste. Wie ein Schlag traf es mich, als ich sah, wie weh ich allen mit meinem Egoismus tat. Den Ärger und die Trauer über diesen Schluss, spürte ich nun deutlich, nach Wochen stumpfer Taubheit.

Jetzt hasste ich IHN, das erste und auch letzte Mal dafür, dass ER mich verlassen hatte.

Aber noch mehr hasse ich mich selbst, den Menschen in meiner Umgebung, die ich doch liebe, so viel Kummer bereitet zu haben. *Das muss sofort aufhören!* Auch wenn ich meine Seele verraten und dafür schauspielern sollte. Es schien die mir gerechte Strafe, für mein törichtes, egoistisches Verhalten zu sein.

Fortan rede ich mir ein, dass ich IHN nicht liebe, dass es nur eine Verliebtheit ist, welche mich quält und irgendwann verblassen würde. Vielleicht erst wenn mein Lebensabend gekommen und ich gestorben bin. *Aber irgendwann bestimmt!*

Eine Entschuldigung wird fällig

Ich reckte und streckte mich, unter der warmen Decke in meinem Bett. Die letzten Monate waren wie trübe Schatten an mir vorbeigerauscht. Sogar den Frühling hatte ich verpasst, den ich so mochte, wenn die Tage länger wurden und alle Pflanzen begannen zu sprießen. Meine liebste Jahreszeit ging an mir vorüber, ohne dass ich ihr einen Blick gewürdigt hatte. Ich bin nicht einmal am blühenden Flieder riechen gegangen, wie ich es in vielen Jahren zuvor, fast jeden Tag machte. Ich war dem intensiven Duft verfallen.

Die Zeit verrann, während ich in der trüben, grauen Phase, in einer Art Winterschlaf, stehen geblieben war.

Selbst der Löwenzahn hatte sich längst durch jede Ritze gekämpft, um seine Blüten der Sonne entgegenzustrecken. Ich empfand es immer wie eine Naturgewalt, wie ein Hurrikan, der sich seinen Weg bahnt, wenn die winzigen Pflänzchen durch noch winzigere Spalten wuchsen.

Einiges hatte ich wohl verpasst. Doch an diesem Morgen wollte ich es ändern. Ich verspürte den starken Drang, mal wieder raus zu müssen, die Juniluft wahrzunehmen, die Natur mit eigenen Augen zu sehen, zu fühlen, ob es so warm ist, wie es durch die schweren Vorhänge meines Zimmerfenster schien. Mit einem lebendigen Satz sprang ich aus dem Bett. Und es fühlte sich gut und richtig an.

Das erste Mal nach der ganzen Misere, gab es für mich das Gefühl, dass ich mich endlich wieder auf etwas freuen konnte.

Ich rannte und sprang die steilen Stufen der Holztreppe, noch im Schlafzeug hinab, schoss ins Badezimmer, um mir die Kontaktlinsen einzusetzen und stürzte die Flurtür hinaus. Im Vorraum fühlte es sich schon warm an, fast stickig. Ich konnte es kaum erwarten, auch diese Tür hinter mir zu lassen, als sie leise klickend hinter mir ins Schloss fiel.

Barfuß stand ich im Hof und spürte die Wärme und das kaum sichtbare Moos auf den dunklen, rechteckigen Backsteinen unter mir. Es war noch viel wärmer, als ich dachte. Ich hatte damit gerechnet, dass der leichte Wind, der durch die Baumwipfel fegte, kühl sein würde, dass er mir Gänsehaut machen würde. Aber es war warm, richtig warm, richtiger Sommer. Wow.

Die angenehme Wetterlage überwältigte mich fast und ich schauderte kurz darüber, so viel Zeit verloren zu haben.

Langsam, ganz sanft bewegte ich die Zehen auf den moosigen Steinen unter mir. Mit einem tiefen Zug sog ich so viel Luft, wie ich konnte ich mich ein, bis kein Platz mehr in den Lungen war. Für einen Moment hielt ich sie fest, dann strömte sie wieder aus mir. Ich versuchte, die einzelnen Gerüche auseinanderzunehmen. Als ersten und intensivsten, nahm ich einen süßlichen, blumigen Duft wahr, der deutlich in der Luft lag. Er konnte nur von den Kirschbäumen aus der näheren Umgebung kommen, vermutete ich. Dann dezent, eher im Hintergrund, ein leichter, holziger Duft – sehr angenehm. Und noch einige andere Gerüche, die so schwach waren, dass ich sie nicht direkt in eine Kategorie einordnen konnte. Vielleicht ein wenig harzig. Ich meinte, einen kaum wahrnehmbaren, bitteren Duft erhascht zu haben. Doch ehe ich mich intensiver darauf konzentrieren konnte, war er schon wieder verflogen.

Meine Augen fielen von allein zu und ich breitete die Arme breit aus. Es war so unbeschreiblich schön. Einfach unglaublich.

Mich beflügelten Gefühle, welche schon eine ganze Weile in Vergessenheit geraten waren. Vom Herz bis in die Zehen- und Fingerspitzen, durchzuckte ein angenehmes Kribbeln meinen Körper. Über den Rücken hoch in die Wangen, entwickelte es sich zu einem Kitzeln, um gleich darauf zu verstummen und wieder von vorn zu beginnen. Spürbar formte sich mein Mund zu einem Lächeln, dann zu einem lauten Lachen. Es kam mir fremd vor. Zu lang hatte ich mich selbst nicht mehr gehört. Nicht lachen, nicht sprechen, nur schluchzen.

Vorerst befriedigt, öffnete ich die Augen und setzte mich auf die dunkelbraun gestrichene Holzbank, links neben der Eingangstür.

Mit den nackten Füßen erforschte ich das grüne Gras vor mir. Kaum hörbares Rascheln erreicht mein Ohr, als die Fußsohlen es berührten. Ich lachte erneut, diesmal aber etwas leiser, mehr in mich hinein. An den Ton musste ich mich erst wieder gewöhnen.

Die einzelnen Grashalme sahen satt und grün aus und fühlten sich doch ziemlich trocken an, strohig. Mir ist wohl auch entgangen, dass es eine Weile nicht mehr wirklich doll geregnet hat. Das bisschen Wasser, welches vom Himmel gefallen zu sein schien, hielt das Gras grün, aber nicht besonders formbar, eher hart und brüchig.

Ich ließ mich gegen die Rückenlehne sinken und nahm die Hände in den Schoss. Prüfend betrachtete ich jeden einzelnen meiner Finger. Dann den Handrücken bis zum Handgelenk. Ich zeichnete die violetten Adern nach, welche die durchscheinende, weiße Haut spürbar wölbten. Gelegentlich drückte ich eine Ader fester und ließ wieder los. Das *Blut* schoss so schnell ein, dass ich nicht sah, an welcher Stelle ich es genau abgedrückt hatte. Ich wiederholte das Spielchen einige Male, bis es mir langweilig wurde und die Finger weiter wanderten. Plötzlich hielten sie inne, als die Spitze einer der sichelförmigen Narben, an der Handgelenkinnenseite zu spüren war. Ich drehte es um in die Sonne und betrachtete das Bild, was sich mir bot. Es sah aus wie ein Halbmond, der sein identisches Spiegelbild auf die gegenüberliegende Seite warf. Ein Oval, aus zwei erhobenen Narben, die in der Mitte am Scheitelpunkt getrennt blieben. Eine Sichel lag auf der Elle, die andere auf der Speiche, meines Unterarms. Kaum sie zu berühren, fuhr ich mit dem Zeigefinger darüber. Doch ich spürte nichts. Erst als ich stärker aufdrückte – und selbst dann – war es nur ein sehr taubes Gefühl.

Mit festgeheftetem Blick starrte ich die Sicheln an. Ich hatte vorher kaum darauf geachtet und jetzt kamen mir die Narben so wahnsinnig deutlich zu sehen vor. Das verwunderte mich. Hatte ich sie instinktiv in den letzten Monaten unter SEINEM, meinen Tuch versteckt? Das fiel mir erst in diesem Moment auf, dass sie wohl für alle Blicke verborgen geblieben waren, sonst hätte mich sicher schon jemand darauf angesprochen, dachte ich sofort. Die beiden Halbmonde waren schließlich deutlich zu sehen. Ich hatte ihnen nur keine Beachtung geschenkt, dass wurde mir jetzt, je länger ich darauf starrte, bewusst und noch etwas lag nun klar auf der Hand. Seit diesen Tag mit IHM, war das schwarze Tuch mein ständiger Wegbegleiter geworden. Ich hatte es immer dabei. Am Hals, wenn ich Langarmshirts trug oder an einer Gürtelschlaufe meiner Hose. Am meisten aber um das Handgelenk gebunden. Das hatten einige Leute auch bemerkt und mich danach gefragt. Doch ich beteuerte immer wieder, dass es keinerlei Bedeutung hatte und tat es als Nichtigkeit ab. Bis jetzt, da ich es selbst bemerkte, da ich es begriff.

Wahnsinn.

Mein Verstand brachte mich dazu Dinge zu tun, unabhängig von meinen eigentlichen Gedanken. Das rettete mir, wegen dieser *Vampirsache*, regelrecht den Hintern .Schließlich hatte ich ein Versprechen gegeben, was ich natürlich auch halten wollte. Es wäre wirklich schwierig geworden die Halbmondnarben zu erklären, zumal sie für mich ganz deutlich zeigen, was sie sind. *Bissspuren.* Daraus hätten sich clevere Menschen sicher auch ihren Reim gemacht. Es sind ja nicht alle dumm oder abgestumpft von der heut so modernen Welt, dass sie es nicht *als Bissspuren* eines *Vampirs* identifizieren könnten.

Ob sie es dann glauben, ist wieder eine andere Geschichte.

Ehe meine Gedanken noch weiter abrutschen konnten, holte mich mein Verstand wieder in die Realität zurück, um mir die heiklen Details zu ersparen. Die Dinge, speziell ER, die mir den Schmerz und die darauffolgende Taubheit bringen würden, aus der ich mich erst befreit hatte. Zumindest ein wenig. Ich war einfach noch zu labil, mir die Einzelheiten in Bildern vorzustellen, ohne dass ich wieder daran zerbrechen würde.

Schwungvoll erhob ich mich von der Bank und ließ die aufkommenden Gedanken an IHN, auf ihr zurück. Kurz gesagt, verdrängte ich alle Gedanken, die mir schaden könnten, so gut es eben ging.

Fast tänzelnd betrat ich den Vorraum, als mir eine brillante Idee in den Kopf schoss. Ich hatte eine Aufgabe zu erfüllen.

Durch den Flur, in die Küche flitzte ich euphorisch von meiner Idee getrieben, zum Frühstückstisch.

Mit weit aufgerissenen Augen starrte meine Mam mich an, als hätte sie einen Geist gesehen, mit dem Unterschied, dass ich wohl der Geist war.

Dann war ich erschrocken. Sie hatte für mich nicht mit gedeckt. Das Gefühl von Traurigkeit wollte mich überrennen, aber ich ließ es nicht zu. Ich stand auf, nahm mir eine Schüssel aus dem Hängeschrank und füllte sie mit Cornflakes. Wie konnte ich auch nur Ansätze haben, ihr böse dafür zu sein? Klar, würde sie nicht für mich mit decken. Warum auch? Ich hatte doch kaum noch mit meinen Eltern zusammen gegessen, nur wenn sie wirklich darauf drängten. Das taten sie jedoch immer seltener, als sie bemerkten, wie sehr ich darunter litt.

Ich weiß gar nicht, wie das ablief mit dem Essen. Ich konnte mich an diesem Morgen ernsthaft nicht daran erinnern und wenn ich es versuchte, hätte ich fast behauptet, dass ich in den letzten Monaten überhaupt nix zu mir genommen habe.

Ich trat wieder zum Tisch, setzte mich auf einen Stuhl und goss langsam die Milch über meine Honigflakes. In der Küche herrschte Totenstille, was mich veranlasste, aufzuschauen. Meine Mam stand immer noch wie versteinert da und starrte.

„Was ist?", fragte ich amüsiert und ihr Blick wurde überrascht, fragend. Als hätte ich in einer ihr fremden Sprache gesprochen oder mein erstes Wort gesagt.

„Mam, was ist denn? Ist alles okay mit dir?"

„Das wollte ich dich gerade fragen", erwiderte sie mit brüchiger Stimme.

„Geht's dir gut mein Schatz?" Ihre Miene verfinsterte sich, jetzt klang sie besorgt.

„Ja Mam!" Ich stutzte, runzelte die Stirn und musste sogleich fast lächeln über ihre Reaktion. Aber ich verkniff es mir, aus Angst, ich könnte ihr vielleicht vor den Kopf stoßen.

„Mam, mit mir ist wirklich alles okay!"

Misstrauisch sah sie mir in die Augen. Ihre Blicke wanderten an mir herunter, bis sie entsetzt an meinen dreckigen Fußsohlen hängen blieben. Die Miene in ihrem Gesicht hatte nichts Gutes zu bedeuten. Ich wartete auf den Knall, der prompt folgte.

„Ich rufe sofort einen Arzt!" Hysterie klang in ihrer Stimme. Panik.

„Einen Arzt?", fragte ich nervös.

Ich verstand nicht gleich, was sie meinte.

„Wozu einen Arzt?" Einige Sekunden vergingen bis sie antwortete.

„Reg dich nicht auf Lina!"

Jetzt machte es Klick. Meine eigene Mutter dachte, ich wäre verrückt geworden.

„Nein Mam, kein Arzt! Mir geht es wirklich gut!", überzeugender konnte ich ja wohl nicht klingen.

„Mir ging es schon eine Weile nicht mehr so gut. Verstehst du?"

Desinteressiert trafen ihre Blicke mich.

„Ich ruf jetzt den Arzt!", sie drehte sich aus meinem Blick.

„Nein Mam!"

Ich sprang auf und bekam sie an den Schultern zu fassen.

„Mam hör mir zu!", flehend schob ich sie in meine Richtung.

„Bitte?"

Ihre Blicke trafen meine.

„Es tut mir alles so leid! Ich wollte das nicht!" Ich spürte, wie mir ein dicker Kloß im Hals die Luft abschnürte. Kaum zwei Sekunden später traten mir die Tränen in die Augen. Ich merkte eine halbe Minute vorher nicht, dass mich die Trauer jeden Moment übermannen würde. Es hatte mich eiskalt erwischt.

„Mam, es tut mir ehrlich leid, dass ich euch so viel Kummer bereitet habe. Gebt mir doch bitte die Chance euch zu beweisen, dass es mir wieder besser geht. Bitte?"
Prüfend sah sie mich an.

„Lina, das ist nicht so einfach! Auch wenn du es willst, kannst du binnen eines Tages nicht eine hundertachtzig Grad Wendung machen."

„Nein, sicher nicht, aber ich werde alles tun, die letzten Monate wieder gutzumachen", beteuerte ich. Mein Tränenfluss ließ allmählich nach.

„Lina Schatz, du musst überhaupt nichts wiedergutmachen."

„Doch, ich habe euch alle so verletzt und enttäuscht."

„Du hast uns doch nicht enttäuscht Schatz. Wie kommst du darauf?"

Ihr Blick wurde besorgt. „Du hattest eine Krise, aus der wir dir nicht raushelfen konnten. Aber eins sollst du wissen, wir waren immer für dich da und das werden ich und dein Dad auch weiterhin sein."

„Danke Mam." Ich schmiegte mich in ihre Arme und weinte los.

Es tat so gut, den Ärger rauszuweinen, ohne dabei an IHN zu denken. Ich hatte in den letzten Wochen und Monaten, immer nur wegen IHM geweint und jetzt befreite es mich ein Stück weit von meinen Schuldgefühlen. Meine Mam schob mich ein Stück von sich, sodass ich sie ansehen musste.

„Komm und iss erst mal was, ja?"

„Okay!" Ich ging zum Tisch auf dem meine pampig ge-wordenen Cornflakes in der Schüssel schwammen und ließ mich nieder.

Keine zwei Minuten später kam auch Dad zum Früh-stück und sah mich verwundert an.

„Hallo Schatz. Geht's dir besser?", fragte er mich, jedoch weniger verdutzt, als Mam eben noch.

Nur diesen seltsam prüfenden Blick hatten beide gleich gut drauf.

„Ja Dad."

Ich ordnete die Worte, die wirr auf meiner Zunge lagen, um sie verständlich rauszubekommen. „Und danke für die Geduld, die ihr mir entgegengebracht habt."

Seine seltsame Miene wich nicht aus dem Gesicht und trotzdem kam er zu mir und drückte mir einen Kuss auf die Wange. Seine Stimme war nur ein Flüstern an mei-nem Ohr.

„Schatz, dazu sind wir doch da! Schön, dass du wieder da bist. Wir haben die aufgeschlossene, lebenslustige Lina wirklich vermisst." Seine Stimme klang ehrlich und auf-richtig.

„Danke Dad!"

Es kostete mich viel Selbstbeherrschung, nicht erneut in Tränen auszubrechen.

Wieso mussten meine Eltern nur so sentimentale Sätze auf Lager haben?

Mit dem Löffel stocherte ich in der gelbgoldenen, mat-schigen Flakespampe vor mir. Ich war mir nicht sicher, ob ich das ernsthaft noch essen wollte, doch dann schob ich mir den ersten Löffel in den Mund. Und erstaun-licherweise schmeckte es gar nicht so schlimm, wie es aussah.

Im Augenwinkel bemerkte ich, wie meine Eltern mich beobachteten und sich daraufhin ansahen. Es amüsierte mich, ihnen bei ihrer Möchtegern-Gebärdensprache zuzusehen.

„Was macht ihr da? Ihr dürft euch gern auch laut unterhalten!"

Beide Augenpaare starrten mich ertappt an. Ihre Blicke fielen fast gleichzeitig auf den Frühstückstisch, als die Gesichter hochrot anliefen. Ich schob mir noch einen gehäuften Löffel Pampe zwischen die Zähne, kaute einige Male und plapperte mit vollem Mund los.

„Ich will dann gleich zu Clara gehen, mich auch bei ihr entschuldigen. Wenn ihr nichts dagegen habt?" Mit fragendem Blick und einem Lächeln sah ich sie an.

„Ja natürlich kannst du zu ihr gehen!", erwiderte mein Dad erfreut und kam Mam damit zuvor.

„Ich geh gleich nach dem Frühstück!"

Bis zum Anschlag gehäufte Löffel Cornflakes schob ich mir in den Mund und schluckte sie fast unzerkaut runter. Die waren so matschig, dass ich auch nicht kauen brauchte.

„Aber du ziehst dir schon noch was an, bevor du gehst?", meinte meine Mam.

Ich war verwirrt, als beide mich wieder so seltsam ansahen. Ich schaute an mir runter.

„Ach das meint du!", seufzte ich erleichtert. „Na im Schlafzeug wollt ich nicht zu ihr gehen."

Lautes Gelächter von uns Dreien erfüllte die Küche.

Ich sprang auf und goss den Rest der Honigmilch in den Abfluss. So schnell es irgendwie ging, flitzte ich die Treppe hoch in mein Zimmer und räumte beim Anziehen fast den ganzen Schrank aus.

„Tschüss bis später", rief ich in die Küche, ohne reinzugehen.

„Sag Clara einen lieben Gruß von uns!", hallte die Stimme meiner Mam leise zu mir in den Vorraum, wo ich nach geeigneten Schuhen suchte. Nach Sommerschuhen, Schlappen oder so. Aber es war nicht ein Paar zu finden. Wie auch? Die standen ja alle noch oben im Schrank.

Auf Arbeit dürfte ich ja wegen dem Arbeitsschutz eh keine offenen Schuhe tragen.

Also nahm ich noch mal die Beine in die Hand und lief hoch. Ich hatte das Gefühl, mir würde die Zeit davonlaufen, als wäre ich auf der Flucht gewesen, als bliebe nicht genug Zeit mich zu entschuldigen.

Ich zog die Haustür hinter mir ins Schloss und ging durch die angenehm warme Sommerluft über den Hof. Während ich lief, schoss mir der besagte Tag in den Kopf. Speziell der Abend, als meine Mam mich ohne großes Gerede, zu Bett gehen ließ. Sie dachte, ich bin nur ein wenig angeschlagen und am nächsten Tag wieder fit. Ich glaube, hätte sie gewusst, was noch kommen würde, – dass das nur der Anfang vom Ende war. Die Spitze vom Eisberg. Nur ein Bruchteil von dem, was letzten Endes folgte – hätte sie mich sofort bearbeitet. Dann wäre ich nicht einmal aus der Küche gekommen. Vielleicht wäre ich nicht so gnadenlos abgestürzt. *Doch, wäre ich mit Sicherheit trotzdem!*

Ich war schon immer eine der still vor sich hinleidenden Personen. Für mich gibt es in psychisch brenzligen Situationen nur zwei Varianten, sie zu überstehen. Entweder ich explodiere mit einem gigantisch großen Knall, um mir Luft zu machen oder die ebben einfach als Nichtigkeit ab. Wobei die erste Variante erst in Kraft tritt, wenn ich weiß, dass ich im Recht bin und mich hinterher für das Ausgesprochene nicht entschuldigen muss und auch nicht würde. Dafür habe ich zu viel Stolz.

Seit einer Weile gibt es nun auch Variante drei, die für mich auswegloseste Situation, die mit viel Schmerz, Trauer, Liebe, Hass und Wut einhergeht. Etwas, das noch schlimmer sein kann als *Gift*. Diese Variante brachte bisher unerträgliche Schmerzen, grauenvolle Qualen, aber nicht den Tod. Sie brachte etwas, dass mich, zum ersten Mal in meinem jungen Leben, fast zugrunde gerichtet hatte.

Ich schob die Gedanken beiseite, als ich vor Claras Elternhaus ankam. Schließlich sollte die Entschuldigung ehrlich und aufrichtig sein. Ich wollte nicht wieder in gerade abgestreifte Muster zurückfallen. Claras sollte sehen, dass es mir besser ging.

Die Strapazen der letzten Monate, welche ich allen zugemutet hatte, sollten schnell Vergangenheit werden, auch wenn es seine Zeit bräuchte, bis die Wunden verheilt sein würden. Dessen war ich mir wohl bewusst.

Ich wollte jetzt nichts übers Knie brechen, nur dass sie mir verzeiht.

Mit zitteriger Hand klingelte ich an der Tür. Clara war nicht wie früher immer, schon an der Tür gewesen, bevor ich läuten konnte. Sie hatte sicher die Hoffnung aufgegeben, dass ich vorbeikommen würde. Sie wartete nicht mehr, wie früher. Es hatte sich doch einiges verändert und das tat mir weh, es so vor Augen zu sehen.

Tanja, Claras Mam, öffnete mir die Tür.

„Hallo Lina! Welch selten gewordener Besuch. Geht's dir wieder besser?" Ihre Stimme klang euphorisch und sie sprach so schnell, dass ich mir ihre Worte im Kopf erst einmal ordnen musste, um darauf antworten zu können.

„Ja danke, es geht schon viel besser."

Ich legte ein Lächeln auf, kein ehrliches; denn ich spürte, wie die Lippen sich formten, es aber nicht die Augenpartie erreichte. „Ist Clara auch da?"

„Ja sie ist oben, in ihrem Zimmer."

Behutsam schob ich Tanja beiseite und stürzte an ihr vorbei die Treppe hoch. Ich fühlte wie ihr verwirrter Blick auf mir kleben blieb. Aber ich hatte keine Zeit zu verlieren, schließlich wollte ich mit Clara reden. Das war mir einfach wichtiger, als Smaltalk mit Tanja zu halten.

Mit wenigen Sätzen hatte ich die Treppe hinter mir gelassen und Claras Zimmertür erreicht. Ich klopfte an.

„Herein", hallte ihre sanfte Stimme leise durch die Holztür. Zurückhaltend öffnete ich sie, ohne ein Wort zu verlieren.

Clara saß am Schreibtisch, mit dem Rücken zu mir. Als ich nichts sagte, drehte sie sich um. Ihre Augen blitzten weit aufgerissen.

„Lina, was für eine Überraschung!"

Ehe ich mich versah, stand sie schon vor mir und schlang ihre zarten Arme fest um mich. Diese euphorische, liebevolle Geste hatte ich nicht erwartet. Ich dachte, sie würde misstrauisch sein oder vielleicht auch sauer. Schließlich hatte ich es ihr in letzter Zeit am schwersten gemacht, sie am meisten verletzt. Der erste Schock war überwunden und meine steifen Glieder lockerten sich, dass ich sie ebenfalls umarmte.

„Hallo Clara", erwiderte ich zurückhaltend.

Gott klang das förmlich, als würde ich jemand flüchtig Bekannten begrüßen. Ich dachte kurz darüber nach und mein Mund formte sich spürbar zu einem Lächeln. Einem ehrlichen, aufrichtigen Lächeln.

„Ich hab dich vermisst!"

„Und ich dich erst!"

„Clara, es tut mir alles so leid."

Meine eben noch feste Stimme veränderte sich plötzlich zu einem brüchigen Flüstern.

„Ich entschuldige mich hiermit, für alles, was ich dir zu Unrecht angetan habe."

„Es ist okay Lina!"

Ihre Worte klangen fast zu freundlich, zu verständnisvoll.

„Ich hab dir schon längst verziehen und ehrlich gesagt, war ich nie wirklich sauer auf dich."

Das ist wahre Freundschaft, dachte ich mir. Obwohl ich so viel Verständnis überhaupt nicht verdient hatte. Nicht für dieses törichte Verhalten.

Aber es tat mir ehrlich leid.

„Danke!", flüsterte ich, als mir Tränen plötzlich die Sicht vernebelten. Tränen voll Glück und Hoffnung, die sie mir gab.

Unsere Blicke trafen sich.

Claras Finger berührten sanft meine Wange, während sich ihre Miene zu einem entspannten Lächeln zog. Langsam kam sie mir näher, bis ihre Lippen mein Ohr berührten.

„Das wichtigste ist, dass es dir wieder besser geht!"

Und ich schloss meine Arme fester um sie.

Ich brachte kein einziges Wort raus, so überwältigt war ich von ihrer liebevollen Art, welche mir jetzt bewusst auffiel und die ich mehr denn je zu schätzen wissen würde.

Es verging einige Zeit, voller Selbstanschuldigungen meinerseits und Beschwichtigungen von Clara. Sie nahm mir immer wieder den Wind aus den Segeln, wenn ich die Schuld, für die vergangenen Monate, auf mich legte. Aber ich war schuldig und das wollte ich mir selbst zur Strafe machen, mich damit quälen. Das war nur fair. Das war das einzige, was ich tun konnte. Leider. Wir sprachen über dieses und jenes.

Clara lud mich ein, am ersten Augustwochenende mit einigen Bekannten, zelten zu gehen. Ohne zu zögern willigte ich geradewegs ein, obwohl ich nicht einmal wusste, ob ich an diesem Wochenende arbeiten musste. Ich hoffte natürlich nicht und wenn, würde ich es schon drehen, dass es passt.

„Jippi! Das wird toll, wenn du mit kommst!", schrie Clara fast vor Freude.

Ohne Vorwarnung sprang sie mir entgegen und umarmte mich strahlend, dass wir fast umgefallen wären.

„Danke! Danke! Danke!", hallte ihre zarte Stimme laut durch das Zimmer.

„Ich habe zu danken!", meinte ich mit ruhiger, aber ernster Stimme und sofort starrten ihre grünen, weit aufgerissenen Augen mich an. Ihre Miene versteinerte im Lachen, des letzten Moments.

„Dafür, dass es dich gibt!", beendete ich den Satz.

Nun war ich diejenige, die sie fest an sich drückte.

Ihr Gesichtsausdruck wich der Versteinerung, entspannte sich jedoch gleich darauf wieder.

„Keine Ursache. Dafür sind Freunde doch da!"

„Das ist lieb von dir!"

So oft, wie an diesem Tag, hatten wir uns noch nie in den Armen gelegen. Es fühlte sich gut an und half uns beiden einfach über die letzten Monate hinweg.

Clara wusste nach wie vor nicht, weshalb es mir so schlecht ging. Ich hatte es ihr nicht gesagt und wollte es auch nicht tun. Was soll ich ihr auch sagen? Die Sache ist einfach zu schwierig und die Gefahr zu groß, mich in Widersprüche zu verstricken, um SEIN Geheimnis zu wahren. Aber sie hatte auch nicht gefragt. Ich denke, sie will es einfach darauf beruhen lassen. Vielleicht treibt der Gedanke, ich würde es ihr irgendwann erzählen, sie dazu, nicht nachzuhaken, denn das ist sonst nicht ihre Art.

Wenn Clara etwas wissen will, bekommt sie es mit hundertprozentiger Sicherheit auch raus und wenn sie dafür Umwege gehen muss. Doch diesmal war es anders. Sie hielt sich zurück. Sicher weil sie mich noch nie hat so leiden sehen und mich nicht mit Recherchen verletzen wollte.

Clara ist eben nie neugierig, wie sie sagt, nur wissbegierig. Und ich mag sie so, wie sie ist. Immer, ohne Ausnahmen.

„Ich geh dann mal! Das Mittagessen ruft."

„Ja, mach das lieber! Nicht das deine Eltern noch eine Vermisstenanzeige aufgeben, weil du an einem Stück länger weg bist, als die letzten paar Monate."

In ihrer Stimme schwang ganz übler Sarkasmus.

Wir mussten beide herzlich darüber lachen, weil wir wussten, dass diese Idee sicher nicht so abwegig war.

„Sag deinen Eltern einen schönen Gruß von mir!", meinte sie herzlich.

„Ja mach ich!"

Wir umarmten uns zum Abschied und gaben uns einen Wangenkuss.

„Tschüss. Bis morgen?"

„Ja bis morgen", versicherte ich ihr mit einem Lächeln.

Erleichtert löste ich mich aus der Umarmung und öffnete die Zimmertür. Mit zwei kurzen Schritten stand ich schon im Flur, die Tür fast ins Schloss gezogen. Doch ich drehte mich wieder um und steckte den Kopf lachend durch einen Spalt.

„Bis morgen", meinte ich erneut, um meinem Versprechen Nachdruck zu verleihen.

Clara sah auf, grinste und schmiss mir ein Kissen entgegen. Schnell zog ich die Tür vor meiner Nase zu.

„Daneben!", rief ich mit lauter Stimme zurück, als ich nur jede zweite Stufen der Treppe runter hüpfte.

Noch ehe Tanja mich unten abfangen konnte, hatte ich die Haustür schon fluchtbereit geöffnet.

„Tschüss Tanja", rief ich ins unterste Stockwerk und so wie ich die Worte ausgesprochen hatte, fiel die Tür plauzend hinter mir ins Schloss.

Übermut tut selten gut!!!

Leichtfüßig schlenderte ich, einige Tage nach meiner Entschuldigung bei Clara, erneut über Tanjas Hof vor zur Hauptstraße, um Puzzleteile.

Gleich nach der Arbeit bin ich zu Clara gegangen. Wie so oft, werteten wir unseren Arbeitstag aus und obwohl es mir richtig gut geht, ist es genau die Arbeit, die mir einfach keinen Spaß mehr macht. So sehr ich auch versuche, mich zusammenzureißen, verschwindet das unschöne Gefühl, den Laden betreten zu müssen, einfach nicht. Aber zum Glück hat sich unsere Freundschaft in der kurzen Zeit völlig erholt. Das ist sowieso für uns das Wichtigste.

Wir sprechen nicht mehr über die letzten Monate, lassen sie einfach unter den Tisch fallen und genießen unsere wiedergewonnene Zeit. Im Großen und Ganzen hat uns das alles nur noch fester zusammengeschweißt.

Es gibt keinen Fußweg von Claras Haus, zu unserem. Nur den mit drei Gräsern bewachsenen Randstreifen, welchen ich nun entlang ging.

Ich fühlte mich erleichtert und wahnsinnig ausgeglichen. Clara mutierte für mich inzwischen zur besten Medizin gegen üble Laune.

Die Gespräche mit ihr tun mir wirklich gut.

Ich öffnete unser Hoftor und trat ein. Mitten darauf stand der schwarze Alfa Romeo 147 meiner Mam. Ein sehr, sehr schicker kleiner Sportflitzer. Wenn ich selbst genug Geld verdienen würde, würde ich mir mit hoher Wahrscheinlichkeit auch so einen kaufen. Aber da das wohl noch Jahre dauert, überbrücke ich die Zeit und fahre mit dem Wagen meiner Mam.

Mein Dad gibt mir seinen silbernen VW vierer Golf eh nur sehr widerwillig. Aber was soll's. Ich fahre sowieso lieber Alfa. Der schwarze Lack, die aggressive Front, das sportliche Aussehen und erst die schwarze Lederausstattung, ein Traum. Der passt viel besser zu mir. Mit Familienkutschen, wie die von meinem Dad, kann und will ich mich jetzt noch nicht identifizieren. Vielleicht später mal, in zehn Jahren oder so.

Der schwarze Lack des Alfa's glänzte, als wäre er gerade frisch aus der Fabrik, nagelneu zu uns auf den Hof gekommen. Ben hatte sicher wieder von Katrin den Auftrag bekommen, ihr Auto sauber zu machen.

Ich finde das fair. Sie ist für den Haushalt und Garten zuständig und er für den Hof und die Autos. Das nenne ich gerechte Aufgabenverteilung.

Mein Dad putzt die Autos immer direkt auf dem Hof, obwohl dass wegen der Schadstoffe, die das Wasser mit runterspült, eigentlich verboten ist; denn die Schadstoffe könnten ja bis ins Grundwasser sickern. Aber das interessiert außer mir, ja eh niemanden, die Haus und Hof ihr Eigen nennen können. Tja die Welt ist eben hart und ungerecht.

Ich ging ein paar Schritte auf den Wagen zu, legte meine Finger sanft auf die Motorhaube und strich bis zur Beifahrertür darüber. Die Sonne hatte die Karosserie spürbar erhitzt.

„Was machst du denn da? Der ist frisch poliert!", rief plötzlich die Stimme meines Dad's, einige Meter entfernt.

„Keine Angst, ich mach schon nichts kaputt", entgegnete ich ihm genervt. „Der sieht aus wie neu! Will Mam heut irgendwo hin?"

Ein leises Poltern halte aus dem Nebenraum des Hühnerstalls, zehn Meter von mir weg, als Ben aus der gammeligen Holztür trat.

„Nein, ich denk nicht! Sie hat zumindest nichts gesagt." Er wischte sich gerade die ölverschmierten Hände an einem alten Tuch ab.

Mein Herz sprang, als mir eine Idee kam.

„Ob ich heut mal eine Runde mit dem Flitzer fahren kann?" Ich setzte, so gut es ging, die große Kulleraugen-Unschuldsmiene auf.

Mit fragendem Blick sah Ben mich an und seufzte.

„Da musst du deine Mutter schon selbst fragen!" Er drehte sich wieder um und ging zurück in seine provisorisch eingerichtete Werkstatt.

Ich schlenderte ums Auto, ihm nach. Vorsichtig steckte ich meinen Kopf in die Werkstatt und beobachtete, wie er an etwas rumschraubte. Aber ich konnte nicht erkennen, woran er arbeitete. Von solchen Sachen hatte ich keine Ahnung.

„Dad?"

Er schrak hoch.

Ich war wohl doch zu leise gewesen, dass er mich nicht bemerkte.

„Musst du mich so erschrecken? Kannst du nicht anklopfen, wie wir es dir beigebracht haben?", herrschte er mich gleich genervt an.

„Entschuldigung."

„Ist schon gut!"

Seine angespannte Miene wich einem Grinsen.

„Wolltest du was bestimmtes?"

„Nein. Nur, dass du sicher gleich zum Kaffee reinkommen sollst."

„Deine Mam will heut hier draußen, unter dem Wallnussbaum sitzen. Aber du kannst ihr bestimmt beim Tisch raustragen helfen und ihn schon decken."

„Ja Dad!"

Jetzt war ich diejenige, die genervt war.

Wenn man nix zu tun hat, sorgt Ben mit großer Wahrscheinlichkeit dafür, dass sich das änderte.

An warmen Tagen, wie dieser es ist, gibt es meist eine Portion Eis zum Kaffee. In Familienidylle sitzen wir dann am Tisch, unter dem riesigen Wallnussbaum, der uns Schatten spendet und lassen es uns so richtig schmecken.

Ich grübelte, wie ich meine Mam fragen sollte, ob ich ihren Wagen fahren dürfte. *Sie wird mir den sicher nicht geben.* Zumindest jetzt noch nicht. Nach den letzten Monaten, war ihr Vertrauen sicher nicht besonders groß.

Vielleicht würde sie ja denken, dass ich irgendwelchen Unsinn im Kopf hätte.

Dessen ist aber nicht so.

Ich will doch einfach nur mal raus und die Freiheit beim Fahren genießen.

„Mam?"

Sie sah misstrauisch zu mir auf, als ich sie ansprach.

„Könnte ich eventuell eine Runde mit deinem Auto fahren?" Sofort bereute ich, sie gefragt zu haben. Schließlich kannte ich die Antwort schon. Ein deutliches Nein.

Doch sie schien einen Moment darüber nachzudenken. Ihre Stirn zog sich in Falten.

„Wo willst du denn hin?", kam sie mir gleich mit einer Gegenfrage.

Oje, wo wollte ich eigentlich hin? Ich hatte keine Ahnung. Irgendwo hin. Aber das konnte ich ihr weiß Gott nicht so sagen. Also musste schnell eine Ausrede her.

„Ähm …" Ich zögerte, als mir so schnell keine Antwort, auf ihre Frage einfiel.

„Ich dachte in irgendeine Stadt, zum Einkaufen. Der Sommer ist da und ich hab nicht ein gescheites T-Shirt im Schrank."

Langsam und kontrolliert wandte ich den Blick von ihr, um meine Lüge nicht durch mein errötetes Gesicht auffliegen zu lassen.

„Das ist ja eine super Idee!", entgegnete sie mir plötzlich, ganz anders, als ich erwartet hatte.

Ein breites Grinsen legte sich über ihren Mund.

„Fährt Clara auch mit?"

Auf diese Frage war ich nicht vorbereitet.

„Keine Ahnung! Ich hab sie noch nicht gefragt. Ist mir eben erst eingefallen, shoppen zu fahren." *Puh, noch mal gerettet.*

„Ach so!"

Ich rechnete damit, dass nun der Punkt gekommen war, an dem sie nein sagen würde und lenkte ein.

„Ich ruf sie gleich mal an!"

„Ja mach das! Sie wird sich sicher freuen."

In Katrins Gesicht löste ein breites Grinsen, den eben noch skeptischen Blick ab.

So unauffällig und schnell es mir möglich war, schlang ich das Eis hinunter.

Ich ließ mich in den Stuhl sinken und dachte darüber nach, ob ich nicht vielleicht wirklich mit Clara einkaufen fahren sollte. Bis eben, hatte ich ja eh noch keine konkrete Idee wohin mein Kurztrip gehen sollte. Ich schloss die Augen und genoss einige Minuten die wärmenden Sonnenstrahlen, die ungebremst auf mich prallten.

Plötzlich sah ich IHN vor mir, wie seine Haut durch die Strahlen verbrannte. Sein Blick war schmerzverzehrt, als ein tiefes Knurren seiner Brust entfuhr.

Erschrocken fuhr ich im Liegestuhl hoch. Vor meinen Augen hatte sich das Bild in pastellig, hellblau Töne verfärbt. Sofort starrten mich zwei entsetzte Augenpaare an.

„Ist alles okay mit dir?", fragte mein Dad.

„Ja alles klar!", brachte ich nur stammelnd über die Lippen. Ich musste meine Gedanken erst einmal in die richtige Reihenfolge bringen.

„Ich bin wohl weggenickt."

Eigentlich sollte es, eine Gespräch beginnende Aussage werden, aber die Worte fielen nur plump aus meinem Mund und so hielt keiner von beiden es für nötig, nachzuhaken. Stattdessen begegneten mir Sorgenfalten und empörte Blicke. Ich wollte doch, dass sie etwas dazu sagen, damit ich ihnen eine maßgeschneiderte Lüge auftischen könnte, dass sie nicht, wie jetzt denken, ich bin mal wieder durchgedreht, weil ich wie blöd vor mich hinzucke und erschrecke. Sekundenschlaf, verworren mit einem Albtraum, wäre doch ein super Alibi. Das hat schließlich jeder, mindestens einmal im Leben. Beim Einschlafen so einen Müll zu träumen, dass man gleich heftig zuckt und kerzengerade vor Schreck im Bett sitzt.

Also ich erinnerte mich, bei dem Gedanken daran, noch ziemlich gut an so eine Situation. Da war ich auch gerade so am Einschlafen. Zwischen zwei Welten, dem Schlaf- und dem Wachzustand. In dieser Zwischenphase zuckt man besonders oft und heftig zusammen. Jedenfalls träumte ich, jemanden im Krankenhaus zu besuchen, betrat also das Zimmer und griff später nach einer grünen

Wasserflasche aus Glas. So, wie ich die in der Hand hielt, zersprang sie in etliche kleine Glassplitter. Genau in diesem Moment zuckte ich heftig zusammen und fuhr in meinem Bett hoch. Ich weiß noch, dass ich mich sammeln musste, bis ich begriff, dass es nur ein sehr realer Traum war. *Puh, noch mal Glück gehabt.* In der Realität wäre diese Flaschenattacke sicher übel ausgegangen.

„Was schaut ihr mich so an? Ich hab nur geträumt!", rechtfertigte ich mich. „Das war übrigens nichts Angenehmes." Ich wandte den Blick ab. „Ihr könnt euch wieder beruhigen!"

Langsam wurden die Gesichter meiner Eltern ausdruckslos.

„Ich ruf Clara jetzt an."

Schnell erhob ich mich aus dem bequemen Liegestuhl und ging ins Haus, um mein Handy zu holen.

Ich ließ mich wieder auf dem Stuhl nieder. Mit einigen geschickten Fingerbewegungen, hallte der dumpfe Freizeichenton in mein Ohr.

„Hallo Clara."

„Hi Lina", begrüßte Clara mich.

Sie klang wahnsinnig erfreut mich zu hören, obwohl ich noch nicht so lange von ihr weg war.

„Ich wollt dich fragen, ob du Lust hast, mit mir shoppen zu fahren?"

Die Augenpaare meiner Eltern musterten jede Miene meines Gesichts.

„Tobi und ich wollten heut zu seinen Eltern zum Grillen fahren. Außerdem ist es doch schon ziemlich spät. Das können wir doch auch am Wochenende machen, da haben wir mehr Zeit", meinte sie und bremste meine Vorfreude.

Doch, wo sie recht hat, hat sie recht. Es ist mitten unter der Woche und die Shoppingzeit wahrscheinlich ziemlich knapp.

„Ja okay!", gab ich mich geschlagen.

„Tut mir wirklich leid. Ein andermal, versprochen!"

Katrin und Ben sahen mich hoffnungsvoll an.

„Trotzdem schade."

Ich hatte es noch nicht einmal richtig ausgesprochen, da fing ich mir gleich weniger schöne Blicke ein.

„Da wünsch ich euch viel Spaß und sag Tobi einen schönen Gruß von mir! Tschüss bis morgen."

„Ja sag ich ihm! Sag du deinen Eltern auch einen schönen Gruß!"

„Tschüss."

„Tschau Lina."

Damit war das Gespräch auch schon wieder beendet.

Mit Dackelblick und gespielt, geknickter Stimme, versuchte ich meine Eltern sanft zu stimmen, um allein fahren zu dürfen.

„Clara kann nicht mit. Sie fährt mit Tobi zu seinen Eltern Abendessen, sie wollen grillen. Kann ich trotzdem fahren?"

Ich sah sie beide abwechselnd durch die Wimpern an. „Bitte!"

Ich hatte trotz, der zurückliegenden üblen Zeit, kein bisschen Charme verloren. Der Dackelblick brachte immer den gewünschten Erfolg.

„Du kannst fahren!"

Ich sprang auf, umarmte meine Mam und jubelte, bis sie mich dämpfte.

„Aber!"

Sofort wurde ich hellhörig.

„Du versprichst wirklich vorsichtig zu fahren."

„Ja natürlich! Ich fahr immer vorsichtig, dass wisst ihr doch."

Dann stürmte ich zur Haustür, um meine Tasche und den Führerschein zu holen.

„Wo ist der Autoschlüssel und die Papiere?"

„Warte, ich komm mir rein!"

Leicht genervt und skeptisch klang die Stimme meiner Mam. Aber immerhin beeilte sie sich, mir den Kram zu geben.

Mit dem Autoschlüssel in der Hand tanzte ich über den Hof und war schon fast im Auto verschwunden, als mein Dad mir nachrief.

„Fahr vorsichtig!"

„Ja Dad!"

Ich zog die Stimme zwei Stufen höher, um überzeugend und nicht genervt, wie ich war, zu klingen. Immer diese ständigen Zurechtweisungen. Dass kann ich gar nicht ausstehen. Schon gar nicht, wenn die sich wiederholten.

Mit dem Hintern ließ ich mich in die schwarzen, glatten, leicht erhitzten Ledersitze sinken und zog die Tür zu.

Mein Dad lief zum Tor vor, um mich raus zu winken. Er denkt immer noch, dass ich das nicht allein schaffe. Aber vielleicht hat er ja auch Recht. Durch die dicht bewachsene Hecke, ist der Blick auf die Straße ziemlich eingeschränkt.

Ich betätigte den elektrischen Fensterheber, als ich auf seiner Höhe war.

„Bis später Dad."

„Bis später und wenn was ist, rufst du an!"

Das war definitiv keine Frage, sondern eine Anweisung.

„Es wird nix passieren."

Ich versuchte, so gut es ging, ihn zu beschwichtigen.

Ist er immer so übervorsichtig? Wenn ja, ist es mir vorher nie aufgefallen.

Ich fuhr aus dem Tor, rauf auf die Straße. Langsam und gesittet, wie es mein Dad von mir verlangte, bis er am Ortsausgang fast außer Sichtweite war.

„Freiheit, ich komme!", schrie ich im Auto und betätigte gleich den Fensterheber der Beifahrerseite, sodass beide Fenster komplett offen waren.

Fest presste ich den Fuß auf das Gaspedal. Den dritten und vierten Gang fuhr ich völlig aus, bis der Motor bei über viertausend Umdrehungen die Minute drohend knurrte.

Mit einer kurzen Handbewegung drehte ich die Musik laut auf, dass alle Hintergrundgeräusche für mein Ohr taub wurden. Die Radiosender schmetterten gerade die aktuellsten Sommerhits. Dass dachte ich mir zumindest, weil ich die ersten Songs noch nie gehört hatte.

Der Wind fuhr mir in die glatten Haare und warf sie mir scharf ins Gesicht, dass ich sie mir immer wieder hinter die Ohren streichen musste.

Ich wusste weiterhin nicht, wohin meine Fahrt gehen sollte. Erst einmal ging es auf die B156 nach Weißwasser. In der Stadt herrschte reges Wochenendgetümmel. Die Sonnenstrahlen trieben die Leute auf die Straße.

Ich fuhr geradeaus weiter über die Hauptstraße. Alle Plätze vor dem Bäcker zu meiner Linken, waren von Sonnenanbetern und Kaffeejunkies belegt. Ich lächelte in mich hinein, dass ich mich nicht dazu zählen musste, von Autofahrern begutachtet und bewertet zu werden. Schließlich war ich jetzt die Punktrichterin hinterm Steuer.

An der nächsten Kreuzung bog ich in Richtung Berliner Straße ab. Diese Straße zieht sich bis zum Ortsausgang immer wie ein Kaugummi. Schrecklich. Wenn man bedenkt, dass an Tagen wie diesem, höchstwahrscheinlich nur Sonntagsfahrer unterwegs sind. Die sind manchmal schon eine echte Behinderung im Straßenverkehr, wenn sie das Gaspedal nicht finden und mit fünfunddreißig durch die Stadt schleichen.

Am meisten fahre ich jedoch aus der Haut, wenn Radfahrer auf der Straße um jeden verdammten Gullydeckel und jedes Schlagloch einen riesigen Bogen machen. Da haben hin und wieder nur Millimeter gefehlt, dass ich sie fast vom Rad auf meine Motorhaube geholt hätte. Furchtbar nervig, obwohl ich vor nicht allzu langer Zeit, als Dauerradler sicher genauso oft die Nerven der Autofahrer strapaziert habe. Jetzt aber nicht mehr. Inzwischen bin ich ruhiger geworden.

Endlich hatte ich die lange Straße – die mit den wohl ältesten, aber nicht unbedingt schönsten Gebäuden – hinter mir gelassen, da kam das Ortsausgangsschild in Sichtweite.

Ich trat das Gaspedal wieder euphorisch bis zum Anschlag durch. Die Landstraße war frei. Nun wusste ich, wo ich hinfahren wollte. Einfach nur über eine unbefahrene Landstraße und über einige kleine Dörfer. Da hatte ich wenigstens meine Ruhe. Auf Stadtluft und übel viele Autos hatte ich absolut keine Lust. Also fuhr ich so vor mich hin, über eine schmale Straße, deren Seiten mit Wäldern gesäumt waren.

Ich genieße immer den leichten Druck, der mich beim Beschleunigen in die Ledersitze presst, obwohl meine Freunde mir diesen Spaß nie gönnen. Sie meinen, dass man bei der langsamen Beschleunigung des Alfa's nicht in die Sitze gedrückt werden kann und dass ich es mir nur einbilde. Das ist mir aber ehrlich gesagt ziemlich schnuppe. Mich macht es glücklich, auch wenn ich es mir nur einbilde. Dann genieße ich eben meine Einbildung, wobei ich die Bezeichnung blühende Fantasie, eher vorziehe.

Neustadt/Spree, ein kleines Dorf umgeben von Wäldern, hatte ich schnell hinter mich gebracht. Soweit ich weiß, ist es vor einigen Jahrzehnten aufgrund des wachsenden Tagebaus entstanden. Damals arbeitete ein Großteil der Leute aus dem Dorf im Kraftwerk Boxberg oder direkt im Tagebau Nochten. Ob es inzwischen immer noch so ist, weiß ich gar nicht genau. Aber ich gehe davon aus.

Ich ließ das Ortsausgangsschild hinter mir und überfuhr den ersten unbeschrankten Bahnübergang von zweien auf dieser Strecke.

Die Sonne schien zwischen den Bäumen und warf ein unruhiges flackerndes Licht auf den Asphalt. Ein rasendes Wechselspiel aus Schatten und Licht. Schön anzusehen und dennoch eine echte Belastung für die Augen und das Gehirn, welches diese ganzen Reize kaum verarbeiten kann. Das macht mich manchmal ganz wirsch im Kopf.

Während ich so fuhr, peitschten mir die Haare immer schmerzhafter ins Gesicht und zwangen mich dazu, bis auf zwei drei Zentimeter Ritze, die Fenster hoch zu machen.

Plötzlich kam mir eine durchaus gute Idee. Warum nicht als Rucksacktourist, für ein halbes Jahr nach Amerika gehen? *Was hab ich schon zu verlieren, außer einen Job, der mir schon lange nichts mehr bedeutet?* Ich kann doch eigentlich nur noch gewinnen, an Sprachkenntnissen für meinen weiteren Schaffensweg und an Erfahrung. Wobei mir die

Erfahrungen und Erlebnisse dabei, wohl den größeren Reiz brachten. Raus aus dem unbeständigen Deutschland, rein ins warme, sonnige Florida.

Am nächsten Tag würde ich gleich Clara fragen, was sie davon hält.

Meine stille Hoffnung liegt eher darin, dass sie die Idee toll finden und mitkommen würde.

Ich war so vernarrt in diese Sache, dass ich erschrak, als mein Blick auf das Tacho fiel. *Hundertfünfzig.* Ich war viel zu schnell auf der Landstraße unterwegs. Doch die laute, fröhliche Sommermusik hatte das, bei über viereinhalb tausend Umdrehungen die Minute, grölende Motorengeräusch, völlig überschallt.

Langsam schob ich meinen linken Fuß vom Trittbrett auf die Bremse, um allmählich das Tempo zu drosseln, als in weiter Ferne der zweite und damit auch letzte Bahnübergang auf dieser Strecke, in mein Sichtfeld trat. Er schnellte in rasender Geschwindigkeit auf mich zu. Ich hätte schwören können, dass der Übergang noch weit genug weg war.

Mein Blick fiel wieder auf das Tacho. *Hundertzehn.* Ehe ich begriff, wie schnell ich immer noch fuhr, erreichten die Vorderreifen meines Wagens, schon die Schienen. Es rüttelte und schüttelte mich hin und her, als ich den Übergang passierte. Mit leichtem Druck wurde ich in den schwarzen Ledersitz gepresst und konnte die glänzende Motorhaube weiter überblicken als sonst und als es mir lieb war. Der Übergang wirkte wie eine Schanze auf den Wagen, sodass er sich nach oben neigte.

Panik durchzuckte meinen vor Schreck steif gewordenen Körper. Tausende Gedanken durchrasten meinen Kopf, auf der Suche nach einer Lösung für diese missliche Situation. Aber ich konnte nicht reagieren. Mein Gehirn funktionierte einfach zu langsam in dieser entscheidenden Sekunde. Nur meine Hände blieben fest umklammert am Lenkrad.

Für eine gefühlte viertel Sekunde verschwand der gleißend, widerspiegelnde Asphalt vor meinen Augen. Nur die dunkelgrünen Fichten und der hellblau, fast weiße, wolkenlose Himmel traten in mein Blickfeld. Es war der Moment, in dem das Gefühl der Schwerelosigkeit in meine Magengrube kroch. Ich war mit allen vier Reifen vom Boden abgehoben. Aus kurzer Panik wurde plötzlich rohe Angst, so tief, dass sie fast weh tat. Es kam mir vor wie Minuten, in denen ich flog und den Atem anhielt. Ich dachte, wenn ich atmen würde, könnte ich die Flugphase aus dem Gleichgewicht bringen und einen Unfall heraufbeschwören. *Schwachsinn.* Mit einem dumpfen Krächzen, prallte der Alfa auf der Gegenfahrbahn auf. Das Bild vor mir wankte heftig, als das Lenkrad näher kam und mich der Sicherheitsgurt kurz davor stoppte, um mich ruckartig in den Sitz zurück zu schleudern.

Der letzte Rest Sauerstoff entfuhr meiner Lunge, beim Druck auf die Brust.

Berstend wehrten sich die Reifen gegen den harten Asphalt.

In einem tiefen Zug sog ich die Luft in mich auf und hielt sie wieder fest.

Kein Gegenverkehr. Gott sei Dank.

Ich hätte es mir nie verziehen, wäre durch meine Hand jemand zu Schaden gekommen. Das war der einzig klare Gedanke, den ich fassen konnte.

Dumpfer Schmerz durchzuckte meine Schulter, als ich gegen die Verkleidung der Tür prallte. Sofort schnellte mein ganzer Oberkörper zurück in die Mitte des Wagens.

Hin und her. Die ruckartigen Bewegungen wurden schneller, forscher. Es fühlte sich an, als wenn mich jemand mutwillig schüttelte. Nur das niemand da war, der mich hätte so grob anpacken können. Schlagartig beruhigte mich dieser Gedanke, wäre mir das doch in diesem Moment viel lieber gewesen.

Mein Kopf schwirrte wie ein Bienenstock und trotzdem fühlte ich mich leer. Keinen klaren Gedanken konnte mein Gehirn mehr fassen. Ich hatte es wohl am Übergang verloren.

Ich spürte wie das Heck ausbrach, versuchte noch gegenzulenken, was alles nur noch schlimmer machte. Der Wagen drehte sich zur Hälfte um die eigene Achse und schien quer auf der Straße zum Stehen zu kommen. Ich konnte nicht atmen, nicht denken oder seufzen, obwohl mir nach alldem zumute war.

Im Bruchteil einer Sekunde prallten die Fliehkräfte mit unbändiger Gewalt auf die Karosserie ein. Wie in Zeitlupe neigte sich das gesamte Gewicht des Autos, auf die Beifahrerseite und ich fühlte mich, wie in einer Achterbahn. Es kippte immer weiter und dann drückte jemand urplötzlich die Vorspultaste. Mit weit aufgerissenen Augen erhaschte ich im rasenden Wechsel Himmel und Asphalt, wenige Augenblicke später Bäume und Dreck.

Ich war erschrocken, Angst durchfuhr meinen Körper und doch fühlte ich mich nur wie ein stummer Zuschauer, in einem grausamen, nie endenden Schauspiel. Die berstenden Geräusche der Karosserie gegen den Waldboden, kamen nur dumpf und leise, wie durch eine Schallschutzmauer an mein Ohr. *Hab ich einen Schock?* Ich spürte keine Schmerzen. *Oder bin ich schon ...?* Ich traute mich nicht das Wort über mein Ableben auch nur zu denken.

Mit ungebremster Wucht schleuderte plötzlich mein Kopf in die Scheibe der Fahrertür. Ein dumpfer Schlag durchfuhr mein Rückrad und in tausend kleinen Splittern rieselte das Glas über mich hinweg. Mein Oberkörper schwankte. Unkontrolliert rollten meine Augen in den Höhlen. Ich kniff sie fest zusammen und öffnete sie wieder, in der Hoffnung, einen klaren Blick über das Geschehnis zu bekommen. Doch sie rollte weiter und weiter und mir wurde übel.

Mein ganzer Körper reagierte unkontrolliert, zuckte. Jeder Muskel bewegte sich scheinbar in eine andere Richtung. Ich spürte die heftige Anspannung, aber nicht ein Glied als einzelnes. Es fühlte sich eher an wie ein zähflüssiger Brei, Matsch.

Tränen schossen mir in die Augen und vernebelten die schon so unscharfen, unkontrollierten Bilder. Dann wurde alles grau und letztendlich schwarz. Ich hatte keinerlei Schmerzen. Keine Schmerzen. *Keine Schmerzen.*
Keine Schmer…

Corvin – ein Traum

Ein leises Geräusch schreckte mich aus der Dunkelheit auf, welche mich umgab.

Ich traute mich nicht zu atmen, nicht zu bewegen. *Vielleicht brauch ich auch gar nicht mehr atmen?* Einen Moment lang dachte ich darüber nach. Wenn man das Wirrwarr in meinem Kopf denken nennen konnte. Doch schnell spürte ich, wie sehr meine Lungen nach Sauerstoff verlangten und war erleichtert über dieses nichtige Verlangen, über den Gedanken, dass ich nicht tot sein kann. Diesmal machte mir das Wort *tot* keine Probleme. *Vielleicht weil ich es nicht bin?*

Ganz langsam sog ich die Luft in mich auf.

Aus dem Nichts heraus fuhr mir ein heftig stechender Schmerz durch die Brust. Noch heftiger als eine rostige Messerklinge, wenn man sie zwischen die Rippen treibt, schoss es mir durch den Kopf. Was für ein widerlicher, grausamer Gedanke.

Ich versuchte mich daran zu erinnern, was passiert war. Nichts. Wirklich Nichts. Nicht einmal ein Funke einer Erinnerung, geschweige denn ein winziger Bruchteil eines Bildes in meinem Kopf blitzten auf.

Mein Herzschlag ging regelmäßig, meine Atmung scheinbar ruhig. All das fiel mir plötzlich auf, als ich auf Kopfhöhe monoton fiepende Geräte bemerkte. Ich traute mich nicht, hinzusehen, aus Angst die Schmerzen, die allmählich weniger wurden und doch noch so heftig waren, könnten wiederkehren.

Allein durch Augenrollen, versuchte ich einen Überblick über meine Lage zu erhaschen. Es machte den Anschein, als hätte eine milchige Schicht meinen Blick getrübt. Nur das unregelmäßige Blinken des verschiedenfarbigen Lämpchens, welches meine Umgebung schwach beleuchtete meinte ich zu sehen. Ich nahm an, dass es von den Geräten an meinem Kopfende kam. Sonst konnte ich nichts weiter erkennen, keine konkreten Linien. Es war einfach zu dunkel und verschwommen.

Langsam schloss ich die Augen und hoffte aus diesem beklemmenden Traum zu erwachen, als erneut dieses leise Geräusch an mein Ohr drang. Ein Klang wie ein Windzug, der durch ein angekipptes Fenster rein pfiff, nur lauter, drängender. Erschrocken flogen meine Lider wieder auf und ich hielt die Luft an. Unbehagen kroch in mir hoch. Plötzlich fühlte ich mich beobachtet.

„Hallo?", flüsterte ich in den Raum.

Doch nichts kam zurück.

Vorsichtig versuchte ich den Kopf zu heben, als die nächste Schmerzattacke meinen Körper durchzuckte. Es war nicht derselbe, wie kurz zuvor. Er rannte mir vom Nacken die Wirbelsäule hinunter. Noch heftiger, noch stechender als vorhin in der Brust.

Ich fiel zurück und versuchte, es raus zu schreien.

Stattdessen entfuhr mir nur ein Keuchen und dann kam der Drang, husten zu müssen. Ich hatte solche Angst davor, dass ich versuchte es zu schlucken. Doch je mehr ich dagegen ankämpfte, umso schlimmer wurde es und es platzte aus mir heraus. Meine Brust schmerzte, alles schmerzte.

Ich rang nach Luft, als mir Tränen aus den Augen schossen und das nervige Piepen zu meinen Ohren schneller wurde. In diesem Moment begriff ich, was es heißt wirklich Schmerzen zu haben. *Ahhhh. Oh Gott.* Ich knurrte, fluchte und schrie in mich hinein.

Das erste Mal in meinem jungen Leben, wünschte ich mir nichts sehnlicher, als ernsthaft lieber zu sterben, als diese grausamen Schmerzen auszuhalten.

Plötzlich wieder dieses Geräusch und ein kalter Windhauch fuhr mir über das Gesicht.

„Warum hast du das getan?"

Leise und doch so hasserfüllt klang die Samtstimme durch den Raum.

Vielleicht hatte ich mir sie nur eingebildet?, hallte es sofort in meinem Kopf wider. Und wenn nicht, dann hatte ich sie sofort erkannt.

„Corvin!"

Ich flüsterte SEINEN Namen so leise, dass nicht einmal meine eigenen Ohren ihn hörten. Der Schmerz war einfach zu groß. Noch größer jedoch die plötzlich wiederkehrende Qual, der Gedanke an SEINEN Verlust.

Seien es die körperlichen, als auch die seelischen Schmerzen, beide waren es wohl, die mich hinderten zu sprechen und vor allem zu denken.

Die Geräte neben mir begannen nun selbst für mich, obwohl ich kaum etwas erkennen konnte, sichtbare Blinklichter durch den Raum zu schießen. Sie flogen wie Leuchtmunition gegen die Wände, prallten ab und rasten weiter. Das Fiepen wurde immer drängender.

Ehe ich mich versah, ehe ich auf IHN reagieren konnte, flog mit voller Wucht die Tür auf.

Frau Meyer?", hallte eine laute, aber sanfte Frauenstimme besorgt zu mir wider.

Ich spürte, wie mein Körper bewegt wurde, versuchte mich an dem Lichtkegel, der zur Tür reinfiel festzuklammern, um zu kapieren, was nun geschah. Doch der stechende Schmerz durchrannte jede einzelne Zelle in meinem Leib, wie ein Lauffeuer und zog mich in die Tiefe.

Kein Zeitgefühl, nur Schmerzmittel

Allmählich drangen säuselnd Stimmen durch den dicken, grauen Nebel. Die unerträglichen Schmerzen kamen zurück und katapultierten mich mit voller Wucht in die Realität. Langsam hob ich die schweren Augenlider. Wie Feuer brannte das grelle Licht durch meine Wimpern in den Augen und ich schloss sie mit einem Stöhnen reflexartig wieder. Ohne Kontaktlinsen, welche ich mit Sicherheit nicht trug, würde ich die Augen überhaupt nicht aufmachen können.

Sowie dieser Gedanke durch meinen Kopf schlich, hörte ich ein Klicken, das Betätigen eines Lichtschalters.

Ich fühlte mich, als könnte ich nicht eines meiner Glieder bewegen.

„Lina Schatz." Wie durch Watte gesprochen, drangen die Worte an mein Ohr.

Dicker, fester Schleim pappte mir den Mund zu, sodass ich nicht reden konnte, nur seufzen.

„Hol eine Schwester! Ich glaub, sie ist wach."

Das war definitiv die besorgte Stimme meiner Mam, die ich hörte.

„Lina?"

Eine Tür schien aufzugehen und keine gefühlten fünf Sekunden später waren Schritte von mindestens zwei Personen zu hören. Wirres Gesäusel trat um mich und plötzlich grelles Licht mitten ins Gesicht, erst in das rechte, dann in das linke Auge. *Nicht in die Augen. Seid ihr verrückt? Wollt ihr mich vielleicht umbringen?*, wollte ich am liebsten schreien. Mit Händen und Füßen versuchte ich mich dagegen zu wehren, aber kein Muskel machte was er sollte, machte was ich befahl.

Das Gesäusel trat in den Hintergrund und anstelle dessen trat, das mir inzwischen allzu bekannte Fiepen der Geräte.

Es musste einige Zeit vergangen sein, als ich erneut versuchte die Augen zu öffnen. Das Licht war nun nicht mehr so grell und die Stimmen waren verschwunden. Ich brauchte einige Anläufe bis die Bilder klarer wurden.

Das erste was ich sah, war eine Neonlampe über mir. Sie war ausgeschaltet. *Na wenigstens hat diesmal jemand an mich gedacht.* Ohne mich auch nur einen Zentimeter zu bewegen, rollte ich die Augen, um zu sehen, wo ich war. Doch so festgenagelt und steif wie ich auf dem Rücken positioniert war, konnte ich, außer der Lampe, welche über mir an der kargen, hellen Decke hing, überhaupt nichts weiter sehen. Nur noch, dass die Wände scheinbar ebenso trist waren.

Plötzlich fuhr vor meinem eingeschränkten Blickfeld das Gesicht meiner Mam hoch.

„Lina Schatz. Wie geht es dir? Hast du Schmerzen?"

Wäre ich fit genug gewesen, hätte ich sie wahrscheinlich gleich angemault, allein schon aus dem Grund heraus, dass sie mich so erschreckt hatte. Doch ihre Stimme klang so besorgt, dass ich den Gedanken allein sofort bereute. Ich hatte meine Mam noch niemals zuvor so besorgt und aufgelöst erlebt.

„Soll ich eine Schwester holen?"

Eine Schwester? Ich brauchte einige Sekunden bis ich begriff.

Oh Krankenhaus. Na klar. Das ist wohl so ziemlich der einzige Ort, an dem es Schwestern gibt.

Mit der Zunge versuchte ich mir einen Weg durch meinen trocknen, pappigen Mund zu den Lippen zu bahnen. Bei jeder kleinsten Bewegung und sei es nur an den Lippen lecken, hatte ich das Gefühl, es würde in Zeitlupe geschehen. Während meine Mam dagegen im Zeitraffer zu sprechen und sich zu bewegen schien. Mir rannte förmlich die Zeit vor Augen weg.

Ich musste langsam anfangen mich sprachlich bemerkbar zu machen oder es wenigstens zu probieren, bevor sie ging. Wenn sie es denn überhaupt vorhatte. *Wie lang ist sie schon hier? Wie lang bin ich schon hier?* Mir war das Zeitgefühl völlig abhandengekommen.

Die Hand meiner Mam lag spürbar auf meiner, schwer wie ein Stein. So gut es ging, bewegte ich die Finger darunter. Mit weit aufgerissenen Augen starrten ihre tiefbraunen Augen mich an.

„Lina?"

„Mam." Ich konnte es nur flüstern, für mehr hatte ich einfach nicht die Kraft.

„Was ist passiert?"

„Du hattest einen Unfall, Schatz." Ihre warme Hand berührte meine Stirn.

Unfall? Dieses Wort hallte in meinem Kopf wider und wider.

„Hast du Schmerzen?"

„Nein!"

Natürlich hatte ich Schmerzen, ganz üble Schmerzen. Doch ich wollte einmal in meinem Leben stark sein. Auch wenn das nicht der richtige Zeitpunkt dafür sein mochte, dessen war ich mir bewusst.

„Unfall?", hakte ich mit fast wieder geschlossenen Augen nach.

„Kannst du dich nicht daran erinnern?"

„Nein!"

Flüstern schien demnächst die einzige Möglichkeit zu sein, mich zu verständigen.

„Die Ärzte meinten, dass du wieder völlig gesund wirst!", meinte sie und sank den Kopf, um den Blick von mir abzuwenden.

In ihrer Stimme klang ein Hauch von Zweifel mit. Das entging mir nicht.

„Völlig gesund?"

„Ja Schatz!", seufzte sie, dass ich es kaum hörte.

„Sie mussten dich aus dem Auto schneiden."

Tränen traten ihr in die Augen. Ich hätte sie am liebsten in die Arme genommen, um sie zu trösten, aber ich war an ein Krankenbett gefesselt und traute mich kaum zu atmen. Langsam hob ich den Kopf und wollte sie ansehen. *Ahhhhhhhh.* Da war er wieder, der stechende Schmerz. Ich spürte ganz deutlich, wie er mir die Wirbelsäule runterlief und sich fest in meine Brust krallte.

„Mam."

Ich wollte fast lauthals nach ihr rufen, als nicht gleich eine Antwort kam.

„Mam?"

„Ich bin hier!"

Ihre Hand fuhr an meine und ich drückte so fest zu wie es ging, um nicht loszuschreien.

„Mam mach, dass es aufhört!"

Ich flehte und weinte und krümmte mich, was alles nur noch schlimmer machte. Es fühlte sich immer mehr so an, als würden die Muskeln, einer nach dem anderen verkrampfen. Wie ein heftiger Wadenkrampf. Eben nur im ganzen Körper und hundertfach schlimmer.

„Es soll aufhören!", schluchzte ich resigniert.

Die Tränen rannten heiß über meine Wangen.

Das Letzte was ich wahrnahm, waren die schnellen Schritte der Schwester und ihre Stimme. Dann zog sich der Nebel vor meinen Blick und der Schmerz ließ nach. Vollgepumpt mit Schmerz- und Beruhigungsmitteln rannten mir die Tage davon. Nur Tag und Nacht konnte ich unterscheiden, jedoch nicht die Zeit, die ich verschlief. Waren es nur Stunden oder schon Wochen, die an mir vorbeizogen?

Irgendwann ließen die Schmerzen nach und meine Wachseinsphasen wurden länger. Ich konnte mich mit meinen Eltern und Clara und Tobi unterhalten.

Mit der Zeit kehren auch die Er-
innerungen zurück

Im Laufe stundenlanger Gespräche erfuhr ich über die erste Woche nach meinem Unfall. Dass mich die Ärzte aufgrund meiner Verletzungen für fünf Tage ins künstliche Koma gelegt hatten, um meinem Körper die Möglichkeit zu geben, sich besser zu erholen. Soweit meine Mam, die, wie es klang, fast ununterbrochen an meiner Seite war, sagte, hatte ich mir zwei Halswirbel angebrochen, eine schwere Gehirnerschütterung, fünf gebrochene Rippen, sowie das linke Schlüsselbein, und die Milz angerissen. Ich hatte wohl auch einiges an *Blut* verloren, hauptsächlich durch eine heftige Platzwunde am Kopf und einiger weniger tiefer Schnittwunden, überall über den Körper verteilt. Das erklärte mir auch die unerträglichen Schmerzen.

Erst als ich erfuhr was ich mir alles getan hatte, begriff ich, wie viel Glück ich hatte, wie knapp ich dem Tod wohl von der Schippe gesprungen war. Es hätte, weiß Gott, noch alles passieren können.

Mein Dad war gefasster, mir über den spekulierten Unfallhergang zu berichten, vielleicht um einige Erinnerungen wieder hervorzubringen. Für meine Eltern schien es wichtiger als für mich zu sein, wie es wirklich passiert ist. Was der Auslöser dafür war.

Von Zeit zu Zeit wurden die Bilder vom Unfallhergang in meinem Kopf deutlicher. Ich berichtete meinem Dad von jedem Detail, was mir neu zu sein schien. Und dann machte mein Dad mir wieder und wieder klar, wie knapp ich einer Katastrophe entgangen bin, dass ich hätte querschnittsgelähmt sein können. Und dieser Gedanke war für mich mit Abstand der schlimmste. Ich glaube, so hätte ich nicht weiter leben wollen. Aber ich hatte Glück, mehr als ich es wahrscheinlich verdient habe und mehr als es andere haben.

Meine Eltern raten mir jeden Tag, an dem sie mich aufs Neue im Krankenhaus besuchen, dass, wenn ich erst mal entlassen sei, ich auf jeden Fall eine Therapie machen sollte. Um das Erlebte besser verarbeiten zu können, sagen sie. Doch das lehne ich bisher strikt ab und werde mich auch nach meinem Krankenhausaufenthalt dagegen wehren, dessen bin ich mir sicher. Ich versicherte ihnen, dass ich es auch ohne Gehirnwäsche schaffen würde, darüber hinwegzukommen.

Nacht für Nacht kommen neue Erinnerungen vom Unfallszenario dazu und allmählich fügen sich alle Puzzleteile zu einem Ganzen zusammen. In meinem Kopf kann ich inzwischen fast den ganzen Hergang, in Bildern aus meiner Sicht rekonstruieren. Mit meinem Dad spreche ich nach wie vor viel darüber, das hilft mir, es besser zu verstehen. Wenn er mir wiedergibt was ich ihm alles erzählt habe, kann ich mir, wenn auch nur im Entferntesten, vorstellen, wie es wohl aus der Zuschauersicht ausgesehen haben muss. Der Unfall hatte insofern doch etwas Gutes, wenn das jetzt auch übertrieben klingen mag. Aber er hat uns, mich und meinen Dad, vielleicht auch zum Teil meine Mam, ein innigeres Verhältnis zueinander geschaffen. Mehr Zeit miteinander verbringen, mehr reden. Einfach intensiver leben und vor allem zusammen zu sein, als Familie.

Ich denke, die Zeit nach dem Unfall, hat uns und den engen Freunden um uns herum gezeigt, wie schnell es gehen kann, jemanden zu verlieren.

Inzwischen ist es nicht mehr nur ER, der mir die Nächte zur Qual macht. Anfangs wachte ich oft wieder schweißgebadet aus meinen Träumen auf. Träume in einer Mischung aus Unfall und IHM. Hauptsächlich noch in der Zeit während meines Krankenhausaufenthalts. Ich sah immer weniger verschwommen, wie der Bahnübergang auf mich zurast. Wie sich der Wagen unter mir wehrte und ausbrach. Wie ich mich überschlug. All das wurde unnatürlich realistisch, mit dem Unterschied, dass plötzlich SEINE Stimme zu mir schrie und fast noch jede Nacht schreit. SIE klingt so sanft und beängstigt zugleich. SIE zu hören bricht mir jetzt erneut fast das Herz. Zumindest nachts. Wenn die Dunkelheit mich umgibt und die Stille, in der ich mich mutterseelenallein fühle. Tagsüber ist es einfacher, es ist hell und die Träume scheinen fast unnahbar zu sein. Ich fühlte mich manchmal regelrecht von IHM beobachtet, kontrolliert, seit ich seine Stimme im Krankenzimmer gehörte habe. Auch wenn ich es nur geträumt hatte. Es ist wieder wie vor unserer ersten Begegnung. Da sah ich ihn ständig in meinen Träumen reglos in meinem Zimmer stehen. Mich anstarrend.

Zeltausflug – erster Tag

Bei all den Tests, welche die Ärzte an mir machten, fiel nicht ein Wort einer eventuellen Schwangerschaft. Was mich auch nicht mehr verwunderte. Ein halbes Jahr war inzwischen vergangen, zu viel Zeit, dass es hätte unbemerkt bleiben können. Mein Bauch war völlig normal und ganz flach geblieben, kein Anzeichen einer Härtung unter der Haut.

Es stimmte mich erneut traurig, wäre es doch schön gewesen, ein so wunderschönes Würmchen, wie der Papa es war, im Arm zu halten. Und dennoch war ich erleichtert, dass dem nicht so war; denn dann hätte ich den Unfall vielleicht nicht überlebt. Mein Baby dagegen schon, wenn es die Unsterblichkeit in sich getragen hätte. Ich dachte nur einen Moment darüber nach, schob jedoch diese Gedanken beiseite. Was wäre wenn, war im Moment einfach nicht das richtige Thema, um mich auszuruhen und zu genesen.

Acht Wochen waren seit meinem Unfall inzwischen vergangen und die Wunden waren fast verheilt. Einen knappen Monat davon, lag ich allein schon im Krankenhaus. Die anderen vier Wochen saß ich krankgeschrieben zu Hause.

Dieses ständige Alleinsein und die wahrscheinlich nie endenden Träume brachten mich dazu, vorübergehend die Nacht zum Tag zu machen. Ich versuchte, so lang es ging, mich wach zu halten, mich zu beschäftigen, bis mir völlig übermüdet die Augen von allein zu fielen. Umso schneller trat ich in den Tiefschlaf und rauschte an der Traumphase vorbei.

Es hat nur ein Gutes, das Alleinsein, ich habe wieder angefangen zu zeichnen. Doch viel zu oft ertappe ich mich, wie ich SEIN Gesicht auf das Papier bringe. Dann knülle ich es zusammen und werfe es in den ohnehin schon völlig überfüllten Mülleimer, neben meinem Schreibtisch. Ich kann SEIN zu perfektes Gesicht einfach nie realistisch zu Papier bringen. Und eigentlich will ich es auch nicht.

Ich will, ich kann IHM nicht in die Augen sehen, nicht einmal nur auf einem Blatt Papier.

So kam es, dass ich mich immer mehr der Landschaftsmalerei zuwandte. Was voraussetzte, dass ich meine alten Schlafgewohnheiten wieder Revue passieren lassen musste.

Ich gehe, wenn ich den Tag nicht doch mal verschlafe, in den Garten und versuche, die Natur zu beobachten, um sie später aufs Papier zu bringen. Meist schlaf ich aber draußen auf der Decke im Schatten der Obstbäume ein. Das Säuseln der Blätter und die Schatten, die sich unter den geschlossenen Lidern wiegen, tragen nicht geringfügig dazu bei. Doch noch schöner ist der Duft, den der Sommer mit sich trägt.

Der Monat zog sich wie zähflüssiger Brei und ich zählte die Tage bis zum Zelturlaub mit Clara, Tobi und einigen anderen Bekannten. Ich konnte es kaum abwarten rauszukommen, aus dem Nest Krauschwitz. Endlich mal wieder was anderes sehen, außer unser Haus, den Garten und mein Zimmer.

Meine Urlaubszeit schließt nahtlos an die Krankschreibung an, was meinem Chef so gar nicht gefällt. Aber jetzt, wo ich lange schon nicht mehr als Friseurin gearbeitet hatte, wusste ich, dass es mir besser tun würde, etwas anderes zu machen.

Vielleicht tauche ich nach dem Urlaub einfach eine Weile unter? Doch das könnte ich meinen Eltern nie antun. Sie würden ausrasten, wenn ich verschwinde und wenn ich wegbliebe, würden sie daran zugrunde gehen.

Ich gab mir die kommenden drei Urlaubswochen Zeit, um über meine Zukunft im Klaren zu werden. Irgendwas würde sich schon von selbst ergeben, dachte ich. Hoffte ich!!!

Geschwind packte ich meine Sachen am Freitagmorgen im August und machte ein kurzes Cornflakesfrühstück. Schon gegen elf wollten Clara und Tobi mich mit dem Auto abholen kommen.

Ich hatte mich seit meinem Unfall nicht mehr hinter das Steuer gewagt. Da ich ihn selbst verursacht hatte, zahlte die Kasse nicht einen Cent zurück. Ich hatte den schönen, schwarzen Alfa meiner Mam zu Schrott gefahren. Sie lässt es sich nicht anmerken und dennoch denke ich, dass es sie richtig ärgert. Sie verdient ja auch nicht gerade das Geld wie Heu. So versprach ich ihr die Kosten nach und nach abzustottern, auch wenn sie es nicht verlangt. Mehr konnte ich nicht tun. Ich konnte diesen verdammten Unfall ja nicht rückgängig machen, auch wenn ich es noch so gern getan hätte.

Mir kamen einige ärgerliche Gerüchte zu Ohren. Dass der Unfall kein Zufall war, sondern eiskalte Berechnung, um mich selbst umzubringen. Dass ich gestört bin und regelmäßig Sitzung in einer Therapie für Suizidgefährdete besuche. Und so weiter …

Mir ist es dennoch nach wie vor egal, was die Leute über mich denken. Das war es mir schon immer. Allein meines Albinismus wegen. Denn, egal was ich tue und selbst wenn ich nichts tue, biete ich ihnen genug Sprengstoff, um zu reden. Ich allein weiß wie es wirklich gelaufen war. Das ist das Wichtigste. Ich muss mich verdammt noch mal niemandem gegenüber rechtfertigen.

In kurzen, sachten Sätzen hopste ich die steile Holztreppe in mein Zimmer hoch, um meine wenigen Sachen fürs Camping zu holen.

Wir wollen nur über das Wochenende am Halbendorfer See zelten und einfach mal die Seele baumeln lassen.

Schnell flitzte ich die Treppe wieder hinab, links ins Badezimmer, schnappte die Zahnbürste, die mir im Gepäck noch fehlte und tanzte leichtfüßig auf den Hof. Lautes Hupen schallte zwischen den Gebäuden wider. Es zerstörte regelrecht die Ruhe, die unser Haus umgab. Mir war es egal. Ich freute mich auf das bevorstehende Wochenende.

Meine Eltern waren zum Glück arbeiten. Doch den Vortrag, von wegen ich solle auf mich aufpassen und so weiter, hatten sie mir am Abend zuvor schon stundenlang gehalten.

Die Autotür flog auf und Clara sprang mir in die Arme, als hätten wir uns ewig nicht mehr gesehen. Dabei war sie es, die mich nach meinem Unfall oft besuchte und mich aufmunterte.

„Vorsicht! Vorsicht!", rief ich lauthals raus.

Die Wunden sind nun so gut wie verheilt und irgendwie habe ich das Gefühl empfindlicher geworden zu sein. Mit Druck auf den Brustkorb kann ich noch nicht so recht umgehen, da bekomme ich sofort Beklemmungen.

„Ups! Entschuldigung."

Claras Gesicht wurde sofort puterrot.

„Hallo Süße", begrüßte ich sie beschwichtigend.

Ihre Hände griffen sofort nach meinem Zweimannzelt, dem Schlafsack und meinen Sachen.

„Lass, ich mach das schon!", meinte ich lachend. Clara öffnete mir den Kofferraum, während Tobi unbewegt, aber lachend hinterm Steuer sitzen blieb.

Mit einem lauten Knall schmiss sie die Klappe wieder zu, nachdem meine Sachen untergebracht waren.

„Das ist doch kein Panzer!", rief Tobi ihr zu.

„Entschuldigung Schatz. Die sollte nicht so doll zugehen. Ich bin wohl etwas übereifrig."

„Wollt ihr dann einsteigen, oder lieber noch eine Weile Wurzeln schlagen?"

Das ließen wir uns natürlich nicht zweimal sagen und sprangen ins Auto. Ich hatte die ganze Rückbank für mich, zum Glück. Selbst nur im Auto sitzen, bedeutet Überwindung für mich. Ich versuche es mir jedoch nicht allzu sehr anmerken zu lassen. Schließlich muss ich noch mein ganzes Leben irgendwie von A nach B kommen, wie jetzt eben nach Halbendorf. Und mit dem ganzen Gepäck auf dem Fahrrad dahin radeln, da hatte keiner von uns Dreien Lust zu.

Es dauerte nur ungefähr zehn Minuten, bis wir den Parkplatz am See erreichten.

Länger dauerte dagegen das Anmelden. Ehe die Dame unsere Ausweise angesehen, sich einige Daten notiert und uns einen Platz zum Zelten zugewiesen hatte, verging schon eine geschlagene halbe Stunde.

Soweit ich weiß, sollten wir so an die sieben Leute zum Zelten sein. Wir schienen wohl die ersten zu sein. Die anderen, vier Kumpels von Tobi, waren noch nicht da, als wir unseren Standplatz bezogen.

Heiß und grell prallte die Sonne mit voller Kraft auf uns hinab.

Es war schon eine Weile her, dass ich ein Igluzelt aufgebaut hatte. Die zusammensteckbaren, biegsamen Stangen machten mir zu schaffen. Ich hatte sie gerade ineinandergefügt, als sie am anderen Ende wieder auseinanderfielen.

„So ein Mist", fluchte ich vor mich hin und bemerkte nicht, wie Tobi mich beobachtete. Ich bemerkte es erst, als er lauthals anfing zu lachen und Clara mit einstimmte.

„Sehr witzig", entgegnete ich leicht angesäuert ihrem Gelächter.

„Sag doch einen Ton! Wir helfen dir doch," meinte Tobi amüsiert.

„Ja, das wäre wirklich lieb. Ich bekomm das mit dem Stangeneinfädeln einfach nicht allein hin."

„Sollst du ja auch nicht! Schließlich sind wir zusammen zum Zelten hier," meinte Clara beschwichtigend.

„Na dann." Jetzt musste ich lachen. „Packen wir es an!" Sie kam zu meinem Zelthaufen rüber.

„Wir müssen aufpassen, dass die Stangen beim durch die Schlaufen ziehen, nicht wieder an der Einsteckvorrichtung auseinanderfallen."

„Lina, ich bau nicht zum ersten Mal ein Zelt auf." Nach oben, durch die Wimpern, sah sie mich gespielt entnervt an.

Daraufhin streckte ich ihr die Zunge raus. *Kommunikation unter Freundinnen.*

Zehn Minuten später, stand mein Zelt bezugsfertig vor uns.

Ich hatte vorher über eine halbe Stunde allein daran getüftelt und war gescheitert. Nun stand es mit etwas Hilfe, in nur wenigen Minuten. Ist das deprimierend. Ich kann nicht einmal ein Zelt selbstständig aufstellen. Naja, das ist ja auch echt, eine seltendämliche Technik. So weiß ich wenigstens, dass ich nie ganz allein zelten gehen kann, außer, ich schlafe unter freiem Himmel und das würde mir im Traum nicht einfallen.

Schnell räumte ich meine Sachen und den Schlafsack hinein. Ich warf alles schon so zurecht, dass ich am Abend, wenn es stockduster sein würde, nur noch ins Zelt fallen musste. Meine Augen sind in der Dunkelheit nicht gerade eine große Hilfe. Da ist es hilfreich, wenn sich alles schon an Ort und Stelle befindet.

Es war über den Mittag so heiß geworden, dass ich nur noch in meinen Bikini springen wollte. Was jedoch immer mit sich zieht, mich bis zum geht nicht mehr mit Sonnenschutzfaktor fünfzig einzucremen und zwar überall. Auf alle Fälle da, wo kein Stoff drüber liegt. Also auch zwischen den Zehen.

Nach zehn Minuten Creme einziehen lassen gab es für mich nur noch einen Weg, nämlich den ins Wasser. Wir waren ja schließlich am Badesee, was ich natürlich auch nutzen wollte.

„Kommt ihr eine Runde mit schwimmen?", rief ich Clara und Tobi aus dem Zelt zu.

Die anderen Jungs waren immer noch nicht eingetroffen.

„Nein jetzt nicht. Wir wollen erst mal ein bisschen Holz fürs Lagerfeuer heut Abend holen," rief Tobi.

„Na ich spring nur kurz rein und dann komm ich mit. Okay?"

Während ich redete, lief ich schon schnellen Fußes zum Wasser runter. Es waren nur so hundert Meter von unserem Platz zum Strand.

„Ja, aber schwimm nicht so weit raus!", rief Clara mir noch nach und zwinkerte, als ich kurz zurückschaute.

Auf dem Zeltplatz standen einige niedrige Nadelbäume. Sie teilten den Platz in kleine Flächen, sodass man nicht gezwungenermaßen mit hundert anderen Leuten dicht beieinander zelten musste. Inmitten dieser Fläche hatten wir eine Lagerfeuerstelle. Zum Glück. Was wäre Zelten ohne Feuer. Da würde am Abend ja gar keine richtige Stimmung aufkommen.

Schnell flitze ich über die Wiese zwischen den Bäumen durch, warf das Handtuch an den Strand und stürzte mich, ohne mein Tempo zu verringern, in die kühlen, lang ersehnten Fluten. Ich tauchte unter und schwamm zwei Meter in die Tiefe, um den Grund zu erspähen. Er war nicht bewachsen, nur Sand weit und breit. Soweit ich es durch die Wimpern erkennen konnte. Ich weiß ja, dass ich mit den Kontaktlinsen nicht tauchen soll, da sie schnell durch das Wasser rausgespült und verloren gehen können. Aber mir eine Taucherbrille zu besorgen, daran hatte ich im Vorfeld nicht gedacht. Also konnte ich nur blinzelnd den Seeboden erforschen und hoffen, dass ich keine der Kontaktlinsen verlor. Mir brannte das eisenhaltige Wasser in den Augen.

Der See war vor seiner Flutung ein altes Baggerloch, aus dem früher Kohle gefördert wurde. Deshalb ist das Wasser immer noch sehr eisenhaltig und schmeckt säuerlich, wenn man es mal aus Versehen verschluckt. Inzwischen sind schon einige Tonnen Kalk in den See gekippt worden, um das Wasser zu neutralisieren.

So ziemlich jeder See in der Gegend ist ein übergebliebenes Baggerloch. Es gibt wirklich viele kleine und größere Seen, doch nicht in jedem kann man baden gehen. Es gibt auch einige Waldseen, aus denen noch

Baumstämme raus ragen. Es wäre viel zu gefährlich dort baden zu gehen. Dennoch ist es ein wunderbares Natur-schauspiel zum Ansehen. Rings um Weißwasser und den vielen Dörfern in der Umgebung erstrecken sich diese kleinen Seen. Durch unseren kindlichen Leichtsinn hatten Clara und ich einige solcher Seen auf Radtouren, tief im Wald entdeckt. Ich erinnere mich dabei immer noch an eine ganz besondere, besonders gefährliche Entdeckung.

Nachdem ich das Gefühl hatte, jeden Zentimeter mei-nes Körpers mit kühlem Nass befriedigt zu haben, tauchte ich auf. Mit ruhigen Zügen schwamm ich in Richtung Strand, bis meine Füße den Boden berührten. Langsam tat ich einen Schritt nach dem anderen, um nicht mit einer Zehe gegen einen der wenigen Steine zu treten. Diese schmerzhafte Erfahrung hatte ich schon mal gemacht, da sehe ich mich inzwischen besser vor. Meine zehn Zehen sind mir noch lieb.

Meine langen, glatten Haare klebten nass auf dem Rü-cken. Ich lehnte mich vor, schlug das Handtuch auf und schlang es mir über der Brust zusammen. Fröhlich tän-zelnd rannte ich zurück zu den Zelten, wo Clara und Tobi schon auf mich warteten.

Die vier fast verschollen gedachten Kumpels von Tobi waren inzwischen aufgetaucht und schon eifrig am Zelt aufbauen.

„Lina", rief Tobi. „Robert und Stefan kennst du ja und die anderen beiden sind Steffen und Thomas."

Robert und Stefan kenne ich in der Tat schon eine Weile. Fast so lange wie Tobi, was wohl daran liegt, dass die beiden, wirklich gute Kumpels von ihm sind. Wir sind oft zusammen ins Kino oder auf Dorf- und Stadtfeste in der

Umgebung gefahren. Aber das war einmal – bevor mein Leben von einem zum anderen Tag völlig aus den Angeln gerissen ist – oder wurde. Ich weiß es nicht. Bisher hab ich es nicht gewagt, irgendwem die Schuld dafür zu geben. Und sie ganz und gar mir selbst zu zuschreiben scheint mir genauso wenig sinnvoll. Denn selbst wenn ich die Schuld irgendwen in die Schuhe schieben könnte, würde ich das letzte halbe Jahr mit seinen Ecken und Kanten, nicht rückgängig machen können. Doch ich weiß, dass ich allein die Verantwortung dafür trage, dass einige lockere Freundschaften untergegangen sind. So wie die zu Stefan und Robert, die ich inzwischen seit Dezember letzten Jahres nicht mehr gesehen hatte. Das dürfte sogar ziemlich genau Silvester gewesen sein.

Leicht errötet trat ich zu den Jungs und reichte allen, außer Tobi natürlich, die Hand.

Die beiden neuen Gesichter kamen mir keineswegs bekannt vor. Nicht wie bei vielen anderen jungen Leuten, welche man schon mal irgendwo gesehen hatte. Disco, Dorffest …

Gleich, auf den ersten Blick, schien mir Thomas der Sympathischere der beiden Fremden zu sein. Allein sein weicher Gesichtsausdruck und sein Lächeln, welches die Augen erreichte, gaben mir ein sehr wohliges Gefühl seiner Person gegenüber. Er schien ein ganz einfacher, völlig unkomplizierter Typ zu sein. Knielange, braun karierte Stoffhose mit Taschen an den Seiten, weißes T-Shirt, mittelaschblonde Haare, sportlich kurz, zum Facon geschnitten. Ganz schlicht eben, sympathisch.

Steffen wirkte dagegen eher kühl, groß und schlaksig. Es schien, als gäbe es an ihm keinen einzigen gut ausgeprägten Muskel am ganzen Körper, nur Haut und

Knochen, ein Strich in der Landschaft. Seine gebeugte Haltung und der dazu passende fade Gesichtsausdruck machten ihn für mich sofort zu einem Menschen, mit dem ich nicht unbedingt in Kontakt treten musste. Auch wenn in meinem Kopf sogleich ein Konflikt zum Thema Vorurteile aufflammte. Er grinste mich an, doch es erreichte seine Augen nicht, was mich schlussfolgern ließ, dass es wohl ein nicht besonders ernst zu nehmendes Lächeln war. Oder besser noch, es war nicht ehrlich.

„Hi ich bin Lina," stellte ich mich anstandshalber den zwei Neulingen vor. Kaum hatte ich die Worte ausgesprochen, verschwand ich auch schon im Zelt, um mir was überzuziehen. Eine weiße, knielange Leinenhose und ein grün gestreiftes Trägertop mussten reichen. Es war einfach zu warm, um sich noch mehr Stoff um den Körper zu wickeln. Außerdem hatte ich im Eiltempo noch eine dicke Schicht Sonnencreme aufgetragen, die definitiv nicht zur Abkühlung verhalf.

„Ich bin soweit, wir können Holz holen gehen!"

Erholt vom ersten Kennenlernschock sprang ich aus dem Zelt und schloss den Reißverschluss hinter mir. Als ich mich umsah, bemerkte ich, dass die vier Jungs allesamt vor ihrem Zeltekram standen und nacheinander blöde zu mir rüberglotzten.

Vorsichtshalber sah ich an mir herab und hoffte nur, dass der Bikini schneller trocknen würde, bevor die Nässe olle Spuren auf Shirt und Hose bringen könnte. Allein nur bei dem Gedanken, dass es aussehen würde, als hätte ich mir eingepinkelt, spürte ich das *Blut* in meine Wangen schießen. Denn dann würden die Jungs wohl noch dämlicher gucken und hätten gleich reichlich Gesprächsstoff, auf meine Kosten.

Sofort schlug ich mich an Claras Seite, um mit ihr einige Meter vorauszugehen. Zum Plaudern mit den Jungs hatte ich ja noch das ganze Wochenende Zeit.

Wir – einschließlich der Neuankömmlinge – gingen ins nächstgelegene Waldstück, welches noch zum Zeltplatz gehörte und was alle Gäste für ihr Feuer nutzen dürften. Wie erwartet gab es nicht mehr allzu viel zu holen. Doch mit vereintem Ansporn klaubten wir in mühevoller Kleinarbeit, noch die mickrigsten Äste und Zweige zusammen. Für den ersten Abend musste es eben langen.

Als wir vom Holz, man kann ja auch fast Restmüll sammeln zurück auf den Platz kamen, fielen mir fast die Augen aus dem Kopf. Wir sieben Leute hatten, wie es aussah, die Fläche nicht ganz für uns allein. Clara und ich sahen uns verdutzt an. Weitere fünf junge Männer sprangen da herum und bauten eifrig ihre Zelte auf. Als wir zielgerichtet den Zeltplatz betraten, begrüßten sie uns flüchtig, aber nett.

„Hallo." Das war alles, was meine Lippen rausbrachten; denn dieses ganze Kennenlernen, überspannte für den Tag meinen Bogen.

„Super, ihr habt Feuerholz geholt", rief eine freundliche Männerstimme aus der Gruppe der Neuankömmlinge.

Nacheinander stellten sich alle einander vor. Die Namen flogen wie Geschosse durch die Luft. Ich konnte mir nicht einen davon merken und trotzdem schien das Eis gleich gebrochen zu sein. Zumindest zwischen allen anderen Leuten, nur nicht bei mir.

Kistenweise schleppten die Jungs ihr Bier in die Zelte, was ich mir nur mit Kopf schütteln ansehen konnte.

Mir wurde das Gewusel und der damit verbundene Tumult zu viel. Ich schnappte mein Handtuch und ging zwischen den Bäumen durch, runter auf die Wiese am See.

Ruhe, endlich. Das war es was ich wollte, einfach meine Ruhe haben und im Schatten vor mich hindösen. Mit Schwung breitete ich das Handtuch aus, befreite mich von der dreiviertel Leinenhose und warf das grün gestreifte Trägershirt dazu. Zusammengeknüllt dienten mir die Sachen als Unterlage für den Kopf. Ich legte mich auf den Rücken und schloss die Augen. Das Gesäusel einiger Badegäste um mich herum, rückte in weite Ferne. Ich genoss die leichte, warme Brise der Luft auf meiner Haut.

Anbandlungsversuche

Nach und nach verschwanden die Geräusche ganz aus meinen Gedanken, als mich plötzlich eine sehr tiefe, raue Männerstimme aus dem Dösen riss.

„Du holst dir noch einen Sonnenbrand!"

Ich erschrak, als ich bemerkte, wie nah sie bei mir war. Schnell drehte ich mich auf den Bauch, formte eine Hand zu einem schützenden Schild über die Augen und blinzelte unter den Wimpern hervor. Es dauerte einige Sekunden bis ich einen klaren Blick bekam und seufzte unbewusst. Ich erkannte, dass es einer der Neuankömmlinge auf unserer Zeltfläche war. Er saß direkt neben mir, in dunkelblauen Jeans und einem schwarzen Shirt.

„Ich liege im Schatten", entgegnete ich ihm schnippisch, was mir im selben Augenblick gleich wieder leid tat.

„Das sehe ich, ob du es glaubst oder nicht! Aber auch im Schatten kann man einen Sonnenbrand bekommen", warf er mir mit demselben Tonfall zurück, mit welchem ich ihn eben irgendwie angefahren hatte.

Ich sah ihn an und überlegte. Mir fiel sein Name verdammt noch mal nicht ein. Meine Augenbrauen zogen sich spürbar zusammen.

Während ich immer noch grübelte, formten seine Lippen sich zu einem Lächeln. Zu einem schönen, netten, ernst gemeinten Lächeln.

„Jason", meinte er und streckte mir die Hand hin.

In meinem Kopf herrschte wirres Durcheinander. Was wollte er nur von mir? Ich fühlte mich noch total verschlafen, als ich ihm meine Hand reichte.

„Lina."

„Ich weiß!", wieder lächelte er. „Hab ich vorhin schon mitbekommen."

„Oh!", stieß ich hervor und spürte, wie so oft, wie die Schamesröte in mein Gesicht kroch.

„Dann hat wenigstens einer von uns beiden aufgepasst", warf ich noch entschuldigend ein. Gott war das peinlich. *Ich muss einfach aufmerksamer werden,* nahm ich mir für die Zukunft vor.

„Von woher bist du?", fragte ich, um von meiner Röte abzulenken.

„Aus Weißwasser."

„Ach echt?"

„Du auch?"

„Nein ich bin von Krauschwitz. Ich kann mich aber nicht erinnern, dich schon mal irgendwo gesehen zu haben."

Ich weiß nicht wie er das gemacht hat. Plötzlich hatte ich ein Gespräch ans Bein gebunden bekommen. Obwohl ich eigentlich nur meine Ruhe haben wollte. Doch komischerweise störte es mich nicht. Es war sehr nett. Jason war sehr nett und zu meiner Bestürzung auch noch ziemlich gut aussehend.

Als ich mich beim Nachdenken über Jason ertappte, schob ich die Gedanken schnell beiseite. Ich wollte Männer nicht als nett und schön empfinden. Gegen den Gedanken sträubte ich mich vehement.

Plötzlich zückte er eine Flasche Sonnencreme hinter dem Rücken vor und meinte mit einem Lächeln in der Stimme.

„Soll ich dir den Rücken eincremen? Bei deiner blassen Haut, holst du dir auch hier im Schatten noch einen Sonnenbrand."

Ich nahm ihm die Creme aus der Hand und entgegnete ihm leicht angesäuert.

„Danke die nehme ich, aber einschmieren kann ich mich noch gerade so allein."

Mir kam sein Spruch vor wie eine billige Anmache, einfach nervig und skrupellos.

„Ich möchte dir doch nur den Rücken eincremen!", entgegnete er mir merklich entsetzt.

Sein Blick heftete entschuldigend in meinem Gesicht. Er wusste sofort, was ich gedacht hatte, dessen war ich mir sicher.

„Ohne Hintergedanken. Ehrenwort!"

Jetzt tat Jason mir fast leid. Ich hatte in letzter Zeit wenig Kontakt zur Außenwelt, zu Menschen im Allgemeinen und bin darüber hinaus wohl echt zu einer Giftnudel mutiert. Ich wollte wirklich ernsthaft versuchen, mich zusammenzureißen.

„Na gut, dann mach halt", grummelte ich mehr zu mir selbst, während ich ihm die Creme zuwarf. Ich hatte mich zwar schon eingecremt, aber es konnte ja nicht schaden, eine zweite Schicht aufgetragen zu bekommen. Auch wenn diese keinen so hohen Schutzfaktor hatte.

Ich beobachte ihn kurz durch die Wimpern und setzte gerade zum Umdrehen an, als plötzlich seine Finger mein Handgelenk fassten. Er drehte es mit der Innenseite nach oben.

„Was ist das für eine Narbe?", fragte er neugierig.

Schneller wie ich reagieren konnte, strichen seine Finger über die Sicheln.

„Die fühlen sich irgendwie komisch an. Kühler, vielleicht auch wärmer, als die Haut ringsherum. Ich kann es nicht genau definieren."

Dennoch klang seine Stimme entschlossen sicher, dass etwas an dieser Narbe nicht stimmte. Er sagte es nicht, als würde er mir eine Frage stellen. Er stellte es einfach für sich fest und sprach es laut aus, damit ich es auch hörte.

Sicher dachte er, ich würde aus dem Nähkästchen plaudern. Stattdessen entriss ich mein Gelenk seinem Griff.

„Ich möchte nicht darüber reden."

„Warum denn nicht? „Er tat es ab, wie eine Nichtigkeit.

„Darum!", denn das war es nicht, nicht für mich.

„Das ist doch albern!", grummelte er und dachte allem Anschein nach, seine Worte hätten mein Ohr nicht erreicht. Doch es dauerte keine Sekunde, dass ich mein loses Mundwerk nicht mehr unter Kontrolle hatte.

„Soll ich dir sagen, was albern ist? Dein lahmer Versuch mich anzugraben."

„Ich grabe dich nicht an!", entgegnete er mir so trocken und fast schon abwertend, dass es mir völlig die Sprache verschlug. Ich fühlte mich so überführt, so gedemütigt.

Mit völlig entsetzter Miene starrte ich ihn sicher an und war froh, meinen Mund wenigstens so weit unter Kontrolle zu haben, dass es vor Schreck nicht mein Unterkiefer runterklappte.

Daraufhin setzte er sofort ein neugieriges Lächeln auf, kombiniert mit entwaffnendem Dackelblick.

„Verrat es mir!"

„Welchen Teil vom Nein hast du nicht verstanden?", fuhr ich ihn garstig an und im nächsten Augenblick tat es mir schon wieder leid.

„Dein nein hab ich schon verstanden. Ich bin ja nicht bekloppt oder so."

„Das hatte ich nicht behauptet!"

„Sorry", flüsterte er.

„Schon okay."

Eigentlich wollte und sollte ich mich entschuldigen, doch ich bekam es einfach nicht über die Lippen. Stattdessen legte ich mich provokant auf den Bauch, fordernd wie ein zickiges Kind, welches seinen Lolly haben will. Nur dass ich forderte, nun endlich den Rücken eingecremt zu bekommen, allein nur, um dem lästigen Frage-Antwort-Spiel aus dem Weg zu gehen.

Für kurze Zeit rührte sich nichts, nicht mal ein Mucks. Ich hatte schon befürchtet ihn verjagt zu haben. Dann spürte ich seine warmen, weichen Hände mit der Sonnencreme auf meiner Haut. Ich war erleichtert über diese Geste, so wusste ich, dass er mir nicht sauer war.

Ganz sanft und zurückhaltend fuhren seine Finger einmal über meinen gesamten Rücken. Jason verteilte die Creme penibel, überall wo ich scheinbar selbst nicht rankommen würde. Obwohl ich es auch allein schaffe, schließlich hab ich ja schon ein paar Jahre Erfahrung im perfekten Eincremen. Zudem interessierte es mich nicht die Bohne, welchen Sonnenschutzfaktor seine Creme hatte. Erst vor einer halben, vielleicht auch vor einer Stunde hatte ich dick den Sonnenblocker aufgetragen, der mich die nächsten Stunden im Schatten vor den Strahlen schützen dürfte.

Jasons Finger wanderten über jeden einzelnen Wirbel hinauf zwischen meine Schulterblätter. Hätte ich die Fähigkeit besessen zu schnurren, hätte ich es wahrscheinlich getan. Doch mit der Entspannung und dem Genuss an seinen Berührungen, schlich sich ein ebenso behagliches Gefühl in meine Brust. Außer IHM hatte mich noch nie ein Mann so berührt.

Jason war also der erste, wirklich menschliche Mann, den ich nach IHM so nah an mich rankommen ließ.

Er begann mir den Rücken zu massieren. Es fühlte sich gigantisch an und meine Augen fielen zu, als hätte eine unsichtbare Kraft die Lider zugeschoben.

Einige Minuten vergingen, in denen ich einfach nur genoss.

Ich ertappte mich plötzlich, wie sehr ich mich fallen ließ, mich ihm hingab und das schlechte Gewissen schoss mir wie ein Pfeil in den Kopf.

Hatte ich den einzigen Mann den *Vampir* – Ich konnte das Wort kaum denken, hatte ich mir doch jegliche Gedanken an IHN verboten! – in meinem Leben jetzt schon verraten?

„Vielen Dank!"

Im selben Atemzug in welchem ich sprach, drehte ich mich schon ruckartig um und starrte ihn entsetzt an. Jason schrak vor meiner abrupten Bewegung zurück.

„Hab ich dir wehgetan?"

„Nein es war …" Was sollte ich jetzt nur sagen? Super? Traumhaft? Okay? „Gut. Danke!" Meine Worte schienen ihn nicht gerade zu beruhigen. Er sah mich misstrauisch an.

„Jetzt kann mir die Sonne nichts mehr anhaben. Dank dir!", beeilte ich mich hinzuzufügen und quälte mir gleichzeitig ein Lächeln auf die Lippen. Ich hoffte nur, dass er den Unterschied zwischen einem ernst gemeintem und einem gespielten Lächeln nicht aus meinem Gesicht lesen konnte.

Doch sein Misstrauen verzog sich zu einem Lächeln.

Ich setze mich auf und schlang die Arme um die Knie. So sehr ich auch versuchte, die verbotenen Gedanken zu vertreiben, es gelang mir nicht. Ich war mir sicher, dass mein Gesicht nun Bände sprach. Doch Jasons schien es nicht einmal zu bemerken. Seine Augen leuchteten.

Ich grübelte sofort warum wohl. *Er ist sicher einfach nur glücklich oder erfreut sich am wunderschönen Wetter oder ...*, da riss er mich aus meinen Spekulationen.

„Kann ich mir deine Narbe noch mal ansehen?"

Plötzlich fiel es mir wirklich schwer nicht auf der Stelle, vor Wut über so viel Neugier, zu platzen. Ich dachte bis dahin immer, dass sagt man nur Frauen nach!? Aber dem war nicht so und ich hatte den männlichen Beweis vor mir sitzen.

„Nein, ich zeige sie dir nicht noch mal", entgegnete ich ihm mit aufeinander gepressten Zähnen, um einer Atombomben ähnlichen Explosion vorzubeugen.

Mein Blick heftete in seine weichen Züge des schmalen Gesichts, dessen Mund von einem kurzen, schwarzen Bart umrahmt war. Er sah mich entschuldigend durch die Wimpern an, während sich einige Strähnen aus seinem Pferdeschwanz lösten und in die Stirn über seine Augen fielen. Er wandte den Blick von mir ab, auf den Rasen vor uns.

Einige Sekunden vergingen bis er sich die Haarsträhnen aus dem Gesicht strich, nur um mich, gleich darauf, wieder mit Dackelblick, durch die Wimpern zu peinigen.

Ich weiß, dass ich von Grund auf eine schlechte Lügnerin bin und eigentlich sonst auch keine großen Ambitionen dazu hege. Doch aus der Vergangenheit fiel mir ein, dass es in letzten Monaten, dennoch ganz hilfreich und meistens auch erfolgreich gewesen war. Und jetzt war es die einzige Möglichkeit, Jason nicht wieder völlig vor den Kopf zu stoßen und damit gleich die erste neue Bekanntschaft nach Ewigkeiten, schreiend davonzujagen. Also fasste ich mir innerlich mein Herz.

„Ich sage dir, woher ich die Narbe habe und im Gegenzug hörst du auf danach zu fragen, okay?"

Ohne zu zögern willigte er ein.

„Okay!", während seine tiefbraunen Augen triumphierend strahlten.

„Vor einigen Wochen hatte ich einen Unfall," tausend Gedanken rannten mir, auf der Suche nach einer passenden Lüge, durch den Kopf, bis ich die passendste und ehrlichste fand.

„Was für einen Unfall?" Er sah mich durch die Wimpern an und meine Antwort kam abrupt.

„Autounfall!"

Und das, obwohl wir uns doch geeinigt hatten, wenn ich es ihm sagen würde, hörte er im Gegenzug auf zu fragen. Das lief völlig schief und deshalb gar nicht, wie ich es wollte.

„Wie ist das …? Ich meine, was ist passiert?", schoss Jason die nächste Frage ab.

„Ach, es ist nicht der Rede wert. Und außerdem hast du mir versprochen, nicht weiter zu fragen!"

Er legte den Kopf schief und überging meine Worte, als hätte ich sie gar nicht ausgesprochen.

Hast du schon mal mit jemandem darüber geredet?", meinte er, nun noch erschreckend interessierter, als es mir lieb war.

Ich zögerte, ließ mich jedoch allein durch seinen Blick zum Reden animieren.

„Ja, bruchstückweise mit Clara."

Ich zeigte, ohne den Blick vom Boden vor mir zu lösen, mit dem Daumen über meine Schulter, in Richtung Zeltplatz. „und mit meinen Eltern! Im Krankenhaus war ich so zugedröhnt mit diversen Beruhigungs- und Schlafmitteln, dass es einige Zeit brauchte, bis die Erinnerungen zurückkamen."

„Möchtest du mit mir darüber reden?"

Seine Augen blickten fragend in meine. Sie wirkten so fühlend und ehrlich. Dennoch hatte ich kein Verlangen, ausführlich darüber zu sprechen.

„Nein!"

Einen Moment wartete er ab, dann meinte er mit ruhiger Stimme.

„Manchmal ist es aber besser, alles rauszulassen, um es erträglicher für den Kopf zu machen, sich ein Stück weit zu befreien. Verstehst du?"

Ich dachte über seine Worte nach und kam mir vor, als wäre ich jetzt diejenige, die zu blöde war, seine Sprache zu verstehen. Sollte das vielleicht seine Taktik sein, mich zum Reden zu bewegen?

Ein leichter Windhauch zog vorbei und bewegte die losen Strähnen seiner pechschwarzen Haare. Jason schob sie mit einer kurzen Bewegung aus dem Gesicht.

Unsere Blicke trafen sich, oder speziell seiner mich.

„Was genau willst du denn wissen?", fragte ich resigniert, fast schon niedergeschlagen.

„Nichts Konkretes. Erzähl mir was du bereit bist preiszugeben! Okay?"

Ich dachte einige Sekunden nach, wog Pro und Kontra ab, überlegte den Grund, weshalb ich es ihm erzählen sollte und kam letztendlich zu dem Entschluss, dass es durchaus gut tun könnte mal mit einer außenstehenden Person zu reden.

„Okay!", gab ich klein bei. Ich hatte ihn vom eigentlichen Thema abgebracht, meiner Narbe, was mir wichtiger schien als alles andere. Auch wenn ich dafür den Umweg über meinen Unfall gehen musste, ihn wieder erleben und zum hundertsten Mal erzählen sollte. Doch in einem Punkt musste ich ehrlich zu mir sein. In dem, dass es je mehr ich bisher davon redete, ein Stück von der Last in mir abfiel.

Dennoch überlegte ich, ob es jetzt schon der richtige Moment zum Reden sein sollte. Wir hatten uns doch eben erst einander vorgestellt und nun sollte aus dem mehr oder weniger lockeren Plausch gleich ein ernstes Gespräch entstehen? Vielleicht wäre es etwas übereilt, dachte ich. Schob den Gedanken jedoch gleich beiseite. Jason schien mir ehrlich und aufrichtig zu sein und dann sprudelte es haltlos aus mir heraus.

„Es war an einem Samstag. Ich musste nicht arbeiten und das Wetter war ein Traum. Die Sonne schien und es war warm, so wunderbar warm."

Ich schloss die Augen, während ich sprach. Stellte mir vor, wie ich diesen Tag genoss. Wie lebendig ich mich fühlte, nach Monaten völliger Taubheit.

„Ich bin den ganzen Winter nicht mit dem Auto gefahren."

Während ich sprach, beobachtete ich Jason, genauso wie er mich zu beobachten schien und plötzlich, kaum ersichtlich, schoben sich seine Augenbrauen ein winziges bisschen zusammen. Ein Lächeln trat auf meine Lippen. Ich konnte es spüren. Ich spürte es wie so viele andere Dinge inzwischen deutlicher, intensiver als noch vor einer Weile, als vor meinem Unfall. Als wäre ich empfindlicher dadurch geworden.

„Ich bin kein Winter-Angst-Fahrer!", erläuterte ich auf Jasons nicht gestellte Frage.

Daraufhin sah er mich irgendwie seltsam an, sagte aber nichts, fragte nicht. Er wartete nur ab, dass ich weiterreden würde. Sogleich bekam ich es mit der Angst zu tun, er würde mich später mit seinen schätzungsweise tausend Fragen bombardieren.

„Aber Eis kratzen und Schnee runter fegen... das ist nicht so meins. Den Kram spar ich mir. Da bin ich mit dem Rad ja noch schneller in Weißwasser, bevor ich mein Auto fahrbereit habe."

Ich beobachtete wie Jason sich ein Grinsen nicht verkneifen konnte.

„Naja wie auch immer", schob ich schnell nach, da mir wieder einfiel, dass ich gern mal vom Thema abkomme und es dadurch unnötig in die Länge ziehe.

„Jedenfalls hatte es mich an diesem Tag gepackt. Ich wollte mal raus, mir die warme Luft um die Nase wedeln lassen, mich einfach entspannen! Und da bin ich mit dem Alfa meiner Mam losgefahren.

Ich war viel zu schnell auf der Landstraße unterwegs und war obendrein noch völlig unaufmerksam, weil ich die Freiheit so genoss, bis mir dann ein Bahnübergang zum Verhängnis wurde."

Ich unterbrach und musste tief Luft holen, als mir die Bilder durch den Kopf jagten. Es war wieder, als würde ich es noch mal erleben. Mein Herz begann merklich schneller zu schlagen.

Sofort bemerkte Jason mein Unbehagen.

„Du musst nicht weiterreden, wenn du nicht will..." Ich unterbrach ihn mitten im Satz.

„Doch jetzt möchte ich!"

Das erste Wort kam im normalen Ton. Die nächsten darauf, eher noch wie ein Flüstern.

Er sah mir in die Augen. Sicher las er darin die Angst und die Unsicherheit, die meinen Kopf verwirrte und dennoch ließ er mich gewähren.

„Der Übergang wirkte wie eine Schanze und katapultierte das Auto mit mir drin, in die Luft. Ich hab noch versucht gegenzulenken, als ich auf der Gegenfahrbahn runter krachte, doch das half nichts mehr. Der Wagen brach aus, schlenkerte heftig über den Asphalt und überschlug sich dann einige Male."

Wie einen Film sah ich die Bilder deutlich vor meinen Augen ablaufen.

„Danach kann ich mich erst wieder an das Krankenhaus erinnern. Weder die Bergung, noch den Krankenwagen oder sonst was, hatte ich mitbekommen. Nichts. Es ist wie ausgelöscht. Wobei der Unfall selbst, auch erst nach einigen Tagen wieder in meinem Gedächtnis auftauchte."

Ich legte die Hände ins Gesicht, weil ich nicht wusste, ob ich weinen sollte oder besser nicht. Was mich wiederum verwirrte. Normalerweise bin ich sonst nicht so nah am Wasser gebaut. Bisher war ich anderen Menschen gegenüber eher der still vor mich hinleidende Typ.

Sofort wurde mir die Situation unangenehm, um nicht zu sagen peinlich. Ich fühlte mich so schwach, so ausgeliefert. Doch plötzlich fühlte ich Jasons Arm um meine Schulter und wie sie mich an seine Brust zogen.

„Es ist okay", meinte er beruhigend.

Nur für mich war es nicht okay, ganz und gar nicht. Ich lag in den Armen eines Mannes, den ich nicht einmal kannte, geschweige denn, dass ich ihm mal irgendwo begegnet war, außer hier auf dem Zeltplatz. Dennoch konnte ich mich nicht gegen Jasons beruhigende Geste wehren. Es tat einfach zu gut in den Arm genommen zu werden und gleichzeitig kam es mir so falsch vor. Ich fühlte mich wie eine Heuchlerin. Was mir sogleich wirklich fast die Tränen in die Augen getrieben hätte. Aber eben nur fast.

„Danach wird es dir besser gehen!", fuhr Jason fort.

Und ich dachte nur: *Wie danach? Was danach?* Er glaubte offensichtlich ernsthaft, ich würde auf der Stelle losheulen. Doch für alles Geld der Welt, hätte ich mir die Blöße nie gegeben. Ich war immer stark, wenn auch nur nach außen. Aber das ist etwas, was ich mir für die Zukunft wenigstens beibehalten wollte, meinen Stolz.

Ich kniff die Augen zu und versuchte den Kloß im Hals runterzuschlucken. Es kostete mich reichlich Mühe und dennoch gelang es mir, das Gefühl weinen zu müssen, zu unterdrücken. Ich sah ihn an, blickte auf seinen Arm und wieder in sein Gesicht. Meine Mimik musste eine Mischung aus – es ist zwar nett, dass du mich trösten willst, aber eigentlich kann ich das gar nicht leiden – und noch zutreffender – nimm deinen Arm weg, sonst beiß ich ihn dir ab – gehabt haben. Denn so schnell wie Jasons mir seinen Arm von der Schulter riss, konnte ich nicht reagieren und um ein Haar hätte er mich umgerissen.

„Entschuldigung!", entfuhr ihm mit erstickter Stimme.

Im selben Moment hallten die Worte in meinem Kopf wider und mit ihnen:

„Entschuldigst du dich immer für alles?"

Die Frage hämmerte durch jede einzelne Gehirnzelle und nur ich kannte die Antwort. Ich hatte sie formuliert, es war meine.

„Ich weiß nicht? Tu ich das?", murmelte ich durch die fast geschlossen Lippen.

„Was hast du gesagt?", fragte Jason daraufhin und holte mich zurück in die Realität.

Ich starrte ihn an, schüttelte den Kopf mit geschlossenen Augen und sah ihn erneut an.

„Was?", meinte ich verwirrt.

„Du hast doch eben etwas gesagt, oder?"

Ich überlegte kurz und setzte zu einer Antwort an.

„Ähm, ja."

Jasons fragender Blick wurde drängender.

„Wir sollten langsam nach oben gehen!", quälte ich mir über die Lippen.

„Zu den anderen", fügte ich noch hinzu, um es möglichst ungezwungen klingen zu lassen.

„Ja, wenn du meinst!"

Jason sah mich verwirrt an, machte jedoch keine Anstalten sich langsam in Bewegung zu setzten. Ich dagegen sprang sofort auf. Was mir jedoch noch weitere fragende Blicke einbrachte.

„Was ist? Ich denke wir gehen hoch?", meinte ich über meine eigene Verwirrtheit hinweg und hoffte, Jason würde keine einzige seiner mit Sicherheit tausend Fragen stellen.

Ich zog mir die Hose und das grün gestreifte Shirt über, nahm das Handtuch vom breitgetretenen Rasen und wedelte es leicht aus.

Langsam erhob sich Jason. Er schlug sich sofort an meine Seite. Zu nah, wenn mich jemand gefragt hätte. Doch ich wollte es nicht beanstanden und ignorierte ihn einfach.

„Du warst sicher übel dran? Nach dem Unfall, meine ich."

Verblüfft sah ich neben mich und war ihm dankbar, dass er wegen eben nicht nachhakte, sondern einfach da weitermachte, wo wir vor dem Zwischenfall stehen geblieben sind. Ich musste kurz schlucken.

„Ähm ja!"

Ich sah ihn an und er lächelte ein breites Lächeln.

„Um genau zu sein: fünf gebrochene Rippen plus Schlüsselbein, angerissene Milz, schwere Gehirnerschütterung, angebrochene Halswirbel und einiges an *Blut* ging auch drauf."

Jason sah mich schockiert an und da fiel mir ein, dass ich vergessen hatte, mein Handgelenk mit zu erwähnen. „Und etliche, kleinere Schnitt- und Schürfwunden am ganzen Körper", schob ich hinterher und drehte kurz mein Handgelenk, als Wink.

„Da hattest du aber echt einen Schutzengel im Auto!"

„Schon irgendwie. Es hätte ja bedeutend schlimmer ausgehen können! Mir hat's aber trotzdem gereicht", meinte ich schon fast belanglos; denn so schien es mir in diesem Moment. Jetzt wo mich die Vergangenheit erneut versuchte einzuholen. Für mich wurde es jetzt Zeit, ein paar Minuten allein zu sein. So erhöhte ich mein Lauftempo und Jason hielt Schritt, ohne eine Bemerkung zu schmettern. Ich wollte nur noch in mein Zelt, um etwas Ruhe zu bekommen.

Als wir den Zeltplatz betraten warf Clara mir ein verschmitztes Lächeln zu. Ihre Blicke fielen auf Jason, dann fragend zu mir. Es schien fast, als hätten sich alle auf unserem Platz schon ausgiebig über mich und Jason unterhalten. Jeder, den ich ins Gesicht schaute, grinste mich breit an. Und irgendwie wunderte mich das überhaupt nicht. So wie ich Clara kannte, versuchte sie es wieder einmal mich mit irgendwem zu verkuppeln. Das hatte sie mit Thomas auch schon versucht. Nur gut, dass das Interesse beiderseits zu einer Freundschaft, nicht mehr und nicht weniger, tendierte.

Ich tat so, als würde mich das ganze Getuschel hinter meinem Rücken, völlig kalt lassen und verschwand in mein Zelt.

Pflänzchen der Hoffnung und eine Einladung

Unbeeindruckt von den Geräuschen, welche durch den dünnen Stoff drangen, ließ ich mich auf den Schlafsack sinken. Ich starrte den gewölbten, türkisfarbenen Zeltstoff über mir an, durch den gedämpft das Licht der Sonne drang.

„Entschuldigst du dich immer für alles?", hallte es erneut durch meinen Kopf und krallte sich fest in meine Gehirnwindungen, wie eine Krankheit, welche man fortan nicht mehr heilen könnte. Ich versuchte, den Gedanken an den damit verbundenen Moment im Keim zu ersticken. Denn je mehr ich darüber nachdachte, umso heftiger versuchte ein Pflänzchen der Hoffnung daraus zu wachsen. Einer Hoffnung, die völlig sinnlos war. Einer Hoffnung, welche alles Lebendige in mir zu ersticken drohte, was ich mir mit eiserner Willenskraft wieder aufgebaut hatte. Ich konnte, ich wollte das Risiko nicht eingehen.

Mit einem Ruck fuhr ich im Zelt hoch, robbte über den Schlafsack und begann in meinen Sachen zu wühlen. Ich wusste, dass ich ein Buch eingepackt hatte. Jetzt musste ich es nur noch finden.

Nachdem ich die Sachen in meiner kleinen Tasche hin und her geräumt hatte, spürte ich den Einband zwischen den Fingern. Es ist kein Festeinband, sondern nur ein Taschenbuch. Aber das war mir egal, Hauptsache etwas zu lesen. Obwohl ich mir einen Festeinband immer vorziehen würde, aus welchen Gründen auch immer. Irgendwie liest es sich einfach besser.

Ich angelte nach dem Buch und zog es aus der Tasche. Stöhnend ließ ich es vor meinen Knien auf den Schlafsack sinken. Denn ausgerechnet eines meiner vielen *Vampirlexikas* hatte ich mir eingepackt, was im Moment nicht sehr förderlich für meine Stimmung war.

„Na klasse!", murmelte ich. Da ist mir ja die perfekte Lektüre in die Hände gefallen.

Mir fiel nicht einmal mehr ein, weshalb ich ausgerechnet das Buch eingepackt hatte. Ich nahm es wieder in die Hände und begann wahllos darin rumzublättern. Ich überflog einige Texte nur flüchtig, um an der nächsten fett gedruckten Überschrift hängen zu bleiben.

„*Elisabeth Báthory*", las ich mir selbst laut vor und war mir sicher, den Namen schon mal gehört oder gelesen zu haben. Grob überflog ich den Text und plötzlich fiel es mir wieder ein. Ich hatte vor längerer Zeit mal einen Bericht über sie im Fernsehen gesehen. Welcher mich so sehr fesselte, dass ich jede Information wie ein Schwamm in mich aufsaugte. Soweit ich mich erinnern konnte, wurde die Gräfin Elisabeth Bátory, auch bekannt unter dem Namen die *Blutgräfin*. 1560 geboren, war sie eine Dame aus höchstem ungarischem Adel und wurde im Alter von fünfzehn Jahren vermählt. Irgendwann schien sie von der Idee besessen, *Blut* sei das einzige Mittel zur Bewahrung von Schönheit und Jugend. Es heißt, dass sie im Laufe der Jahre an die fünfzig Mädchen gefoltert und in deren *Blut* gebadet hat. Doch aus anderen Quellen soll hervorgegangen sein, dass es sich sogar um mehrere hundert Mädchen und Frauen gehandelt haben soll. Wobei sich die Gräfin vorwiegend Jungfrauen suchte, um sie dann zu töten. Erst 1610 wurde sie verhaftet. Sie entging zwar der Folter und dem Tod durch den Scheiterhaufen, doch einer Bestrafung entkam sie nicht. Wenn ich es richtig in Erinnerung behalten habe, wurde die Gräfin in ihrem Schlafgemach eingemauert, wo sie nach vier Jahren Gefangenschaft im Alter von vierundfünfzig Jahren starb. Ihre Geschichte schockierte und beeindruckte die Menschen so sehr, dass man heut noch darüber spricht. Selbst Hollywood hatte sein Interesse daran entdeckt und durch einige Filme, den Glauben erweckt, die Gräfin sei eine *Vampirin* gewesen. Und genau das war eine Passage gewesen, welche ich trotz meines Interesses an *Vampiren* im Allgemeinen, damals belächelte.

Nun weiß ich, dass es sie gibt und dass sie unter uns leben, ohne Aufsehen zu erregen. Sie leben und geben sich unter uns, als wären sie selbst einfach nur Menschen. Als ich bemerkte wie sehr meine Gedanken wieder in diese völlig falsche Richtung liefen, blätterte ich hastig weiter. Ich las noch in zwei, drei Texten und legte das Buch letztendlich ganz aus der Hand. Es war wirklich nicht die richtige Lektüre, meine Vergangenheit aus meinem Kopf zu verdrängen.

Hin- und hergerissen von den Gedanken, welche durch mein Gehirn geisterten, entschloss ich mich, mich einfach wieder auf den Rücken sinken zu lassen und das Lichtspiel durch das Zeltdach zu beobachten. Doch so sehr ich mich auch bemühte, mir gingen diese Fragen und die damit verbundenen Erinnerungen nicht aus dem Kopf. Ich antwortete mit einer Gegenfrage.

„Ich weiß nicht. Tue ich das?", murmelte ich erneut, wie vorhin unten am See, während ich einfach vor mich hinstarrte.

Plötzlich kam mir alles wieder vor, als wäre es gestern gewesen. Die verschwommenen Bilder bauten sich auf, wurden zu einem Ganzen und gleich darauf zu einem Film, der vor meinen Augen lief. Ich sah, wie ER mich anlächelte und so bescheuert es auch klingt, ich spürte, dass ich zurücklächelte. Allein bei dem Gedanken an diesen Moment, rannte die Hitze in mein Gesicht. Ich hatte mit hochrotem Kopf vor IHM gesessen. Daran erinnere ich mich jetzt. ER hatte gespürt, wie sehr ich fror und untersagte mir regelrecht IHM zu widersprechen. Und ER hatte recht. Ich fror so sehr, dass ich mich schüttelte und trotzdem versuchte ich so zu tun, als wäre es nicht mehr so kalt.

Ich hörte auf, mich gegen diese Erinnerung zu wehren und gab mich ihnen stattdessen hin. Auch auf die Gefahr hin, dass aus dem Pflänzchen der Hoffnung, eine Pflanze wachsen würde.

Der Keller in dem wir saßen verdunkelte sich, wurde realer und ich rutschte an SEINE Brust, nachdem ER mich dazu aufgefordert hatte. Unser Gespräch war nur ein Säuseln in meinen Ohren, unsere Blicke jedoch wurden intensiver. Ich spürte IHN im Rücken, erkannte SEINEN Moschus-Honig-Blumen-Duft, der die Luft erfüllte. Mit einem Zug sog ich ihn ein und hielt ihn fest, bis meine Lungen nach Sauerstoff verlangten. Immer neue Bilder, immer mehr Bilder folgten daraufhin. Bis nur noch ein wirres Durcheinander aus Dunkelheit, wunderbarem Duft, Kerzenflackern, Gelächter, Kälte und Wärme daraus entstand. Wieder zog ich einen kräftigen Schwall Luft in meine Lungen. Doch sie roch, sie schmeckte nicht mehr nach IHM.

Aus weiter Entfernung kam ein Geräusch. Es kam näher und entwickelte sich zu einer Melodie, durch das Unterbewusstsein ins Bewusstsein. Plötzlich folgte ein dumpfer Schlag, ein hohles, tiefes, lautes Geräusch. Erschrocken, völlig aus der Dunkelheit gerissen, zurück ins helle Tageslicht, fuhr ich hoch.

Meine Blicke wanderten hin und her. Da war ich nun zurückgekehrt aus dem dunklen Keller, ins Licht durchflutete Zelt.

„Hey, dein Handy klingelt!", rief eine Stimme, welche ich keiner mir bekannten Person zuordnen konnte. Und es stimmte, es klingelte wirklich.

Ich fuhr herum, kramte verwirrt in meiner Tasche. Doch ehe ich rangehen konnte, war es verstummt. Mit flinken Fingern löste ich die Tastensperre. Nancy Handy, stand auf dem Display. Was sie wohl will? Sofort drückte ich auf den kleinen, grünen Hörer, um sie zurückzurufen; denn Nancy rief mich nie an. Wir sahen und schwatzten immer nur, wenn sie zum Haare machen in den Laden kam oder wir uns durch Zufall irgendwo trafen.

Wir nehmen uns inzwischen schon seit einem Jahr vor, mal Kaffee trinken zu gehen und es hat bisher nie geklappt.

Nancy und ich hatten uns, soweit ich mich erinnern kann, so ziemlich mitten in meiner Lehrzeit im Salon kennengelernt. Sie kam als Schnitt- und Färbemodell zu mir und wir hatten von Anfang an einen guten Draht zueinander. Später, als wir uns schon längere Zeit kannten, trafen wir uns durch Zufall auf dem Stadtfest in Weißwasser und fortan auf jedem größerem Event, Dorffeste mit einbezogen. Denn so richtig große Veranstaltungen, gibt es hier in der Umgebung nicht.

Im letzten Jahr verabredeten wir uns für den Weihnachtsmarkt. Von den vier Tagen, an dem der Weihnachtsmarkt stattfand, waren wir an drei Abendenden dort zu finden.

Nancy war mein Prüfungsmodell, mein Gesellenstück sozusagen. Ich musste ihr die Haare färben, föhnen und zurechtzupfen, die Nägel gestalten und ein Abend Make-up anfertigen. Die Fotos, die danach entstanden sind, sind heute noch der Brüller.

„Hallo Lina!", ertönte es freudig am anderen Ende.

„Du hast eben angerufen?"

„Ja, und zwar wollte ich dich gern zu meiner Geburtstagsnachfeier einladen!"

Ich erstarrte bei dem Gedanken an die Einladung; denn ich hatte Nancys Geburtstag völlig vergessen und ihr dementsprechend überhaupt nicht gratuliert.

„Oh Gott, das tut mir so leid! Ich hab es vergessen!"

Ich hätte mich schellten und danach im Boden versinken können.

„Alles Gute nachträglich zum Geburtstag, liebe Nancy. Sei mir bitte nicht böse!"

„Nein bin ich nicht. Ist schon okay!"

„Nein ist es nicht! Es ist total blöd von mir!"

Doch ehe ich mich weiter runterboxen konnte, unterbrach Nancy mich.

„Es ist okay Lina! Also in zwei Wochen am Samstag feiere ich mit noch drei Kumpels, die ebenfalls Geburtstag hatten eine 20er Jahre Party. Und ich hoffe, nein ich erwarte, dass du dich dementsprechend kleidest!" Nancy lachte.

„Ja das werde ich, versprochen! Allein nur für dich, werde ich mich so richtig in Schale schmeißen."

Jetzt stimmte ich in ihr Lachen ein.

„Und rate Mal, wo das stattfinden wird?"

„Na wahrscheinlich in Bad Muskau. Wo ihr alle eure Feiern macht."

„Falsch!"

„Ich weiß es nicht. Sag es mir schon!", drängte ich auf eine Antwort.

„Da kommst du nie drauf!"

„Dann sag es mir doch einfach!"

„Okay, halt dich fest! Die Feier findet in einem Saal, im Schlösschen auf der Landeskrone statt."

„Was? Das ist nicht dein Ernst? Du veräppelst mich doch!"

„Nein, wirklich. Und ich würde mich wirklich freuen, wenn du kommst!"

Natürlich würde ich da hingehen. Auf alle Fälle. So eine Chance, in so einer Kulisse zu feiern würde ich mir nie entgehen lassen. Fühlte ich mich eben noch schlecht, geht es mir jetzt gleich viel besser.

„Natürlich komme ich! Keine Frage."

„Ich freu mich! Dann lass es dir gut gehen und bis in zwei Wochen."

„Ja du dir auch und vielen Dank für die Einladung."

Ich wollte gerade auflegen, bis mir noch was einfiel und ich ins Telefon rief.

„Nancy bist du noch dran?"

Ich hörte ein Knistern und Knacken.

„Ja, wieso?"

„Wann geht die Party denn los?"

„Na so gegen achtzehn Uhr. Kannst aber auch eher kommen! Wir werden den ganzen Tag schon da sein und aufbauen."

„Ja gut. Ich werde da sein! Und danke noch mal."

„Wir sehen uns. Schönes Wochenende dir noch."

„Dir auch. Tschüss."

Mit schnellem Griff betätigte ich die rote Hörertaste.

Jetzt geht es mir schon fast wieder gut, nach der wunderbaren Einladung von Nancy. Ich hatte überhaupt nicht damit gerechnet und freue mich nun umso mehr, dass sie an mich gedacht hat. Auch wenn ich so nah an Görlitz wohne, hab ich es bisher noch nicht geschafft mir mal die Landeskrone anzusehen. Und nun mit der Einladung hatte ich die Chance mir das mal von Nahem anzusehen; denn ich hatte die Landeskrone zwar schon aus der Entfernung, auf dem Weg zur Berufsschule des Öfteren gesehen. Aber auch mal einfach dorthin zu fahren, auf die Idee sind wir nie gekommen.

Geküsst

Es hämmerte gegen meinen Zeltstoff und ich schrak erneut zusammen.

„Willst du heut gar nicht mehr raus kommen?", fragte Clara.

Sie riss mich total aus meinen Partyvorstellungen. Ich hatte mich so tief reingedacht, dass die Bilder schon lebhaft vor mir abliefen.

„Doch ich komm sofort!"

Ich streckte den Kopf zum Zelt raus. *Es ist noch hell. Super, da kann ich noch mal ins Wasser.* Ohne zu zögern sprang ich hinaus, schnappte mein Handtuch und sauste zum See runter.

„Ich geh noch schnell eine Runde schwimmen!", rief ich zurück. Nicht dass sich noch jemand sorgt, weil ich wie angestochen losrenne. Ich machte es wie am Mittag auch schon, Handtuch hingeworfen und ungebremst ins Wasser gestürzt.

Bis zur Mitte des Sees war ich geschwommen, da entschloss ich mich wieder den Rückweg anzutreten. Ich wollte es nicht übertreiben, schließlich waren einige Knochen erst kürzlich wieder zusammengewachsen.

Ich band mir gerade das Handtuch um die Brust, als ich Jason plötzlich in einem Affenzahn auf mich zurasen sah. Ich versuchte ihm auszuweichen, lief los und schlug Haken. Doch ich konnte ihm nicht entkommen. Er war einfach zu schnell, schneller als ich. Seine Arme umschlangen mich fest und so sehr ich mich auch wehrte, ich konnte mich nicht aus seinen Fängen befreien. Jason trug mich einige Meter über den Rasen. Ich versuchte mich freizureden, zu betteln, doch er ließ nicht locker.

Wenige Sekunden später fielen wir mit einem lauten Platschen ins Wasser.

Ich hatte nicht einmal den Aufprall aufs Wasser gespürt, so sicher hielt er mich in den Armen. Dennoch konnte ich sein Verhalten nicht dulden. Mit einigen ruckartigen Bewegungen löste ich mich aus seiner Umklammerung und sprang auf.

„Was hast du dir dabei gedacht?", fuhr ich ihn giftig an.

Er sprang auf, einen halben Meter von mir weg und ich musste anfangen zu lachen, als ich sah dass er komplett bekleidet und triefnass war. Verdattert schaute er mir in die Augen.

„Ich hab nicht nachgedacht."

Dann kam er bis auf wenige Zentimeter an mich ran.

„Tut mir wirklich leid! Es kam einfach über mich, als ich dich hier so stehen sah", rechtfertigte er sich sofort.

„Das hätte wirklich ins Auge gehen können!", meinte ich ernst, während ich ihn strafend ansah.

„Es tut mir ernsthaft leid!", entschuldigte sich Jason erneut.

„Ist schon gut! Hast mich ja sicher gehalten und außerdem ist bei mir nur das Handtuch nass, aber du …" ich fing fast brüllend an zu lachen.

„Das findest du also lustig, ja?"

„Ja, du nicht?"

„Und was meinst du, wenn ich dir sage, dass ich keine Sachen dabei habe?" seine Stimme klang ernst.

Mir wich für einen Moment das Lachen aus dem Gesicht. Dann brüllte ich wieder los und meinte.

„Die trocknen doch wieder."

„Aber die stinken dann!"

„Tja, da sag ich nur, selber Schuld!"

„Haha."

Wie zwei begossene Pudel standen wir knietief im Wasser, wobei Jason in seinen klatschnassen Sachen sicher schlimmer aussah, als ich mit meinem Handtuch.

Ich seh das Bild schon vor mir, wie unsere Leute alle oben zwischen den Ästen der Bäume stehen und uns beobachten.

Völlig in Gedanken versunken, merkte ich nicht, wie er sich mir näherte. Erst als seine Brust meine berührte und seine Hände mein Gesicht umfassten.

Er sah mir tief in die Augen. Doch es war nicht dasselbe wie mit IHM, wenn ich in SEINE strahlend blauen Augen blickte und mich wie ein Meer verschlang.

Ich konnte mich nicht rühren. Wie versteinert stand ich da, starrte und ließ Jasons Kuss zu, obwohl ich mich befreien wollte. Seine warmen, weichen Lippen lagen sanft auf meinen und ich war verwirrt. Ich erwiderte ihn allmählich. Nach so langer Zeit körperlicher Enthaltsamkeit, völliger Abgestumpft- und Taubheit, tat es gut, solche Nähe zu fühlen, bis ER immer durchdringender in meinem Kopf rumzugeistern begann.

Die Gedanken an IHN wollte ich beiseiteschieben und den Moment mit Jason einfach zulassen, mal wieder fühlen wie es sich mit einem lebendigen Menschen anfühlt. Doch der einzig wesentliche Unterschied lag nur in der Körpertemperatur und dass es nicht dasselbe war wie mit IHM.

Mit festem Druck schob ich Jason beiseite.

„Ich kann das nicht! Tut mir leid."

„Warum denn nicht?"

„Darum!", antwortete ich knapp.

Ich konnte ihm ja schlecht sagen, dass es nicht ist wie mit IHM. Nicht so wunderbar und berauschend. Nicht so intensiv. Weil ich Jason nicht liebe oder es noch nicht kann, nicht will. Vielleicht könnte sich meinerseits irgendwann ein Gefühl für ihn entwickeln. Doch dieser Moment war eben nicht gerade der richtige, darüber nachzudenken. Ich schob den Gedanken beiseite. Ich wollte es einfach nicht. Schluss. Aus.

„Lina warte! Es tut mir leid."

Jasons Finger umklammerten fest meine Handgelenke.

„Lass mich los!", meinte ich im ruhigen Ton.

Ich wollte ihn ja nicht anschreien, ihn nicht verantwortlich für die Blockade in meinem Kopf machen.

Der Druck auf meine Handgelenke ließ nach und Jason blickte mich an. Doch das Einzige, was ich tun konnte, war mich umzudrehen, Richtung Zeltplatz zu gehen und Jason, der mir nachrief, zu ignorieren.

Wie ich vermutet hatte standen die meisten der Leute unserer Zeltfläche an den Sträuchern. Sie sahen mich verdutzt, fragend, verständnislos an und ich schaute wütend zurück. Noch bevor jemand aus der Runde auch nur ein Wort sagen konnte, hob ich resignierend die Hand. Alles verstummte, als ich im Zelt verschwand. Völlig gehetzt zog ich mir mein weißes, Lieblingspoloshirt mit V-Ausschnitt, drei Knöpfen auf Brusthöhe und eine kurze Jeans an. Ich brauchte jetzt einige Minuten nur für mich. Doch die Ruhe hielt nicht lang an.

„Lina es tut mir wirklich leid. Ich hätte das nicht tun dürfen!"

„Lass mich bitte, bitte einfach für eine Weile in Frieden! Und ihr anderen auch", rief ich, weil ich wusste, dass alle ihre Ohren gespitzt hatten.

„Ich hätte dich fragen sollen!"

Jasons Entschuldigungszeremonie riss nicht ab.

Nach einigen Minuten hatte ich die Nase voll und stürmte so schnell aus dem Zelt, wie ich rein bin. Langsam ging die Sonne unter und der Strand schien mir der perfekte Ort zum Nachdenken zu sein.

Ich blieb stehen und drehte mich um. Soweit ich es überblicken konnte, standen alle elf Leute da und starrten mir nach. Aus der Gruppe trat Jason hervor. Er sah mich forschend an, bevor er langsam einen Schritt vor den anderen setzte und sich mir näherte. Plötzlich schäumte in mir eine ungewöhnlich heftige Wut hoch. Hätte ich wie ein Raubtier knurren können, wäre das ein ziemlich lautes Specktakel geworden. Stattdessen schrie ich. „Wenn auch nur einer von euch auf die Idee kommt, mir nachzulaufen, dann ..."

Ich beendete den Satz nicht. Jeder konnte sich denken, wie ich ihn beendet hätte.

Jason blieb stehen. Er wusste sofort, dass ich speziell ihn damit angesprochen hatte.

„Lina", rief er mir mit brüchiger Stimme nach, als ich mich zum Gehen gedreht hatte und mir tat es fast leid. Doch mein innerer Zorn brodelte nicht mehr nur, er drohte überzukochen. Mit zusammengezogenen Augenbrauen und fast gefletschten Zähnen wie ein Tier, fuhr ich rum und fauchte ihn regelrecht an.

„Lasst – mich – in – Ruhe!"

Zwischen jedem Wort ließ ich eine längere Pause, um ihnen mehr Ausdruck zu verleihen.

Das Gemurmel verstummte abrupt, alle elf Leute waren zu Stein erstarrt. Schockierte Gesichter beäugten mich. Es war mir egal. Ich straffte den Rücken, drehte mich um und ging davon.

Claras süßes Geheimnis

Am Strand, fernab jedes Blickes, ließ ich mich schlaff in den hellen, weichen Sand sinken. Ich dachte über mein Verhalten nach und wusste, dass ich es mir gleich am ersten Tag mit allen verscherzt hatte. *Warum musste Jason mich auch gleich küssen? Verdammte Hormone,* dachte ich.

Langsam verschwand die Sonne hinter den Bäumen, der entfernt liegenden Wälder und der Himmel tauchte sich in ein rosa- blau- orange- Gemisch. Ich ließ die Gedanken schweifen. Allmählich verdrängte die Dunkelheit das Farbspiel am Himmel. Ein leichter Hauch kam auf, wogte die Baumwipfel langsam hin und her und jagte mir eine kribbelige Gänsehaut über den Körper. Ich rutschte von einer Pobacke auf die andere, zog die Beine an, streckte sie wieder aus, legte die Hände resigniert ins Gesicht und ließ den Kopf hängen.

„Hey alles klar?", flüsterte es plötzlich leise hinter mir. Ich fuhr zusammen, entspannte mich jedoch sofort wieder.

„Ja."

„Kann ich mich zu dir setzten?"

Claras Stimme klang fast zerbrechlich zu mir rüber.

„Ja natürlich, komm her!" Sie hatte als einzige von allen hier das Recht zu mir zu kommen und zu bleiben. Da gab es keine Frage. Sie meinte ich nicht damit, dass sie mich alle in Ruhe lassen sollten und sie verstand es auch so, eben richtig.

„Was ist los mit dir?"

Ihre Stimme klang nun gefestigt, ruhig und geduldig.

„Ich kann das einfach nicht!"

Ein Seufzen entfuhr meinem Mund.

„Mit Jason."

„Er ist doch ein netter Kerl und gut aussehend dazu. Wo liegt das Problem?"

„Du hast ja recht. Er ist nett und so, aber ..."

Ich fand nicht die richtigen Worte, es ihr zu erklären.

„Aber was?", hakte sie nach, drängte auf eine Antwort, auf welche ich ihr keine Antwort geben konnte.

Ich hatte ihr doch immer alles erzählt, nur IHN, IHN hatte ich ihr bisher verschwiegen.

„Ich möchte das mit Jason nicht, okay? Lass uns über etwas anderes reden!"

Stille zog zwischen uns. Die Sonne war völlig untergegangen und auf der anderen Seite des Sees wurde das Autokino in Betrieb genommen. Es war der einzige helle Lichtkegel in der Dunkelheit. Ich dachte über Claras Worte nach. Sie hat ja recht. Irgendwie Jason ist wirklich nett. Wahrscheinlich ist er sogar der Traum vieler Mädchen, aber ist er deshalb auch meiner? Mein Traum von einem Mann?

Vielleicht ist es nun Zeit für mich die Gedanken an IHN endlich aufzugeben, IHN gehen zu lassen, aus meinem Kopf. Aber könnte ich das so einfach? Können nicht, aber müssen sicher allmählich. Nach so langer Zeit unbegründeter Hoffnung, starb sie allmählich, IHN noch einmal wieder zu sehen.

Ich schwelgte in Erinnerungen, versuchte eine Pro-Kontraliste in meinem Kopf zu erstellen, die mir vielleicht ein bisschen helfen konnte, IHN gehen zu lassen. Doch ich kam nicht an und verfiel wieder in Erinnerungen, welche ich dennoch nicht zu nah an mich rankommen lassen dürfte. Aus reinem Selbstschutz. Ich wusste, es würde mich umbringen, IHN allzu klar in meinen Gedanken zu sehen oder zu hören. Soweit wollte ich es nicht kommen lassen.

„Lina?"

Claras Stimme riss mich aus meiner bittersüßen Traumwelt. Ich sah zu ihr. Langsam kam sie dicht an mich gerutscht, dass sich unsere Oberarme berührten. Ihre Finger griffen nach meiner Hand. Sie zog sie zu sich und legte sie sich sanft auf den Bauch, während sie meinte: „Ich muss dir was sagen!"

Obwohl es dunkel war, schien es mir als könnte ich sehen, wie Clara mir durch die Wimpern in die Augen blickte. Ich bildete mir ein, ein Funkeln zu sehen. Ihr Blick klammerte an mir und mich überkam das Gefühl, dass Clara hoffte, ich würde verstehen was sie meinte. Aber ich begriff es nicht und sah sie fragend an.

„Was?", meinte ich, im Nachdruck auf meinen Gesichtsausdruck.

Sie presste meine Hand auf ihren Bauch, kurz unter den Bauchnabel und mir stockte der Atem. Jetzt spürte ich die Wölbung, durch den Stoff, unter meinen Fingern und verstand, nur eine zehntel Sekunde, bevor sie es aussprach, was sie meinte. Mir hallten ihre Worte, „ich bin schwanger", wie laute Schreie durch den Kopf.

Clara fiel mir freudestrahlend in die Arme. Doch ich konnte mich nicht gleich mit ihr freuen. Das ging alles so schnell. Es war wie ein Schlag mit der Faust ins Gesicht. Tausend Gedanken zuckten wie Blitze durch meinen Kopf. *Ich werde sie verlieren, meine Clara, meinen Sonnenschein!* Verlustängste machten sich in mir breit, verdrängten die Freude, welche ich hätte spüren müssen, als beste Freundin. Doch ich dachte nur daran, dass sich ihre Prioritäten verschieben würden. Dann wären es nicht mehr Tobi, ich und ihre Arbeit, sondern Tobi, das Baby und der

Haushalt. *Sie ziehen sicher in eine Wohnung, so richtig in Familie. Vielleicht nach Weißwasser?* Wir würden uns sicher noch weniger sehen, wie so schon. Clara würde keine Zeit mehr für mich haben. Diese Gedanken quälten mich. Dann verlor ich zwei geliebte Personen binnen von einem Jahr. Grausame Vorstellung.

Ich versuchte die Gedanken beiseitezuschieben, mein Egoismus zu unterdrücken, um ihr nicht wehzutun. Im letzten halben Jahr hatte ich ihr schon genug wehgetan. Ich wollte es wieder gutmachen und so beschloss ich, ihr eine gute Freundin zu sein und mich mit ihr zu freuen. Ich würde mich an den Gedanken, dass sie bald Mutter ist, schon gewöhnen.

Meine Arme schlang ich fest um sie. Und auch wenn ich lieber geheult hätte, rang ich mir ein Lächeln auf die Lippen. Auch wenn Clara es nicht sehen konnte, wusste ich, dass sie es spürt.

„Glückwunsch", flüsterte ich ihr ins Ohr.

„Danke", seufzte sie erleichtert.

Wir verharrten einige Minuten in unserer Umarmung und ich fühlte, wie gut es ihr tat. Dann lösten wir uns. Clara lachte hörbar und ich bemühte mich, in ihre überschwängliche Freude einzustimmen.

„Wie weit bist du da jetzt?", fragte ich eher unbeholfen.

„Anfang fünfter Monat."

Mir fiel jeglicher Ausdruck aus dem Gesicht. Es passierte so heftig, dass ich es deutlich spüren konnte.

„Was, so weit schon?"

„Ja und du bist die erste die es jetzt weiß, außer Tobi und unseren Eltern natürlich."

Ich konnte es kaum fassen. Ihr Bauch fühlte sich so winzig an. Aber woher soll er auch kommen? Clara ist so zierlich, dass da auch im fünften Monat nicht mehr sein kann.

„Ich schweige wie ein Grab!", versprach ich ihr.

Von mir soll es niemand erfahren.

Das ist die Aufgabe der beiden.

„Danke."

„Wisst ihr schon was es wird?"

Jetzt wurde ich doch neugierig. Ich konnte mir ehrlich nur schwer vorstellen, wie es sich anfühlt, ein kleines Wesen in sich zu tragen, obwohl ich schon einmal dachte, dass es so wäre. Doch ich dachte es nur, Clara fühlt es wirklich.

„Nein. Es ist auch egal, die Hauptsache ist, es ist gesund."

Clara holte tief Luft.

„Wir haben mit Tobi beschlossen, dass du Patentante werden sollst."

„Ich? Wirklich? Ist das euer Ernst?"

„Natürlich, nur wenn du willst?"

„Ja natürlich will ich!"

Ich fiel ihr in die Arme.

Auch wenn ich keinerlei Ahnung habe, welche Aufgaben das birgt. Was ich machen muss und ob ich wirklich die richtige dafür bin. Aber ich weiß, dass es den beiden wirklich viel bedeutet. So viel, dass es mich berührt, dass sie mich gewählt haben, trotz meiner letzten, schwachen Monate. Und trotz dessen – und da bin ich mir sicher – dass Clara weiß, dass ich ein Geheimnis vor ihr habe. Sie vertraut mir und das macht mich glücklich. Es verdrängt für kurze Zeit, die mich zermürbenden Gedanken.

„Komm lass uns wieder zum Zeltplatz gehen! Die Jungs haben sicher schon das Feuer angezündet", meinte Clara und war so schnell auf die Beine gesprungen, dass ich kaum reagieren konnte, als sie nach meiner Hand griff.

Ich verharrte ohne Anstalten zum Aufstehen zu machen, im Schneidersitz auf dem Boden.

„Die sind sicher alle noch total böse auf mich!", flüsterte ich.

Im Nachhinein war mir mein Auftritt wirklich peinlich.

„Ich hab mich so bescheuert aufgeführt!"

Doch rückgängig machen konnte ich es nicht mehr, so sehr ich auch wollte.

„Ach Quatsch. Ich habe ihnen gesagt, dass du eine schlimme Zeit durchgemacht hast."

Ich fiel ihr ins Wort.

„Was hast du ihnen erzählt?"

Clara sah mich erschrocken, mit großen Augen an, soweit ich das in der Dunkelheit erkennen konnte.

„Nichts."

„Wie nichts?"

Meine Stimme klang forsch, dass hörte selbst ich. Meine Angst, Clara hätte zu viel erzählt, ärgerte mich. Clara fiel neben mir auf die Knie.

„Ich habe nur gesagt, dass es dir bis vor Kurzem nicht besonders gut ging und dass du jetzt erst wieder einigermaßen auf der Höhe bist. Und dass sie sich kein vorschnelles Urteil über dich bilden sollen. Ich denke, sie haben es verstanden. Mach dir also keine Sorgen, okay? Komm jetzt! Los! Bitte."

Clara drückte meine Hand fest und zog daran.

„Okay", seufzte ich resigniert. Ich erhob mich aus dem Sand.

Langsam liefen wir nebeneinander her, zwischen den Bäumen, in Richtung Platz. Schon von weiten erspähten wir die orangefarbene Glut, deren Funken wie kleine Glühwürmer in die Nacht stiegen und verglühten.

„Nicht erschrecken! Wir sind es nur", rief Clara, um uns voranzukündigen.

„Hey da seid ihr ja wieder. Wollte ihr was trinken? Bier, Wasser, Wein?"

Es war die Stimme eines jungen Mannes, dessen Namen ich schon beim Vorstellen wieder vergessen hatte, wie so ziemlich alle anderen auch. Er war so unscheinbar, dass ich mir nicht einmal sicher war, ob ich ihn überhaupt schon mal gesehen hatte. Aber das war auch egal. Einen Wein konnte ich jetzt gut vertragen.

„Ich nehme ein Wasser", hallte Claras Stimme in meinem Ohr.

„Ich hätte gern einen Wein."

„Weiß oder rot?"

„Rot bitte."

Langsamen Schrittes zog ich dicht an Clara vorbei und flüsterte ihr, „was anderes außer Wasser hätte ich dir auch verboten!" ins Ohr und fing mir gleich einen Hieb in die Rippen ein. Wir beide lachten laut los.

Alle Blicke waren plötzlich auf uns gerichtet. Es war wirklich interessant zu sehen, wie unterschiedlich die Mimiken der Leute waren, weil sie nicht wussten worüber wir so lachten.

Der Typ, dessen Namen ich nicht kannte, drückte mir ein Glas Wein in die Hand.

„Danke", meinte ich, er grinste und ging wieder.

Mich erstaunte, erschütterte es fast, wie normal alle, trotz meines Ausraster's, mit mir umgingen. Ich hätte Clara einfach mehr Vertrauen schenken sollen. Naja, wenigstens wurde es mir in diesem Moment noch bewusst.

Ich seufzte erleichtert, mehr so für mich, dass es keiner merkte.

Lagerfeuerstimmung mit einem bitteren Nachgeschmack

Inmitten der aufgestellten Zelte loderte knisternd das kleine Lagerfeuer. Jeder hatte sich inzwischen seine Sitzgelegenheit geschaffen. Entweder einfach in Form von Bierkästen, bequem auf Liegestühlen oder kuschelig auf Decken. Eben jeder wie er es mochte.

Ich bevorzugte die Variante mit der weichen Decke unterm Hintern. Schließlich sollte die Lagerfeuerstimmung ein Stück weit Erholung sein. Und wie soll man sich wohl erholen mit Stöcken und Kienäpfeln am Po?

Ich dachte über die Sache mit dem Baby nach, denn es scheint mir alles so unwirklich zu sein, wie ein Traum. Nur, dass ich nicht beurteilen kann, ob es ein schöner oder ein Albtraum ist. Ich muss mich erst an den Gedanken gewöhnen, dass Clara bald Mama, Tobi Papa und ich, *ausgerechnet ich*, Patentante werden soll. Ich fühlte mich bei dem Gedanken daran plötzlich zur Verantwortung gezogen. Was könnte ich ihm oder ihr zur Geburt schenken oder zu den darauf folgenden Geburtstagen? Was kann ich ihm (Ich dachte einfach mal ihm, sonst klang es so unpersönlich) zeigen und beibringen, was er von seinen Eltern nicht kennt?

Die Gedanken rannten mir durch den Kopf, wie ein Lauffeuer und machten mich innerlich nervös. Ich schweifte so sehr ab, dass ich das Feuer und die Leute nur noch als leise Randerscheinung wahrnahm, sie fast ausblendete.

„Lina."

Die Stimme klang aus weiter Ferne an mein Ohr, drängte sich in meine Gedanken.

„Lina?"

Ich schrak auf und erwiderte.

„Ja?"

Als ich aufsah, saß Jason plötzlich neben mir. Ich hatte nicht bemerkt, dass er sich setzte. Er sah mich nicht an, saß einfach nur da, die Beine angewinkelt und seine Arme darauf verschränkt.

„Es tut mir leid, dass vorhin", meinte er leise.

Ich wartete ab, dachte er würde weiter sprechen, doch er tat es nicht. Jason erwartete wohl eher, dass ich etwas sagen würde.

„Ist schon gut. Eigentlich müsste ich mich entschuldigen!"

Ich sah zu ihm, aber er nicht zu mir. Er fixierte nur die lodernden Flammen vor uns.

„Ich hätte nicht gleich so hochgehen dürfen", entschuldigte ich mich.

„Clara meinte du hättest in letzter Zeit eine schwierige Phase durchgemacht. Vielleicht …"

Ich unterbrach ihn.

„Nein. Ich meine, ich möchte nicht darüber reden."

Ich hatte schon mit dem Unfall, viel zu viel erzählt.

„Wie du meinst", Jason seufzte. „Dann ist das vorhin zwischen uns vergeben und vergessen?"

„Ja."

Ich nahm mein Glas Wein, hielt es ihm hin und stieß mit seiner Bierflasche an.

„Prost."

„Tschiers."

Er schenkte mir ein breites, liebevolles Lächeln. Ich nahm einen kräftigen Schluck von dem Wein, spülte ihn zwischen den Zähnen und schluckte ihn runter, ohne einen wirklichen Geschmack zu definieren, weder ob er süß oder pelzig, noch fruchtig oder in irgendeiner Art sauer war. Er schmeckte erst mal einfach nur nach nichts. Also schob ich gleich noch einen kleineren Schluck hinterher, ließ den Wein über und unter die Zunge laufen und achtete diesmal akribisch darauf, den Geschmack zu erfassen. Mein Blick fiel währenddessen in die Flammen, welche sich den Weg in den Himmel bahnten.

Allmählich bekam ich die Balance aus fruchtig und herb zu schmecken, aber noch viel mehr die Schwere des Weins. Ich hatte so in Erinnerung, dass Rotwein bei circa achtzehn Grad getrunken wird. Dieser hier hatte jedoch einige Grad mehr. *Igitt*, aber egal, zum dran nippen ging der schon.

Jason und ich unterhielten uns über alle möglichen, belanglosen Sachen. Über das Wetter, den Job, Hobbys. Doch das einzig interessante, was in meinem Kopf hängen geblieben ist, ist, dass Jason nicht nur wie ein Musiker aussieht, sondern obendrein auch einer ist. Ich selbst erzählte nicht viel von mir. Im Gegenteil, ich hatte ihn einfach reden lassen und meine Ohren auf Durchzug geschaltet. Da hat er mich immer wieder angestupst und mich somit aus meinen Gedanken gerissen.

Irgendwann gab es dann endlich was zu Essen. Alle stürzten sich wie die Tiere darauf.

Jason war unser Gespräch wohl zu langweilig, dachte ich; denn zum Essen bequemte er sich zu seinen Kumpels rüber, während sich Clara zu mir setzte.

Im Laufe des Abends herrschte die allgemeine Grüppchenbildung. Die Gespräche wurden lauter und die Stimmung, mit ansteigendem Alkoholpegel, ausgelassener.

Ich hatte inzwischen drei Gläser des viel zu warmen Weins getrunken, welche sich so langsam bemerkbar machten. Die Müdigkeit drohte mich zu übermannen und meine Zunge wurde allmählich schwer, obwohl ich mich vom Kopf her noch völlig klar fühlte. Dennoch wurde es damit Zeit für mich, schlafen zu gehen.

„Ich verschwinde jetzt!", meinte ich und war schon am Aufstehen, als Clara mich am Arm zurück an ihre Seite zog.

„Wo willst du denn hin?"

„Na schlafen. Was sonst?"

„Och nö. Jetzt doch noch nicht. Bleib bitte noch ein bisschen!", flehte sie.

„Genau Lina. Wir sind hier doch nicht auf einem Kindergeburtstag", tönte es aus einer anderen Richtung.

„Schlafen kannst du zu Hause. Hier wird Party gemacht!", meinte Robert.

„Ist ja gut, ich bleibe. Aber nur noch eine kleine Weile!", gab ich mich geschlagen.

„Du willst doch nicht Jasons musikalische Einlage verpassen?", fragte mich ein Kumpel von ihm, quer über den Zeltplatz und zwinkerte mir mit einem Auge zu.

Ich rollte die Augen.

„Nein sicher nicht."

„Wer sagt, dass ich etwas spielen möchte?", wehrte sich Jason mürrisch.

Doch nachdem ihn seine Kumpels lautstark animierten, gab er sich geschlagen und holte eine alte Akustikgitarre aus dem Zelt.

Alle versammelten sich um das Feuer. Besonders unser einziges Paar, Clara und Tobi kuschelten sich dicht aneinander. Ich wurde fast ein bisschen neidisch, verzichtete aber daraufhin einen Kommentar loszulassen, welches mir Jason oder einen der anderen Männer allzu nah an meine Seite ziehen könnte. Ich seufzte laut, streckte die Beine kurz aus und zog sie wieder ran, um meine Arme darum zu legen und der hoffentlich gleich beginnenden Musik zu lauschen. Voller Spannung wartete die gesamte Gruppe auf Jasons Showeinlage, einschließlich mir. *Ich liebe live gespielte Gitarrenklänge* und ich beneide Leute, die Instrumente spielen können. Ich hab selbst nie eins gelernt. *Schade eigentlich.*

Sofort erinnerte ich mich wieder, wie Clara früher immer viel Keyboard spielte. Und sie spielte wirklich wunderschön.

Jason begann.

Und es war, ich würde sagen gigantisch. Wie ein Tornado der alles verschlingt. Besonders als er zu der Melodie zu singen begann. *Das hätte ich ihm überhaupt nicht zugetraut.* Seine Stimme klang ganz anders, als wenn er mit mir sprach, zwar genauso tief, aber nicht verschluckt. Die Worte kamen glasklar, fast gestochen scharf und damit einfach atemraubend aus seinem Mund.

Meine Blicke huschten über den Platz, versuchte die verschiedenen Mimiken einzufangen, die mir die Leute boten. Doch schnell stellte ich fest, wie ähnlich sich die Gesichtsausdrücke waren, wie gebannt alle an Jasons Lippen hingen und nicht aufhören konnten zu lauschen. Ich musste mir eingestehen, dass ich nicht erwartet hatte, dass er dieses Fach so gut beherrschte. Um ehrlich zu sein, ich war hin und weg.

Zwei Songs die er spielte waren mir bekannt, die anderen sagten mir überhaupt nichts. Doch der letzte war mit Abstand der beste von allen. Der Song begann ganz sanft, melancholisch und traurig. Wurde lauter, energischer, bis der Refrain in einem auf und ab der Töne auf meine Ohren niederschmetterte. Dann die nächste Strophe, wieder ruhig, aber mit weit mehr Anspannung in der Stimme. Mich beflügelte das Gefühl, dass in diesem Song eine wirklich schlimme Geschichte verarbeitet worden war und obwohl ich vom Text nicht allzu viel mitbekam, mich dennoch sofort mit der Melodie identifizieren konnte. Es war ein Song, eine Melodie, welche man nicht so schnell wieder aus dem Kopf bekommen würde. Oder besser, was bei mir nicht so schnell wieder in Vergessenheit geraten würde.

Ich rappelte mich auf und ging zu Jason rüber, der gerade die Gitarre ins Zelt zurückstellte.

„Ich muss sagen, ich bin positiv überrascht. Du kannst das wirklich gut. Hätte ich gar nicht erwartet."

Ich überdachte meine schlecht ausgedrückte Aussage einen Moment.

„Ich mein das Gitarrespielen und Singen natürlich."

Er drehte sich zu mir um, sah mich fast ein wenig entgeistert an.

„Da staunst du was? Nur weil ich mit Frauen oder speziell mit dir nicht besonders gut umgehen kann, heißt das nicht, dass ich nichts kann!", murmelte er zwischen den fast geschlossenen Lippen.

Völlig entgeistert starrte ich ihn an, sah wie er fast wütend den Reißverschluss seines Zeltes zu zerfetzen drohte. Sofort fühlte ich mich schlecht und dachte, mich entschuldigen zu müssen.

„Sorry, so war das nicht gemeint. Tut mir wirklich leid."

„Ist schon okay."

„Nein ist es nicht. Was du da gespielt und gesungen hast war wirklich erstklassig! Ehrlich", beschwichtigte ich und hoffte, er wäre nicht mehr böse auf mich. Was auch immer er für einen Grund hatte, das zu sein.

Jason drehte sich zu mir, sodass ich sein Gesicht sehen konnte. Im ersten Moment war sein Ausdruck hart und mir schauderte es. Doch sogleich wurden seine Züge weich. Mit einem winzigen Kopfnicken bedankte er sich scheinbar bei mir und ein wirklich ehrliches Lächeln trat in sein Gesicht.

„Der letzte Song hat mir am besten gefallen. Hast du den selbst geschrieben?"

„Ja ich habe alle Songs, bis auf die ersten beiden, selbst geschrieben."

Jason schien sich schlagartig beruhigt zu haben. Denn während wir redeten, zog er mich regelrecht mit seinen Blicken hinter sich her und wir nahmen wieder am Feuer Platz. Diesmal inmitten von Jasons Kumpels.

„Und hat jeder Song für dich eine besondere Bedeutung oder Erinnerung?"

„Die meisten schon. Aber der letzte ist in meinen Augen auch der gelungenste Song von all meinen geschriebenen."

Jason sah mich nicht an. Er schien ernsthaft bedrückt zu sein. Ich vermutete das zumindest, weil seine Finger mit den kurzen Grasstoppeln spielten.

„Was verbindest du mit diesem Song?", hakte ich neugierig nach.

„Ich habe Ihn für einen guten Freund geschrieben." Jason machte eine lange Pause, bevor er weitersprach. „Er hatte vor einem Jahr einen Autounfall und liegt seitdem im Wachkoma."

Ich konnte spüren, wie sehr es ihn mitnahm, darüber zu sprechen und erinnerte mich sogleich an meinen und daran, wie viel Glück ich wohl hatte.

„Das ist ja furchtbar. Wie ist das passiert?", hakte ich nach.

„Er war auf dem Weg zur Arbeit. Es hat wahnsinnig geregnet an dem Tag und er ist zu schnell gefahren. Viel zu schnell. Da ist er ins Schleudern gekommen."

„War noch jemand mit im Wagen?", unterbrach ich ihn und war sogleich sauer, wie ungehalten ich war. Wie unsensibel das wohl für Jason geklungen haben muss. Für meine Neugierde könnte ich mich manchmal wirklich ohrfeigen. Aber meistens fallen mir die Worte schneller aus dem Mund, als dass ich darüber nachdenken kann. Doch er sagte nichts dazu, sah mich nur mit einem undefinierbaren Ausdruck an und sprach weiter.

„Ja, zwei Arbeitskollegen nahm er immer mit. Denen ist zum Glück nichts weiter passiert. Nur ein paar Prellungen und Schürfwunden."

„Aber, wäre dein Kumpel unversehrt geblieben und anstelle von ihm hätte es einen seiner Mitfahrer getroffen? Er als Fahrer, hätte sich sein restliches Leben lang Vorwürfe gemacht."

Und manchmal bin ich auch zu gnadenlos ehrlich. Noch eine Sache für die ich mich hin und wieder ohrfeigen würde.

„Das stimmt schon. Aber so wie es jetzt ist, hätte es auch nicht kommen dürfen. Niemand weiß, ob oder wann er je wieder aufwachen wird."

Puh, Glück gehabt. Denn, entweder Jason hat nicht für voll genommen, was, oder besser, wie ich es gesagt hatte, oder er hat es einfach ignoriert.

„Für seine Familie ist das sicher ein hartes Los", meinte ich, um von meiner unsensiblen Ader abzulenken. Aber fand keine passenden oder tröstenden Worte, die ich hätte sagen können; denn ändern konnte ich es ja doch nicht. Ich war einfach noch nie gut darin, in solchen Fällen ein guter Beistand zu sein, obwohl mir bewusst ist, wie wichtig das sein kann. Doch selbst bei Todesfällen in den Familien meiner Kunden, würde ich oft lieber schweigen, als mein Beileid auszusprechen. Um ehrlich zu sein, kann ich mir selbst nicht erklären, warum mir das so verdammt schwer über die Lippen geht. Vielleicht liegt es nicht in meiner menschlichen Natur, so was zu können. Es hat ja schließlich jeder seine Stärken und Schwächen und Beileid wünschen, sowie trösten, gehören bei mir definitiv in die Kategorie Schwächen.

Nächtliches Bad

Wir redeten sicher schon zehn Minuten und die größte Melodramatik war verklungen, als Jason das erste Mal, seit wir uns hingesetzt hatten, aufblickte.

„Jetzt habe ich so viel von mir Preis gegeben. Ich würde gern noch etwas von dir wissen!"

Ich weiß nicht wie ich ihn angesehen hatte, aber es brachte mein Gegenüber zum Lachen und ich stimmte ein. Erst, als wir uns beruhigt hatten, konnte ich einen vernünftigen Satz bilden, während ich ein ernstes Gesicht auflegte. Ich schob mein Gesicht näher in Jasons Richtung, blickte ihm in die Augen und senkte die Stimme beim Reden.

„Was genau willst du denn wissen?"

Und ich fragte es so laut und grinste so hämisch in die Runde, dass alle um uns herum zu lachen begannen.

„Ja genau Jason, was willst du denn wissen?", tönte es in einer Tour aus verschiedenen Mündern und ich musste noch lauter lachen als zuvor.

„Das findest du wohl witzig was?", tönte Jason flüsternd zu mir, so ernst, dass mir das *Blut* in den Adern gefror.

„Dann pass jetzt gut auf!"

Sein Blick heftete an mir, in meinem erstarrten Gesicht und mich überkam die nackte Angst, was jetzt folgen würde. Langsam duckte ich mich, wie ein Tier, welches unterwürfig wurde und beobachtete Jason, nach oben, durch die Wimpern. Sein Blick huschte zu seinen Kumpels, wieder zu mir und wieder zu seinen Jungs. Dann plötzlich lautes Gelächter. Ich verstand nicht, warum sie lachten, blickte fast panisch in die Runde. Doch ehe ich mich versah, ehe ich begriff, hatte Jason mich schon zur einen, sein Kumpel mich zur anderen Seite an den Armen gepackt. Sie hoben mich an und liefen über den Zeltplatz.

Mir schwante, was gleich passieren würde und ob ich erleichtert war oder nicht, über den Verlauf, der bis eben mir scheinbar völlig verkackten Situation, wollte ich nicht, was die Jungs nun vorhatten.

„Nein nicht. Lasst mich auf der Stelle runter! Sofort", protestierte ich lautstark.

Mit Händen und Füßen versuchte ich mich gegen das ungewollte, nächtliche Bad zu wehren. Aber was sollte ich schon gegen zwei starke Männer ausrichten? Hinter uns hörte und sah ich unsere anderen Zeltkumpels laufen. Die einen schrien, dass sie mich ins Wasser werfen sollten, die anderen rieten ihnen ab und ich? Ich versuchte inzwischen mit flehen, die Männer zu erweichen.

„Bitte nicht. Bitte, bitte ..." Doch sie ließen sich nicht abbringen von ihrem Vorhaben.

„Bitte habt doch Erbarmen mit einer zerbrechlichen, schwachen Frau!"

„Zerbrechlich und schwach, sicherlich. Das passt vielleicht auf andere Mädels, aber sicher nicht auf dich", bekam ich im Gegenzug frech von Jason zurück. Und das stimmte mich ruhig, vorerst. Denn so dreist und ungehobelt hatte bisher noch nie jemand mit mir gesprochen. Mir verschlug es, im wahrsten Sinne des Wortes, die Sprache.

Am See angekommen, ließen sie mich dann doch runter. Mit den Füßen natürlich knietief im Wasser. Ich war erleichtert darüber, nicht komplett mit meinen Sachen reingeworfen worden zu sein.

Meine Freude hielt jedoch nur kurz. Von der Seite bekam ich einen Hieb, der mich so ins Wanken brachte, dass ich rückwärts und in voller Körperlänge ins Wasser plumpste. Ich ruderte mit den Armen, um aufzutauchen.

Doch ehe ich aus dem Wasser gehen konnte, sprangen fast alle hinein. Sogar Clara erbarmte sich, wie die anderen, komplett bekleidet in die Fluten zu stürzen. Sie ließ es nur etwas ruhiger angehen. Was ja auch verständlich ist, unter besonderen Umständen.

Das Wasser wirkte nachts so viel wärmer als tagsüber. *Einfach herrlich!*

Zu viert, Jason, Tobi, Robert und ich, schwammen einige Meter im See, zu einer treibenden Insel. Davon hatten irgendwelche Leute mal zwei Stück gebaut, aus Holz und Plastikfässern und sie dann für jedermann auf den See gebracht.

Wir wippten und tobten wie die kleinen Kinder darauf herum. Ich kletterte immer schnell wieder rauf. Das schwarze Wasser der Nacht unter mir, brachte mir ein unbehagliches Gefühl. Man kann im Wasser bei Tageslicht ja so schon kaum was sehen. Ich dürfte mich nicht zu weit in die Gedanken verlieren, etwas könnte aus der Tiefe kommen. Sonst würde ich bis zum Sonnenaufgang nicht zurück ans Ufer schwimmen.

Wir tobten bestimmt eine halbe Stunde, bis es uns durch das ständige rein und raus zu kühl wurde. Also beschlossen wir wieder zum Strand zu schwimmen. Mit einem Satz sprangen wir alle von der Plattform und paddelten los, als müssten wir um unser Leben schwimmen. Doch die triefnassen, leicht erschwerten Klamotten machten das Fortkommen im Wasser allmählich schwieriger. Wobei ich da eher weniger Probleme hatte, bei den leichten Stoffen, die ich auf der Haut trug. Die

Jungs hatten es dagegen sicher etwas schwerer, in zum Teil langen Jeans und T-Shirts.

Mehr oder weniger erschöpft am Ufer angekommen, wollten wir alle nur noch raus aus den nassen Klamotten und an das wärmende Feuer. Selbst Clara hatte die ganze Zeit, die wir auf der Plattform rumgetollt sind, im Wasser verharrt.

Langsam stapften wir über den Rasen, hoch zu den Zelten. Es fühlte sich an, als würde sich der nasse Stoff auf meiner nackten Haut darunter festsaugen. Während des Laufens wurde es dann zu einem wirklich ekeligen Gefühl.

Ich war nach dem Umziehen so müde, dass ich mir das letzte Glas Wein am wärmenden Feuer, mehr hinter kippte, als nur daran zu nippen. Und dieses sinnlose Hintergekippe, nur um endlich meinen wohlverdienten Schlaf zu bekommen und weil ich, was das angeht, geizig bin. Ich kippe doch nichts weg, was Geld gekostet hat, außer es schmeckt mir überhaupt nicht. Den letzten Schluck hatte ich schnell ausgetrunken und das Glas an den Fuß des Grills gestellt, dass es niemand umrennen konnte. Hinter meinem Zelt putzte ich mir nur noch schnell, mit einer Flasche Wasser in der Hand, die Zähne und danach schlüpfte ich hinein.

Im Dunkeln stellte es sich immer als eine Herausforderung dar, die Kontaktlinsen aus den Augen und dann in das Röhrchen zu bekommen. Ich mache das zwar hin und wieder mal, wenn ich vergesse, sie vor dem Zubettgehen rauszunehmen und zu faul bin, noch mal aufzustehen. Aber besonders geübt bin ich deshalb trotzdem nicht.

Es dauerte einige Minuten, bis ich die Dinger raus hatte, aber als ich es geschafft hatte, kroch ich in den Schlafsack und zog den Reißverschluss bis zum Hals hoch zu, aus Angst, es könnte Ungeziefer hineinkrabbeln. *Widerliche Vorstellung.*

Und obwohl ich völlig fertig war, brauchte es bei dem Geschnatter und der Musik, die von draußen an mein Ohr drang, eine Weile, bis ich einschlafen konnte. Also ließ ich den vergangenen Tag, mit seinen Ecken und Kanten und den noch so geglückten Abend, Revue passieren. Bis ich dann irgendwann fest einschlief.

Zweiter Tag – guter Anfang

Am nächsten Morgen wurde ich durch das grelle Sonnenlicht schon um sieben Uhr munter. Doch ausgeschlafen war ich definitiv nicht. Unser Nachbarzeltplatz hatte sicher noch bis zum Sonnenaufgang gefeiert. Zumindest nahm ich häufiger in der Nacht noch Musik wahr.

Ich öffnete den Reißverschluss vom Schlafsack, drehte mich auf den Rücken und streckte alle Glieder weit aus. Im Zelt stand die heiße, stickige Luft. Mein gesamter Mundraum war trocken und klebrig. Ich hatte es nicht lange ausgehalten liegen zu bleiben. Mich lockte das hellblaue Licht das durch den Zeltstoff rein fiel, zum Reißverschluss. Ich öffnete ihn und streckte meine Nase in die frische, warme Morgenluft.

Ruhe erfüllte den Zeltplatz. Außer mir schienen alle noch zu schlafen. *Na egal!* Es war ja nicht so, dass ich mich nicht auch allein beschäftigen konnte. Auf allen Vieren kroch ich durch das Zelt und sammelte mein Zahnputzzeug, was vom Abend überall verstreut lag, sowie den Sonnenblocker zusammen. Am schwierigsten gestaltete sich jedoch die kurze Hose im Sitzen anzuziehen. Ich wollte ja nicht im String über den Platz zu den Waschräumen laufen.

Putzmunter kroch ich zum Ausgang raus. Doch sofort blendeten mich die grellen Sonnenstrahlen in den Augen. Ich musste schnellstens die Kontaktlinsen rein machen. In erster Linie, um meine Augen zu schützen und zweitens, weil ich sonst gar nichts sehen würde. Ich griff nach innen und schnappte mir das für mich schon fast lebenswichtige Röhrchen. Angespannt riss ich den Reiß-

verschluss zu, um gleich schnellen Fußes in die Wasch-
räume zu hetzen. Sogleich spürte ich, wie angenehm
warm die Luft schon war und beschloss, gleich den Bikini
mitzunehmen. Ein erfrischendes Bad am Morgen, allein
im See, konnte ja nicht schaden.

Über Nacht hatte ich meinen Bikini und die Klamotten
vom ungewollten Nachtbad, zum Trocknen auf die provisorisch angebrachte Leine, zwischen die Bäume gehängt. Blindlings angelte ich nach dem Bikini und
klemmte ihn mir unter den Arm, zwischen Handtuch
und Zahnputzzeug. Gefühlt bepackt wie ein Esel, hetzte
ich mit gesenktem Kopf die circa dreihundert Meter über
den Rasen, hoch zu den Waschräumen. Ich wollte auf
keinen Fall, dass mich jemand sah, bevor ich mich nicht
tagestauglich gemacht hatte. Außerdem komme ich mit
jedem Sonnenstrahl, welcher auf meine ungeschützte
Haut trifft, dem Hautkrebs ein Stück näher.

Oh Gott. Ich hatte im Vorfeld mit keiner Silbe daran gedacht, wie anstrengend Zelten für mich sein könnte.
Ständig eincremen. Nur im Schatten bleiben. Das ganze
Drama mit den Kontaktlinsen. Das nächste Mal würde
ich mich mental besser auf so einen Trip vorbereiten,
schwor ich mir.

Als ich nach meiner Baderunde und nach dem Schwimmen zurück auf den Zeltplatz kam, herrschte immer
noch Totenstille. Ich ging zu meinem Zelt, rüber zu der
Leine und betrachtete geknickt meine getrockneten
Sachen. Mein schönes, weißes Poloshirt war vom Seewasser total versaut. Ich liebte es so sehr, weil es so
figurbetont war und meinen nicht so groß geratenen
Busen zur Geltung brachte. Nun verteilten sich überall
darauf gelbbraune Rostflecken. *Wie ärgerlich. Das bekomm*

ich doch nie wieder raus! Aber was nützte es, mich darüber zu ärgern? Ändern konnte ich es nun auch nicht mehr. Sofort schnappte ich mir mein Badehandtuch und trampelte wieder runter zum See. Zwischen den Zelten zu sitzen und abzuwarten bis sich jemand aus einem der Zelte bequemte, war mir einfach zu doof. Da konnte ich genauso gut am Wasser im Schatten rumliegen und die warme Brise, welche über den See wogte, genießen.

Gleich noch am Vormittag beschlossen Clara und Tobi nach Weißwasser rein zu fahren, um eine Abwechslung zwischen Bratwurst, Steaks, Alkohol und Wasser mit Sprudel zu bringen. Es kamen einige Sachen in den Einkaufswagen. Saft, Limo, Melone, Baguettes, gefüllt mit Kräuterbutter für den Grill und weitere Leckereien. Da uns außer Grillen nichts anderes übrig blieb, wollten wir wenigstens als Beilage zum Grillzeug eine ausgewogene Auswahl an Essen haben. Nicht Früh, Mittag und Abend Steaks oder Bratwurst zwischen zwei Toastscheiben mit Ketchup.
Der Einkauf war schnell erledigt und so konnten wir wieder zurück auf unseren Zeltplatz kehren, wo ich mich auch gleich über die Melone zum Mittag hermachte. Bei der Bullenhitze hatte man ja eh keinen Appetit etwas Warmes zu essen, geschweige denn überhaupt viel zu essen.
Der Nachmittag verging wie im Flug. Ein paar Leute, einschließlich mir, nutzten die Volleyballfelder und Tennisplätze zum Austoben. Mit dem Unterschied, dass ich öfter mal ins Wasser oder zum Eincremen verschwand. Außerdem war ich ja nicht zum Zelturlaub gekommen, um mich völlig zu verausgaben.

Erschreckende Tatsache

Am Abend schmissen die Jungs wieder den Grill an. Diesmal aber mit einem üppigeren Abendbrotangebot als am Abend zuvor.

Das Feuer loderte schon eine ganze Zeit, bis wir uns endlich alle darum niedergelassen hatten.

Zuvor zog ich mir wieder, aus reiner Vorsichtsmaßnahme, mein versautes Poloshirt an. Ich wusste ja nicht, auf was für schwachsinnige Ideen die Jungs vielleicht wieder kommen würden.

Im Laufe des Abends beflügelte mich immer stärker das Gefühl, dass der Alkohol bei den Jungs besonders gut und schnell floss. Die waren alle so ausgepowert, dass der Fusel bei Zeiten seine Wirkung zu entfalten schien. Das Reden ging ja noch, aber mit dem Laufen wurde es bei einigen zusehends schwieriger.

Irgendwann stürzte Jason plötzlich, lallend auf mich zu.

Wutentbrannt über seinen Zustand, kroch ich in mein Zelt, um frische Unterwäsche, eine kurze, schwarze Jeans und ein Handtuch, sowie das Waschzeug zum Duschen gehen zu holen. Ich drehte mich gerade vom Zelt weg, als Jason gegen mich fiel.

„Oh sorry, dass wollte ich nicht.", stammelte er in undeutlichen Brocken heraus und kam mir dabei so nah, dass ich wider Willens seine Fahne einatmete.

Mir wurde übel.

„Geh zur Seite!", fauchte ich ihn an und schob ihn unsanft weg.

Wenn ich etwas wirklich nicht ausstehen kann, dann sind es sturzbetrunkene, ungehaltene, sich noch schlimmer als Kinder benehmende Leute.

Wut kroch in mir hoch. Ich habe schon genug Derartiges gesehen und reagiere inzwischen absolut allergisch darauf.

„Warte! Wo willst du denn hin?", lallte es undeutlich hinter mir. Ich konnte hören, wie er mir nachstolperte.

Plötzlich griff er mich fest an den Schultern. Im Affekt und erschrocken durch seinen harten Griff, drehte ich mich aus seiner Hand und Jason stürzte der Länge nach vor mir zu Boden. Doch ich konnte nicht reagieren, ich wollte nicht. Ich brachte nicht einmal eine Entschuldigung über die Lippen. Im Gegenteil, wenn ich gekonnt hätte wie ich wollte, hätte ich am liebsten noch nachgetreten. Aber in diesem Moment, als alle Blicke spürbar an uns hefteten, wollte, musste ich mir wenigstens diesen einen Funken Menschlichkeit bewahren. Ich sah ihn nur scharf an, obwohl ich kurz vor dem Explodieren stand, verkniff es mir jedoch; denn ich wusste, dass ich es bereuen würde. In erster Linie, weil ich einigen Leuten damit wieder Futter zum Lästern und in der Luft zerreißen hinwerfen würde. Meine Blicke erreichten die verstörten Gesichter, welche mich misstrauisch musterten. Wie ich vermutet hatte, blickten sie mich an, wie bei meinem Wutanfall am Vortag. Ich meinte, in einigen Augen die Neugier lesen zu können, die Gedanken, welche im Bezug auf meine nächste Reaktion aufflammten.

Es gab eben doch zwei, drei Leute auf diesem Platz, die nur aus Anstand freundlich zu mir waren oder mir gleich gänzlich aus dem Weg gingen. Ich war nur froh, dass ich in den Gesichtern meiner Leute, derartige Sachen nicht lesen musste.

Langsam drehte ich mich um, starrte in die Gruppe, so wie sie mich beäugten. Einige Sekunden. Es herrschte völlige Stille.

Selbst, als ich kopfschüttelnd davon ging, drang kein Mucks an mein Ohr. Erst als ich mich einige Meter entfernt hatte, begann flüsternd das Gesäusel, während einige undeutliche Wörter aus Jasons Mund hinter mir herflogen, denen ich jedoch keine Beachtung schenkte.

Es lagen noch ein paar Meter durch die Nacht vor mir, bis ich die Duschen und damit das Licht, immer noch vor Wut schäumend, erreichte.

Vor mir erhob sich der flache, einfache Bau, mit einer Lampe über der Eingangstür, unter der ich nun stand und vor Anspannung zitterte. Ich sah in den winzigen Flur, von welchem nach links die Tür, zu den Toiletten führte. Zehn Stück an der Zahl und zwei Waschbecken mit je einem Spiegel darüber. Doch da wollte ich nicht hinein. Ich schmiss mit voller Wucht rechts die Tür in den Duschraum auf, knallte sie ebenso heftig zu und schloss sie hinter mir ab. Wer vom Zeltplatz sonst noch duschen wollte, musste eben anklopfen oder am besten wieder kommen, wenn ich verschwunden war. Mir grauste es, hier duschen zu gehen; denn als ausgesprochene Frostbeule, würde ich trotz Duschkabinen, frieren wie verrückt. Mich fröstelte es ja schon bei dem Gedanken, dass jeder durch die Fenster in den Raum sehen konnte. Also verzog ich mich mit Sack und Pack in eine der Kabinen, welche nur durch dünne Holzwände voneinander getrennt waren und sicher schon einige Jahre nackte Haut hinter sich hatten. Aber im Großen und Ganzen war es mir nun auch egal, wo ich duschen ging, Hauptsache ich konnte überhaupt etwas Körperpflege betreiben.

Ich wollte jetzt nur noch das Wasser auf meiner Haut spüren.

So zog ich meine Sachen aus und ließ sie ungeordnet auf die kleine Bank in meiner Kabine fallen, um schnellstmöglich unter die Dusche zu kommen.

Bis hier hin war es schon ein schöner, aber auch eigenartiger Urlaub gewesen. Jetzt wollte ich einfach die Ruhe genießen, entspannen und das saure Seewasser von mir waschen.

Sanft prasselten mir die lauwarmen Tropfen auf die Haut. Ich schloss die Augen, strich mir über die Arme, ins Gesicht und fuhr mir ins nasse Haar.

Einige Minuten vergingen.

Ich stellte mir vor, berührt zu werden, ohne bewusst ein Gesicht vor meinen Augen zu projizieren; denn ich brauchte keines, kein deutliches Bild, um zu wissen, wen ich wirklich spüren wollte. Nur IHN. Immer nur IHN. *Das wird sich sicher nie ändern.*, dachte ich.

Diese ganze Sache betrachtete ich mit einem lachenden und einem weinenden Auge. Lachend, weil immer noch ein winziger Funke Hoffnung in mir brannte, IHN wiederzusehen. Irgendwann.

> *Meine Hoffnung soll mich leiten,*
> *durch die Tage ohne Dich.*
> *Und die Liebe soll mich tragen,*
> *bis der Schmerz die Hoffnung bricht.*

Weinend, vor allem aus Angst IHN nie mehr zu sehen. Das war eben die realistischste Variante und gleichzeitig die herzzerreißendste. Ich schob die Gedanken daran, wie immer beiseite, um es mir leichter zu machen. Was nützt denn das ganze Grübeln? Es ändert doch sowieso nichts an dieser verzwickten, ausweglosen Situation.

Ich riss die Augen auf, als es plötzlich wie verrückt gegen die Tür hämmerte. Fast, als würde sie jemand einschlagen wollen. Dann wurde es ruhig. Ich sprang aus der Dusche und rutschte auf den feuchten Fliesen aus. *Das war knapp.*, seufzte ich, als ich mich kurz vor dem Fall abfing. Mit einem gekonnten Griff schlang ich das Badehandtuch um meinen Körper.

Wieder begann das Hämmern lautstark.

Allmählich bekam ich es mit der Angst zu tun und hielt aus Reflex immer wieder den Atem an, um zu horchen.

„Lina. Lina", lallte es vor der Tür.

Jason , du Bastard. Ich wurde so wütend, dass ich fast nur im Handtuch vor die Tür getreten wäre, um ihm eine zu verpassen.

„Lina?"

Jasons Jaulen wurde immer unerträglicher.

„Was willst du, verdammt noch mal? Verschwinde!", schrie ich wutentbrannt.

„Lass mich rein, bitte."

„Ich bin doch nicht lebensmüde", murmelte ich durch die zusammengepressten Kiefer.

Mein Puls raste. Mehr vor Wut als vor Angst. Ich mahlte mir schon aus, wie ich ihm ins Gesicht schlagen würde. Wahrscheinlich mit der Faust. *Das wollte ich schon immer mal machen.* Natürlich nur, wenn sich die Situation ergeben würde. Und hier war sie.

„Mach die verdammte Tür auf!", fluchte es nur wenige Meter, durch eine Pressholztür getrennt, lauthals an mein Ohr.

„Kann ich mich vielleicht noch anziehen?", brüllte ich zwei Tonhöhen heller als normal.

„Ja", gab Jason sich geschlagen.

Das Pochen hörte auf.

So konnte ich mir zwar hektisch das versaute Shirt und die kurzen Jeans anziehen, aber wenigstens mit Ruhe im Hintergrund und einigen Minuten, um etwas runterzufahren.

Die Sache mit dem Schlagen hatte ich inzwischen verworfen. Gewalt ist keine Lösung, dachte ich mir und öffnete die Tür, um Jason anzuhören.

„Was willst du hier, her Gott noch mal?", fuhr ich ihn gleich an, die Tür noch nicht einmal richtig geöffnet.

Er sah mich an und zögerte.

„Dich", stammelnd, undeutlich kam das Wort und traf mich scharf wie Rasiermesser, dass mir alle Züge aus dem Gesicht fielen.

„Jason geh schlafen! Du bist völlig betrunken."

„Binisch ni", entgegnete er und fiel mir in die Arme. Instinktiv schupste ich ihn weg.

Doch nicht einmal bis zur Ausgangstür kam ich, als sich seine Finger fest in meine Schultern bohrten. Ich schrie auf. Nicht nur vor Schmerzen, nein inzwischen auch aus Angst.

„Lass mich." Mit einem Ellenbogenhieb stieß ich nach hinten „los!", in seine Rippen und befreite mich so.

Zwei Schritte tat ich, bis er mich mit festem Griff am Oberarm packte. Ich flog auf ihn zu. Mit aufgerissenen Augen starrte ich entsetzt in sein ironisch lächelndes Gesicht. Er zog mich grob an seinen Körper. Mit Händen und Füßen versuchte ich mich zu wehren, doch es gelang mir nicht. Jason war einfach zu stark.

Plötzlich sah ich einen Schatten auf uns zu huschen.

Hilfe, Hilfe", schrie ich lauthals. Dann erkannte ich den jungen Mann. Der, dessen Namen ich nicht kannte und schöpfte Hoffnung. Mit schnellem Schritt kam er auf uns zu.

„Nein, bitte, nein", wimmerte ich, als ein Lächeln auf dessen Lippen trat. Daraufhin legte Jason mir seine Hand vor den Mund.

„Hab dich doch nicht so!", meinte er fast tadelnd, mit einem noch viel hämischeren Lächeln auf den Lippen.

Ich spannte die Muskeln, wandte, bewegte mich unaufhörlich und konnte mich dennoch nicht aus seinen Fängen befreien. Der andere kam auf mich zu. Er nahm meine Hände, schlang meine Arme hinter meinen Rücken bis es schmerzte und ich stöhnte tief auf.

„Das passiert, wenn du weiter so zickig bist", meinte der Typ ohne Namen und zog dabei meinen Arm fest nach oben. Ich stöhnte in Jasons Hand. Meine Augen kniffen vor Schmerz zusammen. *Ich bin stark*, redete ich mir ein. Ich wusste, dass es ein aussichtsloser Kampf werden würde, aber aufgeben kam für mich nicht infrage.

Es kam mir vor wie Stunden, in denen sie an mir rumtätschelten und einen nach dem anderen dämlichen Spruch ließen, um mir danach wieder ein Stöhnen zu entlocken. Ich weiß nicht, wie oft sie es taten.

Jason packte mir ins Gesicht, drückte meine Wangen schmerzend zusammen und küsste mich gierig.

Als er damit aufhörte, spuckte ich ihm ins Gesicht.

„Schlampe", herrschte er und schlug mir mit der flachen Hand ins Gesicht.

Mein Kopf flog nach links. Ein dicker Kloß im Hals schnürte mir fast die Luft zum Atmen ab. *Nicht weinen. Nein, nicht weinen*, rief es in meinem Kopf und es fiel mir zusehends schwerer, die Tränen zurückzuhalten.

„Bastard", knurrte ich zwischen den fest aufeinander gepressten Zähnen, während ich Jason unter den Wimpern hervor beobachtete. Keine zehntel Sekunde dauerte es, bis mich der nächste Schlag im Gesicht traf. Ich wurde so wütend, dass mein ganzer Körper scheinbar zu zucken begann und ich unter dem Druck auf und ab wippte, um mich nicht kampflos zu ergeben. Plötzlich brachte mich ein Hieb, von Jason Komplizen, in die Kniekehle zu Fall. Ich konnte einen so lauten Schrei aus meiner Brust pressen, dass ich dachte, den hätte der gesamte Zeltplatz gehört. Ich hoffte und betete in den nächsten Minuten, meine lang ersehnte Hilfe zu erhalten. Doch nichts dergleichen trat ein. Nur leise Musik und Partystimmung erreichten mein Ohr, während die beiden Typen weiter an mir tätschelten. Über mein Gesicht. Den Bauch. Den Busen. Und schlussendlich zwischen den Beinen. Ich presste so fest ich konnte die Schenkel aufeinander, aber es half nichts. Je mehr ich mich zu wehren versuchte, desto fester wurde der Griff. Die Schläge härter. Allmählich musste ich mir eingestehen, dass ich keine Chance mehr hatte, zu entkommen. Resigniert ließ ich meine Glieder leblos fallen.

Und als der Typ ohne Namen meine Arme über meinem Kopf auf den Rasen presste und Jason den Knopf meiner Hose öffnete, konnte ich auch die Tränen nicht mehr zurückhalten, die schon seit einer Ewigkeit vor den Toren standen.

„Du brauchst doch nicht weinen!", lallte Jason, während er den Reißverschluss öffnete und lauter lachte, als je zuvor.

Wie die Sintflut schossen mir inzwischen, unaufhaltsam die Tränen aus den Augen.

„Elender Bastard", zischte ich, dass nur er es hören konnte.

Wutentbrannt schmiss er sich mit vollem Gewicht auf mich. Sogleich blieb mir der Schmerzensschrei im Hals stecken, als ich das Gefühl hatte, dass jeden Moment meine Wirbelsäule unter seinem Gewicht brechen würde. Meine Lungen versagten ihre Aufgabe. Jason war einfach zu schwer, als dass meine Muskeln stark genug waren, ihn hoch zu schieben und damit einige Millimeter Platz für Sauerstoff zu schaffen.

Ich konnte mich kaum sammeln, nur gerade noch die Augen schließen, als mich der nächste Schlag heftig trat.

Sofort schwirrte mir der Kopf so sehr, dass es sich wie ein sanfter Flügelschlag anfühlte, als die Kontaktlinse im linken Auge in etliche Teile zersprang. Die Bilder vor meinen Augen verschwammen und im tiefsten Inneren wollte ich einfach nur noch da liegen und es geschehen lassen. Doch mein Kopf befahl mir zu kämpfen, obwohl jeder Widerstand mit höchster Wahrscheinlichkeit zwecklos sein würde.

Ich mobilisierte jede winzigste Kraftquelle und versuchte noch einmal richtig doll zu zappeln. Aber es hatte wie erwartet keinerlei Auswirkungen, auf Jason oder den Typ ohne Namen.

Meine Blicke suchten Jasons. Begierig sah er mich an, kam mit seinem Gesicht näher, noch näher und schlussendlich zu nah. Mit letzter Kraft, welche ich aufbringen konnte, schlug ich meine Stirn gegen sein Nasenbein und spuckte ihm ins Gesicht. Ich hatte vorerst nichts mehr zu verlieren, also wollte ich wenigstens jede erdenkliche Möglichkeit, überhaupt Gegenwehr zu zeigen, nutzen. Wobei dies wohl das letzte sein sollte, bis der Horror irgendwann sein Ende finden würde. Es wäre sicher ein übler, schmerzhafter, erniedrigender Schluss. Doch dass sie mich töten würden, daran glaubte ich nicht. Nur eine Tatsache lag mir nun sicher auf der Hand, dass Jason nicht wie gedacht, der gute Freund ist, sondern die Bosheit in Person.

Ich schloss die Augen, versuchte an nichts zu denken und wartete den nächsten Schlag ab.

Wiedersehen

Die Sekunden verrannen. Die Stille war fast greifbar, während einfach nichts geschah. Es passierte nichts. Stattdessen löste sich der feste Griff von meinen Handgelenken und plötzlich ging alles ganz schnell.

Erschrocken riss ich die Augen auf. Es brannte wie verrückt, sofort schloss ich sie wieder und spürte sogleich, wie sich ein Großteil der zersplitterten Kontaktlinse im inneren Winkel meines Auges gesammelt hatte. Es fühlte sich an wie Nadelstiche, tief und heftig. Vorsichtig strich ich die Splitter, welche ich fassen konnte hinaus und wagte erneut einen Blick. Doch das einzige, was sich mir bot, war der schwarze Nachthimmel und einige, wenige Sternen. Ich hörte, wie die Luft in meine Lungen schoss. Dann einen dumpfen Knall und einen Aufschrei, etwa fünf Meter von mir entfernt, dem ein lautes, tiefes Knurren, wie von einem wilden Tier folgte.

Ich fuhr hoch. Meine Augen suchten hektisch meine Angreifer, bis ich auf kurzer Entfernung Jason im Gras liegend erfasste, direkt neben dem Typen ohne Namen. Wut spiegelte sich in ihren Gesichtern wider. Entsetzen, zudem ich den Grund nicht verstand, nicht erkennen konnte, so sehr ich auch dachte mit den Augen danach zu suchen.

Und ich suchte nicht lang. Blitzschnell raste ein Schatten auf die beiden zu. Ich konnte den Bewegungen nicht folgen, zu schnell ging das alles für mein langsames, menschliches Auge. Plötzlich hingen die Beine der beiden in der Luft, die Kehlen im festen Griff je einer Hand. Sie zappelten und glucksten, wie kurz vor dem Erstickungstod.

Ich erkannte, ohne auch nur darüber nachgedacht zu haben, die Person, deren Hilfe mir das schlimmste was einer Frau im Leben zustoßen konnte, vereitelte. Erleichterung, Freude, Angst, Trauer. All diese Gefühle waren es, die mich zum Aufstehen brachten, die meine zittrigen Muskeln bewegten.

Ich traute meinen Augen kaum, während ich auf das Geschehen zustolperte. Mit der flachen Hand, ganz zart, kraftlos packte ich der düsteren Gestalt an den Rücken.

Eine Sekunde geschah nichts.

Plötzlich fielen die beiden Bastarde zu Boden, während im selben Moment, in schier unmenschlicher Geschwindigkeit, die Gestalt zu mir herumfuhr. Donnernd erhob sich ein drohendes Knurren, mit erhobener Hand, zum Griff in meine Kehle bereit.

Ich schreckte zurück und die Gestalt erstarrte. Ihr wunderschönes Gesicht löste in mir ein Blitzlichtgewitter der Gefühle aus. Meine Arme wollten nur noch nach seinem Körper greifen, als meine Beine von erstarrten Gliedern, zu Pudding wurden.

„Corvin", seufzte ich, während meine Beine versagten.

Ich spürte den Fall, als würde er in Zeitlupe vor meinem Auge abgespielt werden. Sah ihn und seine leuchtend blauen Augen sogleich auf mich zu rasen. Wie auf Watte fiel ich in seine steinharten und doch so sanften Arme. Die Kälte brannte durch seine Kleidung sofort auf meiner überhitzten, nackten Haut. Doch das war mir gleich. Er war hier. Es trat ein, was ich mir seit Monaten nicht sehnlicher wünschte, IHN wiederzusehen. Corvin.

Mein Mund brachte nicht einen Ton raus. Ich war zu überwältigt von seiner Schönheit und zu geschockt von den Geschehnissen. Wie betäubt, betrunken und berauscht zugleich. Es war ein Gefühl wie im Krankenhaus.

Ich begriff, was um mich geschah, nur reagieren konnte ich nicht. Wie ein völlig gesundes Gehirn in einer kaputten, leblosen Hülle.

Unsere Blicke trafen sich das erste Mal nach Monaten wieder. Und ein heftiges Kribbeln durchzuckte meinen Körper. Jenes Kribbeln, welches ich bisher nur in seiner Nähe verspürt hatte.

„Du Schwein", hörte ich Jason schreien.

Er stürzte auf uns zu. Doch ehe er Corvin auch nur berühren konnte, hatte dieser schon seine Finger in Jasons Kehle gebohrt. Im anderen Arm hielt er mich behutsam und sicher, weg von meinem Angreifer.

Ein lautes, kehliges Knurren trat aus seiner Brust. Beängstigend wohl, für den, der es nicht kennt. Jedoch nicht für mich, obwohl ich ihn noch nie so gesehen hatte. Vorsichtig ließ Corvin mich ins Gras sinken, fuhr herum und zog Jason dicht an sich. Ich dachte er würde ihn beißen wollen und rief dazwischen.

„Corvin nein, lass ihn. Es ist okay."

Verdutzt fiel sein Blick nach hinten zu mir.

„Er hat seine Strafe bekommen."

Ich wusste nicht was ich da sagte, konnte nicht einschätzen, ob es ein Fehler war oder nicht. Doch zusehen wie er vor meinen Augen jemand tötet, das wollte ich nicht ertragen.

Seine Augen wandten sich mir ab und ihm zu. Keine zwei Sekunden später stand Jason die nackte Angst ins Gesicht geschrieben. In einer einzigen fließenden Bewegung streckte Corvin den Arm aus und Jason flog einige Meter durch die Luft in den Dreck. Ein schmerzversehrter Schrei entfuhr seinen Lippen. Der Namenlose lief zu ihm, den Blick nicht aus meinem Gesicht gewandt. Er packte Jason unter den Armen, hob ihn auf und beide betrachteten Corvin, der außer sich vor Wut war. Sofort ging er, mein *Vampir* in eine gebeugte Angriffshaltung. Seine Brust bebte, als ihm ein lautes Knurren entfuhr, seine Augen leuchteten vor Aufregung und ich spürte, dass er bereit war, zu töten.

Ehe es jedoch zu weiteren Auseinandersetzungen kommen konnte, suchten die beiden Bastarde, so schnell es ihnen möglich war, das Weite, während ich, wie von einer Tarantel gebissen, auf die Beine sprang. Ich wankte, bekam mich jedoch so weit in den Griff auf Corvin zu zugehen, zu rennen, aus Angst er würde mich sofort wieder verlassen.

Ich dachte nicht mit einer Silbe daran mein Tempo auch nur ein wenig zu drosseln, als ich ihm näher kam. Mit voller Wucht prallte mein Oberkörper gegen seine steinharte Brust und warf mich zurück, wo ich wie vor wenigen Minuten, sanft in seinen Armen landete. Corvins besorgter Blick verwandelte sich zu einem hämischen Lachen.

„Nicht so stürmisch!", meinte er und küsste mir die Stirn. Ich öffnete die Arme, schlang sie fest um ihn und vergrub das verheulte Gesicht tief an seiner Brust. Es gab zu diesem Zeitpunkt nichts was mich glücklicher gemacht hätte, als ihn wieder zu sehen. Nicht einmal die Schmerzen der Schläge spürte ich.

Erst als Corvin mich ein Stück von sich weg schob, mein Gesicht am Kinn berührend in seine Richtung hob und sanft mit den Fingern darüber strich, entfuhr mir ein Schmerzensstöhnen. Sogleich drehte ich den Kopf verlegen zur Seite.

„Er hat dich ziemlich erwischt. Ich sollte dich zum Arzt fahren!", meinte er mit einer Besorgnis in der Stimme, welche ich ihm nicht zugetraut hatte.

„Nein, nein bitte nicht. Es ist halb so wild."

„Halb so wild?", entfuhr es ihm entsetzt.

Er griff nach meiner Hand und zog mich bis in den Toilettenraum, wo er im Gehen das Licht einschaltete. Ohne mich vorzuwarnen schob er mich vor einen Spiegel.

„Das nennst du also nichts?"

Im ersten Moment erschrak ich vor mir selbst. Ich hatte es nicht gespürt, wie es letztendlich aussah, einfach schrecklich. Meine Wangen wirkten etwas dicker, geröteter als normal. Doch das war es nicht, was mich so gruselig aussehen ließ. Mein linkes Auge war völlig *blutunterlaufen*, rot und glasig, während mittendrin fast beängstigend meine rosa, graue Iris leuchtete. Ich sah, wie aus zwei kleinen Schürfwunden an meiner Nase und über der rechten Augenbraue tröpfchenweise das rote, dickflüssige *Blut* quoll. Es klebte überall in meinem Gesicht, in den Haaren, auf den Wangen. Es bedeckte einen Großteil meiner Haut, sodass ich nicht mal hätte leugnen können, in eine Schlägerei geraten zu sein.

Ich zog an meinem Shirt, sodass ich es von oben herab ansehen konnte. *Das kann ich wegschmeißen.*, dachte ich. Jetzt waren nicht mehr nur Rostflecke, sondern auch *Blut* und Dreck darauf. Doch ehe ich weiter darauf eingehen konnte, traf mich ein ganz anderer Gedanke noch heftiger als mein Anblick und die Sorge um mein Shirt. *Corvin. Blut.* Das war wohl die denkbar schlechteste Mischung, die es geben konnte. Zumindest wenn ich dazwischen stand.

„Geh raus!", herrschte ich ihn panisch an, drückte gegen seine Brust und konnte ihn dennoch keinen Millimeter bewegen.

„Warum?", entgegnete er mir.

„Ich *blute*", seufzte ich und hatte sofort Angst, Corvin erst darauf aufmerksam gemacht zu haben.

„Es ist okay", flüsterte er mir ans Ohr und zog mich fest in seine Arme.

„Ich kann inzwischen damit umgehen."

Ich sah zu ihm auf, in sein wunderschönes Gesicht.

„Bist du dir sicher? Ich meine, du musst das nicht tun. Du musst dich nicht meinetwegen quälen."

„Sccchhhtt."

Er legte sanft seinen kalten Finger auf meine Lippen und brachte mich somit zum Schweigen.

„Vertrau mir, ich mach das schon."

Ehe ich es verneinen konnte, stand er mit meinem Handtuch aus dem Duschraum vor mir.

„Wie hast du das gemacht?"

Ich konnte seinen blitzschnellen Bewegungen nicht annähernd folgen. Er beantwortete mir die Frage nicht.

„Zeig mal her!", meinte er, zog mich sanft an der Hüfte zum Waschbecken und hob mein Gesicht am Kinn in seine Richtung.

Ich hörte, wie der Wasserhahn zu laufen begann. Im Augenwinkel sah ich wie Corvin eine Ecke des Handtuchs befeuchtete. Vorsichtig tupfte er über meine Stirn und über die schmerzenden Wangen. Hin und wieder, wenn der Schmerz zu groß wurde, kniff ich die Augen zusammen und spürte sofort die winzigen Splitter stechen. Daraufhin setzte er das Handtuch ab und vergewisserte sich, ob ich Schmerzen hätte. Ich log ihn immer an und sagte, dass es nicht doll wehtun würde. Auch auf die Gefahr hin, dass er mich ertappen könnte, wenn er in meinen Kopf schaut. Und das tat er vielleicht auch. Denn hin und wieder sah er mich mit hochgezogenen Augenbrauen an, um kurz darauf weiter zu tupfen. Aber ich wollte auf keinen Fall wie ein kleines, zerbrechliches Wesen, wie eine überempfindliche Püppi vor ihm stehen. Also tat ich alles daran, keine Miene zu verziehen.

Corvin schob mein Gesicht einige Male hin und her. Ich beobachte ihn, folgte seinen hoch konzentrierten Blicken, seinen stahlblauen, wunderschönen Augen und spürte, dass er bemerkte, wie ich ihn anstarrte. Dennoch ließ er sich nicht beirren und schenkte mir, wenn unsere Blicke sich trafen, stattdessen ein kurzes, liebevolles Lächeln.

„So jetzt ist es besser", meinte er fast ein bisschen erleichtert.

Während er mir ein Stück Toilettenpapier holte, riskierte ich einen Blick in den Spiegel.

„Ja viel besser. Sag ich doch, ist nur halb so wild", entfuhr mir erleichtert und ich fing mir sofort einen strafenden Blick ein.

„Dein Auge, ich möchte es mir noch ansehen."

Vorsichtig fuhren seine Finger ringsum, kühlten sogleich die geschwollene Partie. Mit schnellen, koordinierten Bewegungen holte er die winzigsten Splitter hinaus.

„Okay, ich denke, dass jetzt alles raus sein müsste."

„Danke", flüsterte ich und spürte, wie mir die Schamesröte ins Gesicht schoss und es noch heftiger zum Brennen brachte, als es das so schon tat.

„Ausgerechnet für solche Momenten habe ich kein zweites Paar Kontaktlinsen eingepackt", meinte ich niedergeschlagen, obwohl ich nicht wusste, ob ich es auch nur eine Minute länger auf diesem Zeltplatz aushalten wollte.

„Pass auf. Du schließt dich jetzt hier ein und lässt das Licht aus. Gib keinen Mucks von dir. Ich bin in drei Minuten wieder da."

„Was? Nein", schrie ich fasst. „Du kannst mich hier nicht allein lassen!"

Völlig entsetzt und aufgelöst sah ich ihn an. Verstand nicht, was er damit bezwecken wollte. Die nackte Panik übermannte mich, dass er verschwinden und nicht wie versprochen zurückkommen könnte. So sehr ich konnte, krallte ich mich an seinen Arm, während heiß die Tränen über meine Wangen rannten.

„Hey, ich beeil mich", flüsterte Corvin und wischte mir sanft mit dem Daumen die Tränen aus dem Gesicht.

„Nein", beharrte ich auf meine Entscheidung ihn nicht gehen zu lassen.

„Ich komme zurück!"

„Versprichst du es?", forderte ich ihn auf.

„Ja ich verspreche es!" Und so wie die Worte fielen, saß ich schon allein in einer Ecke im Duschraum, in völliger Dunkelheit. Ich sah mich um, lauschte und zählte im Kopf die Sekunden runter, die verstrichen.

Es lenkte mich ein wenig ab.

Als ich in der dritten Minute angekommen war, ging das Licht an und Corvin schloss mich in seine Arme. Er war zurückgekommen, wie er es versprochen hatte. Sein Blick suchte meinen und als sie sich trafen, deutete er auf eine kleine Schachtel in seiner Hand. Ich nahm sie ihm ab und erkannte, dass es ein paar neue Kontaktlinsen waren. Mir blieb der Mund offen stehen.

„Wo hast du die her?", fragte ich erstickt, als ich meine Stimme wiedergefunden hatte.

„Von dir zu Hause", erwiderte er und tat so, als wäre es das normalste der Welt. Als hätte ich es mir denken können.

„Ich weiß doch wo sie liegen. Das schien mir die schnellste Variante zu sein. Ein Einbruch wäre die kompliziertere Möglichkeit gewesen."

Corvin schenkte mir ein breites Lächeln, amüsiert über meinen erstarrten Gesichtsausdruck.

„Das ist doch nicht möglich."

„Wie du siehst doch."

Mit zitterigen Fingern versuchte ich die Linse aus dem rechten Auge zu nehmen, nur schaffte ich es nicht. Erst als Corvin einschritt, gelang es ihm die Linse zu entfernen und das neue Paar einzusetzen, so sanft, wie ich es selbst niemals können würde.

Ich beobachtete ihn, sah in sein Gesicht, während die Bilder vor meinen Augen schärfer wurden und bemerkte im hellen Licht des Duschraumes, das erste Mal, dass seine Haut völlig strukturlos war. Unbewusst fuhren meine Finger an seine Wange und strichen hinüber, als suchten sie, sie nach winzigsten Unebenheiten ab. Doch seine Haut war so eben, dass ich dächte, die dagegen raue Struktur meiner eigenen zu fühlen. Als würde er meine Berührung wie ein Spiegel, nur um ein hundertfaches stärker, an mich zurückgeben.

Ich beugte mich weiter zu ihm vor, sah genauer hin und konnte dennoch, nicht einmal den Ansatz einer Pore sehen. *Einfach unmöglich*, und noch verwirrender fand ich, dass ich es beim letzten Mal nicht bemerkt oder einfach nicht so empfunden hatte; denn unsere Körper waren sich so nah, dass es mir hätte auffallen müssen. Doch ich tat den Gedanken ab, als sich die Erinnerungen begannen einen Weg an die Oberfläche zu bahnen, und mit der

Tatsache, dass ich zu diesem Zeitpunkt sicher zu beschäftigt war, als mich um seine Haut zu sorgen. Meine Finger wanderten weiter, höher, bis sie die Wimpern unter seinen Augen berührten. Und sofort fiel mir noch etwas Wesentliches auf. Die tiefen Umrandungen in den Augenhöhlen, vom letzten Mal, hatten sich nunmehr in zarte, fast fliederfarbene Schatten getaucht. Kaum ersichtlich für meine schwachen Augen und in dem hellen Licht dennoch da.

Corvin griff nach meiner Hand, zog mich aus meinen Gedanken vom Boden hoch und führte mich raus aus den Waschräumen.

Der Schalter klickte hinter mir und es wurde dunkel um uns, kurz bevor der Bewegungsmelder am Eingang, die Lampe in Gang setzte und Corvin mich noch dichter an seine Seite zog.

Wir liefen einige Meter, bis er abrupt stehen blieb und sich mir gegenüberstellte. Ich konnte nicht sehen, wie sein Blick auf mir heftete, aber ich fühlte es deutlich.

„Was ist los?", fragte ich besorgt.

„Warum hast du das gemacht?"

Mich verwirrte sein plötzlicher Einwand.

„Was?"

Ich spürte, wie meine Augen kleiner wurden, während sich Falten auf meiner Stirn bildeten. Es schmerzte.

„Was hab ich denn gemacht?"

„Warum hast du versucht, dich umzubringen?"

Seine Hände fuhren an meine Schultern, während die Frage wie ein weiterer Fausthieb in mein Gesicht schien.

„Wie bitte?"

Ich wusste bei Gott nicht was er von mir wollte.

„Ich will verdammt noch mal wissen warum du sterben wolltest oder noch willst? Ist es wegen mir?"

Corvins ernster Ton in der süßen Samtstimme, verunsicherte mich zusehends. Ich schloss die Augen und schüttelte den Kopf, um die wirren Gedanken zu ordnen.

„Halt. Halt. Halt. Wovon redest du überhaupt? Würdest du mir bitte mal erklären was los ist?"

„Dein Unfall", meinte er so leise, dass ich es kaum hörte und dann fiel es mir wie Schuppen von den Augen, wovon er eigentlich sprach.

„Ach das meinst du. Sag das doch! Rede doch mit mir!", drängte ich auf Aufklärung, dieses Missverständnisses.

„Du hattest das geplant, nicht wahr?"

Corvins Stimme war weiterhin nicht mehr als ein Flütern und es tat mir in der Seele weh, dass er so über mich und die ganze Sache dachte.

„Bist du verrückt? Das ist doch jetzt nicht dein Ernst, oder?"

Ich wartete ab, dass er dazu etwas sagen, sich für diese Unterstellung vielleicht entschuldigen würde. Aber Corvin blieb ruhig. Ich hörte nur unseren Atem in der Stille der Nacht.

„Hätte ich das wirklich gewollt, dann hätte ich es auch richtig gemacht", murmelte ich zwischen den Lippen vor Wut und aus reinem Unverständnis über diese schwachsinnige These. Ich schüttelte den Kopf und knurrte erbost.

„Warum sollte ich das tun?"

„Lass uns irgendwo hinsetzten!"

„Lenk doch nicht vom Thema ab."

„Tu ich nicht", widersprach er mir und brachte mich damit fast zum Explodieren.

Ich entzog mich seiner Umarmung und lief einige Meter über den Asphalt auf den Rasen, ohne ihn zu beachten. Dann blieb ich stehen. Doch meine Augen konnten Corvin nicht erfassen, geschweige denn, dass ich ihn hörte. Panik machte sich wieder in mir breit. Ich drehte mich um meine eigene Achse und rief nach ihm.

„Corvin?"

„Ja."

Mir fiel ein Stein vom Herzen, als seine Stimme genau neben mir ertönte. Ich setzte mich.

Corvin setzte sich ebenfalls, nur so viel geschmeidiger, dass ich es überhaupt nicht wahrnahm. Ich war in der Dunkelheit also nicht nur fast blind, sondern auch taub, wenn er bei mir war. Jeder Mensch hätte sich dagegen wie ein Elefant im Porzellanladen bewegt, laut und plump.

Er legte mir ein nasses, durch seine Berührung eiskaltes Handtuch vorsichtig ins Gesicht.

„Halte das!", meinte er im Befehlston.

Meine Hände fuhren an das Tuch.

„Danke."

Ich hatte nicht bemerkt, dass er es aus dem Duschbereich mitgenommen hat.

„Also warum sollte ich das tun?", drängte ich ihn nun auf eine Antwort.

„Ich weiß nicht. Vielleicht weil ich dich verlassen hab?"

Autsch. Damit hatte er voll meinen wunden Punkt getroffen. Und ich dachte, diese schlimme Zeit hinter mir gelassen zu haben. Nun kam er daher und rieb es mir gleich wieder unter die Nase. Aber ich konnte ihm ja keinen Vorwurf machen. Er wusste ja nicht, wie beschissen es mir wirklich ging.

„Corvin, du bist anders als all die anderen. Du bist etwas Besonderes, eine Legende, aber du bist nicht der einzige Mann auf dieser Welt", antwortete ich schnippisch und dachte, ich könnte ihn von diesem Gedanken abbringen, ihn auf eine andere Fährte locken. Ich wollte nicht über ihn oder besser die Zeit ohne ihn reden. Soviel wollte ich nicht preisgeben. Doch Corvin hörte nur das, was er hören wollte und widersprach mir.

„Ich bin nichts Besonderes. Ich bin ein Monster, ein Mörder und das weißt du genauso gut wie ich."

Und ja, sicher wusste ich es, aber ich sah es nicht so wie er.

Corvin hätte mich töten können. Inzwischen hatte er mehr als einmal die Möglichkeit dazu gehabt, aber er tat es nicht. Im Gegenteil, eben gerade erst rettete er mich aus den Fängen dieser beiden Bastarde. Und damit hatte er meiner Ansicht nach ein Herz, mehr als es manch anderer hat. Er konnte, kann gar kein kaltblütiger Mörder sein, dessen war ich mir sicher und daran hielt ich fest, egal wie sehr er versuchen würde mich vom Gegenteil zu überzeugen.

„Ich vertraue dir", mein Blick heftete an ihm und obwohl ich nur seinen dunklen Umriss sehen konnte, wusste ich, dass er meinen Blick klar und deutlich erkannte.

„Ist das denn nicht genug, dich von deinen Selbstzweifeln zu befreien?", fragte ich.

Meine Hand suchte seine, fand sie und strich sanft mit den Fingern über die marmorne, glatte, kalte Haut. Er antwortete nicht.

„Woher weißt du das mit dem Unfall überhaupt? Verfolgst du mich immer noch?", fuhr ich fort, um die angespannte Stille zwischen uns zu brechen.

„Ich bin, nachdem das zwischen uns geschehen ist, verreist, abgehauen. Wie du es auch immer nennen willst! Einige Zeit hatte ich es ausgehalten. Hab alte Bekannte besucht. Doch ständig tat sich mir die Frage auf, wie es dir wohl inzwischen ging. Ich bekam dich einfach nicht aus dem Kopf und je weiter ich weg ging, umso schlimmer wurde es."

Ich spürte wie mein Herz von innen gegen die Rippen zu hämmern begann. Corvin sagte, er bekam mich nicht aus dem Kopf. Er sagte es mit solcher tiefen Trauer in der Stimme, dass ich sofort begriff, dass es ihm nicht besser ging als mir. Zumindest interpretierte ich es so, aus seinem Satz.

Er sprach unbeirrt weiter.

„Ich stellte mir die Frage, ob unsere Begegnung wohl Auswirkung auf dein Leben hat. Also beschloss ich eines Nachts nach dir zu sehen. Aber du warst nicht da. Du lagst nicht in deinem Bett, obwohl es mitten in der Nacht war. Mir schien es am naheliegendsten, dass du wohl bei deinem Freund, den du inzwischen sicher hattest, sein würdest oder bei einer Freundin. Und damit war für mich die Zeit gekommen zu gehen! Doch plötzlich vernahm ich ein Wimmern aus eurem Haus. Ich wagte mich gefährliches Tarent, indem ich aus deinem Zimmer, runter in Richtung Küche ging. Und, obwohl ich mich geräuschlos fortbewegen kann, überkam mich das erste Mal in meinem Dasein die Angst, gesehen zu werden. Ich ging durch die Küche, konnte jedoch nichts sehen, nur hören und beschloss, mich der Szene von draußen zu nähern. Schnell verschwand ich durch dein Zimmerfenster nach draußen."

„Halt! Du sagst du bist durch mein Fenster gegangen und gekommen?"

„Ja."

„Aber das liegt doch ziemlich hoch", meinte ich erstaunt und versuchte mir vorzustellen, wie er da hoch kommen konnte.

„Reine Übungssache", warf er mir kurzerhand zurück und mir blieb fast der Mund offen stehen.

„Dann hast du das schon öfter gemacht? Mich besucht, ohne dass ich es wusste, meine ich?"

„Ja, so ziemlich jede Nacht, nachdem ich dich das erste Mal sah."

Corvins Freude darüber und über mein überrascht sein, war schier in der ganzen Luft, um uns zu spüren. Sein Lachen erfüllte gedämpft die Nacht.

„Okay. Darüber sprechen wir noch!", war das einzige, was mir daraufhin einfiel.

Ich würde erst meine Gedanken sammeln müssen, um ihn zu diesem Thema mit Fragen bombardieren zu können. Dafür hatte ich jetzt nicht den Nerv.

Es wurde wieder still und Corvin sprach weiter.

„Ich schaute von Draußen in euer Wohnstubenfenster. Deine Mam saß zusammengekauert, weinend auf dem Sofa. Dein Dad hat sie getröstet. Da befürchtete ich Schlimmes und dachte sofort daran, dass es nur um dich gehen konnte. Ich konzentrierte meine Sinne nur auf die Stimmen und Gedanken deiner Eltern. Ich hörte ihre Worte und sah gleichzeitig die Bilder, die sich vor ihren Augen abspielten. Dein Dad dachte daran, wie die Polizei vor der Tür stand und die schlechte Nachricht verkündete, während sich deine Mam große Vorwürfe machte. Ihre Gedanken sprangen hin und her, wie ein Blitzlichtgewitter, aus vor dem Unfall und der Krankenhausszene. Es war alles so verwirrend für mich, dass ich raus aus ihren Gedanken musste. Sie bereiteten mir Kopfschmerzen.

Ich brauchte einen Moment, mich zu sammeln, einen klaren Kopf zu bekommen, bevor ich mich auf den Weg zu dir machen konnte. Und obwohl deine Eltern das Krankenhaus nicht mit einer Silbe namentlich genannt oder gedacht hatten und ich noch nie auch nur in der Nähe war, wusste ich sofort, wo ich hin musste. Also lief ich los. Ich lief so schnell, dass ich dachte, für mich einen Geschwindigkeitsrekord zu brechen.

Als ich dann nach einer gefühlten Ewigkeit endlich ankam, stellte sich für mich ein großes Problem, nämlich dich zu finden. Es war nicht leicht deinen Duft zwischen all den anderen rauszukristallisieren. Er war so schwach, so anders. Doch dann hab ich dein Zimmer gefunden und bin eingestiegen.

Völlig reglos, leblos lagst du da, angeschlossen an die vielen sonderbaren Geräte. In deinen Arm ging ein Schlauch, der voll mit *Blut* war. *Blut* das kein bisschen nach dir roch. Im Gegenteil, es verfälschte deinen wunderbaren Duft. Es roch so gepanscht, dass ich die Nase rümpfen musste. Ich überlegte, ob ich wieder rausgehen sollte, weil ich den Geruch kaum aushielt. Aber ich konnte nicht gehen und allmählich gewöhnte ich mich daran."

„Dann hab ich mir dich doch nicht nur eingebildet", seufzte ich.

„Nein, ich war da, jede Nacht. Aber diese spezielle Nacht, welche du meinst, war mit Abstand die Schlimmste."

„Warum?"

Ich erinnerte mich nicht mehr so genau daran oder besser gesagt, ich wollte es nicht.

„Ich sah, dass du mich entdeckt hattest und plötzlich fingst du an dich zu krümmen und zu schreien."

Corvins Stimme klang brüchig, verletzt und es tat mir so leid, ihn an diese Erinnerung geknüpft, so leiden zu spüren. Ich hatte ihn noch nie so erlebt und erwartete dementsprechend auch nicht, dass er so empfinden konnte, dass es wohl auch für ihn Sachen gab, die ihm nahe gingen.

„Ich hab noch nie einen Menschen so leiden sehen und beschloss so lang auf dich aufzupassen, bis es dir wieder besser ging."

Es war ein komisches Gefühl Corvin Worten zu folgen. Ich begriff nicht, weshalb er das für mich getan hatte.

„Aber warum der ganze Aufwand?", hakte ich nach.

„Ich dachte, du hättest es wegen mir getan." Er seufzte.

„Dich versucht umzubringen. Da schien es mir angebracht, eine Weile auf dich Acht zu geben. Das war ich dir schuldig, dachte ich."

„Du bist mir nichts schuldig. Du wirst mir nie etwas schuldig sein. Ich war einfach zu unaufmerksam an diesem Tag."

„Unaufmerksam?", meinte er fragend, mit einem unterschwelligen Ton in der Stimme.

„So nennt man das."

„Ja genau. Du kannst jetzt aufhören Buße zu tun. Der Unfall war einzig und allein meine eigene Schuld. Und im Übrigen habe ich nicht vor, so schnell aus dem Leben zu scheiden."

Ich zog die Worte allmählich ins Lächerliche. Wir hatten lang genug über meinen Unfall debattiert. *Jetzt ist genug*, dachte ich.

Einige Minuten herrschte völlige Stille zwischen uns.

„Aber dein Duft war wirklich gewöhnungsbedürftig", wandte Corvin plötzlich ein.

Ich schrak völlig versunken aus meinen Gedanken auf und seinen Worten in meinem Ohr.

„Und jetzt?"

Es interessiert mich nun schon, ob ich immer noch komisch roch.

Keine zehntel Sekunde später spürte ich Corvins Nase sanft an meinem Hals, wandernd zum Gesicht. Sein kühler Atem brachte mich zum Frösteln und gleichzeitig zum Schmelzen. Er war mir so nah, dass mich sein süßlicher Moschusduft umgab, mich berauschte, ehe ich überhaupt versuchen konnte, mich dagegen zu wehren.

Ich muss mich konzentrieren, rief mein Kopf.

Ich will ihn spüren, verlangte jedoch mein Körper.

Die übliche Reaktion, von ihm ausgelöst trat ein, mein Verstand setzte aus. Kein Wort wollte von meinem Hirn, aus dem Mund fallen. Ich kroch auf ihn zu. Mit festem Griff packten meine Finger seinen Nacken und kurz darauf die zerzausten, blonden Haare. Ich zog ihn an mich, um ihm in die erregten, aufgewühlten, strahlendblauen, wunderschönen Augen zu sehen, die ich so verdammt vermisst hatte. Auch wenn ich sie nicht sehen konnte, erinnerte ich mich noch gut an diesen Blick.

Wie ich dich vermisst habe, dachte ich.

Alle Schmerzen und Sorgen der letzten Monate, waren wie ausradiert. Als hätte es das letzte halbe Jahr, mit seinen Unannehmlichkeiten nie gegeben.

Ich wollte ihn küssen, festhalten und nie wieder loslassen, mich nie mehr von ihm verabschieden müssen.

Das klang alles so schön und klar in meinem Kopf. Eine Lovestory, wie sie in keinem Film besser hätte enden können. Doch die Realität holte mich ein, als meine Lippen nur wenige Zentimeter entfernt von seinen, so nah, dass ich die Kälte spüren konnte, stoppten. *Was tue ich hier nur?* Ich schöpfte Hoffnung wo es keine gab. Würde es das „Uns" nun doch geben und später wieder zerstört werden, wären die Schmerzen sicher so groß, dass ich sie kein zweites Mal ertragen könnte. Der Gedanke tat weh. Doch war nur jenes das wahre, reale Leben. Mir das einzugestehen war wohl die schlimmste, nervenaufreibendste Entscheidung in meinem Gott verdammten, jungen Leben.

Ich löste mich aus seiner Umarmung, sah ihn dabei nicht an, fixierte nur den Boden unter mir, bis ich schlussendlich den Mut hatte aufzustehen, mich umzudrehen und über den Rasen zu laufen, zu rennen. So schnell es mir der Kloß im Hals und der trübe, nasse Blick erlaubten. Ich wusste, dass es das einzig Richtige war, für mich und für ihn. Das redete ich mir zumindest ein, auch wenn mir nie etwas schwerer fiel. Gab es überhaupt etwas auf der Welt, was grausamer war, als die Liebe zu ersticken?

Ich litt jetzt schon, keine zwanzig Meter von ihm entfernt. Hätte ich ihn vor meinem Verlassen geküsst, so leidenschaftlich wie es mir möglich gewesen wäre, dann wäre ich gestorben. Mein Herz wäre gestorben, mein Geist. Übrig bliebe nur eine leblose Hülle. Traurig, ausgemergelt, einfach tot.

In Gedanken daran, wie Corvin inzwischen in der Dunkelheit verschwunden war, rannte ich und wischte mir die Tränen aus dem Gesicht. Ich war völlig allein und dennoch ohne Angst vor Jason. Trotz dessen, was er mir angetan hatte verspürte ich nicht mal einen Anflug von Angst, nur Wut, tief aus dem Inneren, hasserfüllte Wut.

Hass auf ihn, auf Corvin und ganz besonders auf mich selbst.

Mit einem Ruck schleuderte ich, kurz vor dem Beginn der Baumgruppe zum Zeltplatz hoch rum. Entsetzt erstarrte ich für einen kurzen Moment. Und da stand er, inmitten des schummerigen Lichtes, mein Corvin und küsste mich noch leidenschaftlicher als jemals zuvor. Noch schöner, als ich es mir in meinen Gedanken ausmalen könnte. Noch liebender, als es je ein Happy End ausdrücken konnte.

Minutenlang standen wir eng umschlungen und uns küssend in der Nacht. Nicht einmal die Stimmen aus geringer Entfernung vom Zeltplatz konnten uns stören.

Ich ließ von ihm ab, um seine leuchtend blauen Augen zu sehen, in denen ich für „immer" versinken wollte und nie mehr daraus auftauchen. Sie waren wie funkelnde Diamanten in der Dunkelheit. Es bedürfte keines hellen Lichtes, dass ich sie ausgiebig ansehen konnte. Ich küsste ihn wieder. Meine Hände fuhren unter sein Shirt. Es war wie ein Gewitter als sich meine warmen Hände und seine kalte Brust, sein Bauch berührten. In meinem Körper begann es heftig zu kribbeln. Jetzt wusste ich, was ich wollte. Ich wollte ihn. Immer nur ihn. Nichts anderes als ihn.

Alles um mich rum verschwand, die Musik, das Gesäusel. Ich zog und zuppelte an dem schwarzen Langarmshirt, bis ich es ihm endlich über den Kopf ausgezogen bekam und mein Oberkörper sich gegen seine marmorne Brust schmiegte. Seine Kälte kühlte mein geschundenes Gesicht.

Inmitten eines Stadions, beobachtet von Tausenden Zuschauern hätten wir in diesem Moment stehen können und es hätte mir nichts ausgemacht.

Seine eiskalten Hände fuhren mir gierig unter das Shirt, umfassten meine Taille.

„Lass uns woanders hingehen!", forderte ich Corvin auf und sofort griff er nach meiner Hand.

Der Rasen war nicht der perfekte Ort, mich mit ihm zu verlieren.

Doch plötzlich nahm alles ein jähes Ende, als ich Tobi nach Clara schreien hörte. *Jason*, dachte ich und dann rief er nach mir. Ich erstarrte an Corvins Hand zu Stein. *Da muss was passiert sein.*, dessen war ich mir sicher.

„Was ist?", fragte Corvin mit besorgter Samtstimme.

Er fasste mich an den Schultern und schüttelte mich ein wenig. Ich sah in an, in sein bezauberndes Gesicht, auf seine perfekt geformten Lippen und in die wunderbaren Augen. Meine Gedanken fuhren Achterbahn. Ich konnte mich kaum konzentrieren, so wirr machte mich seine kalte Nähe.

Wieder ertönte mein Name in die Nacht hinein.

Ich griff nach Corvins Hand „Komm!", doch keinen Zentimeter ließ er sich durch mich bewegen.

„Warum kommst du denn nicht?"

„Ich kann nicht", setzte er mir nur flüsternd entgegen, während sein Körper immer noch angespannt und reglos blieb.

„Du musst! Bitte", flehte ich ihn an. „Bitte. Bitte" und zupfte ihm am Ärmel des Langarmshirts, welches er sich eben, ohne dass ich es merkte, blitzschnell übergestreift hatte.

Widerwillig setzte er sich in Bewegung und wir liefen auf den Zeltplatz zu. Kaum angekommen sah ich Clara keuchend vor ihrem Zelt auf einer Decke liegen. Sie wand sich hin und her, die Arme nach oben ausgestreckt als würde sie nach etwas greifen wollen.

Ich schüttelte Corvins Hand ab, ließ ihn zwischen den Bäumen stehen.

„Was ist mit ihr?", rief ich, als ich auf sie zu rannte und mich neben ihr auf die Knie schmiss.

„Was ist mit dir?", ertönte eine mir eher unbekannte Stimme, eines Kumpels von Jason. *Wo ist Jason überhaupt*, dachte ich, während meine Blicke über den Platz huschten. Doch er war nicht zu sehen, also sollte es mir egal sein.

„Nichts", meinte ich in die kleine Masse der Leute.

„Du siehst schlimm aus."

Wieder ertönte eine Stimme. Diesmal eine andere. Ich sah nicht nach, von wo sie kam.

„Das ist doch jetzt völlig unwichtig", meinte ich fast schreiend irgendwo hin.

Meine Hand fuhr an Claras Stirn. Ihr ängstlicher Blick traf meinen. Sie keuchte, als würde ihr die Luft zum Atmen fehlen und Tränen rannten über das errötete Gesicht.

Meine Augen suchten nach Tobi. *Wo ist er nur? Verdammt!* Plötzlich schmiss er sich an Claras Kopfende und legte sich ihren Kopf auf die Oberschenkel. Er sah mich ungläubig an, dennoch kam von ihm kein Kommentar zu meinem Aussehen. Er hatte ein weitaus größeres Problem und ich sah das genauso.

„Sie wurde von einer Wespe gestochen, in den Mund und wahrscheinlich auch im Rachen. Clara hat die sofort ausgespuckt, aber es war schon zu spät. Die Wespe hat sie mehrere Male gestochen und jetzt schwillt ihr Hals an und sie bekommt immer weniger Lu..."

Tobis Stimme brach ab. Er begann zu weinen und wischte sich die Tränen mit der Joggingjacke aus dem Gesicht. „Ich hab eben den Notdienst benachrichtigt. Aber der kommt aus Weißwasser."

Er sah mich an und ich begriff, dass es bis dahin vielleicht zu spät sein könnte für Clara und für ihr Baby ganz bestimmt. Ich überlegte hin und her, während Tobi nicht mehr nachkam seine Tränen zu trocknen. Er verkniff es sich, weiter zu sprechen über die Folgen, die eintreten könnten. Ich wusste, dass er es Clara zuliebe tat, um sie nicht zu verunsichern. Doch sie stimmte in sein Weinen ein und nun lag es an mir und den etlichen Schaulustigen Clara das Leben zu retten.

Mit jeder Sekunde die verstrich, ging ihr Atem schwerer, wurde so leise, dass ich ihn kaum noch hörte. Mir wurde übel bei dem Gedanken, ich könnte meine beste Freundin, meine fast Schwester verlieren. Ich sprang auf und verschwand zwischen die Bäume.

„Corvin."

Tastend suchten meine Hände in den Bäumen, während ich seinen Namen ständig wiederholte. *Ich weiß, dass du hier bist!*, dachte ich und wurde sauer, als er sich nicht zeigte. Ich lief immer schneller durch das Dickicht und rief, schrie fast nach ihm.

„Was?" motzte es plötzlich hinter mir und ich schlug mit den Fäusten auf seine Brust.

„Du Bastard, musst du mich so erschrecken?"

Ich war außer mir vor Wut und Sorge. Jegliche körperliche Lust, hatte sich in Luft aufgelöst.

„Komm mit!", meinte ich und zog ihn wie vorhin schon hinter mir her. Bis er abrupt stehen blieb.

„Das geht nicht. Ich kann nicht", widersprach er.

„Okay *Blutsauger*, jetzt hör mir mal zu!", herrschte ich ihn an, während ich mich zu ihm umdrehte und ihm immer wieder mit dem Zeigefinger auf die steinharte Brust hämmerte.

„Es geht hier nicht um dich oder mich, sondern um Clara. Du hast zwei Möglichkeiten. Entweder du wirfst jetzt auf der Stelle dein allgemeines Misstrauen Menschen gegenüber ab, kneifst die Arschbacken zusammen und kommst mit zu ihr und hilfst mir sie zu retten, weil ich das nicht allein schaffe oder du verschwindest! So wie du es das letzte Mal auch getan hast."

Corvin schluckte bei der Wahl der Wörter und dem hasserfüllten Ton in meiner Stimme. Doch ich konnte es nicht kontrollieren. Ich hatte nicht den Nerv und noch viel weniger Zeit zu diskutieren.

„Und komm dann aber ja nie mehr wieder! Gnade dir Gott, du näherst dich mir auch nur auf zehn Kilometer, dann werde ich eigenhändig dafür sorgen, dass du die längste Zeit ein feiger, egoistischer *Vampir* gewesen bist. Du hast die Wahl. Entscheide dich! Aber mach es schnell."

„Lina", meinte er verwirrt und griff nach meinem Gesicht. „Ich kann …"

Ich ließ ihn nicht zu Ende sprechen, weil ich den Satz schon kannte. Den Satz den er schon oft hat fallen lassen.

Ich wandte mich aus seinen kalten Händen, ab von seinem berauschenden Duft.

„Okay du hast deine Entscheidung getroffen. Dann geh!"

Er packte meine Schulter und erneut entfuhr ihm gequält mein Name.

„Lina."

„Fass – mich – nicht – an!", schrie ich heraus, drehte mich um und stieß ihn zurück.

„Ich bin fertig mit dir, Corvin."

Diese Worte zog ich so lang und unterstrich jedes Wort mit einem derart hasserfüllten Ton, dass ich in diesem Moment nicht einmal über den bevorstehenden Verlust weinen konnte.

Ich schlug mich durch das Dickicht zurück zum Platz und hoffte und betete, dass Clara dieses Szenario überstehen würde.

Als ich ankam, erhaschte mein Blick Corvin, hockend neben Clara. Ich war wütend, verwirrt und erleichtert zugleich. *Wie ist das möglich? Warum hat er seine Meinung geändert?* Hunderte solcher Fragen schossen mir gleichzeitig durch den Kopf.

„Sie bekommt keine Luft", hörte ich ihn sagen, während ich im Sturzflug neben ihm auf die Knie stürzte.

„Corvin es tut mir so leid, was ich eben gesagt habe", entschuldigte ich mich, obwohl es nicht der richtige Zeitpunkt war.

„Wir reden später darüber!", entgegnete er mir gleichgültig.

Doch mir war es egal. Er war da und konnte Clara sicher eine größere Hilfe sein, als alle an diesem See zusammen.

„Sie ist schwanger", meinte ich und dachte, ich könnte ihm eine Hilfe sein.

„Ich weiß."

Er drehte sich zu mir, dass sich unsere Blicke trafen. Aber es war anders als sonst. Gleichgültig. Ausdruckslos. Er packte meine Schultern.

„Du musst mir jetzt genau zuhören, was ich dir nun sage!"

„Okay", platzte es missmutig aus mir raus.

Corvin hob mich vom Boden auf, hielt mich immer noch an den Schultern und ging drei Meter vom Geschehnis weg.

„Du musst Clara einen Luftröhrenschnitt machen!"

„Nein, nein, dass kannst du nicht von mir verlangen", schrie ich ihn gleich an. Bis er mir seine eiskalten Finger auf den Mund legte.

„Du musst es tun, sonst wird ihr Baby sterben und sie vielleicht auch!"

Sterben. Sterben. Sterben. Diese Worte hallten in meinem Kopf nach, wie tausend Nadelstiche direkt ins Mark. Ich erstarrte.

„Ich bin hier, wie du es von mir verlangt hast. Jetzt bist du dran. Es liegt an dir, wie das enden wird. Ich kann das nicht tun. Ihr *Blut* ..."

Er sah mich an und schien etwas in meinem Gesichtsausdruck zu suchen.

„Ich kann das nicht."

„Du kannst das, vertrau mir. Ich bleib an deiner Seite und erkläre dir jeden Schritt."

„Okay", seufzte ich.

Sogleich griff er meine Hand, lief zum Platz und erteilte Anweisungen.

„Wir brauchen ein scharfes Taschenmesser, hochprozentigen Alkohol, Handtücher und ein circa vier Zentimeter langes Stück Strohhalm. Schnell!"

Die sich angesprochen gefühlten Personen und das waren fast alle auf dem Platz, liefen wie ein aufgeschreckter Hühnerhaufen los. Sie kramten in ihren Zelten und Taschen.

Keine Minute hatte es gedauert, bis wir die Utensilien zusammen hatten und Corvin begann, die Utensilien, einschließlich meine Hände und Claras Hals mit dem

Alkohol zu desinfizieren. Ich saß neben ihm und beobachtete jeden Schritt gebannt.

„Jetzt bist du dran. Du musst dich beeilen! Der Herzschlag des Babys wird schlechter", flüsterte er, dass es außer mir niemand hören konnte.

Corvin erhob sich neben mir. Er trat einige Schritte von uns weg und drehte sich mit dem Gesicht in den Wald. Tobi hielt wieder Claras Kopf.

„Ich hab sie schon versucht zu beatmen. Es hat sicher ein bisschen geholfen", meinte Tobi aufgelöst.

„Das ist gut", beruhigte ich ihn.

„Was hast du jetzt vor?"

„Ich werde ihr jetzt einen Luftröhrenschnitt machen!", meinte ich mehr zu mir. Ich wollte eigentlich nicht, dass es Tobi hörte.

„Was? Das ist nicht dein Ernst?", fuhr er mich an. „Hast du so was schon Mal gemacht?"

„Nein, aber ..."

Tobi unterbrach mich, völlig außer sich.

„Vergiss es", fauchte er mich lauthals an.

Jetzt reichte es mir. Ich packte Tobi am Arm und zog ihn ein Stück mit mir, dass Clara uns nicht hören konnte.

„Sie wird sonst sterben. Willst du das? Willst du dass sie und euer Baby sterben?", herrschte ich ihn lauthals an, zu laut.

Ein überraschtes Raunen ging durch die Runde. Ich hatte ihr beider Geheimnis rausposaunt und es tat mir sofort leid. *Aber ungewöhnliche Wege, erfordern manchmal ungewöhnliche Mittel.* Auch wenn das nicht die beste Einstellung meinerseits war, war es die einzige, Tobi umzustimmen.

„Aber der Krankenwagen ist unterwegs."

„Dann kann es zu spät sein. Verstehst du das nicht?"

„Okay, okay." Tobi atmete tief ein. „Wie willst du das machen?"

Ich wandte meinen Blick zu Corvin, der mit dem Rücken zu uns stand.

„Er wird mir die Anweisungen geben und ich befolge sie."

„Ist er Arzt? Warum macht er es nicht selbst, wenn er sich so gut auskennt", meckerte Tobi in seiner Verzweiflung weiter.

„Er ist kein Arzt", gab ich nur zurück.

„Aber …"

„Nichts aber, Tobi. Euer Baby stirbt sonst. Und Clara vielleicht gleich mit."

„Okay. Ich bleib hier."

Ich sah Tobi in die verunsicherten Augen. Er hatte Angst. Wir alle hatten Angst, dass es schief gehen könnte. Doch niemand sprach die Ängste aus. Mein Blick fiel wieder auf Clara. Wie ich sie so vor mir liegen sah, wusste ich, dass wir nur das Richtige tun konnten.

„Was soll ich tun?", rief ich panisch.

„Lina, ganz ruhig. Taste nach dem Kehlkopf!"

„Ich hab ihn", rief ich mit zittriger Stimme zurück.

„Fühl nach dem höchsten Punkt und messe mittig am Hals, runter zu, drei Fingerbreiten ab!"

„Ja."

„Taste mit dem anderen Zeigefinger darunter, ob du die Luftröhre fühlen kannst!"

„Ja ich spür sie klar und deutlich."

„Dann nimm die Luftröhre zwischen Zeigefinger und Daumen, sodass du sie kontrollieren kannst, dass sie dir nicht entgleitet! Das hilft als Richtlinie für den Schnitt."

Mir wurde ganz übel bei dem Gedanken.

„Nimm jetzt das Messer in die freie Hand. Setze es in die Mitte der Luftröhre und mache mit der Spitze einen kurzen Schnitt!"

„Ich kann das nicht", jammerte ich.

„Du schaffst das!", ermutigte Corvin mich.

„Und wenn ich durchsteche?"

Oh Gott, ich hatte solche Angst Clara zu töten, statt ihr zu helfen.

„Tust du nicht. Nimm die Klinge zwischen Daumen und Zeigefinger, sodass du nur anderthalb Zentimeter Schnittfläche hast! Dann kann nichts passieren."

Ich war so aufgeregt, dass meine Hand heftig zu zittern begann. Ich setzte ab. Claras Augen waren geschlossen. Ich fragte mich ob sie überhaupt noch was von dem Trubel um sich herum mitbekam. Unsere Zuschauer machten mich allmählich nervöser. Obwohl ich nicht aufblickte, spürte ich die Anspannung aller, noch stärker, als meine eigene.

Ich atmete tief ein und wieder aus, versuchte mich zu entspannen und zu konzentrieren. Vorsichtig setzte ich die Schneide auf der meine Finger lagen auf Claras Luftröhre, hielt die Luft an. Zögerte jedoch. Corvins Worte, dass das Baby, mein Patenkind sterben könnte, rasten mir durch den Kopf. Ich nahm allen Mut zusammen. Mit einer kurzen, ruckartigen Bewegung stach ich die Schneide durch die Haut. Ein lautes Pfeifen folgte sofort, als die Luft durch die Wunde in die Lungen rauschte. Clara riss die Augen auf und begann zu hüsteln. Ich hatte Angst, ich könnte sie verletzten und bat Tobi, der zu uns eilte, ihren Kopf auf den Boden zu drücken um zu starke Bewegungen zu vermeiden. Eiskalt rannte mir die Gänsehaut über den Körper. Clara sah so fertig aus, dass ich es kaum ertragen konnte. Ich sah über die Schulter zu Corvin, der immer noch mit dem Rücken zu mir stand.

„Was jetzt?", rief ich erleichtert und erschöpft zugleich. Ich sah, dass er die Arme um seinen Oberkörper geschlungen hatte, während ein wenig *Blut* aus der winzigen Schnittwunde trat. Er schien Angespannt zu sein. Keine Antwort kam. Ich konnte nur erkennen, dass seine Finger sich in die Oberarme bohrten.

„Corvin", schrie ich jetzt.

„Zieh das Messer raus!", meinte er stockend. Dabei hatte ich das schon längst getan. Sein Atem ging schnell und laut. Das verunsicherte mich.

„Drücke die Wunde vorsichtig mit den Fingern auf und schiebe den Strohhalm hinein. So bleibt die Luftröhre geöffn …"

Corvins Samtstimme brach ab. Ich begriff sofort, was los war.

Schnell und dennoch vorsichtig befolgte ich seine Anweisung.

„Passt auf Clara auf! Ich bin sofort zurück."

Während ich redete fuhr ich hoch. Meine Blicke fielen zu Corvin. Trotz der Dunkelheit konnte ich seine Zähne blitzen sehen. Er hatte sie geleckt und schien zum Angriff bereit. Ich wollte nicht rufen, keine Aufmerksamkeit auf ihn lenken und stürzte wie besessen los.

Das alles geschah in Bruchteilen weniger Sekunden. Das ich auf die Beine kam, meine Arme um seine schlang und versuchte, ihn zwischen den Bäumen vom Geschehen wegzudrängen. Er ließ mich gewähren, stimmte in meine Bewegung ein, als uns plötzlich einer der Bäume den Weg kreuzte. Corvin prallte mit dem Rücken dagegen und ich fiel gegen seine Brust.

Ich sah zu ihm auf. Seine stahlblauen Augen leuchteten immer noch erregt. Der Grat zwischen Retter und Tod bringender Jäger war auf ein Minimum geschrumpft. Ich befand mich in größerer Gefahr als je zuvor in seiner Nähe. Es fuhr mir eiskalt den Rücken runter, ich erstarrte. Weglaufen kam für mich nicht infrage. Ich wollte bei ihm sein, es mit ihm durchstehen. Schließlich hatte ich Corvin dazu gedrängt, mir mit Clara zu helfen und dabei alle unsere Leben aufs Spiel gesetzt. Wenn es nun der Preis sein sollte, dass ich zur Beute werden würde, dann wollte ich ihn zahlen.

Clara und ihr Baby waren scheinbar außer Gefahr, durch meine und seine Hilfe und das war das Wichtigste für mich. Ich war dem Tod ja schon von der Schippe gesprungen, hatte mehr Zeit bekommen und damit vermutlich zwei Leben gerettet. Damit hatte ich wenigstens etwas im Leben erreicht.

Ich schob meine langen Haare von der Brust zurück auf meinen Rücken.

Langsam, sehr langsam zog ich mich an Corvin hoch, legte meinen Kopf seitlich zugewandt zu seinem Gesicht, an seine Schulter und schloss die Augen. Ich verharrte, wartete ab auf den Kuss, der mich aus dem Leben reißen würde. *Dann wäre ich für kurze Zeit ein winziger Teil von ihm. Eine beruhigende Vorstellung.*

Allmählich drang die Kälte seines Körpers durch meine Kleidung. Ich fröstelte kurz, verfolgte jedoch meinen Plan, ihm zu geben was er brauchte, akribisch weiter. Seine Hände fassten meine Taille fest, zogen mich an ihn und schoben mich wieder weg. Einige Male. Er haderte mit sich, schien nicht schlüssig, was er tun sollte. Und plötzlich spürte ich Corvins Atem ganz dicht unter meinem Kiefer, am Hals. Ich hielt den Atem an, riss die

Augen erschrocken auf und kniff sie sofort wieder zu, um mich auf den bevorstehenden Schmerz vorzubereiten. Doch der eisige, stechende Schmerz blieb aus. Stattdessen lagen seine kalten Lippen ganz sanft auf meiner Haut. Ich war erleichtert und genoss diese vorsichtige Berührung. Dann nahm er mein Gesicht in die Hände.

„Hast du wirklich geglaubt ich würde dich beißen?"

Ich war verwirrt.

„Ja. Vielleicht ein Bisschen?"

Warum sollte ich auch nicht so denken? Schließlich stand Corvin als echter, leibhaftiger *Vampir* vor mir. Denn nur der Duft, wie er es nennt, meines *Blutes*, war der wahre Grund, weshalb er mich ausgewählt hatte. Er lechzte nach meinem *Blut*. Es war wie ein guter Wein für ihn, der ihn in Versuchung führte. Genauso wie er meinen Herzschlag hörte. Jedes einzelne, warme, dickflüssige Pumpen, bis in die kleinste Kapillare. *Blut* war für Corvin das Lebenselixier, wie Nahrung, Luft und Schlaf für mich.

„Du bist wirklich verrückt", stieß er zwischen den Lippen aus und lächelte. Dann wurde sein Blick ernst.

„Ich würde dich nie töten, niemals", versprach er mir.

Ein Abschied für immer

Man trifft sich immer zweimal im Leben. Das hatte ich schon oft gehört. An diesem Abend traf ich Corvin zum zweiten Mal und wusste sogleich, dass es diesmal ein Abschied für immer sein würde.

Seine Hand fuhr in mein Gesicht.

„Pass auf dich auf!", flüsterte er es so leise, dass ich es kaum verstand.

Ich konnte nichts sagen. Mein Herz wollte ihn nicht gehen lassen. Nicht schon wieder, nicht jetzt, wo ich ihn gerade wieder hatte. Doch mein Kopf holte mich in die Realität zurück. *Zwischen uns, dass würde nie funktionieren.* Langsam kam sein Mund meinem näher.

Ich weiß nicht, was Corvin in meiner Miene las. Plötzlich, nur ein paar Millimeter, bevor unsere Lippen sich berühren sollten, ließ er von mir ab. Und es war wohl auch das Vernünftigste, hätte mir dieser Abschiedskuss sicher das Herz gebrochen. Ich glaube Corvin spürte, wie sehr mir sein Abschied wehtun würde. Doch ganz gleich ob er es fühlte, in meinen Gedanken las er es allemal. Ich sah ihm in die Augen, versuchte zu lesen, was er gerade dachte, aber seine Miene verriet nichts.

„Es gibt da noch etwas, dass ich dir verschwiegen habe."

Mit diesem Satz hatte ich seine volle Aufmerksamkeit. Sein Blick wich nicht mehr aus meinem Gesicht.

„Du hattest recht", meinte ich und ließ die Worte in der Luft hängen.

„Womit?"

„Als du sagtest, ich hatte vor mich umzubringen."

Ich sah ihn forschend an, während seine Miene sich verfinsterte.

„Nicht mit dem Unfall, das war wirklich nicht geplant. Aber ich hatte darüber nachgedacht, nachdem du mich verlassen hast. Doch da schob ich den Gedanken beiseite."

Corvins Miene entspannte sich ein wenig.

„Bis zu der besagten Nacht im Krankenhaus, als ich träumte dich zu sehen. Ich wusste ja nicht, dass du wirklich da warst.

Die körperlichen Schmerzen waren so unerträglich, doch das war es nicht, allein was mich erneut zu diesen Gedanken bewegte. Ich hatte von dir geträumt und damit kam all der Schmerz, den ich bis dahin verdrängt hatte wieder hoch. Mein Schutzwall, den ich mir über das halbe Jahr gebaut hatte, bekam Risse und stürzte wie ein Kartenhaus ein. In dieser Anfangszeit im Krankenhaus, wollte ich nichts mehr, als einfach nur sterben, aber ich konnte die Kraft nicht aufbringen."

„Du darfst so etwas nicht sagen! Hast du mich verstanden?", fuhr Corvin mir ins Wort und rüttelte mich an den Schultern. „Du solltest es nicht einmal denken!"

Und in diesem Moment fiel der ganze seelische Schmerz, der sich so lang hat unterdrücken lassen, aus mir heraus.

Die Tränen schossen unaufhaltsam aus meinen Augen, so heftig dass ich kaum zum Atmen Luft bekam.

Corvin nahm mich fest in seine Arme, küsste mir die Stirn und presste mich schützend gegen seine marmorne Brust.

„Hör auf zu weinen! Es wird alles wieder gut."

Mir brannte das ganze Gesicht, vor Tränen, Aufschürfungen und angeschwollenen Partien.

Corvin hielt mich so lang im Arm, bis ich mich ein wenig beruhigt hatte.

„Aber wie soll alles gut werden, wenn du nicht mehr da bist?", schluchzte ich durch die fast geschlossenen Lippen und sah ihm in sein perfektes Gesicht, welches ich so vermissen würde.

„Sei einfach für deine Familie und deine Freunde da, so wie sie es für dich sind und werde eine gute Patentante!" Während er das sagte, zog er etwas aus der Hinterntasche meiner Hose. Ich erkannte sofort, dass es das schwarze Tuch von ihm war, welches ich seit unserer ersten Begegnung fast immer bei mir trug. Nur diesmal hatte ich total vergessen wo ich es hingetan hatte.

Meine Hand griff danach, doch Corvin ließ es nicht los.

„Es ist besser, wenn ich es wieder an mich nehme", meinte er mit ruhiger Stimme, während ich das Gefühl hatte, jeden Augenblick keine Luft mehr zu bekommen. So groß wurde der Kloß im Hals plötzlich.

„Nein, das kannst du nicht machen! Das ist das einzige was ich von dir habe, was mich an dich erinnert."

Mit aufgerissenen Augen starrte ich ihn an, wurde wütend, weil er mir die Erinnerung an sich nehmen wollte. Aber ich will ihn nicht vergessen, nie. Ich will ihn nicht einmal gehen lassen.

„Es ist besser so. Ich will, dass dein Leben wieder wird wie vorher, als wäre ich nie da gewesen."

Die Worte kamen wie Messerstiche und ein weiteres Mal wünschte ich mir nichts sehnlicher, als das alles zu beenden. Ohne Widerworte ließ ich das Tuch los. Der Schmerz wurde so groß, dass ich mich aus seiner Umarmung winden musste. Ich bekam wieder dieses beklemmende Gefühl, meine Lungen würden ihren Dienst verweigern. Mein Kopf schrie, doch der Rest meines Körpers verweigerte jede Bewegung.

Mit aufeinandergepressten Kiefern sah Corvin mich aus einer Mischung aus Wut und Besorgnis an. Er packte mich an den Schultern.

„Hör mir zu!", herrschte er mich an und ich sah zu ihm auf, in seine wunderschönen blauen Augen. Mehr sagte er nicht. Aber ich spürte, wie jeder einzelne Muskel sich entspannte. Die Luft strömte in meine Lungen und die Bilder vor meinen Augen wurden klarer. Ich beruhigte mich schlagartig, während die wirren Gedanken in meinem Kopf plötzlich wie ausgeschaltet waren.

Ich hatte ihm nicht viel darüber erzählt, wie schlecht es mir wirklich ging, als er mich das erste Mal verlassen hatte; denn ich hatte keinen Grund, ihn darüber zu unterrichten. Schließlich sollte es doch keine Anschuldigung sein. Ich wollte nicht, dass er sich vielleicht Vorwürfe machen könnte. Er tat das einzig Richtige und das musste ich mir einfach eingestehen. Eine Liebe zwischen Mensch und *Vampir* hatte keinerlei Basis. Ich verstand es in diesem Moment und wusste, dass ich ihn gehen lassen musste, um seines- und um meinetwillen.

Darüber hinaus wusste ich nicht einmal, ob er so für mich empfand, wie ich für ihn. Mir war es ja selbst eben erst bewusst geworden, wie sehr ich ihn liebte.

Corvin griff nach meiner Hand. Unsere Blicke trafen sich.

„Bye", flüsterte er mit bedrückter Samtstimme und ich meinte Tränen in seinen Augen zu sehen.

Seine Hand glitt aus meiner.

„Bye", seufzte ich, selbst den Tränen nah.

Es war, als würde mich die Dunkelheit erdrücken, verschlingen, als Corvin mir den Rücken kehrte.

In normaler, menschlicher Geschwindigkeit tat er einen Schritt nach dem anderen und je weiter er sich von mir entfernte, desto größer wurde mein innerlicher Schmerz wieder. Sein stattlicher Gang verschwamm allmählich aus meinem Blick in die Nacht, als meinen Lippen lauthals sein Name entfuhr. „

Corvin!!!"

Blitzartig drehte er sich, mit erschrockener Miene in meine Richtung. Innig trafen sich unsere Blicke und ich lief ungehalten los. Ich rannte so schnell ich konnte. Wie eine Ewigkeit kam es mir vor bis ich ihn erreichte, als würde ich auf der Stelle laufen.

Mit weit geöffneten Armen, erwartete er mich bereits. Er hatte es mit Sicherheit in meinen Gedanken gelesen. Fast ungebremst, mit tränenvollen Augen, sprang ich ihm entgegen und schlang meine Beine fest um seine harten Hüften.

Und obwohl ich wusste, dass mir ab diesem Moment der Abschied noch unendlich viel schwerer fallen würde, wollte ich Corvin nur noch ein letztes Mal in die Arme schließen, seine kühle, marmorne Nähe spüren und einmal noch seinen berauschenden Duft in mich aufsaugen.

Ewig lange Sekunden tauschten wir intensive Blicke aus, bis unsere Lippen endlich miteinander verschmolzen.

Kaum, dass ich es bemerkte, verlagerte Corvin mein Gewicht in seinen linken Arm. Ohne Probleme hielt er mich mit nur einem Arm fest an seiner marmornen Brust. Seine rechte Hand fuhr unter meinen Busen. Erst jetzt spürte ich, wie heftig mein Herz gegen meinen Brustkorb hämmerte. Ein verschmitztes Lächeln entfuhr seinen Lippen, als Reaktion auf meinen unüberhörbaren Herzschlag.

Ich küsste ihn sanft. *Nur noch dieser letzte Kuss*, dachte ich mir. Je intensiver er seine Lippen auf meine presste, umso mehr verlor ich die Kontrolle über mein Verlangen.

Jetzt muss aber Schluss sein, hämmerte die Stimme in meinem Kopf. Die Vernunft versuchte die Oberhand zu gewinnen, doch mein inniges Verlangen schlug sie nieder. *Ach was soll es!* Meine Finger vergruben sich in seine halblangen, blonden Haaren und ich zog ihn noch fester an mich.

Er wehrte sich nicht, sondern erwiderte meine drängenden Lippen innig, während mein Herz noch schneller unter seiner Berührung hämmerte. Ich wollte ihn nicht gehen lassen, jetzt nicht, später nicht, nie.

Doch Corvin löste sich sanft aus meinem drängenden Armen, stellte mich wieder auf die Beine.

„Der Krankenwagen wird gleich da sein."

Mit sanften Blick beobachtete er mich.

„Du solltest gehen! Sie braucht dich."

„Du hast recht", murmelte ich und wusste, dass er das wirklich hatte. Obwohl Tobi und all die anderen Leute bei ihr waren und gleich Hilfe kommen würde, wollte ich bei ihr sein.

„Geh schon!", drängte er mich und schob mich sanft an den Hüften von sich weg.

Ich konnte kaum sprechen, so sehr hatte mir der Kloß im Hals bereits die Kehle zugeschnürt. Seine Finger strichen mir die Haare aus dem Gesicht und ich sah ihm in seine tiefblauen Augen, die fast leuchteten.

„Ich fahre mit ins Krankenhaus", seufzte ich. Weil ich nicht wusste, was ich anderes hätte sagen sollen.

„Ich will hier nicht bleiben, nicht ohne dich und nicht, wenn ich nicht weiß wie es Clara und dem Baby geht."

„Dann geh!"

Corvins Stimme klang jetzt ruhig und verständnisvoll und gleichzeitig so teilnahmslos, dass es wehtat.

„Komm mit!", schrie ich ihn an.

Ich wollte ihn nicht einfach aus meinem Leben gehen lassen. Nicht schon wieder. Er gehörte schon zu sehr dazu. *In mein Leben.*

„Bitte."

Ich flehte ihn an.

„Es geht nicht", seufze er, während seine Hände von meinen Hüften glitten. Er gab mich frei. Der Abschied war unvermeidbar.

Meine Beine wurden wackelig und ich begann zu schwanken. Noch ehe ich einen Mucks von mir geben konnte, lagen Corvins Arme schützend um mich.

„Ist alles okay?", fragte er mich mit drängender, erschrockener Samtstimme. „Geht's dir nicht gut?"

„Eeesssss issss alllles okkkaaay."

Wie dicke, schwere Brocken stolperten die Worte aus meinem Mund. Ich sah in seine aufgerissenen Augen.

„Der Krankenwagen kommt. Ich bring dich jetzt hin. Es ist besser sie schauen dich auch mal an", meinte er mit fast schon verzweifelter Stimme.

Gegen seinen Willen, versuchte ich nun das letzte Bisschen Kraft, die mein Körper noch haben musste, zu mobilisieren, um mich gegen seinen, mich vor sich herschiebenden Körper zu stemmen. Ich sah ihn an, suchte seinen Blick, bis meine Augen seine fanden.

Plötzlich platzten die Worte, die ich nur denken, aber nie sagen wollte und dürfte aus mir heraus.

„Ich liebe dich Corvin."

Er blieb stehen und ich fiel gegen seine Brust, während sein wütender Blick mich strafte.

„Ich kann nichts dagegen tun", entschuldigte ich mich und konnte dennoch die Worte nicht rückgängig machen. Die Worte, welche wie Entschuldigung und Anschuldigung zugleich geklungen haben müssen. So verzweifelt und traurig und elend habe ich mich sofort gefühlt. Ich hatte mich verraten.

Ich versuchte sein Mienenspiel zu verstehen. In seinem Gesicht spiegelten sich Wut, Hass, Trauer, Ratlosigkeit und wieder Wut wieder. Ich wartete ängstlich darauf, was er mir entgegnen würde.

Er nahm mein blessiertes Gesicht vorsichtig in die Hände. Jetzt spürte ich die Kälte seiner Haut ganz deutlich. Ungestüm, fast, als würde er mir absichtlich wehtun wollen, presste er seine Lippen auf meine. Ich drückte genauso haltlos zurück, schlang meine Arme so sehr ich nur konnte um ihn und dachte mit keiner Silbe daran, ihn loszulassen. Doch ohne Anstrengung löste er sich mühelos aus meiner Umarmung.

„Ich weiß", flüsterte er und sah mir dabei tief in die Augen.

Ich begriff nicht sofort, dass das wohl die Reaktion auf mein Liebesgeständnis sein sollte. Mehr hatte er mir dazu nicht zu sagen? Viel zu sehr erwartete ich, dass er genauso empfinden würde. Völlig vor den Kopf gestoßen, mit versteinerter Miene, stand ich regungslos da.

Ich spürte, wie mir das Gesicht hochrot anschwoll und glühend Tränen in die Augen stiegen. Für mein rausgeplatztes Liebesgeständnis hätte ich mich am liebsten selbst gelyncht. Heiß rannten die Tränen über meine Wangen.

Wieder fassten seine Hände mein Gesicht. Seine kalte Berührung brannte auf meiner heißen, feuchten, angeschwollenen Haut immer stärker.

Einige Sekunden vergingen, bis Corvin sanft seine Lippen auf meine Stirn presste.

„Bye Schatz", flüsterte er mir an den Kopf.

Dann ließ er von mir ab und verschwand blitzschnell in die Nacht.

„Bye und danke", schluchzte ich und wusste, dass er es noch hörte. Er hätte es auf etliche Kilometer Entfernung gehört.

Sinnflutartig schossen mir die Tränen aus den Augen und als ob das alles nicht schon schlimm genug gewesen wäre, brach wie ein schlechtes Omen ein gewaltiger Wolkenbruch über mir nieder. Gefolgt von heftigen Blitzen und Donner. Ein Unwetter, wie es im Buche stand. Es war so schnell da, dass ich es nicht einmal kommen sah. Binnen von Sekunden durchdrang die Nässe meine dünnen Sachen, bis auf die Unterwäsche. Ein Wetter, wie es nicht besser hätte zu meiner Stimmung passen können. Ich wollte fasst zusammenbrechen, als ich das Blaulicht um mich wahrnahm. *Clara!!!*

So schwer es mir auch fiel, musste ich mich zusammenreißen. *Für Clara. Sie braucht mich!*
Bevor ich mich zum Gehen umdrehte, machte ich einen Handkuss in die Dunkelheit und flüsterte, „Ich liebe dich." Auch jetzt war ich mir sicher, dass er mich nicht aus den Augen lassen würde, solange ich nicht im Krankenwagen, also in Sicherheit sein würde. Ich sah ihn nicht, aber ich fühlte, dass er immer noch da war.

Peitschenhiebe und Zuckerbrot

Das war mit Abstand der verwirrendste und gleichzeitig aufregendste Tag in meinem Leben. Teilweise positiv. Teilweise negativ. Ich wusste nicht, wie ich darüber denken sollte. Es war einfach zu viel passiert. Zuviel, als dass es mein Gehirn hätte so schnell verarbeiten können. Ich vermutete, dass wohl Tage, wenn nicht sogar Wochen oder Monate vergehen müssten, um das Erlebte, zumindest zum Teil, verarbeitet zu haben.

Mit schnellem Schritt ging ich zum Krankenwagen. Die zwei Rettungskräfte hatten Clara schon auf die Trage gebart und schoben sie hinein. Ich setzte gerade zum Sprung in den Wagen an, als mich jemand am Arm zurückzog.

„Sie dürfen hier nicht rein!", klang es bestimmend.

Dahinter verbarg sich eine ältere Dame, vielleicht Mitte fünfzig. Sie hielt mich mit festem Griff und dachte scheinbar nicht daran, etwas lockerer zu lassen. Ich hatte das Gefühl, sie würde mir gleich die Hauptschlagader abdrücken.

„Ich bin ihre Freundin. Ich will mitfahren", meinte ich ruhig und sank den Kopf, um mein Gesicht zu verbergen.

„Ach dann bist du die, die sie fast umgebracht hat." Die Sanitäterin fragte nicht, sie stellte zynisch fest und das in einem ziemlich herrschenden, unfreundlichen Ton.

„Und übrigens, um Wollen geht's hier nicht junge Dame."

Ich spürte heftig, wie mir die Wut durch die Glieder zuckte. Normalerweise hätte ich sie einfach runtergeschluckt, aber nach dieser Unterstellung brannten bei mir alle Sicherungen durch. Ich drehte mich um und tippte dieser furchtbaren Frau mit starkem Druck immer wieder auf die Brust.

„Sie umgebracht?" Ich schnaubte vor Wut. „Sie wäre vielleicht schon tot, weil ihr nicht aus dem Arsch gekommen seid."

„Diesen Ton möchte ich mir verbieten!", meinte sie schnippisch, während sie nach meinem Finger griff, der auf ihrer Brust hämmerte.

In meinem ganzen Körper begann es zu kribbeln, dann zu vibrieren. Ich war wie eine Bombe, die bei der nächsten Berührung mit einem riesen Knall explodieren würde.

„Wissen sie was? Sie können mich mal kreuzweise!", platzte es ungebremst und scharf wie Rasierklingen aus mir heraus.

Weitere Ausflüchte verkniff ich mir, zum Wohl aller Beteiligten.

Tobi saß schon im Krankenwagen bei Clara. Ich wollte den beiden zur Seite stehen, stattdessen rastete ich völlig aus. Resigniert nahm ich den Fuß vom Trittbrett des Krankenwagens und sank den Kopf.

„Lassen sie sie doch bitte mitfahren!", hörte ich Tobis bedrückte Stimme sagen.

Es vergingen endlos lange Sekunden voller Stille, bis ich mich umdrehte und zum Krankenwagen blickte.

„Na dann los rein!", meinte die Sanitäterin zu mir.

Mit weiterhin gesenktem Kopf ging ich an ihr vorbei, ohne ein Wort zu sagen, ohne auch nur einen Gedanken daran zu verschwenden, mich bei dieser ungehobelten Person zu entschuldigen. Sie schmiss die Tür hinter mir zu.

„Danke", flüsterte ich zu Tobi, denn nur ihm hatte ich es zu verdanken, dass ich überhaupt mitfahren konnte. Ich nahm neben ihm Platz.

Uns gegenüber, auf der anderen Seite der Bahre saß ein zweiter Rettungsassistent. Durch die Wimpern sah ich zu ihm auf und bemerkte, mit welch ungläubigem Blick er mich beäugte. Ich ahnte, dass er mich wegen meinem Ausraster so ansah. Aber es war mir, wie so oft egal. Ich hatte nur Augen für Clara.

„Du schaffst das Süße!", meinte ich und griff nach ihrer Hand.

„Danke", hauchte sie mir zu, während sie mich durch ihre fast geschlossenen Augen anblinzelte.

Plötzlich spürte ich den dicken Kloß wiederkehren in meinem Hals, der schlagartig immer größer zu werden schien. Ich schluckte hektisch und versuchte, das Gefühl weinen zu müssen, zu vertreiben. Doch stattdessen schossen mir die Tränen in die Augen. Völlig aufgelöst verschränkte ich die Arme auf der Bahre vor mir und tauchte den Kopf darin ein. In diesem Moment war der Punkt gekommen, an welchem der ganze Abend mit voller Wucht auf mich einschlug. Jason, Corvin, Clara. Alle Bilder und Gedanken rannten wie ein Lauffeuer durch mein Gehirn. Ich spürte, wie mein gesamter Oberkörper vom Weinen wippte.

So sehr ich auch versuchte gegen diese unerträgliche Traurigkeit anzukämpfen, scheiterte ich daran. Es war wohl besser, mich nicht dagegen zu wehren.

Ich weinte den ganzen Weg, bis ins Krankenhaus nach Weißwasser. Dann waren wir endlich angekommen. Schnell zogen die Sanitäter Clara aus dem Krankenwagen und schoben sie zur Notaufnahme rein. Tobi und ich hielten Schritt. Doch als sie Clara in einen Raum fuhren, flog die Tür vor unseren Nasen zu. Mit dem Satz „Sie müssen warten!"

Tobi setzte sich auf einen Stuhl im Wartebereich. Aber ich wurde das beklemmende Gefühl in diesem winzigen Raum nicht los. Mir war weder nach Sitzen, noch nach Stehen. Ich konnte in dieser Wartezeit nichts mit mir anfangen. Hektisch lief ich auf und ab, setzte mich und stand doch wieder auf. Tobi ermahnte mich einige Male, weil ich ihn damit verrückt machte. Mir schossen etliche Gedanken durch den Kopf, die mich wiederum völlig aus der Fassung brachten. Ich hielt es keine fünf Minuten länger in diesem Krankenhaus aus.

„Ich geh kurz raus, frische Luft schnappen", warf ich Tobi kurz angebunden zu, während ich schon auf dem Weg zum Ausgang hetzte.

Ich musste einige menschenleere Gänge hinter mich bringen und drei Türen, bis ich endlich draußen war. In einem tiefen Zug sog ich die drückend, feuchte Luft in mich ein. Hier in der Stadt schien es noch stickiger und wärmer zu sein, als am See. Es war, als würde sich der ganze Smog mit der warmen Luft mischen. Der Regen hatte an Stärke abgenommen, war nunmehr nur noch ein leichtes Nieseln, leise und friedlich.

Langsam ließ ich mich mit angewinkelten Beinen auf dem nassen Bordstein, direkt vor dem Eingang nieder und gab mich dem andauernden Druck, weinen zu müssen, hin. Ich vergrub mein Gesicht wieder in den verschränkten Armen.

Was für ein grausamer Tag, noch grausamer als alle bisherigen!!!
Wie in einem Film liefen die Bilder vom Tag noch einmal vor meinen Augen ab. Ich zuckte zusammen, als der Gedanke, wie Jason mir ins Gesicht schlug, hochkam. Dann dachte ich an Corvin und meine Brust zog sich schmer-

zend vom Weinen zusammen. Für einen kurzen Moment so heftig, dass ich keine Luft mehr bekam. Hektisch atmete ich und schluchzte. *Was war nur passiert?* Ich stellte mir die Frage immer wieder. Mein Kopf konnte einfach nichts verarbeiten, nur ständig in Bildern wiedergeben.

Ich war in meiner Stellung schon völlig zusammengesackt, als mir jemand auf die Schulter packte. *Corvin!!!* Voller Hoffnung, mit schon fast geöffneten Armen, reagierte ich beim Gedanken an ihn.

„Lina kommst du wieder mit rein, bitte?", hörte ich Tobi hinter mir sagen.

Meine Schultern sanken resigniert nach unten, bevor es in meinem Kopf zu toben begann. Es gab einen Grund weshalb ich da war.

„Ist was mit Clara?" Ich erschrak und sprang nach endlos langer Verwirrtheit mit weit aufgerissen, verheulten Augen auf.

„Was ist? Sag schon!"

„Clara geht's den Umständen entsprechend. Sie bringen sie jetzt hoch auf die Station."

Ich musste meine Gedanken sammeln und wischte mir die Tränen aus dem Gesicht.

„Ich soll dich noch mal in die Notaufnahme bringen", flüsterte Tobi fast.

„Weshalb?"

Ich verstand nicht was das sollte. Wollte mich die Sanitäterin für mein Verhalten zurechtweisen?

„Sie wollen sich dich mal ansehen."

„Das ist nicht notwendig. Mir geht's gut", wehrte ich mich und überlegte wegzulaufen, bevor ich auch nur einen Schritt dahin tun sollte.

Tobi sah mich schief von der Seite an und als es mir zu blöd wurde, ging ich einfach an ihm vorbei zur Eingangstür rein. Er folgte mir sofort.

„Wo liegt Clara?"

„Lina, lass uns kurz in die Notaufnahme gehen, bitte", flehte er mich regelrecht an.

„Mir geht's doch gut", versuchte ich mich zu rechtfertigen. Warum mussten alle aus meinen paar Schürfwunden so ein Trara machen? Ich verstand den Wirbel um meine Person überhaupt nicht. Es gab doch sicher Leute in diesem Krankenhaus, denen es schlechter ging als mir. Leute, welche die Hilfe der Ärzte nötiger hatten als ich. Wie Clara.

„So siehst du aber nicht aus. Komm schon! Umso schneller können wir zu Clara."

„Ja", antwortete ich angesäuert.

Ich hatte weder die Lust noch den Nerv mit Tobi zu diskutieren und gehorchte ihm. *Dafür rede ich nie wieder ein Wort mit ihm!*, schwor ich mir.

Schnell schritten wir den Gang entlang. Keiner von uns beiden gab auch nur ein Mucks von sich. Ich nicht, weil ich sauer auf ihn war und er? Er sicher, weil seine Gedanken um Clara kreisten und er die Minuten zählte zu ihr zu gehen. Aber daran war ich nicht schuld. Er musste mich ja unbedingt zum Arzt schleifen.

Im Wartebereich angekommen, trat mir auch schon der Rettungsassistent aus dem Krankenwagen entgegen. Er gab mir die Hand und stellte sich vor.

„Fichtner."

Dann bat er mich in den Behandlungsraum.

„Lina Mayer", fauchte ich zurück.

„Bitte nehmen Sie Platz Frau Mayer!", meinte er ganz förmlich zu mir, obwohl er nicht so irre viel älter zu sein schien als ich. Er zeigte mit dem Finger auf eine Pritsche und ignorierte meine Gereiztheit völlig. Ohne zu zögern setzte ich mich auf die Kante.

„Sie hat es ganz schön erwischt."

„Mir geht's wirklich gut", widersprach ich ihm, während er mir mit einer kleinen Taschenlampe abwechselnd in beide Augen leuchtete.

„Sie tragen Kontaktlinsen?", meinte er und zog eine Augenbraue hoch.

„Ja."

„Weshalb? Weil es schön ist oder weil sie ernsthaft eine Sehschwäche haben? Ich meine, verstehen sie mich nicht falsch. Ich habe nur bemerkt, dass es farbige sind."

Ich sah ihn an und kam mir sofort veräppelt vor. Aber er war nun mal ein Engel in weiß und seine Frage offensichtlich berechtigt.

„Ich habe Albinismus, schwerste Stufe. Reicht Ihnen das, als Erklärung?", meinte ich belanglos und fragte mich, ob ich es nicht gleich in der Zeitung veröffentlichen sollte; denn nicht einmal das hätte mich jetzt die Bohne gejuckt.

„Ja das reicht. Ich wollte Ihnen nicht zu nahe treten."

Sein Gesichtsausdruck wirkte für einen kurzen Moment entschuldigend, bevor er weitersprach.

„Wie ist das passiert?"

„Ich bin zwischen die Fronten geraten", antwortete ich knapp.

Mit ungläubigem Blick sah er mich an.

Ich musste ihm ja nun wirklich nicht auf die Nase binden was passiert war. Dann hätte sich diese ganze Prozedur sicher ewig hingezogen.

„Frau Mayer, Sie wissen aber schon, wenn Ihnen das jemand aus Berechnung angetan hat, dass Sie Anzeige erstatten können?"

„Ja, aber ich war einfach zur falschen Zeit am falschen Ort.“

Der prüfende Blick wich nicht aus seinem Gesicht, dennoch ließ er es auf meiner Aussage beruhen.

„Haben Sie Schmerzen? Kopf- oder Nackenschmerzen?“

„Nein. Also ich denke nicht.“

„Wie, Sie denken nicht? Das merkt man doch“, meinte Herr Fichtner leicht angesäuert.

„Um ehrlich zu sein, habe ich mich bis eben nicht damit beschäftigt.“

„Na gut“, sichtlich entnervt, gab er auf, nach dem Grund zu bohren.

„Ich werde Ihnen jetzt erst mal das Gesicht säubern.“

Er trat einige Schritte weg von mir, rüber zu einer Art Arbeitsplatte und schüttelte dabei verständnislos den Kopf. Ich wusste nicht, ob er wusste, dass ich das gesehen hatte oder ob er diese abwertende Geste unbewusst tat. Vielleicht sollte ich es auch sehen, als Zurechtweisung oder Ausdruck seiner Meinung zu meiner Einstellung. Wie auch immer. Eigentlich war es mir egal. Was sollte es mich schon interessieren, was ein Arzt oder besser, nur ein Assistent von mir hielt, den ich sowieso nie wieder sehen würde? Überhaupt nicht.

Er füllte eine durchsichtige Flüssigkeit in eine Schale, nahm Wattebausche, Tupfer und Handschuhe aus verschiedenen Behältern und kam wieder zu mir. Ich überlegte, ob ich ihn nicht doch auf seine negative Geste ansprechen sollte. Erinnerte mich aber dann daran, dass es mich ja nicht interessierte.

Während er sich Gummihandschuhe anzog, klärte er mich darüber auf, was weiter passieren würde.

„Es wird sicher gleich ein wenig brennen. Wenn es irgendwo besonders weh tut, sagen Sie mir bitte Bescheid."

Ich machte ihm mit einem Nicken verständlich, dass ich begriff, was er sagte; denn er sprach so langsam, als würde er mich für ein bisschen doof halten. Das trieb mich allmählich in den Wahnsinn. Ich überlegte schon einfach von der Pritsche zu hopsen und zu gehen. Ganz gleich, wie er darauf reagiert hätte. Doch ehe ich mein Vorhaben in die Tat umsetzten konnte, begann er mit einem getränkten Wattebausch über mein Gesicht zu streichen.

Dieses Desinfektionszeug oder was das auch immer war, roch grauenvoll und brannte wie verrückt. Ich musste mich wirklich zusammenreißen, nicht ständig aua und mhh von mir zu geben oder ihm das Ding aus der Hand zu schlagen.

Dann, nach einer gefühlten Stunde, war es endlich vorbei. Erst einmal.

„Frau Mayer legen sie den Kopf bitte ein bisschen zurück!", bat er mich und ich nahm mir vor, die restliche Zeit, etwas weniger anstrengend zu sein. Er tat ja auch nur seine Arbeit. Ich gehorchte lieber, umso schneller würde ich wieder aus dem Behandlungsraum sein.

Herr Fichtner entfernte mit den Tupfern noch die Überreste des angetrockneten *Blutes* unter meiner Nase und dann war es wirklich vorbei.

„So das hätten wir. Spüren Sie jetzt irgendwelche Schmerzen?", fragte er mich höflicherweise noch mal.

„Nein, es geht schon, danke."

Das war gelogen.

Inzwischen gab es keine winzigste Stelle mehr in meinem Gesicht, die nicht schmerzte. Aber es war auszuhalten und ich redete mir ein, dass ich stark sein werde. Außerdem wollte ich endlich zu Clara.

„Ich gebe Ihnen noch eine schmerzlindernde Creme, Tabletten und was zum Kühlen gegen die Schwellungen mit."

Er sagte es mit so einem unterschwelligen Ton, dass es klang, als würde ich aussehen wie ein Monster. Ich stand auf und ging zur Tür. Herr Fichtner begleitete mich, reichte mir die Hand und gab mir die Creme, die Tabletten und einen kleinen Gel – Kühlakku.

„Sollten Sie Kopfschmerzen bekommen, nehmen Sie bitte die Tabletten! Es nützt ihnen nichts sich als Heldin aufzuspielen und wenn noch irgendwas ist, gehen Sie bitte umgehend zu ihrem Hausarzt!"

Ich dachte fast, ich hätte mich verhört, als er mich als Möchtegernheldin hingestellt hat. Aber ich beließ es dabei, ihn in Gedanken zu beschimpfen. Stattdessen bedankte ich mich und machte auf der Schwelle kehrt.

„Ach und übrigens, die Aktion mit dem Luftröhrenschnitt war nicht okay."

Mir fiel die Kinnlade runter. Ich drehte mich um und war schon kurz vor dem Lospoltern, als er weiter sprach.

„Aber es hat dem Baby das Leben gerettet. Ich kann Ihnen nur ans Herz legen, beim nächsten Mal lieber die Leute ranzulassen, die sich damit auskennen."

Herr Fichtner grinste ein breites Grinsen.

„Es wird kein nächstes Mal geben, hoffe ich und wenn … . Versprochen."

„Tschüss und gute Besserung."

„Tschüss. Danke noch mal."

Ich zog die Tür hinter mir zu und verdrehte die Augen, dass Tobi es sehen konnte.

„Und ist alles okay?", fragte er besorgt. „Du siehst auf alle Fälle besser aus."

„Ja, nichts Schwerwiegendes. Können wir jetzt bitte zu Clara gehen?"

Ohne mir zu antworten ging Tobi voraus und ich folgte ihm schnellen Schrittes.

Einige Stufen und noch mehr verwinkelte Flure brachten wir hinter uns, bis wir Claras Zimmer erreichten und Tobi leise anklopfte. Ein leises „ja" war zu hören. Tobi öffnete die Tür und ging voran zu Clara ans Bett. Es war schön zu sehen, wie er ihr die Haare von der Stirn schob und sie küsste.

Claras Mam war auch schon da. Sie wirkte aufgelöst, als ich sie mit einer Umarmung begrüßte. Sofort standen auch mir wieder die Tränen in den Augen.

„Was ist denn mit dir passiert?", fragte mich Tanja ein wenig entsetzt.

„Ist nicht der Rede wert", antwortete ich ihr knapp und ging zu Clara ans Bett, um sie mit einem Kuss auf die Wange zu begrüßen.

„Hey Süße. Wie geht's dir?"

„Besser, danke."

Es war nur ein Flüstern was sie raus bekam.

„Und dem Baby?"

Ich sah sie an und bemerkte, dass die Wunde bereits abgeklebt war und Clara wieder, den Umständen entsprechend, normal atmen konnte.

„Alles in Ordnung, aber es war wirklich knapp", antwortete mir Tobi an Claras Stelle. Sie war sichtlich mitgenommen, von dem Geschehnis.

Ich ging rüber zum Tisch und holte mir einen Stuhl, den ich neben Claras Bett stellte. Ich setzte mich ohne einmal den Blick aus ihrem Gesicht zu nehmen. *Um ein Haar hätte ich dich verloren!*, murmelte es in meinem Kopf.

„Was hat der Arzt nun gemacht?", richtete ich meine Frage direkt an Tobi, um Clara nicht zu sehr anzustrengen.

„Soweit ich weiß, haben sie ihr, ein für das Baby unschädliches Mittel verabreicht, was die Schwellung zurückgehen ließ. Danach haben sie den Schnitt vorsorglich gereinigt und irgendwie zu gemacht."

„Und wann kann sie wieder raus?"

„Das konnte uns der Arzt nicht genau sagen. Ihm ist es lieber wenn Clara noch eine Weile zur Beobachtung bleibt. Schon des Babys wegen."

„Aha", konnte ich daraufhin nur noch rausbringen. Ich verschränkte die Arme auf Claras Krankenbett. Während Tobi auf der anderen Seite des Bettes, mir gegenüber platz nahm und seine Hand in ihre Linke legte.

Eine Nacht im Krankenhaus

Langsam ließ ich den Kopf auf den Kühlakku sinken und beobachtete die beiden durch die tränennassen Wimpern. Clara sah mich kurz an. Sanft fuhr ihre Hand über meinen Kopf, durch die Haare. Dann schlossen sich ihre Augen wieder.

Tränen um Tränen rannten mir unaufhörlich über die Wangen, auf den rapsgelben Bettbezug. Ich versank in Trauer und Schmerz. Dunkelheit legte sich um mich, als ich begriff, dass ich wohl alles Geliebte an diesem Abend mit einem Schlag verloren hatte. Die unbeschwerte, viele Zeit mit Clara, meiner besten Freundin. Meine Seelenverwandte. Jason als gut geglaubten Kumpel und Musiker. Und zuletzt Corvin. Mit seinem Verschwinden nahm er mir den Sinn des Lebens.

Wenn ich eine Wahl hätte, würde ich inzwischen wahrscheinlich alles, was mir noch übrig geblieben ist, aufgeben, wenn ich nur ihn dafür zurück bekommen könnte. Er ist mein Atem, mein Herzschlag, mein Leben. Das Erlebte, einfach alles kam mir plötzlich so viel schlimmer vor, als nur Minuten zuvor. Es fühlte sich an, als würde ich von einem gigantischen Strudel in die Tiefe gezogen. Das Nichts kam näher und allmählich entschwand mir die Luft zum Atmen.

Corvin stand nur wenige Meter von mir entfernt, zwischen ein paar hohen Kiefern. Seine weiße Marmorhaut leuchtete in der Dunkelheit der Nacht. Ich erkannte ihn sofort, doch seine Miene hatte sich verändert, während ich ihn anstarrte. Erst beäugte er mich neugierig, den Kopf schräg gelegt.

Plötzlich formten sich seine Lippen zu einer harten, kaum noch sichtbaren Linie. Die Augen wurden schmal. Seine Miene finster und durch und durch hasserfüllt.

Ich verstand es nicht, seine Reaktion, auf was auch immer. So hatte ich ihn jedenfalls noch nie erlebt, dessen war ich mir sicher. Er hätte mir genauso gut ins Gesicht schlagen können, dann hätte ich wenigstens gewusst, dass sein Groll mir galt. Wobei ich diese Attacke mit Sicherheit nicht überleben konnte und mir dann auch keine Gedanken mehr über das Warum und Weshalb machen brauchte. Wie auch Immer.

Verwirrt erstarrte ich in Corvins Blick, war gelähmt, gefesselt, geknebelt und wie von Speeren durchbohrt.

Er kauerte sich in eine Art Angriffsstellung, während sich die weißen, steinernen Hände zu Klauen formten. Seine grellen, blauen Augen schienen fast aus den Höhlen zu treten. Es war der Anblick eines Tieres, nicht mehr der eines *Vampirs*, geschweige denn eines Menschen.

Hektisch schaute ich mich um, suchte den Grund für seine Wut. Doch nichts, außer die Schwärze der Nacht und einige Bäume schweiften meinem Blick.

Sofort begriff ich, dass ich der Auslöser war. Im selben Moment durchbohrte ein stechender Schmerz meinen Bauch, meine Brust. Ich krümmte mich, legte die Hände darauf. Sie tasteten, suchten den Ausgangspunkt dieses grässlichen Schmerzes und erfühlten warme Feuchtigkeit. Im Bruchteil weniger Sekunden passierten mehrere Sachen auf einmal.

Ich sah nach unten zu meinen Händen, wo zwischen den Fingern, durch die Kleidung hindurch, dickes, warmes *Blut* emporquoll. So viel, dass mir der metallene, rostige Geruch ins Gesicht schlug und Übelkeit in mir aufstieg. Der Stoff war völlig getränkt. Ich stolperte erschrocken, gekrümmt, einige Schritte zurück. Die Hände fest auf den Bauch gepresst. Meine Sinne ließen nach, schienen zu schwinden. Ich schwankte.

Aus mir scheinbar endlos weiter Ferne, drang ein lautes, kehliges Knurren heran.

Ich hob den Kopf und Corvin stürzte in unmöglicher Geschwindigkeit auf mich zu. Er war zu schnell, als dass es meine Augen hätten erfassen können. Ich sah nur, dass ich nichts sah. Vielleicht sprang er oder flog, bevor er Knochen berstend auf mich einschlug und mir der Schrei im Hals stecken blieb.

Ich schrak auf, fuhr hoch aus meiner liegenden Position, die ausgestreckten Beine auf weichem Stoff gebettet, die Hände immer noch am Bauch. Ich keuchte, als hätte ich seit einer Ewigkeit keinen Sauerstoff mehr geatmet, sah an mir herab und spreizte vorsichtig die zitterigen Finger von meinem Shirt. Für den Moment stockte mir der Atem. Doch was mich erwartete, war weißer Stoff mit Rost- und alten *Blutflecken*. Mein Shirt vom Vortag.

Das Bild vor meinen Augen hatte sich verändert, die Dunkelheit schien verzogen. Nun erfüllte Tageslicht meine Umgebung.

„Hey."

Schritte traten auf mich zu.

„Hey alles okay?"

Die Stimme schnellte auf mich zu, griff nach meiner Schulter und meine Glieder fuhren erneut zusammen. Tobi trat nun in mein Blickfeld. Doch ich starrte ihn nur verdattert an. Was hatte er hier zu suchen, bei mir? Ich rieb mir die Augen und sofort tobte mir brennender, pulsierender Schmerz unter der Gesichtshaut.

„Aua" *Mist*. Allmählich kam ich zur Besinnung.

Tobis Blick klebte fragend an mir, die Augen groß, der Atem jedoch unruhig schnell und schwerfällig. Er schien über etwas besorgt zu sein.

„Geht's dir nicht gut? Soll ich vielleicht einen Arzt holen?", flüsterte er.

Ich schloss die Augen und schüttelte den Kopf. In erster Linie, um meine wirren Gedanken zu verdrängen.

„Nein, dir geht's nicht gut oder, nein ich soll keinen Arzt holen?", fragte Tobi mit Nachdruck.

„Keinen Arzt", antwortete ich ihm knapp. Meine Blicke wanderten an ihm vorbei. Ich entdeckte Clara, friedlich schlafend im Krankenbett parallel zu mir. *Ich bin noch im Krankenhaus!*, stellte ich überrascht fest und mir fielen die Geschehnisse vom Vorabend wieder ein. Erinnerungen, die ich am liebsten sofort wieder vergessen hätte oder am besten gar nicht erst erlebt.

Ich war so weit weg von ihr, verfrachtet auf das zweite Krankenbett in diesem Raum. Es war mir am Vorabend nicht aufgefallen, dass noch ein zweites, leeres Bett da stand. Meine Blicke und Gedanken galten wahrscheinlich nur Clara. Ich musste wohl an ihrem Bett eingeschlafen sein und irgendjemand hatte mich dann in dieses Bett getragen. Selbst, das Tanja am Abend gegangen sein musste, war mir entfallen. Ich dachte einen Moment darüber nach und spürte sogleich, wie Tobis Blicke wieder an mir hefteten.

„Ich hab nur schlecht geträumt", antwortete ich ihm, auf seine ungestellte Frage.

Mit Schwung warf ich die Beine aus dem Bett, sprang auf die Füße und fiel durch ein plötzlich aufgetretenes Schwindelgefühl zurück auf das Bett. Ich atmete durch, ließ meinem Kreislauf beim zweiten Versuch etwas mehr Zeit, das *Blut* gleichmäßig im Körper zu verteilen. Ich wollte unbedingt zu Clara, aber mir die Knochen auf zwei Meter zu brechen, lag nicht in meinem Interesse. Langsam trottete ich zu ihr rüber, immer bedacht darauf, jedes aufkommende Schwindelgefühl ernst zu nehmen. Doch mein Kreislauf hatte sich stabilisiert und es gab keinen Grund zur Sorge.

Als ich Clara näher kam, sah ich, dass sie noch schlief. Ich wollte daran auch vorerst nichts ändern. Sollte sie so lange schlafen, wie ihr Köper es brauchte und die Ärzte sie in Ruhe ließen.

Ich schlich durch den Raum, auf die andere Seite ihres Bettes zum Fenster. Tobi saß wie am Abend zuvor zu Claras Linken und damit stand ich nun direkt neben ihm. Ich stemmte meine Handflächen auf das Kunststofffensterbrett vor mir.

Nachdem am späten Abend der heftige Gewitterschauer runtergeprescht war, erfüllten an diesem Morgen zarte Nebelschwaden die Luft, umschmiegten die Bäume und ließen die Neubauten gegenüber fast unwirklich erscheinen. Alles wirkte so unberührt, still, wie in einem Fantasy-Streifen. Keine Menschenseele schien so früh schon auf den Beinen zu sein.

Wäre dieser Morgen durch die Ereignisse vom Vorabend nicht so anders gewesen, hätte ich mich sicher am Anblick erfreut und mich gefragt, wie warm es wohl draußen sein würde. Aber es interessierte mich nicht, nicht im Geringsten. Ich hatte wirklich andere Sorgen, über die ich mir den Kopf zerbrechen konnte oder musste, vielleicht auch wollte, um es zu verstehen und verarbeiten zu können. Irgendwann. Vielleicht.

Nach einigen Minuten völliger, geistiger Abwesenheit, erwachte ich aus meiner Duselei. Der widerlich bittere, irgendwie *blutige* Geschmack in meinem Mund und der

Belag auf den Zähnen, den meine Zunge deutlich erfasste, brachten mir Übelkeit. Mein Magen war leer und ich bemerkte erst in diesem Moment, dass er knurrte, deshalb reagierte mein Kreislauf sicher auch so überempfindlich.

Ich durchforstete die wenigen Möglichkeiten die sich mir boten, um mich, wenn auch nur etwas, wohler zu fühlen.

Da war als erstes der Gedanke heimzufahren, zu duschen und einfach im Selbstmitleid zu versinken. Doch dazu hätte ich Clara verlassen müssen und das wollte ich nicht, nicht so lang sie nicht aufgewacht war und ich mich nach ihrem Zustand erkundigt hatte. Also verwarf ich die Idee sofort wieder.

Die nächste Möglichkeit war das Bad im Krankenzimmer aufzusuchen, um mich wenigstens ein kleines bisschen frisch zu machen. Das schien mir eine gute Idee zu sein. So konnte ich da sein, wenn Clara aufwachte.

Ich nahm die Hände vom Fensterbrett. Langsam und so leise es ging, schritt ich quer durch den Raum. Kurz vor der Zimmertür, nach draußen auf den Flur ging eine Tür nach rechts. Ich nahm an, dass ja nur dahinter das Bad sein konnte und als ich die Tür öffnete, behielt ich recht. Ich trat ein, legte links an der Wand den Schalter um und lief zum Spiegel, um mich anzusehen.

Mein Anblick war nicht so schlimm wie ich erwartet hatte. Ein paar rote Stellen im Gesicht und bei näherem Hinsehen leichte Schwellungen mit blassvioletten Schatten. *In einigen Tagen werden die sicher noch dunkler*, dachte ich und strich sachte mit dem Mittelfinger darüber. *Da wird sicher nur noch reichlich Make-up helfen*, und die Hoffnung, dass es bis zum ersten Arbeitstag verschwunden sein würde. Wobei mir bis dahin, noch ganze zwei Wochen blieben.

Ich betrachtete die Flecken aus allen möglichen Blickwinkeln, drückte sie leicht mit den Fingerspitzen. Es schmerzte, aber nicht sehr, nicht so, dass ich hätte schreien müssen, eher der Berührung ausweichen. Ich konnte nicht einschätzen, wie sehr das künstliche Badezimmerlicht, das Bild verfälschte, welches mir der Spiegel zeigte. *Vielleicht sehe ich im Sonnenlicht viel schlimmer aus oder besser? Vielleicht!* Nur eins wusste ich ganz genau, dass meine Augen inzwischen wie verrückt zu brennen begannen. Ich hatte die Kontaktlinsen am Abend nicht raus genommen und das rächte sich jetzt. So sehr ich versuchte die Dinger rauszunehmen, es klappte nicht. Die Linsen hatten sich über Nacht völlig an meiner Iris festgesaugt. Das musste also doch warten, bis ich zu Hause bin und mit Augentropfen nachhelfen kann.

Ich öffnete den Wasserhahn, formte die Hände zu einer Schale und ließ kaltes Wasser hineinlaufen. Mit Schwung spritzte ich es mir ins Gesicht. Ich wiederholte es einige Male und spülte mir dabei den Mund sorgfältig aus. Der Schmerz klang allmählich ab. Es fühlte sich wirklich gut an das kalte Wasser auf der pochenden Haut zu fühlen. Doch lieber hätte ich mein Gesicht in Corvin eisige Hände geschmiegt. Ob er mich in der letzten Nacht vielleicht beobachtet hatte? Ahnte er, wie schlecht es mir ohne ihn ging?

Meine Blicke schnellten durch den Raum. Erst jetzt fiel mir auf, wie winzig er war. Vielleicht zwei Quadratmeter, mit einer kleinen Dusche, Toilette und einem Waschbecken mit kleiner Glasablage darüber. Die Wände, einschließlich der Decken waren mit weißgrau geschipperten Fliesen bedeckt. Der Fußboden dagegen grau- schwarz marmoriert. Sicher weil man darauf den Staub und die Haare nicht gleich so sah. Das hätte ich in meinem Badezimmer auch nicht anders gemacht. Bei uns zu Haus sah ich meine dunklen Haare überall rumliegen.

Ich sah wieder in den Spiegel. Dann fiel mein Blick auf die Waschbeckenablage. Dort lag eine halb ausgedrückte Zahnpastatube. Sofort kam mir eine Idee. Ich öffnete die Tube, drückte die Paste auf die Innenseite meines linken Zeigefingers und begann mir die vorderen Zähne zu schrubben. Erst die Sichtflächen bis hinter in die Wangen, dann die Innenseiten. Mit der Zunge kontrollierte ich das Ergebnis und rubbelte weiter, wo es sich noch nicht so blank anfühlte. Die gesamte Prozedur ging schneller und vor allen Dingen besser, als ich dachte. Es brachte mir wenigstens ein Stück weit Wohlbefinden wieder. Ich spülte mir den Mund aus und spritzte erneut kaltes Wasser ins Gesicht.

Selbstverständlicherweise nahm ich mir das blaue Handtuch vom Haken, rechts neben dem Waschbecken und trocknete mich ab; denn es war sicherlich für Clara bestimmt und da wusste ich, dass es ihr nichts ausmachen würde, wenn ich es mit nutzte.

Mit meiner Katzenwäsche war ich fertig, als es leise an der Tür klopfte und Tobis Stimme an mein Ohr drang. Vielleicht war Clara inzwischen aufgewacht. Ich wollte nachsehen gehen, obwohl mich plötzlich die Angst vor ihrer Reaktion, zum Abend zuvor beflügelte.

Als ich vorsichtig um die Ecke blickte, strahlte sie mich schon mit ihren großen Augen an. Meine Ängste, sie könnte vielleicht doch sauer auf mich sein, die mich eben überrumpelten, waren wie weggeweht. Schnellen Schrittes ging ich zu ihr ans Bett.

„Ich geh in die Cafeteria. Möchtet du auch was?", fragte Tobi mich beiläufig.

„Ja einen Kaffee mit Milch bitte!", antwortete ich ihm, während ich mich neben Claras Bett auf dem Stuhl niederließ, auf dem ich am Vorabend auch schon gesessen hatte.

Sie sah mich an und ich sie, ohne ein Wort zu sagen. Ich spürte, dass es ihr deutlich besser ging. Meine Arme verschränkte ich auf ihrem Bett, während sie jede meiner Bewegungen akribisch beobachtete.

Clara hob ihre Hand, in der noch die Kanüle für die Infusion steckte und berührt meinen Arm.

„Danke!", flüsterte sie, so leise, dass ich es kaum verstand.

Ich sah sie verblüfft und fragend zugleich an.

„Wärst du oder besser gesagt ihr nicht gewesen, dann wäre unser Baby jetzt womöglich tot."

Beim letzten Wort fuhren uns beiden die Glieder zusammen.

Ich dachte kurz über das, oder besser gesagt „ihr" nach. Sollte sie Corvin wirklich noch wahrgenommen haben oder verallgemeinert sie darin all die Leute, die anwesend waren? Die Antwort auf diese Frage konnte ich mir nicht geben. Aber es war auch egal, Hauptsache ihr ging es gut und alles andere würde sich im Laufe der Zeit schon klären. Im Kopf wiederholte ich ihre eben gesagten Worte, um darauf etwas sagen zu können.

„Du hättest dasselbe für mich getan!", meinte ich dann ehrlich. Weil ich es wusste. Weil ich mein Hand dafür ins Feuer legen würde.

„Ja das hätte ich", sie zögerte. „Wahrscheinlich. Wenn ich denn den Mut dazu aufbringen könnte."

„Könntest du! Ich weiß es."

„Danke noch mal."

Wieder betrachtete sie mich, während ein Anflug von Selbstzweifel in mir hoch kroch. Die Ärzte und Sanitäter hatten schon recht, als sie sagten, ich hätte Clara damit umbringen können. Ich weiß, allein wäre mir das nie gelungen. Eigentlich sollte ihr Dank Corvin gelten und ich hoffte, er wusste das. Ich hoffe, er weiß wie dankbar ich ihm für alles bin.

„Lina."

Clara riss mich aus den Gedanken.

„Ich möchte, dass du weißt, dass ich dir gestern Abend in jeder Sekunde vertraut habe. Du hast ihm vollends vertraut und ich dir. Ich habe mich wirklich sicher gefühlt", flüsterte sie leise und so emotional, dass ich gleich wieder hätte losheulen können.

Doch ich verkniff es mir, legte stattdessen das Kinn auf meine verschränkten Arme und starrte an die Wand neben dem Kopfteil des Krankenbettes. Im Blickwinkel sah ich, wie Clara ihren Kopf schief legte und spürte sogleich ihre Hand in meinen Haaren, ihre Finger spielten damit.

„Was ist mit dir Lina?"

„Nichts", antwortete ich ihr, durch die fast geschlossenen Lippen.

„Ist es wegen diesem jungen Mann, der gestern bei dir war?" Ihre Finger fuhren über meine Wange.

„Hat er dir das angetan?"

Vor ihrer Berührung kräuselte ich den Mund und wich zurück. Ihre Frage ließ mich hochfahren, um sie entsetzt anzusehen.

„Nein, nein", schrie ich fast, um Corvin zu verteidigen.

„Ich meine nein."

Diesmal sprach ich es ruhig, mit leiser Stimme aus.

„Jason."

Ich verharrte einen Moment in meiner völlig steifen Position.

„Er hat mir das angetan."

Claras Blick war noch entsetzter als meiner zuvor.

„Jason? Aber warum?", hakte sie nach, blieb jedoch auf der Hut.

Ich schluckte und atmete tief durch, bis ich etwas sagen konnte. Der Moment war gekommen, an dem ich diese schreckliche Situation Revue passieren lassen musste und außerdem war es Clara. Ich wollte ihr nicht wieder etwas verschweigen.

„Er war total betrunken. Ich war duschen und Jason lauerte mir auf, fing mich vor der Tür ab. Er wollte mit mir reden. Ich aber nicht mit ihm. Also ging ich ein paar Schritte. Er packte mich am Arm und als ich mich wehrte, schlug er zu. Aber das tut jetzt wirklich nichts zur Sache. Das Wichtigste ist, dass du hier bald wieder gesund raus kommst."

Ich brachte es einfach nicht übers Herz, ihr die ganze Länge und Breite der Geschichte zu erzählen. Mich quälten die Gedanken daran zu sehr. Die Bilder kamen hoch und ich drehte mich von ihr weg, um nach Luft zu schnappen. Ich wollte nicht, dass sie sich unnötige Sorgen machte.

Clara griff nach meiner Hand.

„Du musst den Mistkerl anzeigen!", meinte sie wütend.

„Das werde ich nicht tun!", fuhr ich ihr ins Wort.

„Es hätte sonst was passieren können. So jemand gehört eingesperrt."

„Es ist aber nichts weiter passiert. Die roten Flecken sind in einer Woche wieder weg. Ich zeige ihn deshalb nicht an. Den Ärger kann ich mir ersparen oder glaubst du, sie sperren ihn wegen so einem kleinen Delikt ein?"

Ich sah, wie Clara mich verständnis-, fast fassungslos anstarrte.

„Ich will einfach meine Ruhe und ihn nie mehr wieder sehen", fügte ich noch hinzu.

Claras Gesichtsfarbe wechselte von blass zu hochrot. Doch sie sagte nichts.

Langsam sank mein Kopf auf die Arme. Tobi war immer noch nicht aus der Cafeteria zurück.

Für einige Minuten zog völlige Stille in den Raum.

„Der Arzt meinte, du hast den Schnitt ganz gut gemacht."

Claras Stimme klang beruhigt und als ich sie ansah, war ihre blasse Farbe zurückgekehrt.

„Ich hatte einen guten Lehrer."

Die Stille hielt erneut Einzug.

„Du liebst ihn, nicht war?", fragte Clara plötzlich und ich bemerkte, dass meine Augen geschlossen waren. Ich riss sie auf, ließ jedoch kein Gefühl nach außen dringen. Sie meinte es einfach so, als wäre das die einzig sinnvolle Erklärung für sie. Und wie sie es sagte, so innig und warmherzig, schob sich mir sofort beim Gedanken an ihn, ein flaues Gefühl in die Magengegend.

Wieder sah sie mich mit schief gelegtem Kopf an und drängte mit ihrem Blick auf eine Äußerung von mir. Ich schwankte mit meinen Gedanken hin und her, war mir nicht sicher, ob und wenn, was ich preisgeben konnte.

Einige Male atmete ich tief ein und wieder aus und schloss die Augen um nachzudenken. Clara hakte nicht nach. Sie wartete einfach geduldig.

„Ja", brachte ich schlussendlich mit zittriger Stimme heraus, während meine Finger begannen am Handgelenk zu tasten. Sie suchten nach dem schwarzen Tuch, an dem ich immer zuppelte, wenn ich nervös wurde oder Langeweile hatte.

„Ja, sehr sogar."

Ich spürte wie das flaue Gefühl im Magen immer heftiger wurde, der Kloß im Hals größer. Doch weinen wollte ich nicht. Ich nahm alle Kraft zusammen und versucht, den Kloß runterzuschlucken.

Clara ging es bedeutend besser, dennoch wollte ich sie nicht mit meinen Problemen belasten. Die ich, selbst wenn ich sie tot geredet hätte, nicht ändern konnte. *Corvin ist ein Vampir! Ich dagegen nur ein kleiner, verletzlicher und obendrein zerbrechlicher Mensch.*, rannte es durch meinen Kopf. *Die denkbar schlechteste Konstellation für eine Liebesbeziehung. Das kann nicht funktionieren.*

„Aber er liebt dich nicht?", warf Clara plötzlich in meine Gedanken.

„Nein das ist es nicht."

Ich hob den Kopf und sah ihr in ihre erwartungsvollen, großen Augen.

„Es ist..." Ich zögerte, wusste nicht recht, wie ich es formulieren sollte.

„Kompliziert."

„Lina, wer hat gesagt, dass die Liebe einfach ist?"

Clara sagte es so selbstverständlich, als müsste ich es selbst gut genug wissen. Doch woher? Ich hatte nie einen Freund, war nie verliebt, geschweige denn in irgendwen ernsthaft verschossen. Ich wusste nicht wie die Liebe funktioniert, dennoch war ich nicht dumm oder naiv. Ich wusste, was ich wollte. *Corvin!* Immer nur ihn. Daran würde sich nichts ändern. Das war meine Bestimmung.

„Davon bin ich nicht ausgegangen", seufzte ich schnippisch.

„Wo liegt dann das Problem?", drängte Clara mich zum Reden.

„Ich hab doch gesagt, es ist kompliziert."

„Dann erklär es mir, damit ich es verstehen kann!", herrschte sie mich mit zusammengebissen Zähnen, wenn auch flüsternd an.

„Clara, es gibt Dinge, die weit über das menschliche Denken hinausgehen."

Mit ungläubigem Blick starrte sie mich an.

Ich konnte ihr einfach nicht mehr dazu sagen. Jedes Wort müsste genau überlegt sein und die Gefahr, seine Existenz zu verraten, war einfach zu groß. Das Risiko um seines Willens, war zu groß. Und wahrscheinlich würde sie mich eher für verrückt erklären, als mir zu glauben.

„Ihr würdet gut zusammenpassen", lenkte Clara plötzlich mit beschwichtigender Stimme ein. Sie hatte wohl den aufkommenden Zorn in meiner Stimme bemerkt.

„Er sieht wirklich gut aus. Was ich in meiner Duselei erkennen konnte", meinte sie, fast anbetend.

Klar gefiel Corvin ihr. Jede Frau würde ihn begehren, interessantere und weitaus hübschere Frauen, als ich es bin. Das ist sein Beuteschema, hatte er gesagt. Ich dagegen, würde an seiner Seite aussehen wie ein hässliches Entlein, neben dem schönsten aller Schwäne. In diesem Moment wurde mir bewusst, dass ich mich da wohl in etwas verrannt hatte. Der Gedanke, ihn aus meinem Kopf zu verbannen, meine Liebe zu ihm und die Hoffnung aufzugeben, machte mein Herz schwer.

„Ich liebe alles an ihm. Seine einfühlsame Art und seine gnadenlose Ehrlichkeit.", sprudelte es aus mir raus. Ich musste mir doch mehr Luft machen als ich es mir vorher eingestand.

„Dann geh zu ihm und sag ihm, was du empfindest!", drängte Clara mich. Als sollte ich sofort loslaufen.

„Ich kann nicht!"

„Dann geh ich eben."

Sie schwang ihre Beine aus dem Bett.

„Bist du verrückt?", schrie ich sie an und drückte sie an den Schultern zurück ins Bett.

„Nein Lina, ich bin hier nicht die Verrückte", krächzte sie zurück, schüttelte meine Hände ab und meinte bissig.

„Dir ist wirklich nicht mehr zu helfen."

Diese Worte trafen mich wie der Schlag. Ich brauchte einen Moment mich zu sammeln, zu überlegen was ich ihr sagen konnte, damit sie nicht mehr so sauer auf mich war. Ich atmete tief ein, um nicht unbewusst zurück zu schreien.

Mit einer schnellen Bewegung griff ich nach ihrem Handgelenk und sah ihr in die Augen. Wut spiegelte sich darin wieder. Sie versuchte, mir ihre Hand zu entziehen. Doch ich hielt ihr Gelenk, mit fast zu hartem Griff fest. Ihr Blick wandte sich mir zornig und resigniert zugleich ab.

„Clara", herrschte ich sie wütend an und wartete, bis sie mich ansah. „Er kam gestern zu mir, um sich zu verabschieden. Verstehst du das? Er geht weg und ich werde nicht diejenige sein, die ihn daran hindert."

Ich ließ ihr Handgelenk los, sprang vom Stuhl auf und wandte ihr den Rücken zu. Eine Hand legte ich mir auf den Bauch, die andere ins Gesicht.

„Das hab ich nicht geahnt. Es tut mir leid."

Ihre Stimme war nunmehr nur noch ein leises, zittriges Murmeln.

„Du konntest es nicht wissen."

„Und wenn du zu ihm gehst," Clara verstummte, wartete sicher darauf, dass ich ihr ins Wort fiel. Doch ich konnte nichts sagen, das Gesicht immer noch in meiner Hand vergraben.

„Vielleicht bleibt er doch." Sie zögerte. „Wegen dir."

Es klang schön, wie sie es sagte. Es war ein schöner Gedanke. Doch es war genauso aussichtslos. Ich spürte, wie mir eine Träne über die Wange lief. Ich wollte nicht weinen. Schnell wischte ich mir die Tränen aus den Augen und drehte mich wieder um, um Clara anzusehen.

„Es ist zu spät", meine Stimme brach weg.

„Das ist es nie", versuchte sie mich aufzumuntern.

„Diesmal schon. Er ist bereits fort."

In mir tobte ein Kampf zwischen realistischen Denken und drängenden Tränen. Vielleicht hat sie recht, vielleicht ist es noch nicht zu spät. Es gibt doch immer eine Lösung, mit der alle Beteiligten zufrieden wären. Und ja meistens gibt's die, aber nicht für uns. Nicht in diesem Fall.

„Er ist nicht der einzige Mann auf der Welt", meinte ich so dahin und versuchte locker zu klingen. Doch es klang eher wehmütig, Schmerz erfüllt. Mir gingen diese Worte nur schwer, wie zäher Brei über die Lippen. Zum einen belog ich Clara, zum anderen mich selbst.

„Vielleicht nicht der einzige auf der Welt, aber der einzige für dich."

Wieder sah sie mich fragend an, wartete ab.

„Vielleicht."

„Jetzt weiß ich wenigstens, weshalb du dich so zurückgezogen, warum du dich verändert hast", flüsterte sie.

Clara kennt mich gut, manchmal zu gut, besser als meine Eltern es je könnten. Sie sehen alles einfach aus der elterlichen Sicht, nicht wie Clara aus einer freundschaftlichen oder besser noch meiner eigenen Sicht.

Als meine Gedanken an meinen Eltern hängen blieben, fiel mir auf, dass sie noch gar nicht hier aufgekreuzt sind. Hatte Tanja ihnen denn nichts von dem Vorfall mit Clara erzählt und dass ich bei ihr im Krankenhaus bin? Offensichtlich nicht, noch nicht. Ich erwartete, dass jeden Moment die Tür aufflog und meine Eltern reingestürzt kommen würden. Wahrscheinlich wären sie gleich wieder in höchster Alarmbereitschaft, wenn sie mich erst mal angesehen haben. Darüber wollte ich gar nicht erst nachdenken. Womöglich würden sie mich für den Rest meines Lebens in Watte packen und mitkommen, wenn ich mal ausgehen will. So wie ich jetzt aussah, würde es sicher den Bogen für meine Eltern überspannen. Das wären sicherlich zu viele üble Geschehnisse, in Bezug auf mich, in letzter Zeit.

Wie erwartet, ging die Tür auf. Ich fuhr zusammen und bereitete mich gleichzeitig auf das Schlimmste vor. Doch es waren nur die Schritte einer einzelnen Person auf dem PVC-Belag zu hören und mir fiel ein, dass Tobi ja noch aus der Cafeteria zurückkommen musste.

Ich hatte den Gedanken noch nicht richtig zu Ende gedacht, da schwenkte er schon den Kaffeebecher vor meinen Augen. Ich rappelte mich auf, aus meiner fast liegend, sitzenden Position und nahm ihm den Kaffee aus der Hand.

„Danke."

„Keine Ursache. Wir stehen in deiner Schuld", meinte Tobi plötzlich und überfuhr mich damit.

„Niemand steht hier irgendwo", erwiderte ich. Und, obwohl ich meinen Satz nicht einmal selbst richtig verstand, hoffte ich, dass er seinen Sinn nicht verfehlte.

„Oh doch und trotz dessen, dass die ganze Sache hätte schief gehen können, hast du die Leben meiner beiden Schätze gerettet."

„Kannst du bitte aufhören damit!"

Tobi sah mich misstrauisch an.

„Ich möchte jetzt nichts mehr davon hören okay! Keine Schelte. Kein Danke. Nichts", meinte ich und dachte dem Spuk damit ein Ende zu setzten.

„Wer hat dir das eigentlich angetan? Und wer war der Typ, der dir die Anweisungen gegeben hat? Ich kenne ihn nicht."

Eigentlich hatte ich angenommen, dass Corvin in dem Gewusel nicht sonderlich aufgefallen war. Aber da hatte ich mich, allem Anschein nach, geirrt.

„Ich möchte nicht darüber reden. Sprich mit Clara darüber, wenn ich weg bin!"

Mehr hatte ich dazu nicht zu sagen.

Ich nahm einen kräftigen Schluck aus dem Kaffeebecher und verschluckte mich prompt, als es mir wie verrückt in der Kehle brannte.

Zeltplatz, Klappe die Dritte

Claras stabiler Zustand beruhigte mich ungemein. Das war wahrscheinlich das einzige an diesem Morgen, was mich ein wenig friedlich stimmte, auch wenn die Stimmung zwischen uns, nach dem Gespräch angespannt war. Das konnte ich in der Luft spüren. Ob Tobi das auch bemerkte? Gesagt hatte er jedenfalls nichts. Wie auch immer. Für mich wurde es Zeit, heim zu fahren.

Ich stand vom Stuhl auf, während ich den Griff meiner Hände vom Kaffeebecher löste und ihn in den Mülleimer, in der äußersten Ecke des Zimmers warf. Ich war so vertieft in meinen wirren Gedanken, dass ich es zunächst nicht mitbekam, als Tobi mich ansprach.

„Was hast du gesagt?", fragte ich beiläufig, mehr aus einem Reflex heraus und versank sofort wieder in Gedanken.

Ich hörte irgendwelches Gebrabbel, weit von mir weg, außerhalb meines Bereiches zu denken. Die Stimme schien durch Watte gesprochen, wurde jedoch allmählich deutlicher. *Tobi. Mist!*, dachte ich und lief rot an. Ich hatte ihm schon wieder nicht zugehört. *Wie peinlich.* Wobei unaufmerksam oder unhöflich wohl besser gepasst hätten.

Mit hochgezogenen Augenbrauen, schaute ich ihn durch die Wimpern verlegen nach oben an.

„Du bist ganz woanders", stellte er mit überraschter, ruhiger Stimme fest.

Ich hatte eher tadelnde Wort erwartet. Was mich wiederum überraschte.

„Tut mir leid", meinte ich entschuldigend und sank den Blick auf den terrakottafarbenen Fußbodenbelag.

„Kein Problem." Ich glaubte, ein Lächeln in seiner Stimme zu hören.

„Ich wollte nur wissen ob wir nach Halbendorf fahren, den ganzen Kram holen und ich dich dann anschließend heimfahren soll? Dann würde ich Steffen anrufen, dass er uns hier abholt."

„Ja das klingt gut", meinte ich leichthin, bevor ich darüber nachdachte.

Meine erste Überlegung dazu war, warum Steffen uns aus dem Krankenhaus abholen sollte. Tobi hatte doch selbst ein Auto. Und dann fiel mir ein, dass es ja noch am See stand. Wir waren ja im Rettungswagen mitgefahren.

„Da kann ich mir wenigstens noch frische Sachen anziehen. Meine Eltern flippen aus, wenn sie mich so sehen."

Ich zuppelte mir am Shirt und sah daran hinab. Getrocknetes, braunes *Blut* und Rostflecken.

„Wenn du meinst, dass dein Gesicht nach dem Umziehen auch wieder normal aussieht!", meinte Tobi schnippisch.

Das hatte ich total aus den Augen verloren.

„Die flippen total aus, dass steht fest", meinte ich als Antwort auf Tobis „fast Frage".

Belanglos ließ ich das Shirt aus meinen Fingern gleiten und ging zu Clara ans Bett. In der Luft war das Knistern immer noch spürbar. Ich hatte Bedenken, wie sie reagieren würde, wenn ich mich gleich verabschieden würde.

Einen Moment blieb ich einfach reglos im Raum stehen, betrachtete die Wände und sah zum Fenster raus. Das verschleierte grau-weiß des Himmels wandelte sich, mit dem Verschwinden der Feuchtigkeit aus der Luft, allmählich zu einem satten hellblau.

Ich lehnte mich nach vorn, näher zu Clara, um ihr in die Augen zu sehen.

„Gut Süße, ich mach jetzt los. Ich werde sehen, dass ich dich morgen besuchen komme. Heut wird sicher nix mehr. Meine Eltern führen sicher ein stundenlanges Streitgespräch mit mir."

Ich nahm allen Mut zusammen und küsste sie sanft auf die Stirn. Ich hatte Angst, sie würde mir ausweichen, doch sie tat es nicht.

„Bye, bis morgen. Lass dich hier nicht so ärgern!", meinte ich und es sollte lässig klingen. Stattdessen kamen die Worte nur kläglich und niedergeschlagen.

Clara ging auf meinen Tonfall nicht ein, sie sagte nur, „Ich habe hier nichts auszustehen."

Als ich ihr den Rücken zum Gehen kehrte, meinte sie leise, fast flüsternd,

„Mein Angebot steht noch. Ich gehe zu ihm."

„Clara bitte."

„Überlege es dir!", sie zögerte, „für mich."

Ich schlug die Zähne aufeinander.

„Mach es mir doch nicht noch schwerer, als es so schon ist." Ich musste mich zurückhalten, nicht wieder einen bösartigen Ton anzuschlagen. Für einen Moment drehte ich meinen Kopf, dass ich sie ansehen konnte.

„Meine Entscheidung ist gefallen."

Sie sah mich an, sagte aber nichts. Clara wusste genau, wann der Punkt gekommen war, ab dem sie mit mir nicht mehr diskutieren brauchte. Ein großer Vorteil, wenn man so lang und gut befreundet war, wie wir zwei. Ein Charakter, verteilt auf zwei Körper, mit nur geringen Wesensunterschieden.

„Bye", murmelte ich, wandte mich von ihr ab und verschwand schnellen Schrittes zur Tür hinaus. Sofort schlug mir der typische Krankenhausgeruch in die Nase. Eine Mischung aus Desinfektionsmittel, Medikamenten und einer leichten Note Kaffee, wahrscheinlich aus dem Schwesternzimmer, nur wenige Meter von mir entfernt. Ich beobachtete die drei Krankenschwestern, wie sie in dem winzigen, ringsum aus Scheiben bestehenden Zimmer umher wuselten. Sie lachten und tranken nebenbei ihren so verlockend duftenden Kaffee.

Ich fragte mich, ob sie dieser durchsichtige Raum nicht manchmal nervte. Es konnte ja schließlich jeder der vorbeikam, ihnen beim Essen und Reden zusehen. Mich hätte das sicher genervt.

Es dauerte einige Zeit, bis auch Tobi den Weg aus Claras Zimmer gefunden hatte.

Ich wartete schon ungeduldig und überlegte reinzugehen, um ihn zu holen. Doch diesen kurzen Augenblick der Zweisamkeit wollte ich ihnen nicht kaputt machen. So viel Privatsphäre wollte ich ihnen schon lassen.

Der Weg zum Ausgang zog sich länger hin, als ich den vom Vorabend noch in Erinnerung hatte. Es ging ewig weit geradeaus, dann links, einige Meter weiter rechts und wieder geradeaus. Irgendwann erreichten wir die Treppe, die ins Erdgeschoss führte. Unten angekommen gingen die mir scheinbar endlos langen Gänge weiter.

Erleichtert vor der Tür, im Freien angekommen, holte ich erst einmal tief Luft, um meine Nase von diesem Geruch zu befreien. Ich verband ihn immer mit Krankheit und Tod und erinnerte mich unfreiwillig an meine Zeit im Krankenhaus. Eine Zeit, die ich nicht noch mal erleben wollen musste. Ich erholte mich jedoch schnell von meiner Erinnerung, schob die Unfallgedanken beiseite, während wir zum Parkplatz gingen.

Von Weitem erkannte ich den kleinen, dunkelblauen Ford Fiesta von Steffen, der sicher schon auf uns wartete.

„Hallo. Danke, dass du gleich gekommen bist", meinte Tobi und begrüßte Steffen mit einem schwachen Handschlag.

Ich stimmte nur mit einem „Hallo" in die Begrüßung ein und huschte schnell, mit gesenktem Kopf auf die Rücksitzbank.

„Ist doch kein Problem. Wie geht es Clara?", informierte sich Steffen nach ihrem Zustand.

„Schon viel besser ...", antwortete Tobi und sprach hastig weiter.

Es dauerte jedoch keine Minute, da hatte ich das Gespräch schon völlig aus meinen Gedanken verdrängt.

Mit dem Ellenbogen am Fenster, den Kopf in die Hand gelegt, starrte ich nach draußen. Ich sah keine Konturen, keinen einzelnen Baum oder Strauch. Nur grün, braun und das goldgelb der Getreidefelder rauschten an mir vorbei.

Unbewusst wollten meine Finger erneut mit dem Tuch am Handgelenk spielen. Mit dem Tuch, dass jetzt nicht mehr da war. Ich sah nach unten in meine freie Hand, betrachtete die Linie. Meine Blicke wanderten weiter, bis zur Handgelenksinnenseite. Und dort entdeckte ich die Narbe, die im Sonnenlicht einen violetten Schimmer bekam. Sanft fuhr ich mit dem Finger hinüber, spürte die Erhöhungen der beiden, sich gegenüberliegenden Sicheln. Nur auf den Narben selbst, fühlte ich außer einem kaum merklichen Kribbeln nichts. Ich stellte erst jetzt zum ersten Mal fest, dass diese Partie fast taub zu sein schien und das Corvin mir nicht alles nehmen konnte, was mich an ihn erinnern würde. Das Tuch hatte er mir bereits genommen, doch die Sicheln würden für immer mein Andenken an ihn sein. Dieser Gedanke stimmte mich ruhig, machte mich zufrieden. *Corvin kann sich nicht so einfach aus meinem Leben löschen.*

Ich überlegte, fragte mich, ob Clara das schwarze Tuch jemals aufgefallen war. Schließlich trug ich es ein halbes Jahr fast ununterbrochen bei mir. Nur zum Baden oder Duschen nahm ich es ab und wenn ich es mit Hand gewaschen hatte. Am Anfang, im Januar, war es Clara sicher ins Auge gestochen. Doch sie fragte nie danach und dann gehörte es optisch wahrscheinlich so sehr zu mir, dass es sie nicht mehr interessierte.

Ich dachte nur fünf Minuten gefahren zu sein, als wir links runter von der Landstraße in Richtung Halbendorfer See abbogen. Wir fuhren über den großen Parkplatz, durch die Schranken, entlang der vielen Dauercamper, runter zum See.

Meine Blicke fielen auf den vorbeiziehenden Duschraum, an dem mich Jason am Abend zuvor aufgegriffen hatte. Sofort fuhren meine Glieder zusammen und meine Kehle schnürte sich Widerwillens zu. Kälte rannte mir wie ein Rinnsal den Rücken hinab, doch ich konnte nicht weinen. Ich hatte keinen Grund dazu. Stattdessen fuhr Zorn in mir hoch. Ein Gefühl, heftiger als ich es erwartet hatte. Mit keiner Silbe dachte ich an meine Reaktion, wenn ich an den Ort des Geschehens zurückkehren würde.

Ich glaubte nicht, dass man einen Menschen so abgrundtief hassen konnte. Nun hatte ich den Beweis – meine Körpersprache. Jedes winzige Härchen stellte sich an meinem Körper auf. Meine Hände ballten sich im Schoß zu Fäusten, so fest, dass sich die Haut über die Gelenke spannte und die Adern sichtbar hervor traten. Diese Art von Hass kannte ich nicht, nicht von mir. Ich erschrak vor mir selbst. Es hatte mich eiskalt erwischt. So wie Corvin mich unerwartet und eiskalt traf.

Erst als Steffen das Auto geparkt hatte und mit Tobi ausgestiegen war, mussten sich meine Glieder wieder entspannen.

Ich stieg aus und warf die Beifahrertür allzu hart zu. Steffen sah mich mit grimmigen Blick an, wollte mich sicher zurechtweisen, verstummte jedoch, als sein Blick in meinem Gesicht hängen blieb.

„Lina, was ist denn mit dir passiert? Das sehe ich ja jetzt erst", seiner grimmigen Miene wich Entsetzen.

„Ungewollte Auseinandersetzung", antwortete ich ihm knapp.

„Ich will darüber nicht reden!", fügte ich noch pikiert hinzu. So hakte Steffen wenigstens nicht nach.

„Okay", meinte er nur ergeben, während ich mich fragte, wie oft ich inzwischen beteuert hatte, dass ich über irgendwas nicht sprechen möchte.

Langsam lief ich entlang des Asphaltweges, über den zertretenen Rasen, zwischen den geschundenen Bäumen zu unseren Zelten. Ein mulmiges Gefühl begleitete mich auf dem Weg zu diesem, dem nächsten Ort des Geschehens. Überrascht blieb ich jedoch am Rand des fast leeren Zeltplatzes stehen. Unsere vier Zelte, waren die einzigen, die noch dort standen. Jason und seine Kumpels waren schon abgereist. Sicher hatte sie der Zwischenfall aufgeschreckt.

Meine innere Anspannung wich nüchterner Erleichterung, während in meinem Kopf plötzlich die Frage brannte, wie viel die anderen Jungs wohl wussten. Ob Jason, oder der Typ ohne Namen, etwas erzählt hatten.

Wie hatten die beiden, die anderen ihrer Truppe dazu bewegt, so überstürzt abzureisen? Was wussten sie? Und wenn sie es wussten, wie hatten sie darauf reagiert? Würde einer den Arsch in der Hose habe, sie anzuzeigen, seine Kumpels und mich aufsuchen? Wohl eher nicht.

Was sollte es mich jetzt auch noch kümmern, jetzt wo sie allesamt weg waren? Ich hoffte nur, Jason und den anderen Typen, nie mehr wiedersehen zu müssen. Nie mehr.

Nach einigen Minuten da stehen und stieren, brachte ich meinen Körper wieder dazu, sich zu bewegen. Mich auf das Wesentliche zu konzentrieren, indem ich meine Sachen packe, das Zelt abbaue und schnellstmöglich von diesem Ort verschwinde.

Ich ließ mich auf die Knie sinken, um den Reißverschluss vom Zelt zu öffnen.

Mich traf der Schlag, als ich das Chaos im Inneren sah. Es war nichts, wie ich es verlassen hatte. Alle meine Sachen, einschließlich dem Waschzeug, lagen verstreut herum. „Jason", entfuhr meinem Mund. Ich schrie es fast und bereute es sofort, aus Angst, mich könnte jemand gehört haben. Schnell steckte ich den Kopf nach draußen, um mich dessen zu vergewissern. Doch Tobi und Steffen kamen eben erst durch die Bäume gelaufen. Ihre Blicke verrieten, dass sie mich nicht gehört hatten und auch keine Anstalten machten, zu mir zu kommen. Also kroch ich hinein, bevor sie mich entdeckten und begann das Chaos zu beseitigen.

Die Hälfte meiner Sachen waren zerrissen. Ich war wütend, hätte schreien können, war aber froh, noch eine unversehrte, lange, graue Jeanshose und ein schwarzes Muskelshirt gefunden zu haben. Schnell zog ich die dreckigen Klamotten aus und die frischen an.

Ich griff nach meinem Rucksack. Mein Handy war noch da und schien unbeschadet zu sein. *Gott sei Dank.* Lieblos stopfte ich alle Sachen in den Rucksack. Ordnen und wegwerfen konnte ich die zu Hause immer noch. Tobi und Steffen mussten davon ja nicht unbedingt was mitbekommen, sonst hätten sie vielleicht irgendwelche Schlüsse zum Vorabend ziehen können. Dann hätte ich wieder Fragen beantworten und Diskussionen ausfechten müssen, auf die ich nicht einmal selbst eine Antwort hatte. Über Anzeige – ja oder nein. Das wollte ich mir wirklich nicht antun. Ich hatte die letzten vierundzwanzig Stunden weiß Gott genug geredet, diskutiert und erklärt und versucht zu schlichten oder zu beruhigen. Für mich war inzwischen die Zeit gekommen, einfach mal die Klappe zu halten.

Meine paar Sachen oder besser gesagt, was davon übrig geblieben ist, waren schnell verstaut. Nur mit den Heringen hatte ich so meine Probleme, die gingen so schwer raus, als wären sie angewachsen. Ich riss wie verrückt an jedem einzelnen.

Nach und nach spürte ich brodelnden Zorn in mir aufsteigen, Wut über das, was hier passiert war und mein Gesicht errötete. Ich warf die Heringe in den Dreck, fluchte und stopfte später das Zelt und die Stangen hitzig in den dafür vorgesehenen Sack.

Mit Wut schleuderte ich den Sack, wie bei einem Touchdown zu Boden.

Ich ging weg, einige Meter aus dem Sichtfeld der Jungs. Inzwischen hatte sich die rasende Wut so angestaut, dass ich explodieren wollte. In kurzer Entfernung entdeckte ich eine hohe, breite Kiefer, lief darauf zu und bohrte meine Fingernägel in die weiche Rinde. Ich trat mit den Füßen gegen den Stamm. Dann schlug ich mit den

Fäusten darauf ein, bis ich völlig außer Atem war und die Gelenke schmerzten. Ich sank auf die Knie, die Hände wieder an der Rinde und den Kopf dagegen gelehnt.

Corvin hatte sich diesmal verabschiedet. Nicht wie nach unserer ersten Begegnung, als er ohne ein Wort verschwand. Abschied heißt, jemanden nie mehr wiederzusehen und das wurde mir nun klar. Glasklar, wie nie zuvor.

Meine tiefe Wut verpuffte. Darauf folgte jedoch ein Schwall Tränen, heftig aber kurz. Ich hatte mir Luft gemacht, meinen Kopf befreit. All der Zorn und die Trauer kamen mir jetzt unwirklich vor, lang nicht mehr so überwältigend. Nicht mehr so schlimm.

Langsam rappelte ich mich auf, stützte mich zum Aufstehen am Baum ab. Innere Ruhe erfüllte mich, machte, dass ich nicht mehr denken konnte. Leere erfüllte meinen Kopf. Mein Leben schien für heute leichter.

Ein Seufzen hinter mir, ließ mich aufblicken. Tobi und Steffen standen wie angewurzelt da und starrten mich entsetzt an.

„Ist alles okay?", flüsterte Tobi mir zu, während Steffen in seiner steifen Haltung verharrte.

Ich setzte zum Gehen an.

Als ich auf ihrer Höhe war, meinte ich erleichtert, „Ja, jetzt geht's mir besser", ging weiter und streifte Tobi am Arm.

In aller Ruhe rollte ich das letzte Überbleibsel meiner Sachen, den Schlafsack ein, nahm alles was mir gehörte in die Arme und brachte es zu Tobis dunkelgrünen Opel Astra.

Die Fahrt vom See nach Krauschwitz dauerte etwa eine viertel Stunde, die ich damit verbrachte, Tobi anzuschweigen und vom Beifahrersitz aus nach draußen zu starren.

Erst als wir zum Tor auf den Hof fuhren, machte sich Unmut in mir breit. Doch die verflog sogleich, als ich sah, dass das Auto meines Dads nicht dastand und ich mir sicher sein konnte, dass meine Eltern nicht zu Hause waren.

Tobi stieg aus dem Wagen, öffnete mir die Tür und half mir, das Zelt und den Schlafsack zum Haus zu bringen.

„Danke", meinte ich zufrieden und schenkte ihm ein kleines, aber ernst gemeintes Lächeln.

Als ich den Schlüssel ins Schloss schob, stand er immer noch da und starrte mich erwartungsvoll an.

„Was ist?", fragte ich schon fast gut gelaunt.

„Ich mach mir allmählich Sorgen!", murmelte er und zögerte.

„Ehrlich gesagt, warte ich darauf, dass du gleich in Ohnmacht fällst."

Er betonte es so eigenartig, dass ich begriff, dass er es völlig ernst meinte, was er sagte.

„Hier fällt heut überhaupt niemand um", meinte ich belustigt. Doch ich konnte ihn nicht wirklich überzeugen. Immer noch lag ein besorgter Blick in seinem Gesicht.

„Tobi mir geht es gut, wirklich und das vorhin am See", ich atmete durch „das musste einfach mal raus."

Prüfend lagen seine Augen in meinem Gesicht.

„Aber wenn irgendwas ist, rufst du bitte an!"

„Ja."

„Ich meine das ernst", meinte Tobi mit Nachdruck.

„Ich auch. Ich rufe an! Versprochen."

Ohne zu zögern, nahm ich Tobi in die Arme.

„Sag Steffen bitte noch danke von mir und grüß Clara lieb!" Dann ließ ich von ihm ab und sah ihn an.

„Und danke noch mal."

„Kein Ding", sagte er leicht hin, bevor er sich verabschiedete und ging.

Mein Blick fiel auf das Fensterbrett im Vorraum. Ich erblickte den halb vollen Aschenbecher, welchen meine Eltern wohl vergessen hatten zu leeren; denn so voll hatten sie das klobige, gläserne Ding normalerweise nicht werden lassen. Und sowieso, rauchten bei uns eigentlich nur Gäste. Meine Eltern selbst, rauchten nicht. Ihnen hat es nur gut in den Kram gepasst, dass ich damit aufgehört habe. Sie waren stolz auf mich.

Doch nun schien alles ins Wanken zu geraten. Mich überfuhr das plötzliche Bedürfnis, selbst zur Zigarette zu greifen und das, obwohl ich dem Rauchen inzwischen so lang entsagt hatte. Aber dieses drängende Gefühl war so stark, dass ich schnell die Tür zum Vorraum aufschloss, die Tür in den Flur und hinein huschte, um nach Zigaretten zu suchen. Ich hatte in Erinnerung, dass meine Eltern die Schachteln, welche unsere Gäste immer mal liegen ließen, nie weggeworfen hatten. Also mussten die irgendwo sein.

Im Flur streifte ich mir die Schlappen von den Füßen und lief in die Küche.

Womit ich allerdings nicht gerechnet hatte, war ein Zettel der auf dem Esstisch lag. Ich ging hin, nahm das Papier in die Hände und faltete es auf.

Liebe Lina!

Wir hoffen, dein Zelturlaub war schön!? Ich hatte dich einige Male versucht anzurufen, aber du bist nicht rangegangen. Ich denke, du warst wahrscheinlich ziemlich beschäftigt. Dein Dad und ich sind heut früh in den Urlaub losgefahren, dass hast du sicher schon wieder vergessen. Essen steht im Kühlschrank. Wir hoffen, dass es dir reicht. Wenn nicht, ist noch Geld im Küchenschrank, in dem Glas. Du weißt schon wo. Mach dir ein paar schöne Tage und ruf bitte mal an. Dad hat sein Handy mit. Wir haben dich lieb. KUSS

Mam und Dad

Als ich die Zeilen las, fiel es mir natürlich wieder ein, dass meine Eltern schon auf den Weg in den Urlaub sein würden, wenn ich heimkomme. Aber wie meine Mam richtig vermutete, hatte ich es vergessen.

Erleichtert ließ ich den Zettel wieder auf den Tisch fallen und setzte meine Suche nach den Zigaretten fort. Ich öffnete dazu so ziemlich jede Schranktür in der Wohnstube, bis ich sie endlich fand. Es hatten sich über die Zeit wohl doch einige Schachteln angesammelt. Also nahm ich alle raus und schaute durch, was für mich im Angebot stand und es war einiges vertreten. Unter anderem eine Marke, bei welcher ich wusste, dass ich daran eine Weile rauchen würde.

Ich nahm mir eine raus, packte die anderen Schachteln zurück in den Schrank und verließ das Haus wieder. Es war eine gefühlte Ewigkeit her, als ich das letzte Mal draußen auf der Bank saß, um zu rauchen.

Mit einem Streichholz versuchte ich die Zigarette zu zünden, doch sie ging aus. Also versuchte ich es noch mal und zog noch stärker am Filter, um sie anzubekommen. Es klappte. Rauch stieg auf. Schon beim ersten Zug, kratzte er mir so heftig im Hals, dass ich husten musste und überlegte, das Ding gleich wieder auszumachen. Aber dazu war sie mir zu schade. Ich zwang mich zu noch einem Zug und noch einen und allmählich wurde das Kratzen schwächer.

Wärme erfüllte die Luft und Stille, dass ich mich langsam in meinen Gedanken verlor.

Zwei scheinbar endlos lange Wochen

Nachdem ich vom Zeltausflug zurückgekehrt war, wurde es ruhiger; denn weder Jason, noch Corvin waren irgendwann mal aufgetaucht. Wobei ich auf Jason gut und gern verzichten konnte. Im Gegensatz zu Corvin. Dieses ewige Sehnsuchtsgefühl nach ihm ließ einfach kein Stück nach. Es machte mich fast verrückt.

Und obwohl ich tagsüber versuchte mich mit diversen Haus- und Gartenarbeiten abzulenken, gab es doch keine Aufgabe, welche mich dauerhaft vom Grübeln abhielt. Nicht einmal, als ich Clara in der ersten, meiner sturmfreien Woche einige Male besuchte, lenkte mich ausreichend ab. Aber inzwischen war sie entlassen und ich froh, dass es ihr wieder gut ging. Nur schonen sollte sie sich noch.

Irgendwie hatte ich es geschafft, in der ersten Woche, den kompletten Schlaf der vorausgegangen Tage nachzuholen. Obwohl auch das nur ein weiteres Ablenkungsmanöver war. Ich ging am Abend schon gegen neun ins Bett, um bis zum nächsten Tag, bis vormittags um zehn, halb elf zu schlafen. Ich schlief wie ein Murmeltier. Völlig traumlos, was sicher geringfügig dazu beitrug. Es fühlte sich so gut an, einfach nichts zu träumen. Kein *Blut*, kein Hass, keine Schmerzen mehr, welche mir nachts durch den Kopf geisterten.

Bevor Corvin in mein Leben getreten war, hätte ich wahrscheinlich gedacht, ich wäre krank, weil ich nichts mehr träumte; denn ich war schon immer eine sehr intensive, realistische Träumerin. Aber jetzt war ich nur froh, dass es vorerst vorbei war. Ich wollte es nicht noch einmal erleben, dass Corvin sich auf mich stürzen und mich töten würde. Und auch Jason sollte meinen Träumen lieber fern bleiben. Ich genoss die Zeit im Schlaf, die völlige Dunkelheit um mich, da ich ja nicht wusste, wann es wieder passieren würde, dass ich morgens schweißgebadet in meinem Bett hochschrecke.

Die Nacht hatte sich sozusagen zu meinem Rettungsboot entwickelt. Die einzige Zeit, in der ich nicht grübeln konnte, sondern einfach nur ausruhen, um am Morgen mehr oder weniger ausgeruht zu erwachen und mich damit mental für den Tag zu wappnen. Die wirren, ständig kreisenden Gedanken in meinem Kopf raubten mir die restliche Kraft, welche nach den Gartenarbeiten, noch vorhanden war. Aber ich bin stolz auf mich. So ordentlich und gradlinig hatte unser Hof seit Ewigkeiten nicht mehr ausgesehen. Ganz zum Anfang der Woche, widmete ich mich dem verwahrlosten Beet, vor dem Fahrradschuppen, zupfte das Unkraut und das Gestrüpp, welches irgendwann mal Blumen waren, raus und machte kurzerhand ein Kräuterbeet daraus. Mit Petersilie, Schnittlauch, Zitronenmelisse, Minze, Rosmarin und Basilikum, welche ich nach einem Besuch bei Clara im Krankenhaus, eingekauft hatte. Außerdem säte ich noch Borretsch und einige andere Kräuter, deren Namen ich noch nie gehört hatte, welche mir aber auf Nachfrage empfohlen wurden. Wozu ich die letztendlich brauchen könnte, würde ich noch nachlesen, wenn es soweit wäre und alle Kräuter gewachsen sind. Außerdem entfernte ich das liegen gebliebene Laub vom Vorjahr und alle Arten von Unkraut, welches mir in die Quere kam.

An einem Nachmittag widmete ich mich dann der großen Holzscheune, sowie dem Heu, was darin vor sich hin muffelte. Es kostete mich fast einen ganzen Nachmittag, bis ich das gute Heu vom schlechten, feucht gewordenen trennte und es auf den Kompost, am anderen Ende des Hofes brachte. Zu guter Letzt an diesem Tag, überlegte ich, ob es nicht langsam Zeit wurde, die Schaukel zu entfernen. Ich dachte, dass ich langsam aus dem Alter raus war, noch darauf zu schaukeln. Doch als ich hinging und mich eigentlich zum Abschied darauf setzte, bemerkte ich, dass ich es nicht über das Herz bringen würde, sie zu entfernen. Stattdessen blieb ich sitzen, bis die Dämmerung Einzug hielt. Erst als es schon fast ganz dunkel um mich wurde, ging ich ins Haus und schloss wie jeden Abend, jede Tür ab und alle Fenster zu.

Mir brummte immer im Hinterkopf, dass Jason früher oder später rausfinden würde, wo ich wohne. Da wollte ich, wenn ich schon allein im Haus war, kein unnötig leichtes Opfer sein. Denn ehe er eindringen würde, hätte ich längst die Polizei allarmiert.

Weiter verbrachte ich die Zeit damit, meine Wunden zu lecken. Ich kühlte die Schwellungen oft am Morgen und Abend, und schmierte mir tagsüber Salben darauf, in der Hoffnung alle auffälligen Stellen schnellstmöglich zu beseitigen. Schnell genug, um den Vorfall meinen Eltern vorenthalten zu können. Und tatsächlich klappte es. Mein Gesicht sah wieder aus wie vorher, als wäre nichts passiert; denn nach einer Woche Italienurlaub, kamen Mam und Dad mit über zehn Stunden Fahrt im Nacken, völlig erschöpft zu Hause an. Sie schlossen mich in die Arme, beäugten mich ausgelassen und erkundigten sich noch einmal nach meinem Zelturlaub, von welchem ich ihnen am Telefon so ziemlich alles vorenthielt und sie stattdessen über ihren Urlaub ausquetschte. Doch nun war es unumgänglich, ihnen von meinem Kurztrip zu berichten.

Ich hatte für den Abend gekocht, dass sich meine Mam nach der Fahrt nicht noch hinstellen musste und kam damit gut an. Bei Gulasch und Knödel redete es sich einfach entspannter. Und zum Nachtisch hatte ich noch Instant-Kaltschale eingerührt, um etwas Erfrischendes bei den sommerlichen Temperaturen auf den Tisch zu bringen.

Von meinem Wochenendtrip erzählte ich nur das, was meine Eltern getrost wissen konnten. Vom Lagerfeuer und von Grillfleisch essen, zum Frühstück, Mittag und Abendbrot. Ich erwähnte auch den Zwischenfall von Clara, ließ aber die Stelle mit dem Luftröhrenschnitt weg. Sofort fiel mir ein, dass ich Clara und Tobi auch noch darauf hinweisen musste, dass sie dicht halten sollen.

Ich erwähnte knapp, einige der Leute auf unseren Zeltplatz, entweder mit Namen und einer kläglichen Beschreibung oder ich ließ die Personen, von denen ich ohnehin nichts wusste, weg. Ich kenne meine Mam gut genug, um zu wissen, wie sehr sie die Details zu schätzen weiß. Auch wenn es sich um Leute handelt, die sie weder kennt, noch je kennenlernen wird.

In der zweiten Woche schlief ich dann viel weniger. Ich war inzwischen einfach zu ausgeruht, um zwölf Stunden im Schlaf runterzureißen. So konnte ich die Gartenarbeiten mit vollem Elan weiter vorantreiben.

Zum Ende der Woche hatte ich dann Nancy angerufen und Bescheid gesagt, dass ich zu ihrer Party auf alle Fälle kommen würde. Das wird schließlich der letzte amüsante Abend sein, bevor ich mich nach ewig langer Pause wieder ins Arbeitsleben stürzen muss. Deshalb wollte ich mir diese Party nicht entgehen lassen. Außerdem hatte ich noch Pralinen als Geschenk für Nancy besorgt und meine ehemalige Realschulkameradin Alexandra, die ich schon seit Monaten weder gehört, noch gesehen habe angerufen. Sie hat Schneiderin gelernt und da dachte ich mir, sie zu bitten, mein Kleid für die Party zu nähen; denn etwas aus den 20er Jahren zu bekommen, stellte sich schwieriger dar, als ich vorher ahnte. Obwohl sie nur noch zwei Tage dafür Zeit hatte, sagte sie freudig zu. Ich erklärte ihr am Telefon grob wie ich mir das Kleid vorstelle, gab ihr meine Maße durch und vergewisserte mich mehrmals, ob sie es wirklich schaffen würde. Sie beruhigte mich und versicherte mir, dass ich es am Samstagvormittag bei ihr abholen könnte. Als ich dann aufgelegt hatte, tanzte ich minutenlang durch mein Zimmer; denn ich vertraute sehr auf Alexandras guten Geschmack und hoffte, dass das Kleid vernünftig werden würde. Natürlich würde ich ihr einen Obolus für die Mühe zahlen. Schließlich war sie meine letzte Rettung.

Stressige, aber schöne Vorbereitungen

Völlig aufgeregt, sprang ich am Morgen der Party, schon um sieben Uhr aus dem Bett. Ich hatte in der Nacht schlecht geschlafen, mich nur unruhig rumgewälzt und fühlte mich dennoch ungewöhnlich ausgeschlafen; denn nach zwei ruhigen Wochen hatten mich in der letzten Nacht, wieder unschöne Träume gequält. Keine klaren Bilder blieben davon in meinem Kopf, nur Dunkelheit, Angst und Schmerzen.

Als ich aus meiner Duselei erwacht war, wusste ich nicht so recht, was ich von meiner wiederkehrenden wilden Träumerei halten sollte. Doch mir gleich morgens mit Grübeleien den Tag zu versauen, hatte ich mir schon vor dem Aufstehen verboten, obwohl ich inzwischen eine Theorie zu den nächtlichen Aktivitäten meines Hirns habe.

Ich schob alle aufkommenden negativen Gedanken beiseite und beschloss, mich völlig in meine Vorbereitungen für die Party zu stürzen.

Ursprünglich wollte ich bei mir im Salon anrufen und fragen, ob mir eine meiner Kolleginnen die Haare für die Party machen würde. Doch schlussendlich war es mir zu blöd, nach meiner langen Krankheit, gleich schon Ansprüche zu stellen. Also ließ ich es und nahm mir vor, mich allein darum zu kümmern, auch wenn ich nicht das passende Material zur Hand haben würde, dessen war ich mir bewusst. Aber wo ein Wille ist, ist ja bekanntlich auch ein Weg, dachte ich mir. Also stürmte ich hinunter ins Badezimmer, um mir die weichen Kontaktlinsen einzusetzen, mir die Zähne zu putzen und danach in die Küche zu gehen. Ich riss mir ein paar Stücken von der Alufolie ab und formte feste, schmale Streifen daraus.

Als ich das fertig hatte, suchte ich kleine Klemmen und Dauerwellwickler im Bad und aus allen Ecken meines Zimmers zusammen.

Schnell zog ich mir eine leichte schwarze Hose und eine ausgewaschene, grüne Kapuzenjacke an, schnappte all die zusammengeklaubten Utensilien und verschwand wieder nach unten ins Badezimmer. In meinem Zimmer hatte ich zwar größere Spiegel, um mir die Haare zu machen, aber im Bad stand der ganze restliche Kram, welchen ich für die Verwandlung brauchen würde. Denn so einfach dürfte es nicht werden, mich von Anfang zwanzigstes Jahrhundert, in eine neunzehnhundertzwanziger Dame zu machen. Ich hatte Wasserwellen in meiner Ausbildung zwar zu Genüge gelegt, aber immer an anderen Köpfen, nicht an meinem eigenen und selbst das lag inzwischen gut ein Jahr zurück.

Die ersten Versuche gingen gründlich daneben. Meine Arme taten schon weh und die Wellen wollten überhaupt nicht gelingen oder dann nicht halten. Ich wollte schon fast aufgeben, bis meine Haare so nass und voll mit Schaumfestiger und Gel waren, dass sie von allein hielten. Ich war erleichtert, als es so aussah, als könnte es letztendlich doch noch mit der fast perfekten Frisur klappen.

Erst versuchte ich mir die Wasserwelle ohne Scheitel über den Kopf zu legen, aber irgendwie sah das von vornherein völlig bescheuert aus. Also probierte ich es mit einem Seitenscheitel. Es ließ sich viel schwerer legen, als die erste Variante, sah aber auch gleich besser aus.

Als meine Arme allmählich einschlafen wollten und schwer wurden wie Blei, hatte ich es geschafft die

Wasserwelle zu legen. Nur noch die Alufoliestreifen mit Klemmen befestigen, um die Wellen beim Trocknen zu stabilisieren und ich hatte die schlimmste Aufgabe für diesen Tag geschafft. Ich ließ die Arme sinken und entschied mich, erst einmal frühstücken zu gehen, bevor ich mir die Dauerwellwickler in die langen, in den Nacken gekämmten Haare drehen würde.

Während der Kaffee glucksend durch die Maschine lief und der herrliche Duft allmählich den Raum erfüllte, machte ich mich daran, den Küchentisch zu decken. Ich wollte nicht allein frühstücken und platzierte deshalb drei Gedecke auf dem Tisch, in der Hoffnung, meine Eltern würden so langsam aus den Federn fallen.
Ich schob die schweren Vorhänge vor dem Fenster am Küchentisch beiseite, um etwas Licht in den Raum zu holen, doch nur langsam verzogen sich die Schleierwolken, welche die Sonne wie ein durchsichtiges Seidentuch verdeckten. Es würde sicher noch einige Zeit brauchen, bis die Küche mit hellem Sonnenlicht durchflutet sein würde. Ich sah auf die Straße, beobachtete die Bäume, wie sie in der sanften Brise wiegten und genoss die Wärme, die scheinbar durch das Glas meiner Haut schmeichelte.

Nachdem ich einige Minuten, nur die Gedanken habe schweifen lassen, machte ich mich daran, mich weiter um das Frühstück zu kümmern. Brötchen in den Ofen schieben, Wurst und Käse nett auf einem Teller anrichten, Marmelade und andere Leckereien auf den Tisch stellen, Rührei zubereiten …
Als ich alles fertig hatte, überlegte ich, meine Eltern einfach wach machen zu gehen; denn es war inzwischen halb neun und damit Zeit aufzustehen. Doch ich hatte

den Gedanken noch nicht einmal zu Ende gedacht, da ging die Küchentür auf und meine Mam trat hinein.

„Guten Morgen", begrüßte ich sie, mit einem breiten Grinsen im Gesicht.

Ich wusste nicht warum, aber irgendwie fühlte ich mich glücklich und zufrieden, so ausgeglichen, wie schon lang nicht mehr.

„Guten Morgen", meinte sie und lächelte zurück.

„Wie kommt es, dass du schon munter bist?"

„Na, heut ist doch die 20er Jahre Party. Ich bin so aufgeregt, dass ich gar nicht richtig schlafen konnte. Es sind bestimmt viele Leute da, die ich schon eine halbe Ewigkeit nicht mehr gesehen habe", gab ich ihr als Antwort, verschwieg jedoch nach wie vor die beunruhigenden Träume.

„Ich freue mich für dich."

Meine Mam kam auf mich zu und gab mir einen Kuss auf die Wange, als ihr Blick auf den Küchentisch fiel.

„Du hast ja Frühstück gemacht."

„Ja, wieso auch nicht? Wenn ich schon nur einmal im Leben vor euch wach bin."

„Das ist wirklich süß von dir", meinte sie fast etwas wehmütig.

„Ist Papa auch wach oder soll ich ihn aus den Federn holen gehen?", sagte ich schnippisch und hoffte darauf, ihn auch mal rausschmeißen zu können, als Retourkutsche für einige unausgeschlafene Tage.

„Auch wenn ich dir jetzt deine Vorfreude nehmen muss, aber dein Dad ist schon wach und bereits im Badezimmer. Da sieht es übrigens aus, als hätte eine Bombe eingeschlagen. Du weißt nicht zufällig was darüber?", meinte meine Mam und sah mich mit demselben schnippischen Blick an, wie ich nur einige Sekunden vorher sie.

„Ich räum das Chaos auf, wenn ich fertig bin. Versprochen."

Schon ging die Küchentür erneut auf und Dad kam auf uns zu.

„Hier duftet es aber gut", meinte er, noch bevor er mir guten Morgen gewünscht hatte.

„Lina hat Frühstück gemacht", klärte Mam ihn auf.

„Das sieht wirklich lecker aus, aber wie kommen wir zu dieser Ehre? Hast du vor uns zu verlassen und das wird das Abschiedsessen?"

Völlig vor den Kopf gestoßen, sah ich Ben an. *Wie kommt er nur dazu, solch abstrakte Anschuldigungen zu äußern?*, schwirrte es mir durch den Kopf, während Katrin ihn mit bösen Blicken strafte.

„Seid doch nicht gleich so verärgert! Das war nur ein Spaß."

„Ja witzig", gab ich ihm angesäuert zurück.

„Entschuldige bitte. Es ist wirklich toll von dir. Komm her!", meinte er und kam dabei auf mich zu, um mich kurz darauf in die Arme zu nehmen.

Das gemeinsame Frühstück mit meinen Eltern, war der perfekte Ausgleich zu den stressigen Vorbereitungen zu der Party. Ein halbe Stunde Ruhe für die Seele, bevor ich mich wieder dem Kampf mit meinen Haaren stellen würde.

„Was hast du heut noch geplant, außer dich für die Party fertig zu machen?", fragte meine Mam, nachdem alle anderen Themen über die Nachrichten und das Wetter abgegessen waren.

„Nichts. Ich hab doch damit genug zu tun und außerdem muss ich dann noch nach Weißwasser zu Alexandra, mein Kleid holen. Und wenn wir schon dabei sind, kann mich einer von euch reinfahren und wieder abholen?"

Ich ging dem selbst Auto zu fahren weiterhin vehement aus dem Weg. Die Angst, dass etwas passieren könnte, steckte mir immer noch in den Knochen und schien so schnell auch nicht zu verrauchen. Wahrscheinlich wäre ich eh nur eine Verkehrsbehinderung. Also lasse ich es gleich bleiben. Auch wenn es bedeutet, dass ich auf meine Eltern angewiesen bin, dass ich ihnen wieder ein Klotz am Bein bin, so wie es war, bevor ich den Führerschein gemacht hatte. Doch sie verstanden meine Panik und drängten mich nicht, wieder Auto zu fahren, bis ich es nicht wirklich selbst wollen würde.

„Ja ist kein Problem. Ich wollte sowieso nach Weißwasser noch etwas erledigen. Da setze ich dich bei deiner Freundin ab und hole dich später wieder", meinte meine Mam.

„Na das passt ja prima. Ich freue mich", sagte ich und wäre am liebsten sofort losgefahren.

Doch ich hatte Alexandra gesagt, dass ich erst gegen Mittag bei ihr sein könnte.

„Kenne ich Alexandra auch?", hakte meine Mam nach und ich ahnte, dass es der Anfang eines Fragenmarathons werden würde.

„Ja, eigentlich müsstest du sie vom Sehen kennen. Sie ist mit mir zusammen in die Realschule gegangen. Ich habe sie jetzt schon bestimmt ein Jahr nicht mehr gesehen, aber sie hat sicher immer noch blonde Haare. Zumindest hoffe ich das für sie. Damit sieht sie nämlich wirklich toll aus. Zu Schulzeiten war sie von der Statue her, etwas rundlicher. Aus der Zeit, aus der du sie noch kennen müsstest, trug sie die Haare glatt, blond- und rot gesträhnt über die Schulter. Sie ist mindestens zehn Zentimeter kleiner als ich. Erinnerst du dich?"

„Ja, ich denke ich weiß wen du meinst. Und sie hat dir ein Kleid besorgt?"

„Nein, sie wollte es selbst nähen und ehrlich gesagt hoffe ich, dass sie damit fertig geworden ist und sich nicht überschätzt hat."

„Sie näht selbst? Hat sie das denn gelernt?"

„Ja sie hat Schneiderin, an einer Schule in Leipzig gelernt und ist seit letztem Jahr, soweit ich weiß, wieder in Weißwasser."

„Da kann sie mir ja sicher auch mal was nähen!", meinte meine Mam und auch damit hatte ich gerechnet.

Alles was ich neu hatte, wollte sie auch haben oder ausprobieren. Hätte ich mich irgendwann mal Piercen lassen, würde ich die Hand dafür ins Feuer legen, dass sie sich auch eins machen lassen würde.

„Mam."

Ich warf ihr einen genervten Blick zu.

„Das war ein Witz."

„Ja ich merk schon. Ihr seid beide heut sehr zum Scherzen aufgelegt", erwiderte ich daraufhin und sah zwischen meinen Eltern hin und her.

Unser Gespräch bekam seine alte Ernsthaftigkeit zurück.

„Weißt du schon wie es aussieht? Welche Farbe hat es und was für eine Form?"

Jetzt hatte sich meine Mam definitiv warm gefragt.

„Keine Ahnung. Ich hatte ihr nur meine Maße durchgegeben und gesagt, dass es für eine 20er Jahre Party sein soll."

„Und was machst du, wenn es dir nicht gefällt?"

„Dann gehe ich eben nackt."

Und wie ich es erhofft hatte, verfehlte meine Antwort ihren Zweck nicht. Katrin blieb der Mund offen stehen, während mein Dad verschmitzt zu mir rüber sah und zu lachen begann.

„Nein das mache ich natürlich nicht. Was denkst du von mir? Ich vertraue einfach auf Alexandras guten Geschmack und ihr Können. Das Kleid wird schon gut aussehen und wenn nicht, habe ich trotzdem keinen Notfallplan."

„Dann hast du dir die Mühe mit deinen Haaren umsonst gemacht", meinte Katrin, um mich noch mehr anzu-sticheln. Doch damit würde sie nicht durchkommen. Dazu bin ich zu gut drauf.

„Mach mir jetzt nicht alles madig. Es wird schon alles klappen und wenn nicht, kann ich mir immer noch Ge-danken darüber machen, wenn es soweit ist. So und jetzt gehe ich mir die Haare weiter machen."

„Aber du gibst ihr doch auch Geld dafür?"

„Ja natürlich", meinte ich inzwischen wirklich schon etwas genervt.

Und bevor die Fragerei weiter gehen konnte, verschwand ich zur Küchentür raus und schloss mich ins Bade-zimmer ein; denn es würde mich sicher noch genug Nerven kosten, meine langen Haare in winzig kleinen Strähnen, präzise auf die Dauerwellwickler zu drehen.

Es dauerte einige Zeit, bis ich meinen Hinterkopf mit Wickeln zugepappt hatte. Wieder waren die Arme zum Ende hin schwer geworden und taten weh. Dennoch war ich erleichtert, als ich es geschafft hatte und war gleich-zeitig erstaunt, dass meine Mam es sich verkniffen hatte, klopfen zu kommen.

Ich betrachtete das Kunstwerk auf meinem Kopf im Spiegel. Doch zwischen der glänzenden Alufolie und den bunten, wild in alle Richtung stehenden Wickeln, waren kaum noch meine Haare zu erkennen. Ich sah aus wie ein Blitzableiter, in den eben ein Blitz eingeschlagen hatte. *Was habe ich mir nur dabei gedacht?*, fragte ich mich nun; denn meine Grundidee bestand darin, so mein Kleid holen zu fahren und jetzt zweifelte ich ernsthaft an meiner Zurechnungsfähigkeit. Ich würde auffallen wie ein bunter Hund auf der Straße und wahrscheinlich auch schon aus dem Auto. Aber das war ja nun nicht mehr zu ändern. Ich hatte es mir so ausgesucht, also musste ich da jetzt auch durch. Natürlich hatte ich noch die Möglichkeit mir alles wieder aus den Haaren zu reißen und später noch einmal zu machen. Aber das kam nach den Anstrengungen definitiv nicht infrage. Stattdessen legte ich mir schon auf der Waschmaschine das Schminkzeug zurecht und beschloss danach noch meine Mam zu interviewen, wie ich vielleicht doch möglichst ungesehen zu Alexandra kommen könnte.

Kleiderprobe!!!

Inzwischen hatte ich mich mit meiner Blitzableiter ähnlichen Frisur abgefunden und es konnte nach Weißwasser gehen.

Im Auto rutschte ich so tief in den Sitz, dass ich genauso gut im Motorraum hätte Platz nehmen können. Während sich meine Mam amüsierte und sich gleichzeitig über mein Gehabe aufregte.

„Lina, komm hoch! Das ist doch albern", wies sie mich mehrere Male zurecht.

Was mich jedoch nicht davon abhielt, ihrem Bitten keine Folge zu leisten. Mir war es wirklich zu blöd, mich den Leuten auf der Straße so zu präsentieren. Nicht, dass sie sich vor mir erschrecken und dabei noch die Kontrolle über ihren Wagen verlieren. Also blieb ich auf Tauchstation und lugte nur hin und wieder über das Armaturenbrett, um zu sehen, wo wir gerade waren.

„Nimmst du deine Kamera mit? Ich würde so gern ein paar Eindrücke von eurer Party bekommen", meinte meine Mam plötzlich in die Stille hinein. In welcher ich eben erst völlig gedankenlos, in die Musik versunken war.

„Das ist ne gute Idee. Daran hab ich gar nicht gedacht. Erinnerst du mich noch mal daran, wenn ich losmache? Ich vergesse das bis dahin doch wieder."

„Ja mach. Wir sind übrigens da."

Ich rutschte ein Stück nach oben und schielte aus meinem Seitenfenster auf die Straße.

Wir standen wirklich direkt vor einer großen, braunen, abgenutzten Holztür, in welcher mit Blumen und Blättern verziert, Scheiben eingefasst waren. Alexandra wohnt im Gegensatz zu mir inzwischen in ihrer eigenen

Wohnung, ziemlich am Stadtrand, Richtung Krauschwitz, in einem noch nicht sanierten Altbau.

Ich fand schon immer, dass die Altbauten, die diese Straße zur rechten Seite säumten, ihren Reiz hatten. Sofort kam mir der Gedanke, dass es Zeit, ist mir mein eigenes Heim zu schaffen, in dem ich schalten und walten könnte, wie es mir auf die Klappe passt, obwohl es auch ziemlich bequem ist noch bei Mutti zu wohnen. Doch zur Arbeit bräuchte ich dann nur noch laufen. Kein Rad fahren mehr bei widrigen Bedingungen und schon gar kein Auto mehr selber fahren. Alles nur noch zu Fuß erledigen. *Das wär's.*

„Lina, willst du nicht aussteigen?", sagte Katrin plötzlich und riss mich aus der Eigene-Wohnung-Vorstellung.

„Doch, bin schon weg."

Schneller als ich reden konnte, sprang ich aus dem Auto, ohne zu schauen, ob sich außer mir noch jemand auf dieser Straße befand. Ein Fehler. Denn es konnte nicht schöner sein, da kam genau aus der Haustür, in welche ich gleich wollte, ein markenbehangener Proll und glotzte mich mitleidig an. Sofort spürte ich, wie mir die Schamesröte ins Gesicht kroch. Und anstelle, dass er weitergeht, bleibt er stehen und verkneift sich mit aller Mühe zu lachen.

Es dauerte einen Moment, ehe ich reagieren konnte und als er zum Sprechen ansetzte, platzte ich los.

„Das findest du also lustig was? Willste vielleicht noch 'n Foto?"

Kaum hatte ich den Satz beendet, huschte ich an ihm vorbei und schmiss die Haustür krachend ins Schloss.

„Idiot."

Im Hausflur fiel mir auf, dass ich zwar die Adresse von Alexandra kannte, jedoch nicht in welchem Stockwerk und auf welcher Seite sie wohnt. Also begann ich im Erdgeschoss systematisch an allen Klingelschildern nach Gerhard zu schauen.

Ich ging die erste Treppe hinauf und bald darauf die nächste, bis ich ihren Nachnamen endlich fand und klingelte. Die Tür ging auf.

Inmitten des Rahmens stand Alexandra. Sie strahlte über das ganze Gesicht. Während ich erstaunt über ihren optischen Wandel, sie im ersten Moment nur anstarren konnte.

Vor mir stand eine hübsche, junge, modebewusste Frau. Nicht mehr das ruhige Mauerblümchen aus Schulzeiten. Auch wenn sie sich von der Statue her nicht verändert hatte, so waren ihre Haare ein ganzes Stück kürzer geworden. Sie trug sie nun als durchgestuften, fetzigen Bob, komplett blond gesträhnt und mit knallig violetten Strähnen im Ponybereich.

Was mich jedoch , noch mehr erstaunte war ihr Outfit, schwarze, beinbetonende Hosen, ein längeres, schwarz-weiß, geblümtes Oberteil und darüber eine schwarze Weste, welche ihre größere Oberweite in die richtige Position brachte. Es sah einfach spitzenmäßig aus, gut angezogen und dennoch etwas punkig. Perfekt für sie.

„Hey Lina, du bist ja schon da. Ich habe nicht ganz so früh mit dir gerechnet", meinte sie und nahm mich zur Begrüßung kurz in die Arme, als hätten wir jeden Tag miteinander zu tun.

Aber das hatten wir nicht und deshalb empfand ich die Umarmung irgendwie unangenehm und übertrieben.

„Hallo", gab ich nur kleinlaut zurück, denn so eine Begrüßung kannte ich eben nur mit Clara und die hatte

ihren wahren Hintergrund, nämlich jahrelange Freundschaft.

Ich schob mein Misstrauen beiseite, zog die Schuhe aus
und trat ein.
Sofort zog Alexandra mich am Arm durch den Flur,
vorbei an der Küche, soweit ich den Raum richtig erkannt hatte, in das Wohnzimmer. Sie ließ mich los und
drehte sich zu mir um.
„Ich habe mir gedacht dein Kleid einen Tick figur-
betonter zu gestalten, als es in den 20er Jahren üblich
war. Ich wollte dich nicht in einen so wahnsinnig gerade
geschnittenen Sack stecken", erklärte sie mir und ich
hoffte, sie würde weniger reden und es mir endlich
zeigen. Ich wurde immer nervöser.
„Willst du es sehen?"
„Ja bitte. Ich bin so aufgeregt."
Und prompt schnappte Alexandra wieder nach meinem
Arm und zog mich in ein weiteres Zimmer, welches von
der Wohnstube geradewegs weiter ging.
Als ich mich umsah, fand ich mich in einem Atelier
wieder. Nur das noch ein Bett und ein Kleiderschrank
darin standen. Schlafzimmer und Nähstube in einem.
„Zieh bitte deine Hose und das Oberteil aus! Ich will,
dass du es erst siehst, wenn du es an hast."
Mich verwirrte diese Art der Kleideranprobe. Sonst sehe
ich mir die Sachen normalerweise an, bevor ich sie an-
ziehe. Doch Alexandra wollte es ganz spannend machen
und verband mir noch die Augen, nachdem ich mich
meiner Kleidung entledigt hatte.
„Mach es doch nicht so spektakulär!", sagte ich und
zappelte schon hin und her, während ihr nur ein „pscht",
entwischte.

„So es kann losgehen. Ich ziehe dir das Kleid von unten an, damit ich dir nicht die tolle Frisur versaue."

„Mach dich nicht lustig. Meine Haare sind doch gar nicht fertig. Das soll erst noch eine super Frisur werden. Wenn es denn so wird, wie ich es mir denke", meinte ich im letzten Satz, nur noch seufzend.

„Weiß ich ja. Heb mal den rechten Fuß!"

Sie sprach und ich gehorchte.

„So jetzt noch die Arme durch die Träger und dann kannst du es fast sehen."

Ich spürte wie sich glatter, kühler Stoff sanft an meine Haut schmiegte, während Alexandra den Reißverschluss im Rücken hoch zog.

„Perfekt. Es passt wie angegossen", meinte sie und erhöhte meine Spannung damit noch einmal um ein vielfaches.

Ich zappelte hin und her.

„Bleib doch mal ruhig stehen! Sonst nehme ich dir die Augenbinde gar nicht ab", drohte sie, mit einem Lachen in der Stimme.

Ich stand da und eine gefühlte Ewigkeit passierte nichts, bis ich endlich ihre Hände an meinem Kopf fühlte. Langsam nahm der Druck der Augenbinde ab und meine Augen hatten das Tageslicht wieder.

Erst blinzelte ich, traute mich kaum wirklich hinzusehen, als ich mich im Spiegel entdeckte und es mir die Sprache verschlug.

„Und was sagst du?", fragte Alexandra viel zu übereilt, als dass ich reagieren konnte.

„Gefällt es dir nicht?", schloss sie sofort aus meiner Reaktion.

Doch das Gegenteil war der Fall.

„Es ist wunderschön." Und bevor ich noch irgendwas dazu äußern konnte, fiel Alexandra mir schon freudestrahlend um den Hals. Sie war so glücklich darüber, dass mir das Kleid gefiel, dass es mich gleich ansteckte und ich ihre Umarmung erwiderte.

Sie hat absolut meinen Geschmack getroffen. Denn fast zu perfekt, schmiegt sich nun der moosgrüne Satinstoff um meinen Körper, dessen Farbton identisch dem meiner Kontaktlinsen ist. Um den Busen liegt der Stoff gerafft und betont somit meine eher kleine Oberweite. Während darunter, ein beigefarbenes Seidenband, in wunderschöner Optik, die Naht zum unteren Teil des Kleides verdeckt. In mehreren übereinanderliegenden, schräg angeordneten Bahnen, fließt das Satin locker hinunter bis zum Knie und gibt dem Kleid somit den typischen 20er Jahre Look. Mit dem, wie sie selbst sagt, winzigen Unterschied, dass es nicht sackig, sondern weiblich wirkt.

Ich konnte es kaum glauben, denn Alexandra hatte es geschafft, aus wenigen Informationen einen echten Traum zu zaubern. So wunderschön, dass ich es gar nicht mehr ausziehen wollte.

„Ich wusste nicht ob du Schuhe für dieses Kleid haben würdest und hab mal meinen Schuhschrank auseinandergenommen. Und ich bin fündig geworden. Jetzt müssen die dir nur noch passen! Größe sechsunddreißig."

Ihr Blick ruhte hoffnungsvoll, und dann mit hochgezogener Augenbraue auf mir.

„Ich hab ne Siebenunddreißig", meinte ich fast entschuldigend; denn ich wollte ihre Hoffnung nicht kaputt machen. Obwohl ich nicht verstand, warum sie sich für mich so ins Zeug legte.

„Probier sie trotzdem mal an!"
Sie stellte mir die zart beigefarbenen, wirklich edlen, schicken Schuhe hin und griff nach meinem Fuß, noch ehe ich ihr widersprechen konnte. Mir war es fast unangenehm, dass sie sich meinetwegen so mühte.
„Ich hab sicher auch noch passende Schuhe im Schrank", beschwichtigte ich sie. Obwohl ich wusste, dass dessen nicht so war. Ich besaß noch nie solche edlen Schuhe. Wahrscheinlich weil ich mit so hochwertigen Sachen einfach nicht umgehen kann. Besonders nicht mit heller Kleidung oder eben hellen Schuhen. Die trage ich nur einmal und schaffe es gleich die auf ewig zu versauen, indem ich irgendwas drauf kippe oder wenn das jemand für mich tut. Wie auch immer. Alles was ich in der Hinsicht in die Finger bekomme, ist danach nicht mehr zu gebrauchen.
„Ja vielleicht hast du Schuhe. Aber ich bin eine absolute Perfektionistin. Und glaub mir, es gibt kein paar Schuhe in deinem Schrank, welches so gut zum Kleid passt, wie das hier."
Alexandra drängte mich regelrecht, sie wenigstens zu probieren, während ich nur hoffte, dass sie mir nicht passen würden; denn das würde bedeuten, dass ich den ganzen Abend auf meine Füße aufpassen müsste.
Doch meine Hoffnungen zerschlugen sich, als meine Ferse in den Schuh rutschte und er nicht einmal drückte, sondern passte wie angegossen.
„Siehst du, sie passen. Lina, du musst die anziehen. Ich erlaube dir nicht, andere zu diesem schönen Kleid zu tragen", meinte Alexandra bestimmend, aber immer noch mit einem Lachen im Gesicht und einem bittenden Blick, dass ich es nicht über das Herz brachte, ihr den Wunsch abzuschlagen.

„Okay, wenn du so darauf bestehst, dann ziehe ich die an. Aber nur unter einer Bedingung."

„Die da wäre?"

Ich beugte mich nach unten und zog das Geld aus meiner Hosentasche, welche neben mir auf dem Boden lag.

„Hier fünfzig Euro für das Kleid und noch mal fünfzig Euro als vorübergehenden Tausch für die Schuhe."

Völlig verdutzt sah Alexandra mich an.

„Das kann ich nicht annehmen. Ich will nicht so viel Geld für das Kleid. Es hat mir wirklich viel Spaß gemacht."

„Keine Widerrede, sonst nehme ich weder das Kleid und schon gar nicht die Schuhe mit."

Ich wartete einen Moment ab; denn sie würde es nicht wollen, dass ich das tolle Outfit heut Abend nicht tragen würde.

„Okay, ich nehme das Geld, aber du kriegst es wieder, wenn du mir die Schuhe zurückbringst."

„Aber nur fünfzig Euro", wies ich noch einmal an.

„Ja. Versprochen", gab sie nach.

„Es ist wirklich traumhaft schön. Danke."

Alexandra grinste über das ganze Gesicht, als sie mir den Reißverschluss öffnete und fühlte sich sichtlich unbeobachtet. Doch ich konnte ihrer Freude über den Spiegel folgen, konnte sehen, wie glücklich sie das machte und sofort machte es mich mit glücklich.

Langsam ließ ich den Satin über meine Haut, nach unten auf den Boden sinken, trat heraus und zog mir die Hose und mein Oberteil an, während Alexandra, das Kleid und das Paar Schuhe in eine riesige Tüte packte.

Im selben Moment klingelte mein Handy. Ich zog es aus der Hosentasche und klappte es auf.

„Ja.“

„Kann ich dich jetzt abholen? Ich habe alle Erledigungen fertig.“

„Ja Mam. Ich bin auch soweit.“

„Gut bis gleich“, sie gab mir einen Kuss ins Handy und legte auf.

„Das war meine Mam. Sie holt mich gleich ab.“

Wir traten aus dem Schlafzimmer, wieder in die Wohnstube und weiter in den Flur.

„Da wünsch ich dir für heut Abend ganz viel Spaß.“

„Mit diesem Kleid, kann nichts mehr schiefgehen. Vielen, vielen Dank“, bedankte ich mich erneut und umarmte sie zum Abschied, obwohl ich dachte, dass wir soweit nicht waren. Aber ich war ihr so dankbar, dass sie das alles für mich gemacht hat.

Schnell rannte ich die Treppen hinab und nahm dabei nur jede zweite oder dritte Stufe, bis ich vor der verglasten Eingangstür stand. In mir wurde die Erinnerung wach, wie schrecklich ich noch um den Kopf aussah und ich steckte erst mal nur kurz den Kopf zur Tür raus, um zu prüfen ob die Luft rein war.

Ich sah nach links und rechts. Niemand war zu sehen, nur der Wagen meiner Mam, der allmählich in meine Richtung gerollte kam. Das war mein Zeichen. Ich riss die Haustür auf, rannte los und sprang mit samt der großen Tüte auf den Beifahrersitz neben sie.

„Und hat alles geklappt?“

„Ja alles super. Mam das Kleid ist so wunderschön. Alexandra versteht ihr Fach wirklich perfekt. Sie hat mir gleich noch ein Paar ihrer Schuhe aufgedrängt, die ich eigentlich erst nicht annehmen wollte, aber jetzt bin ich doch froh, dass ich sie mir geborgt habe. Ich hätte im

Leben nicht solche, perfekt zu dem Kleid passenden Schuhe zu Hause oder bei Clara gefunden."

Über die Freude, welche mir mein perfektes Outfit für den Abend brachte, vergaß ich alles um mich herum. Mich konnte jeder Fußgänger auf der Straße sehen, doch es machte mir überhaupt nichts aus. Oder besser, ich bekam es schlichtweg einfach nicht mit.

„Das freut mich für dich. Du musst dich unbedingt vorstellen, wenn du dich fertig für die Feier gemacht hast! Nicht das du auf die Idee kommst dich einfach davon zu stehlen."

„Nein Mam. Denkst du ich würde mich euch unterschlagen?"

„Bei dir weiß man ja nie, was für Anwandlungen dich wieder überrollen", sagte sie und es sollte sicher witzig klingen. Doch ganz im Inneren wusste ich, dass es eine indirekte Spitze, auf die Ereignisse des letzten, halben Jahres war. Sie würde mir die Unannehmlichkeiten, welche ich ihr und Dad gebracht hatte, sicher irgendwann verzeihen, aber vergessen würde sie die wohl nie. Zumindest hatte ich in diesem Moment das Gefühl, dass es genau das bedeuten sollte.

Da muss ich jetzt wohl durch. Schließlich hatte ich mir ihren Unmut ja selbst zuzuschreiben.

Ich lehnte den Kopf nach rechts, auf die Kopfstütze, um die vorbeirauschenden Leute und Gebäude zu beobachten, während die Sonne alles um uns in ein helles Licht tauchte. Die Schleierwolken waren inzwischen verzogen und gaben den strahlend, blauen Himmel frei.

Erinnerungen verarbeiten

Wir erreichten das Ortseingangsschild Krauschwitz. Sogleich bog Katrin nach links zum Hoftor ein und parkte ihren Wagen geradezu, in Richtung Scheune. Mit der Tüte in den Händen sprang ich hinaus, schlug die Autotür zu und ging ins Haus, um mein Kleid gleich über einen Bügel in mein Zimmer zu hängen. Schließlich sollte es schön aussehen und nicht völlig faltig sein.

Es dauerte keine fünf Minuten, dass meine Mam mich zum Mittag rief. Und obwohl ich keinen Hunger oder besser keinen Appetit, von der allmählich ansteigenden Aufregung hatte, zwang ich mir ein paar Bissen Pellkartoffeln und Quark runter.

Nach dem Mittag, wollte ich mich daran machen, mich langsam für den Abend zu schminken, doch als ich sah, dass es erst dreizehn Uhr war, schien es mir etwas zu übereilt. Schließlich war noch massig Zeit, mich fertig zu machen und meine Haare mussten auch erst mal richtig trocken werden, also beschloss ich noch eine Weile raus an die frische Luft zu gehen, um die Wärme zu genießen und die Seele baumeln zu lassen. Es würde bei der Party sicher noch aufregend genug werden. Da konnte die kurze Auszeit jetzt nicht schlecht sein.

Langsam schlenderte ich über den Hof, am Auto meiner Mam vorbei und weiter, über den Rasen auf die Scheune zu.

Es war schon eine ganze Weile her, dass ich hier hinten war; denn inzwischen hingen nicht mehr nur niedliche, schöne Kindheitserinnerungen an meinem Schaukelplatz, sondern auch schmerzliche. Ich war mir bisher nicht sicher, ob ich die Kraft aufbringen konnte, wieder an diesen Platz zurückzukehren. Doch nun war es so weit. Der Tag hatte so gut und glücklich begonnen, dass ich mir sicher war, mich den Erinnerungen endlich stellen und vielleicht damit abschließen zu können.

Nur ganz langsam, mit geschärften Sinnen, trat ich auf die Schaukel zu und versuchte jedes Geräusch, jeden Duft wie ein Schwamm in mich aufzusaugen. Aber es gab nichts, was anders war als an den Tagen, Wochen, Monaten, bevor ich Corvin traf. Die Luft roch genauso zart harzig und blumig, wie all die Jahre zuvor in dieser Jahreszeit. Es schien alles wie immer. Die Bäume stehen, wo sie immer standen. Die Schaukel hängt wo sie, so lang ich denken kann, schon immer hing. Rein optisch hatte sich nichts verändert. Nur die Erinnerungen in meinem Kopf machten, dass alles irgendwie anders schien.

Ich ließ mich im Schatten der Baumkrone, auf der Schaukel nieder, den Blick in die Bäume schweifend.

Es dauerte einige Zeit, bis ich mich entspannen und mich damit meinen Gedanken hingeben konnte. Ich begann an dem Tag, von welchem ich nur noch dieses leuchtende Augenpaar in Erinnerung hatte und ließ nach und nach alle anderen Bilder, des letzten halben Jahres mit einfließen.

Allmählich verschwammen die Geräusche um mich, als ich mit dem Kopf ans Seil gelehnt, die Augen schloss. Kein Mucks trat mehr an mein Ohr, während die Bilder wie Blitze vor meinen Augen zuckten. Corvin. Die Träume. Der Unfall. Jason. Clara. Alles platzte wie ein Regenschauer auf mich nieder. Völlig durcheinander und immer wieder die Träume in Verbindung mit Corvin.

Ich hatte meine Theorie dazu, dachte jedoch mit keiner Silbe daran, dass diese so realistisch werden würde. Doch jetzt, wo alle Erinnerungen wie ein Blitzlichtgewitter niedergingen, sah ich den Zusammenhang ganz deutlich. Die Verknüpfung meiner düsteren Träume, mit dem wunderschönen *Vampir* Corvin.

Ich riss die Augen auf und sprang von der Schaukel. Und obwohl mich eben fast der Anflug, die Party abzusagen übermannte, wusste ich, dass ich dort hin musste. Denn Corvin tauchte meist dann auf, wenn mich die allzu realen Träume überrannten und das taten sie, erst letzte Nacht wieder. Auch wenn die Bilder diesmal völlig verworren schienen.

Es war nur die Theorie meinerseits und dennoch war ich mir derer inzwischen hundert Prozent sicher.

Ich rannte los, über unseren Hof auf die Hauptstraße und weiter, bis ich völlig außer Atem vor Claras Haus zum Stehen kam. Sie und Tobi hatten fallen lassen, dass sie mich nach Görlitz zu der Feier schaffen würden, nur hatten wir seit zwei Wochen darüber kein Wort mehr verloren und nun musste ich sicher gehen, ob ihr Angebot noch stand.

Etwas zu lange betätigte ich die Klingel.

„Ist ja gut, ich komm ja schon!", hörte ich Tanja erbost rufen. Dann ging die Tür auf.

„Hallo Lina", meinte sie und sah mich verdutzt an.

„Ist Clara da?"

„Ja, hinten im Garten."

Immer noch völlig außer Atem bedankte ich mich und fuhr sofort rum. Ich ließ Tanja unbeachtet im Türrahmen stehen und rannte um das Haus. Meine Blicke schweiften durch den Garten, bis ich Clara und Tobi im Schatten, auf einer Decke im Gras liegend entdeckte. Ohne mich anzukündigen raste ich auf die beiden zu.

„Hallo ihr zwei", sagte ich, als ich die Decke schon fast mit den Zehen berührte und sie fuhren vor Schreck hoch.

„Musst du uns so erschrecken?", motzte Tobi mich gleich an.

„Sorry", meinte ich daraufhin, während Clara auf die Füße kam und mich umarmte.

„Hi Süße", sagten wir beide im selben Atemzug. Wir mussten lachen und Tobi stimmte unfreiwillig mit ein.

Clara ließ von mir ab.

„Setz dich!", meinte sie und ich ging ihrer Aufforderung nach. Schließlich lag die Decke ja im Schatten, da musste ich mir nicht gleich Gedanken wegen meiner Haut machen; denn das Eincremen ist mir am Morgen irgendwie durch die Planung gerutscht. *Das muss ich später aber unbedingt noch nachholen.*

„Bist du gerade n Marathon gelaufen oder warum bist du so außer Puste?"

„Ja fast. „Ich musste schmunzeln. „Heut ist doch die Party in Görlitz und ich wollte fragen, ob ihr mich nun hinfahren würdet?"

Tobi saß mir im Rücken und ich sah, wie Claras Blicke fragend zu ihm gingen. Für einen Moment war es still. Ich befürchtete schon eine Absage zu kassieren. Also versuchte ich meinen Blick möglichst beteiligungslos schweifen zu lassen, dass Clara meinen verzweifelten Blick, welcher vom dazugehörigen Gefühl gesteuert wurde, nicht mitbekam.

Ich sah an ihr herab. Sie trug nur ihren Bikini und zum ersten Mal fiel mir auf, wie rund ihr Bauch inzwischen war, wie schwanger sie plötzlich aussah. Ich starrte auf ihre kleine Kugel und versuchte mir vorzustellen, wie groß das kleine Würmchen wohl sein konnte.

„Ja wir fahren dich, kein Problem. Wann sollen wir dich holen kommen?", hallte es in meine Vorstellungen rein.

„Ähm. Was?"

„Wann sollen wir dich abholen?", wiederholte Clara ihre Frage.

„Ach so. Ich kann auch herkommen. Sagen wir so gegen achtzehn Uhr? Eine Stunde werden wir ja sicher für die Hinfahrt einplanen können."

„Ja das ist okay. Dann essen wir etwas eher zu Abend. Wir holen dich aber ab", meinte Tobi und machte somit meine Mitfahrgelegenheit fest.

„Das ist echt lieb von euch."

Wir schwatzen sicher noch eine halbe Stunde über dies und das, bis ich beschloss wieder heimzugehen; denn trotz des Schattenplatzes, spürte ich, wie meine Haut begann zu spannen.

Während ich einen Fuß vor den anderen setzte, mischte sich neben der neu entflammten Freude auf den Abend, allmählich das schlechte Gewissen; denn ich hatte meine Erinnerungen nicht verarbeitet, sondern den größten Fehler meines Lebens gemacht. Ich habe zugelassen, dass die Hoffnung aufflammt, Corvin wiederzusehen.

Die Verwandlung geht weiter

Niedergeschlagen über die Gedanken, welche in meinem Kopf Achterbahn fuhren, schlurfte ich ins Badezimmer. Es war inzwischen schon Nachmittag und Zeit, mich endgültig in eine 20er Jahre Dame zu verwandeln. Erst überlegte ich mir, etwas hautfarbenes Puder ins Gesicht zu tun. Verwarf den Gedanken jedoch sofort, als ich an die weißen Hautpartien dachte, welche allen Blicken unter dem Kleid freiliegen würden. Stattdessen machte ich mich daran, meinen Körper von oben bis unten dünn mit Sonnenblocker einzucremen. Sicher ist schließlich sicher. Auch wenn ich wahrscheinlich nicht mehr allzu viele Strahlen abbekommen würde.

Danach benetzte ich mir die Augenlider mit einem hellen, moosgrünen Lidschatten, passend zum Kleid und meinen Kontaktlinsen. Mit schwarzem Kajal zog ich den Lidstrich um die Augen und verstrich die harten Kanten, in den Lidschatten rein. So, dass das Schwarz sanft in den Grünton einfloss.

Ich mag es gern mich kräftig zu schminken, mache es aber selten, da es auf meiner weißen Haut wirklich extrem zum Tragen kommt. Eigentlich schminke ich mich nur für Partys, welche am Abend, in eher gedämpftem Licht stattfinden, so stark. Eben für solche wie diese, die vor mir liegt.

Mit der Schminkerei kam allmählich wieder unbeschwertere Stimmung in mir auf, besonders als ich die zum Teil selbst gebauten Utensilien aus meinen Haaren geholt hatte und die winzigen Locken im Nacken, in alle Richtungen sprangen.

Nun fehlte nur noch ein wenig Puderrouge und das Make-up war fertig.

Ich hatte immer noch genügend Zeit, das Werk zu vollenden und beschloss deshalb, in meinem Kleiderschrank, nach etwas Geeignetem zum Überziehen zu suchen. So wunderbar sommerlich warm, wie es jetzt noch war, würde es nicht mehr sein, wenn die Sonne untergegangen ist. Also kramte ich in jeder der fünf Schranktüren, akribisch nach einer dünnen Strickjacke oder dergleichen, während der Klamottenberg auf meinem Bett immer weiter in die Höhe wuchs. So sehr ich auch suchte, es gab einfach nichts, was es verdient hatte, über dem Kleid zu liegen. Entweder die Farbe passte nicht oder es war zu sportlich oder der Schnitt war doof. Egal wie ich es drehte, ich fand nichts. Da blieb mir nur noch ein Ausweg, wenn es auch nicht mein liebster war. Ich musste wohl meine Mam fragen.

Obwohl unsere Geschmäcker auseinandergingen, hoffte ich, etwas zu bekommen.

Ich verließ mein Zimmer, in dem es aussah wie nach einem Bombeneinschlag, zog die Tür hinter mir zu, um das Elend nicht sehen zu müssen und trottete die Stufen ins Erdgeschoss runter.

„Mam", rief ich sie. Ich hatte keine Lust, das ganze Haus nach ihr abzusuchen, um dann festzustellen, dass sie wieder Maulwurf im Garten spielt. Auch wenn ich das erst kürzlich erledigt hatte, würde sie eine Stelle finden, wo noch etwas zu tun ist.

„Ich bin im Schlafzimmer", hörte ich sie mir antworten.

Ich folgte ihrer Stimme durch die Küche ins Schlafzimmer.

„Mam hast du zufällig eine Strickjacke oder was in der Art? Ich bräuchte was zum Drüberziehen, wenn es am

Abend frisch wird und bei mir im Schrank ist nichts Passendes zu finden."

„Du hast so ein Haufen Sachen und davon soll nichts dazu passen?"

„Nein", seufzte ich nur und setzte dabei den durch die Wimpern traurig gucken Blick auf; denn der zog bis jetzt immer.

„Ich glaube, ich hab da was. Warte mal einen Moment! Ich muss schauen, wo ich es hingetan habe."

Und wie erwartet, klappte der Blick erneut. Sie begann wie wild in ihrem Teil des Kleiderschranks zu wühlen und bald darauf, sah das elterliche Bett genauso verwüstet aus, wie mein eigenes, mit dem Unterschied, dass ich einfach die Tür hinter mir zu machte. Wohingegen meine Mam akribisch alles zurück an Ort und Stelle wissen muss.

„Da ist es ja", meinte sie erleichtert und hielt mir einen beigefarbenes Stoffknäuel hin. Ich nahm es ihr skeptisch aus der Hand und schlug es auf. Zum Vorschein kam ein feiner, lockerer Stoff, geschnitten zu einer langärmlichen Strickjacke ohne Knöpfen oder Reißverschluss. Es sah eher aus wie angerauter T-Shirt Stoff, nur edler. Ein bisschen wie Kaschmir. Sofort zog ich die mir über, um zu sehen ob sie überhaupt passt. Woraufhin Katrin gleich zu mit trat und wie wild an mir rum zu zupfen begann.

„Nicht das du dich wunderst wo die Knöpfe hin sind, die ist nicht zum Zumachen gedacht. Die trägt man offen und locker über das Shirt oder in deinem Fall über das Kleid."

Ich sah sie mit hochgezogenen Augenbrauen an.

„Mam, das weiß ich. Ich bin doch nicht blöd", gab ich ihr zurück. Nur eben lang nicht so schnippisch, wie ich es vorher gedacht hatte. Schließlich war ich ihr ja auch dankbar, dass sie mir eines ihrer geliebten Teile aushändigen würde; denn alles was meine Mam im Schrank hat, ist kostbar für sie. Deshalb schmeißt sie, im Gegensatz zu mir, selten was weg. Ich werfe dagegen schnell mal was in den Müll. Denn alles was weg ist, macht Platz für Neues.

Ich trat vor den Spiegel, um mir das Ergebnis anzusehen und war gleich positiv überrascht, wie gut sich der Stoff um meine Arme und den Oberkörper schmiegte. Es reichte mir geradeso bis zum Po, während es nach vorn länger wurde. Die beiden vorderen Enden hingen wie Zippel, bis zur Mitte meines Oberschenkels. Für mich war sofort klar, dass dieses Teil lang genug Katrins war. Ab jetzt würde es sich in die Riege meiner Lieblingsteile einfinden müssen, das musste ich nur noch meiner Mam klar machen. Aber dafür hatte ich jetzt keine Zeit mehr. Also würde ich es vertagen und mich an einem anderen, günstigeren Tag, wenn sie richtig gute Laune hat, mit ihr deswegen in Kontakt setzen. Und für heut hatte ich es ja vorerst.

„Es sieht wirklich gut aus. Das passt bestimmt zum Kleid oder was meinst du?", fragte sie mich.

Sie wusste ja noch nicht, dass meine Entscheidung längst gefallen ist.

„Ich werde eh gleich das Kleid anziehen und dann werden wir es ja sehen."

„Ja mach das! Ich bin nämlich neugierig."

„Ich weiß."

Mit einem Grinsen verschwand ich aus dem Schlafzimmer.

„Danke."

Schnell flitzte ich die steile Holztreppe in mein Zimmer rauf.

Erst hatte ich überlegt wenigstens eine Feinstrumpfhose anzuziehen, kam aber schnell zu dem Schluss, dass dann dasselbe Problem auftauchen würde, wie bei dem Make-up. Die Strumpfhose, egal wie hell sie auch ist, würde den Kontrast meiner weißen Haut dagegen, nur noch mehr herausheben. Also ließ ich es und suchte stattdessen nach einer angemessenen Unterwäsche. Der BH sollte oben nicht rausgucken, während mir untenrum ein Tanga doch etwas wenig Stoff war, so ohne Strumpfhose drüber.

Ich kramte meinen kompletten Unterwäscheschub durch und fand letztlich einen schwarzen Halbschalen-BH und eine dazu passende Hipster. So würde ich mich um den Po nicht so nackt fühlen. Schnell und inzwischen schon wirklich aufgeregt, zog ich mir die Unterwäsche an. Mein Blick fiel dabei auf das Kleid, welches über einem Bügel am Schrank hing. Ich ging hinüber, nahm es in die Hände und schlüpfte vorsichtig hinein.

Es fühlte sich so gut an.

Dann ging es wieder ins Badezimmer, um die wüste Frisur, in eine angemessene 20er Jahre Pracht zu verwandeln. Ich bürstete mir die Locken im Nacken und die Wellen am Ober- und Hinterkopf kräftig durch. Währenddessen fielen mir die sichelförmigen Narben, über den Spiegel ins Auge, und sofort rannte mir die Frage durch den Kopf, wie ich die wohl verstecken könnte; denn den ganzen Abend mit der Strickjacke über den Schultern zu gehen, kam auf keinen Fall infrage. Schließlich sollte man das tolle Kleid ja auch sehen.

Ich schob die Überlegung vorerst beiseite, um mich weiter meiner Frisur zu widmen.

Mit einem Kamm toupierte ich Partie für Partie kräftig an und legte die Wellen über Stirn und Schläfe ins Gesicht und wieder raus. Nachdem ich die Wasserwelle über den Ober- und Hinterkopf etwas flacher gekämmt hatte, steckte ich je eine Klemme hinter jedem Ohr fest, um die Locken nur im Nacken springen zu lassen. Zu guter Letzt musste noch eine gefühlte, halbe Flasche Haarspray herhalten. Dann war das Werk vollbracht und meine Frisur fest betoniert.

Nach der Schlacht im Badezimmer konnte ich mich dann, dem verstecken meiner Narben zuwenden, was sich schwieriger gestaltete, als vorher gedacht. Wie sollte ich das anstellen, ohne dabei das Gesamtbild meines Outfits zu zerstören?

Ich versuchte es mit einem wollenen Schweißband, einem Satinband, einfach nur mit einem Stück Stoff. Doch alles sah total bescheuert, zu dem perfekt inszenierten 20er Jahre Look aus und ich konnte mich nur noch geschlagen geben. Dann musste es eben so gehen.

Mein Ärger über die zwei violetten, nicht zu versteckenden Sicheln an meinem Handgelenk, war schnell verraucht. Sie gehören zu mir, wie Corvin zu mir gehörte, wenn auch nur für wenige Momente. Er war Teil meines Lebens und nur die Narben sind es, die mir von ihm geblieben sind. Also sollte ich sie mit Stolz tragen, immer mit dem Gedanken an ihn, im Hinterkopf.

Neu motiviert schlüpfte ich in die beigefarbenen Satinschuhe, an welchen mir eben erst auffiel, dass auf jedem der Schuhe, am oberen Rand eine kleine Schleife saß. Ich beugte mich nach unten und strich sanft über den hellen Satinstoff. Während mir, *na hoffentlich bleibt ihr sauber*, durch den Kopf rannte. Ich würde mich in Grund und Boden ärgern, wenn ich Alexandra irgendein Desaster erklären müsste. Doch darüber wollte ich lieber nicht länger nachdenken. Schließlich hatte ich mir bis eben, den

Blick in den Spiegel verwehrt, um das Ergebnis komplett anschauen zu können. Und inzwischen war ich wirklich neugierig, wie und ob all die Puzzleteile, welche ich nur einzeln gesehen hatte, zusammenpassen würden.

Ich trat vor den Spiegel, traute mich jedoch kaum hinzusehen. Aber ich wagte den Blick und war überrascht wie schön die Person im Spiegel aussah, wenn auch etwas blass. Aber ich fühlte mich wohl, das war die Hauptsache und laufen konnte ich in den Schuhen, trotz des kleinen Absatzes, besser als ich dachte. Wie wild tanzte ich in ihnen durch mein Zimmer. Und auch wenn ich mir nicht sicher war, ob die Schuhe angemessen für die 20er Jahre sein würden, so passten sie dennoch perfekt zum Kleid und der restlichen Aufmachung.

Überglücklich tanzte ich weiter, durch den kleinen Flur und die Holztreppe hinab, um mich meinen Eltern vorzustellen.

Sie waren begeistert.

Zuerst Mam, die sich am liebsten sofort in Schale geschmissen hätte, um mitzukommen. Dann Dad, der mich zuerst kritisch beäugte, um mich gleich darauf in die Arme zu nehmen und einen seiner Sprüche fallen zu lassen.

„Also Schatz", sagte er. „Ich muss schon sagen, dass dir die Verwandlung gut gelungen ist. Du passt besser in die 20er Jahre, als du bisher ins zwanzigste Jahrhundert gepasst hast."

„Danke Dad", seufzte ich und verzog das Gesicht zu einem Fragezeichen. *Wie hatte er das nun gemeint?*, fragte ich mich; denn seine Aussage klang ziemlich zweideutig.

Entweder er fand, dass ich heut bedingt durch das Outfit, besser in die 20er Jahre passen würde und es möglichst vermeiden sollte, so in der Stadt rumzulaufen. Was ich verstand. Denn dann wären alle Blicke noch mehr auf mich gerichtet, als so schon. Und wahrscheinlich würden mich die Leute, für etwas durchgeknallt halten.

Oder, und das war gleichzeitig auch meine realistischere Vermutung. Er steckte mich wegen meiner offensichtlichen, optischen Aspekte ganz und gar in die 20er Jahre. Wozu meine helle Hautfarbe und mein geringes Interesse an der sich ständig wechselnden Mode, sicher einiges beitrug. Mein Dad schien ernsthaft zu glauben, dass ich in den 20er Jahren besser klargekommen wäre, als in der heutigen Zeit. Zumindest klang das für mich so, aus seiner Aussage raus.

Na superklasse. Mein eigener Vater hatte mir einen Stempel aufgedrückt.

Sofort grübelte ich weiter, um mir eine passende Retourkutsche zurechtzulegen, welche natürlich nicht lang auf sich warten ließ.

„Tja Dad, wärst du vor hundertzwanzig-, dreißig Jahren auf die Welt gekommen, dann hätte ich in deiner wie du sagst, besser zu mir passenden Zeit aufwachsen können."

Die Worte kamen schneller und schärfer aus meinem Mund geschossen, als ich es geplant hatte. Sofort wurde mein Dad aufmerksam.

„Bist du sauer?", fragte er mich, während er die linke Augenbraue hochzog.

„Nein Dad. Ich bin realistisch. Ich sag nur, wie es ist."

Er trat einen Schritt auf mich zu und nahm mich erneut in die Arme.

„Das war nicht böse gemeint. Du siehst wirklich toll so aus."

„Danke Dad", meinte ich, wandte mich aus seiner Umarmung und fügte noch ein paar Worte hinzu. „Aber das liegt alles im Auge des Betrachters. Es ist okay, dass du mich lieber in den 20er Jahren sehen würdest, nur leider hat noch keiner das Patent für Zeitreisen angemeldet und bis dahin vergeht sicher noch einige Zeit. Du wirst dich gedulden und mich weiter in Alltagskluft ertragen müssen."

„Ernsthaft? Och nein. Ich hatte gehofft dich umstimmen zu können, dass du jetzt immer so rumläufst!", sagte er und musste sich zusammenreißen nicht zu lachen, während Mam neben uns stand und sich das Wortgefecht schweigend ansah.

Es ging auch noch einige Minuten so weiter. Mit dem Unterschied, dass dieses Gespräch immer sinnfreier wurde und am Ende in das total blöde Gequatsche ausuferte, welches sich meine Mam bis zum Schluss anhörte. Obwohl ich weiß, dass sie es nicht leiden kann, wenn Dad und ich uns so beharken, auch wenn es nur Spaß ist.

„Ich gehe jetzt zu Clara und Tobi rüber!"

„Was jetzt schon? Willst du gar kein Abendbrot essen?", fragte mein Mam, besorgt wie immer.

„Nein. Ich hab keinen Hunger. Vielleicht gibt es ja dort was zu Essen."

„Du wirst noch irgendwann vom Fleisch fallen", mischte sich mein Dad ein und warf mir einen schelmischen Blick zu.

„Von einem Abend mal nichts essen, wird man nicht gleich magersüchtig. Ich esse dort was und wenn es nichts gibt, lasse ich mich eben an eine Tankstelle fahren und hol mir eine Bockwurst."

Ich sah meine Eltern an, wartete ab, dass sie darauf reagierten. Doch außer dem Lächeln in ihren Gesichtern, kam keine Reaktion, kein Wort.

„Seid ihr jetzt beruhigt?"

„Ja Schatz", kam es gleichzeitig aus beiden Mündern. Sie wussten, dass ich es nicht ernst meinte.

„Gut, dann kann ich ja jetzt los."

Ich ging nach oben in mein Zimmer; denn meine Tasche mit Handy, Taschentücher und allem was da noch so rein gehört, mussten mit.

Auch wenn ich nicht die passende Tasche zu meinem Outfit finden konnte, brauchte ich etwas zum über die Schultern hängen. Meinen ganzen Kram konnte ich schlecht den ganzen Abend in den Händen umhertragen. Doch mich beruhigte der Gedanke, dass ich sicher eine Ecke finden würde, wo ich meine Tasche den Abend über unterbringen konnte.

Schnell noch die Jacke geschnappt und die Pralinen für Nancy, dann konnte es fast losgehen. Nur eines noch, ein Wechselpaar Kontaktlinsen, vorsichtshalber. Seit der Sache am See vor zwei Wochen, wollte ich nicht mehr ohne ein Paar zusätzliche Kontaktlinsen aus dem Haus gehen.

Ich verabschiedete mich mit einer Umarmung bei meinen Eltern, die mich noch in den Vorraum begleiteten und ging hinüber zu Clara. Doch ehe ich klingeln konnte, flog die Haustür, wie so oft schon auf.

„Hey Süße", meinte sie und fiel mir in die Arme.

„Lass dich ansehen!"

Clara schob mich von sich weg und begutachtete meine Kostümierung, von den Zehen bis in die Haarspitzen. Ihre Augenbrauen zogen sich hoch und entspannten sich wieder. Dann trat ein Lächeln in ihr Gesicht.

„Du siehst toll aus", meinte sie und nahm mich erneut in ihre Arme.

„Danke."

„So lässt du heut sicher einige Männerherzen höher schlagen."

Daraufhin warf ich ihr einen bösen Blick zu, als Tobi plötzlich in der Tür erschien und mich begrüßte.

„Man Lina du siehst wirklich gut aus. Und um welche Männer ging es?", hakte er gleich nach und sah eher Clara als mich an.

„Ich hatte nur gemeint, dass Lina heut sicher die Männerwelt zu Füßen liegt."

Wieder sah sie mich an und wartete, dass ich mich dazu äußern würde.

Doch nur ein dürftiges „kein Bedarf", ging mir über die Lippen. Ich wollte darüber nicht nachdenken. Nicht jetzt, nicht heut und in der nächsten Zeit genauso wenig.

Clara strafte mich mit ihrem bösen Blick, bevor sie uns ins Auto parierte.

Die ersten zehn Minuten Fahrt verliefen lautlos. Weder Tobi, der uns den Fahrer mimte, noch Clara oder ich taten den Anschein, reden zu müssen oder zu wollen. Erst als wir an Niesky vorbei waren, kamen einige Sätze zustande.

Als wir das letzte Stück Richtung Görlitz fuhren, war die Landeskrone schon zu sehen. Wir fuhren nicht rechts nach Görlitz rein, sondern geradeaus weiter, daran vorbei. Je näher wir heran kamen, umso höher ragte der Berg vor uns in den Himmel, welcher so klar war, dass der Turm auf der Spitze im Licht erstrahlte.

„Wo müssen wir jetzt hin?", fragte Tobi und hoffte sicherlich, dass ich ihm darauf eine Antwort geben könnte. Doch ich wusste es selbst nicht. Ich war noch nie da oben gewesen.

„Keine Ahnung. Fahr doch einfach am Berg entlang! Irgendwo wird es doch einen Parkplatz oder wenigstens einen Weg da hoch geben."

Und Tobi fuhr weiter.

Erst nach rechts, dann wieder nach links und weiter über die kleinen Nebenstraßen, um den Berg, während wir an vielen liebevoll gepflegten Häusern vorbeikamen und Clara ins Schwärmen kam. Wie schön es doch wohl wäre, wenn sie und Tobi so ein Häuschen ihr Eigen nennen könnten. Tobi stieg darauf ein und sofort ging es um ihr kleines Familienidyll, worüber hinaus, der eigentliche Sinn dieser Fahrt fast ihren Sinn verlor. Mich nämlich zur Party zu bringen.

„Fahr hier rechts hoch!", rief ich und rüttelte die beiden aus ihrer Träumerei.

Tobi reagierte und fuhr die schlecht asphaltierte Straße hinein, die nur zur linken Seite noch mit Häusern gesäumt war. Nach circa hundert Metern brach der Asphalt ab und ging in einen holprigen Sandweg über. Die Straße endete in einer Sackgasse.

„Super Weg", beschwerte sich Tobi. „Hier kann ich nicht einmal umdrehen."

„Hör doch auf zu meckern und schau mal nach rechts!", dirigierte Clara ihn und er schien gleich darauf genauso überrascht wie ich zu sein.

Vor unseren Augen erstreckte sich eine lange Reihe Stufen, die sich zwischen den Bäumen vom Fuße des Berges, bis etwa zur Mitte hinauf zog.

„Willst du da jetzt hochgehen?", fragte Clara mit verunsicherter Stimme.

„Ja warum denn nicht? Es ist noch hell und zu früh dran bin ich auch. Es kann ja nicht schaden, mal ein paar

Schritte zu gehen. Und ehe wir jetzt noch ein paar Runden um den Berg fahren, kann ich auch gleich laufen."

„Clara sie hat recht. Ehe wir die Auffahrt gefunden haben, ist sie sicher schon dreimal hochgelaufen", unterstützte Tobi mein Vorhaben.

„Na gut, dann lauf eben hoch!", meinte sie resigniert, während ihre Autotür aufflog.

Ich stieg ebenso aus und ging Clara nach, die schon einige Meter auf die Treppe zugegangen war.

„Was ist los mit dir?", fragte ich sie und war gleich besorgt. So kenne ich sie nicht. Sie ist sonst immer der Sonnenschein von uns beiden. Diejenige die gute Laune bringt und Blödsinn macht, um anderen ein Lächeln zu entlocken.

Doch irgendwas war passiert. Irgendwas hatte sich plötzlich verändert und ich hatte es nicht bemerkt. Ich dachte daran, dass Clara vielleicht sauer sei, weil ich allein zu dieser Party ging, weil ich sie nicht mitnahm. Obwohl sie es selbst ja so gewollte hatte. Es war ja nicht so, dass ich sie nicht gefragt hatte. Aber nach ihrem Krankenhausaufenthalt und dem ganzen Stress für das Baby, hatte sie es abgelehnt, mit zur Party zu kommen. Demnach konnte ich mir kaum vorstellen, dass das der Grund für ihre plötzliche üble Laune sein sollte.

„Willst du nicht doch mit raufkommen?", meinte ich, während Tobi gerade aus dem Auto ausgestiegen war und die Tür zu warf.

„Schatz du kannst wieder ins Auto gehen! Ich bin sofort da", wies Clara ihn an und ohne eine Miene zu verziehen tat er was sie sagte.

Ich beobachtete das Schauspiel mit gemischten Gefühlen und kam mir sogleich vor, wie in einem schlechten Schnulzenfilm. Mein Blick blieb in Claras Gesicht, in dem sich Angst, Wut und Trauer mischten. Während in meinem Mienenspiel sicher nur noch ein großes Fragezeichen zu lesen war.

Doch Clara regte sich nicht.

„Was war das denn?", platzte es daraufhin aus mir raus.

„Nein ich möchte nicht zu dieser Party", beantwortete sie meine Frage von vorhin. „Ich möchte aber auch nicht, dass du da hingehst."

Wie ein Schlag ins Gesicht traf mich ihre Aussage und verwirrte mich mehr, als ich es inzwischen so schon war.

„Das verstehe ich nicht. Warum willst du das nicht?"

„Ich habe kein gutes Gefühl dabei."

Verdutzt sah ich sie an, zog die Augenbrauen hoch und wartete gespannt darauf, was sie mir weiter dazu sagen würde. Aber sie sagte nichts, also hakte ich nach.

„Wie jetzt? Das musst du mir schon erklären, damit ich es verstehen kann!"

Ihre Blicke schweiften von mir ab, in den Wald. Dann schüttelte sie sich, als hätte sie einen elektrischen Schlag bekommen.

„Ach nichts. Es ist nur so ein Gefühl", würgte sie meine Unsicherheit, über ihren Zustand ab und schenkte mir ein breites Lächeln.

Wie ausgewechselt stand sie vor mir, ihre Gesichtszüge weich und liebevoll, als wäre wieder irgendwas passiert, was meine Augen nicht fassen konnten. Sie tat einen Schritt auf mich zu, packte mich an den Schultern und betrachtete mich, als sollte sie sich das Bild auf ewig einprägen.

„Was …", begann ich. Doch Claras Finger lag plötzlich auf meinem Mund.

„Scht", machte sie nur und nahm mich fest in die Arme.

„Versprich mir, dass du auf dich aufpasst, okay?"

„Ja", stammelte ich aus meiner Verwirrtheit heraus, während ihre Arme sich noch enger um mich schlangen.
„Ich hab dich lieb. Vergiss das nicht!"
Langsam löste Clara sich aus meiner Umarmung, fasste mich erneut an den Schultern und sah mir in die Augen. Sie tat es so sehr, dass mich das Gefühl beflügelte, sie könnte direkt in mich hinein sehen. Sofort rannte mir ein eiskalter Schauer über die Haut und die winzigen Härchen stellten sich auf.
Sie ließ von mir ab.
„Ich wünsch dir viel Spaß", meinte sie gespielt entspannt.
„Und morgen erzählst du mir alles! Wer da war, von den Leuten die ich auch kenne. Welche Jungs dich angebaggert haben."
Dann verstummte sie kurz.
„Alles. Ich will alles wissen."
Ihr Tonfall hatte sich verändert. Sofort wollte ich reagieren. Doch ehe ich dazu kam, hatte Clara sich schon umgedreht und ging auf das Auto zu, in dem Tobi auf sie wartete.
„Clara", rief ich ihr nach, wollte ihr hinterher laufen, als sie sich umdrehte und mich mit einem Handkuss in meine Richtung, völlig in meiner Bewegung lähmte.
Ich konnte nur zusehen, wie sie ins Auto stieg. Wie unglücklich und traurig sie nur kurz zu mir blickte, um gleich darauf den Kopf zu senken, während Tobi eine Kälte in den Augen hatte, welche mir das *Blut* in den Adern gefrieren ließ. So kannte ich ihn nicht und sie ebenso wenig. Ich war mir plötzlich sicher, dass Clara, im Bezug. auf was auch immer, etwas ahnte und es betraf mich. während Tobi darüber Bescheid zu wissen schien.
Der Wagen brauste mit durchdrehenden Reifen davon.

Nach einigen Minuten stand ich immer noch da, starrte auf den Sandweg und fror, obwohl die Luft sommerlich warm, wenn nicht sogar heiß war. Im Gedanken spielte ich die Bilder ab und wurde allmählich immer unsicherer, ob das, was ich gesehen hatte, wirklich geschehen ist oder ob mein Kopf mir nur einen Streich gespielt hatte. Ich sah mich um, schloss die Augen und öffnete sie wieder.

Die Gedanken, welche mich eben noch so verwirrt hatten, verschwammen allmählich. Mit einem Kopfschütteln vertrieb ich den Rest der Freakshow aus meinem Hirn und war mir sicher, mir nicht den Abend davon verderben zu lassen; denn ändern konnte ich jetzt eh nichts mehr. Ich war nun mal da, nur einen Katzensprung von der Party entfernt und so wie es aussah, würde ich so schnell da auch nicht wegkommen.

Für ein Taxi nach Krauschwitz hatte ich nicht genügend Geld einstecken. Meine Eltern wollte ich nicht anrufen, weil sie sich gleich wieder Sorgen machen würden und Tobi und Clara kamen jetzt absolut nicht mehr infrage. Wahrscheinlich würde Tobi, so wie er mich angesehen hatte, sowieso nicht umkehren, um mich zu holen. Und von den Gästen da oben, würde sicher keiner wieder zurück, Richtung Weißwasser fahren. Also musste ich die Beine in die Hand nehmen, solange es noch richtig hell war, und zusehen, dass ich heil da oben ankomme.

Ich trat in den Schatten der Baumkronen, welche in circa sechzig Metern Höhe, wie ein geschlossenes Dach über mir hingen und den gesamten Berg zu säumen schienen. Hin und wieder ließen die Buchenblätter einen Blick auf den strahlend blauen Himmel zu. Während nur vereinzelte Sonnenstrahlen überhaupt den Blätter bedeckten, von neuen Trieben bewachsenen Boden erreichten. Sanft tauchte der grelle Sonnenschein, das Licht um mich in verschiedenste Grüntöne. Angefangen von einem leuchtenden Apfelgrün, bis hin in ein gedämpftes Moosgrün.

Mit einem mulmigen Gefühl, trat ich die ersten Stufen hinauf. Gleichzeitig genoss ich das Farben- und Lichtspiel um mich herum, welches mir allmählich die Kälte von der Haut nahm.

Stufe um Stufe brachte ich hinter mich und dachte, ich würde nie oben ankommen, bis ich auch die letzten hinter mich gebracht hatte. Ich drehte mich um, sah die Treppe hinab, welche mir den Aufstieg erschwerte und war erleichtert, den Großteil des Weges geschafft zu haben. Denn so schön die Kulisse auch war, die Treppe war der Horror. Jede Stufe hatte eine andere Höhe. Die eine war zwanzig Zentimeter und die darauf folgende gleich dreißig. Eigentlich das perfekte Bauch-, Beine-, Po-Training. Jedoch nicht bei gefühlten dreißig Grad Celsius, wie sie jetzt um mich herrschten.

Nach dem anstrengenden Aufstieg über die Treppe, mündete der Weg auf eine Asphaltstraße, welche mit geringer Neigung, links weiter nach oben und rechts wieder runter führte. Also gibt es doch eine Straße, welche sich um den Berg schlängelt und über die man bis ganz hoch fahren kann. *Für das nächste Mal, gut zu wissen*, dachte ich und machte mich weiter auf den Weg hoch zu.

Ich lief vielleicht noch zehn Minuten, als mir schon Musik in die Ohren floss. Aber so leise, dass ich nicht bestimmen konnte, was da gespielt wurde.

Also folgte ich dem Weg und der Musik und kam nach der nächsten rechts Biegung an meinem Ziel an, auf der Spitze der Landeskrone. Vor meinen Augen erhob sich das kleine Schlösschen, dessen Fassade schon etwas abgenutzt schien. Dennoch erstarrte ich für einen Moment vor Ehrfurcht und fragte mich, wie lange es hier jetzt schon stand, welche Leute es über die Jahre beherbergte und welche Schicksale es bereits miterlebt hatte.

Ich war so versunken in meinen Träumereien, dass ich gar nicht gleich bemerkte, dass Nancy nur wenige Meter von mir weg stand und mich beobachtete. Erst als sie sich räusperte, bemerkte ich ihre Anwesenheit.

„Hey Lina. Du bist ja schon da!", meinte sie und lief auf mich zu.

„Ich freu mich, dass du wirklich gekommen bist."

Ich sah sie an, betrachtete ihr Kostüm von oben bis unten und war völlig baff. Nancy sah so toll aus. Ganz gerade fiel der bordeauxfarbene Stoff, bis zu den Knien an ihr herab, während breite Träger über ihren Schultern lagen. Schwarze Fransen schlängelten sich frech und fransig um das gesamte Kleid. Ihre kurzen, schwarzen Haare waren genau wie meine, zu Wasserwellen gelegt, mit dem Unterschied, dass nur über ihrem rechten Ohr ein Büschel Haare zu kleinen Locken gedreht waren. Während die Wasserwelle im Nacken weiter auslief.

„Ich freu mich, dich zu sehen und danke noch mal für die Einladung. Und noch mal alles Gute nachträglich zum Geburtstag", begrüßte ich sie und drückte ihr die Pralinen in die Hand.

„Danke", sagte sie daraufhin und hielt die Pralinen hoch, bevor sie weitersprach.

„Du siehst wirklich toll aus. Als wärst du eben einem 20er Jahre Überraschungsei entsprungen."

„Die Freude ist ganz meinerseits. Und dein Outfit ist ebenfalls klasse", meinte Nancy schnell und packte mich am Arm.

„Los, lass uns reingehen. Das musst du dir ansehen!"
Und ehe ich reagieren konnte, zog sie mich schon über
den Hof, eine Treppe hinauf und durch eine große,
dunkelbraune Holztür. Der Vorraum, in welchem wir
nun standen, war klein. Schwer lag die dunkle im Mittel-
alterstil gemusterte Tapete an den Wänden und machte
den Raum noch enger und düsterer. Ich sah mich um,
während in mir die Befürchtung aufflammte, dass die
Lokation gar nicht so toll sein würde, wie gedacht. *Viel
zu dunkel. Viel zu klein.* Doch Nancy zog mich weiter,
durch eine weitere hohe Holztür, bis wir den eigentlichen
Ort des Geschehens erreichten.

Mir stockte der Atem. Hatte ich eben noch gezweifelt,
dass alles ziemlich moderig und ungepflegt schien, war
ich nun umso überraschter.

Wir setzten einige Schritte in den Saal, der bis auf wenige
Leute, leer war.

„Wow, das ist …"

Ich konnte zu meiner Begeisterung kaum die richtigen
Worte finden; denn wer auch immer an der Ausge-
staltung des Saals beteiligt war, hatte seine Arbeit mit
Bravour gemeistert.

„Es ist gut geworden, nicht wahr?", meinte Nancy selbst
völlig begeistert und verlangte somit gleich meine Meinung.

„Es ist einfach nur wunderbar", flüsterte ich.

Mehr kam aus meinem Mund nicht raus. Ich musste die
Eindrücke erst für einen Moment begutachten und
sacken lassen, bevor ich mehr dazu sagen konnte.

Meine Blicke schweiften durch den Saal und fanden
immer neue Details zum Thema 20er Jahre. Die Wände
waren mit Schwarz-Weiß-Bildern regelrecht tapeziert, auf
denen berühmte Persönlichkeiten, aus dieser Zeit zu

sehen waren. Ich erinnerte mich daran, dass wir in der Berufsschule darüber unterrichtet wurden und einige Gesichter kamen mir auch bekannt vor, aber namentlich hätte ich nicht eine von ihnen benennen können.

Ich sah mich weiter um und erhaschte am Ende des Saals eine große Leinwand, auf welcher alte Stummfilme flimmerten. Weiter stachen mir kleine, durch Stofflagen abgetrennte Räumlichkeiten auf, hinter welchen, soweit ich das beurteilen konnte, Spieltische standen. Kartenspieltische. Vielleicht für Skat oder Rommé, oder was auch immer in dieser Zeit gespielt wurde.

Was mir jedoch sofort auffiel war, dass die Bar zugehangen und nicht zur Nutzung zurecht gemacht war. Das machte mich stutzig.

„Nutzt ihr die Bar gar nicht?", fragte ich Nancy daraufhin.

„Würden wir schon. Aber in den 20er Jahren haben sich die Partys ziemlich versteckt gehalten und der Alkohol wurde nicht für jedermann sichtbar hingestellt."

Wieder zog sie mich am Arm hinter sich her, in einen kleinen Raum, der vom Saal aus nicht gleich zu sehen war. Er war versteckt und nur aus wenigen Winkeln des Saals überhaupt zu erhaschen.

„Hier ist die Bar. Wenn du was trinken willst, musst du nur hier reingehen und es dir holen! Okay?"

„Ja, ist klar."

„Möchtest du was?", fragte sie mich und ich sah sie ebenso fragend an.

„Trinkst du denn was?"

„Ja, warum eigentlich nicht. Was wollen wir zum Anstoßen trinken?"

„Ich weiß nicht. Vielleicht einen Sekt? Damit stößt man doch normalerweise an."

„Sekt haben wir glaube ich nicht. Ich kann uns höchstens ein Goldi-Cola oder so was Derartiges machen."

„Ja dann mach uns so einen! Aber bitte nicht so stark!", meinte ich und sah ihr zu, wie sie erst einen Schluck Goldkrone in jedes der Gläser goss und dann mit Cola auffüllte.

„Bitte", sagte sie und drückte mir ein Glas in die Hand.

„Danke. Sag mal habt ihr hier auch einen Raum, wo ich meine Tasche und Jacke reinlegen kann? Wo vielleicht auch nicht jeder rein kann?"

„Ja klar. Komm mit!"

Wir traten aus dem kleinen, fensterlosen Raum, in den Saal und Nancy schloss die Tür hinter sich. Schließlich sollte die Bar ja möglichst versteckt bleiben.

Ich sah mich um. Es schienen sich immer noch nicht mehr Leute eingefunden zu haben.

„Komm! Der ist gleich hier."

Nancy ging vor mich. Etwa vier Meter neben dem geheimen Alkoholraum, kam eine unscheinbare Tür zum Vorschein. Sie schloss sie auf.

„Hier kannst du dein Zeug ablegen und wenn du es wieder brauchst, kommst du einfach zu mir! Ich hab Schlüsseldienst", sagte sie und zwinkerte mir zu.

Ich trat hinein in den winzigen Raum, in dem nur drei Stühle standen und warf meinen Kram auf einen. Dann gingen wir raus und Nancy schloss die Tür wieder ab.

Nur leise flossen die Klänge der 20er Jahre durch den Saal, als ich hindurchging, um nach draußen zu gelangen. Es war so wunderbar sonnig und warm, dass ich beschloss, noch eine Weile das Gelände zu ergründen.

Draußen vor der Tür entdeckte ich den riesigen Holz-balkon, bestückt mit Tischen und Stühlen, auf denen Gäste saßen, welche nicht zu unserer Party zu gehören schienen. Sie waren allesamt in normaler Alltagskleidung, kein Kostüm. Plötzlich fühlte ich mich, als wären alle Blicke auf mich gerichtet, auf mich und mein 20er Jahre Outfit.

Schnell ging ich an dem Balkon vorbei, hinunter auf den Platz, auf welchem Nancy mich abgefangen hatte. Und weiter nach links, um an die Seite des Schlösschens zu gelangen.

Hinter dem Gebäude erhaschte mein Blick einen kleinen Aussichtspunkt. Ich ging darauf zu, hielt mich am Geländer fest und beugte mich vor, die Augen geradeaus gerichtet. Die komplette Stadt Görlitz in Miniaturgröße, konnte ich von hier aus sehen. Es sah so wunderbar aus, die vielen Häuser, die winzigen Autos. Der Himmel war so klar, die Luft so rein, dass ich den Blick in weite Ferne freihatte. Sogar die Schornsteine vom Kraftwerk Boxberg konnte ich sehen.

Ich genoss die Aussicht, setzte mich ins trockene Gras, stellte das Glas neben mich und starrte einfach vor mich hin. Claras eigenartigen Verhalten kam mir wieder in den Kopf und warf mir erneut Fragen auf. Was wollte sie mir damit nur sagen? Wusste sie eigentlich, dass ihre Worte wie ein Abschied von mir klangen? Es schmerzte mich daran zu denken. Daran zu denken, dass Clara mich vielleicht gar nicht mehr sehen will. Ich legte die Hände ins Gesicht und versuchte nur für heut, nur für diesen Abend, die schmerzlichen Gedanken zu verdrängen.

Es fühlte sich an wie eine Ewigkeit, die ich dort unbeobachtet saß und grübelte. Doch nun dämmerte es schon und für mich wurde es Zeit, wieder die Party aufzusuchen. Ich erhob mich aus dem Gras und ging um das Schlösschen herum zum Eingang. Die Holzterrasse war inzwischen fast leer. Dafür waren jetzt wesentlich mehr kostümierte Leute unterwegs. Ich goss den Rest meines abgestandenen Getränks weg, ging durch die zwei Türen in den Saal und sah mich um. Es war, als wäre ich durch ein Zeittor gegangen. Die Musik spielte nun lauter, erfüllte den ganzen Saal mit ihren Klängen, während immer noch ein Stummfilm über die Leinwand flimmerte und sanft die Dämmerung durch die Fenster brach. Es war kaum mehr Platz zum Laufen, so voll war es inzwischen geworden.

Ich ging einige Schritte in die Menge hinein und fühlte mich sofort wohl, zwischen den vielen Kostümen, von denen eins schöner war als das andere.

Fest umklammert hielt ich mein Glas in den Händen und beobachtete für einige Minuten teilnahmslos das Geschehen, um festzustellen, dass es kein Fehler war, hierhergekommen zu sein. Allein nur um dem Treiben zu zusehen, hatte es sich gelohnt dabei zu sein.

„Hey was stehst du hier so rum? Komm mit tanzen!", schrie es hinter mir, bevor Nancy mich an den Schultern gepackt und auf die Tanzfläche geschoben hatte.

„Ich habe doch eine Flasche Sekt entdeckt und sie gleich für uns weggestellt. Magst du einen haben?", fragte sie mich, fast schreiend durch die laute Musik hindurch. Doch ehe ich ihre Frage beantworten konnte, war sie schon verschwunden und ich tanzte, auch wenn ich das ungern tat, allein weiter, in der Hoffnung, sie würde genauso schnell wieder auftauchen, wie sie verschwunden war. Und prompt schlängelte sie sich durch die tanzenden Leute zu mir rüber.

„Hier", meinte sie und drückte mir ein mit Sekt gefülltes Saftglas in die Hand.

„Danke."

„Wie gefällt es dir?"

„Ich bin hin und weg, um ehrlich zu sein", rief ich zurück, während sich immer mehr Leute auf die Tanzfläche und einige direkt zu uns schlugen.

Ich war überrascht, dass sogar alle Männer passend gekleidet waren, wenn auch die meisten im schwarzen Anzug und mit Hut. Ganz im Stil von Al Capone. Einige hatten sogar Plastikwaffen dabei, um authentischer zu wirken. Ich hielt zwar nichts davon, weil man heutzutage kaum noch echte, von unechten Waffen unterscheiden kann, aber gepasst hat es eben trotzdem in diese Zeit und zur superinszenierten Lokation.

Im Gegensatz dazu, trugen die Frauen ihre Kleider in allen erdenklichen Farben. Der Schnitt war zwar fast immer derselbe, gerade Form hinab bis zum Knie und die Schultern frei. Aber trotzdem superschick. Eben wie die Kleider so waren. Und sogar die Frisuren schienen bei vielen wie aus dem Ei gepellt. Entweder lockig oder Wasserwellen oder eine Kombination aus beiden, so wie bei mir eben. Aber alle durchweg perfekt. Einige Damen trugen außerdem dicke Glitzerbänder oder Federn in den Haaren. Natürlich abgestimmt auf den Rest des Outfits.

Damit hatte ich nicht gerechnet!

Nancy und ich tanzten ohne Pause. Während es draußen inzwischen dunkel geworden war und damit auch die Stimmung ausgelassener wurde. Ein Großteil der Leute hatte sich inzwischen auf die Tanzfläche begeben.

Ich wollte gerade ein Stück zur Seite treten, um mich kurz auszuruhen und mir noch ein Glas Sekt zu holen, als ich ihn sah. Wie erstarrt blieb ich regungslos, mitten auf der Tanzfläche stehen. Während sein Blick suchend durch die Menge huschte. Ich wusste nicht, ob ich es war, die er suchte. Dennoch wollte ich auf keinen Fall riskieren, dass er mich sieht. Doch ehe ich mich regen konnte, durchbohrten seine Blicke mich schon. Fast schwarz legte sich die Regenbogenhaut um seine Iris. Gefährlich, scheinbar zu allem bereit, glänzten seine Augen und fixierten mich bei jedem Schritt, den er auf mich zu tat.

Ich sah sein Gesicht näher kommen und war trotzdem nicht in der Lage, mich auch nur einen Millimeter zu bewegen. Wie eingefroren stand ich da und konnte nur zusehen wie er mir näher kam.

Ein eiskalter Schauer lief mir über den Rücken, als meine Lippen unkontrolliert seinen Namen flüsterten.

„Jason", sagte ich und Nancy sah mich an.

„Was ist los?", fragte sie.

„Nichts. Nichts. Ich muss nur mal kurz verschwinden", gab ich ihr zurück und befreite mich so aus meiner Starre.

Ohne auch nur ein einziges Mal aufzuschauen, lief ich los, schlängelte mich durch die Menschenmenge, bis ich die Ausgangstür erreichte. Ich wollte sie aufstoßen, doch wiedererwartend stand Jason mir im Weg. Seine Hand fuhr um mein Gelenk, umklammerte es heftig und ich wurde panisch. So sehr ich mir auch vornahm zu schreien, blieb mein Mund geschlossen, kein Mucks trat aus.

„Was willst du von mir? Hast du mir nicht schon genug wehgetan?", kamen endlich wenigstens die ersehnten Worte aus meinem Mund. Laut genug, um einige Gäste auf uns aufmerksam zu machen. Sie sahen zu uns rüber. Leider, denn sie schauten nur und wandten sich nach einigen Sekunden wieder ab.

„Ich weiß, was dein kleiner Freund ist", flüsterte Jason mir plötzlich ins Ohr und versuchte, mich zur Tür rauszuschieben.

Und obwohl mich seine Aussage gleichermaßen verwirrte, wusste ich, dass ich es nicht zulassen dürfte, mich rausdrängen zu lassen; denn wären wir erst allein, weg von der Masse, gäbe es für mich so schnell kein Entkommen mehr.

„Lass mich in Ruhe!", herrschte ich ihn an und spürte sofort einige Blicke mehr im Nacken, als kurz zuvor.

„Hey was soll das?", rief eine tiefe Männerstimme links von mir. „Lass das Mädchen in Ruhe!", kam es zu meiner Rechten. Und noch zwei Stimmen mischten sich mit ein.

Jason wirkte verunsicherte, sah wütend zu mir und wieder zu den anderen um uns. Doch loslassen wollte er nicht. Nur noch heftiger krallten sich seine Fingernägel in meine Haut. Ohne einen Laut von mir zu geben, beobachtete ich sein Mienenspiel, den ständigen Sprung zwischen mir und den Leuten in meinem Rücken und als er das nächste Mal von mir weg sah, trat ich zu. So doll wie ich konnte, rammte ich ihm meinen Absatz auf die Zehen und sein Griff löste sich von meinem Handgelenk.

Im Bruchteil einer Sekunde musste ich die Entscheidung wegzulaufen, aus meinem Kopf in eine Bewegung umleiten. Ich wand mich aus seinen, nach mir greifenden Händen und tauchte in der tanzenden Menge unter. Mit wachsamen Blick, schlängelte ich mich durch die Masse, ohne zurückzusehen; denn ich wollte nicht wissen, wie nah mein Verfolger mir inzwischen wirklich war.

Ich lief weiter, stieß gegen einige Leute, die sich daraufhin beschwerten und kam letztendlich an die Tür zu den Toiletten, welche mir als einziger Ausweg, aus dieser verzwickten Situation schien. Ich stürzte hindurch und fand mich in einem kalten, gefliesten Flur wieder, durchflutet von grellem Neonlicht. Schnell und ohne darüber nachzudenken, rannte ich hindurch. Meine kleinen Absätze schepperten hallend zu mir zurück und ich wusste, dass dieses Geräusch nicht ungehört bleiben würde.

Vor mir tauchte das Zeichen für Damentoilette auf und ich lief hinein, während hinter mir die Tür zu dem Saal aufflog. Für wenige Sekunden drang Musik an mein Ohr, bis die Tür wieder plauzend ins Schloss fiel. Ich konnte meinen Verfolger spüren, hörte das knirschende Geräusch von Sand unter seinen Schuhsohlen, welches die Luft zu verpesten schien.

Drei Holztüren hatte ich zur Auswahl, geradeaus, rechts oder links. Doch es war mir egal. Ich lief einfach drauf los, geradewegs in eine der Türen und schloss sie hinter mir ab.

Mein Atem ging schnell, während ich mit dem Rücken gegen das Holz sank. Schweiß lief mir spürbar über die Stirn und immer stärker kroch die Panik in mir hoch. Wie Nadelstiche schossen mir Jasons Worte durch den Kopf. „Ich weiß, was dein kleiner Freund ist."

Wie konnte das möglich sein? Was war nur passiert? Warum sollte ich diesen Abend nicht einfach nur genießen können? Und woher zum Teufel wusste er, dass ich hier sein würde? Doch vielleicht wusste er es nicht. Es konnte genauso gut möglich sein, dass er durch einen Zufall hier war und dass er mich entdeckt hatte, lange bevor ich ihn sah. *Wie auch immer.* Nun ist er da und ich stecke fest. Eingeschlossen auf der Toilette einer ewig lauten Party, bei der niemand meine Schreie hören würde, sollte es so weit kommen.

Plötzlich spürte ich einen harten Schlag durch die Tür im Rücken. Ich fuhr zusammen. Mein Herz hämmerte so heftig, dass ich dachte, es wollte mir aus der Brust springen. Mit aller Kraft versuchte ich meinen Atem so tief wie möglich zu halten. Ich wollte nicht, dass Jason durch das Holz hindurch hört, dass ich Angst habe.

„Lina", rief er und wartete ab. „Ich weiß, dass du da drin bist."

Sein hämisches Lachen hallte zwischen den Wänden wider.

„Verschwinde!", schrie ich, wusste jedoch gleichzeitig, dass er es sicher nicht tun würde und das es nur Wunschdenken meinerseits war.

Wieder schlug er gegen die Tür, so heftig, dass sie fast aus den Angeln brach. Ich trat ein Stück weg, aus Angst, Jason könnte mir die Tür in den Rücken rammen und stieß dabei mit den Knien fast gegen die Toilette. Vorsichtig setzte ich mich auf den geschlossenen Deckel und zog die Beine dicht an meine Brust. Ich war mir dessen bewusst, dass ich so schnell nicht aus dieser Enge kommen würde.

Die Stille erstickte allmählich den Raum und ich überlegte, einfach nach draußen zu spazieren, um mich weiter auf der Party zu amüsieren. Doch Jason würde auf mich warten. Wahrscheinlich saß er immer noch vor der Tür, nur ein paar Zentimeter von mir weg. Ich traute mich nicht einmal einen Fuß auf den Boden zu setzen, obwohl mir schon der Hintern wehtat.

„Wie lange willst du jetzt da drin bleiben?", dröhnte Jasons Stimme plötzlich durch den Raum.

„So lange, bis du weg bist", rief ich bissig zurück.

„Das wird aber eine ganze Weile dauern."

„Ich bleib auch bis morgen früh hier drin, wenn es sein muss."

Erneut schlug er gegen die Tür und meine Glieder fuhren zusammen.

„Hör verdammt noch mal auf damit!", schrie ich nun wutentbrannt. „Was soll das? Was willst du? Meinst du nicht, du hast mir schon genug wehgetan?"

Ich sprang vom Deckel hoch und schlug die Fäuste gegen die Tür. Dann lauschte ich. Doch kein Mucks folgte darauf. Es dauerte, bis er mir antwortete.

„Ich wollte dir nicht wehtun", meinte Jason leise, und es klang fast wehmütig, bis er weiter sprach.

„Du bist nur Mittel zum Zweck."

Ich dachte ich hätte mich verhört, was er da eben gesagt hatte. Doch je länger ich wartete und je länger nichts von ihm kam, umso klarer und bewusster wurde mir sein Auswurf.

„Was meinst du damit?", fragte ich mit erstickter Stimme. Den Tränen näher, als je zuvor an diesem Abend.

Wenn die Wahrheit ans Licht kommt ...

„Lass mich dir eine Geschichte erzählen", meinte Jason und seine leise Stimme brauste auf. Wurde lauter, energischer, während ihm ein Lachen entfuhr.

„Sie handelt von einer jungen Frau oder besser von einem naiven Mädchen."

Jason verstummte kurz, ließ die Worte sacken und signalisierte somit, dass das Mädchen, um welches es sich gleich drehen würde, ich war.

„Ich entdeckte sie, an einem trüben, kalten Wintertag durch das Schaufenster eines Salons. Ihre Haut war so weiß, dass sie zwischen den Menschen um sich herum, fast unnatürlich zu sein schien."

Wieder ließ er die Worte im Raum hängen und wartete. Doch ich konnte nichts sagen, nicht reagieren. Ich konnte mich nur noch daran erinnern, wie beobachtet und unwohl ich mich gefühlt hatte. Nun wusste ich warum, weil es diesen Beobachter wirklich gab. Ich hatte ihn nicht bewusst wahrgenommen, eher nur gespürt.

„Ja meine liebe Lina, genau um dich geht es in dieser Geschichte", meinte er, lachte und sprach weiter.

„Ich hatte dich also gesehen. Dich mit deiner Unschuldsmiene, deinen leuchtenden und dennoch traurigen Augen, deinem zarten Körper. Du schienst so liebenswert und nett, warmherzig. Doch dein Bild sprach eine völlig andere Sprache. Ich war mir allein deines Aussehens wegen, so sicher, dass du eine von *diesen Bestien* bist."

Für einen Moment schaltete mein Kopf ab. Ich hörte seine Worte, die laut durch den Raum, an mein Ohr hallten. Und dennoch konnte ich ihren Sinn nicht verstehen. Es war, als käme Jason aus einem anderen Land und spricht eine Sprache, von der ich nicht einmal wusste, dass es sie gibt. Ich fand den Zusammenhang nicht, begriff nicht, was er mir begreiflich machen wollte. Also zwang ich mich, ihm weiter zuzuhören, in der Hoffnung, das Wirrwarr in meinem Kopf danach ordnen zu können.

Einige seiner Worte verschwammen undeutlich in meinen Gedanken. Nur einen Bruchteil davon behielt ich im Ohr.

Er meinte etwas von beobachten. Dass er auf der Lauer lag, wenn ich mein Haus betrat und auch wenn ich es verließ und dann hörte ich ihm wieder zu, richtig zu. Ich schenkte ihm meine volle Aufmerksamkeit, obwohl mir das alles völlig irre vorkam.

„Eines morgens beschloss ich dann, für mich genug Fakten gesammelt zu haben, um dem Ganzen ein Ende zu setzen. Es war zwar an keinem der Tage, an denen ich dich beobachtete sonnig und beim *Blut* trinken hatte ich dich auch nicht erwischt. Dennoch war ich felsenfest davon überzeugt, dass du ein *Vampir* bist."

Bitter kroch mir ein widerlicher Geschmack im Hals hoch. Ich musste schlucken.

„Du warst mir für eine *Vampirin* zwar etwas zu suspekt, aber trotzdem wusste ich, dass es besser und sicherer für uns Menschen sein würde, dich zu töten. Ich wusste nur nicht, wie ich es anstellen sollte. Also schien mir die Möglichkeit dich eines morgens am Waldrand, auf dem Weg zur Arbeit abzufangen, gerade recht. Nur kam mir davor noch ein Wochenende in die Quere. Eine quälend lange Zeit einerseits. Andererseits genug, um mir zu überlegen wie ich dich lahmlegen und wo danach verbrennen könnte.

Doch dann, es war der Sonntag glaube ich, kamst du aus dem Haus. Du hast dich auf die Schaukel gesetzt und in den Wald gestarrt. Das war eine Geste die meine Vermutung, du seiest eine *Vampirin* plötzlich ins Wanken brachte. Daraufhin hatte ich überlegt, dich noch eine Weile leben zu lassen und dich weiter zu beobachten. Nur für diesen Tag hatte es mir gereicht. Ich kehrte dir den Rücken zu und wollte gerade gehen, als ich hörte, wie du von der Schaukel gehopst bist. Das schien mir unlogisch, weil du dich ja eben erst darauf gesetzt hattest. In dem Moment dachte ich, du hast mich vielleicht überführt, meine Gedanken gelesen.

Bevor ich mich umdrehte, malte ich mir schon aus, dass du Zähne fletschend hinter mir stehst und es nicht eine Sekunde dauern würde, bis du mich ausgesaugt hättest. Doch du warst nicht da. Ich suchte dich und fand dich letztendlich an einer Eiche stehend, den Blick suchend in den Wald gerichtet.

Dann ging alles ganz schnell. Er raste auf dich zu. Du hattest ihn gesehen. Dein Todesurteil, dessen war ich mir sicher, dafür hätte ich die Hand ins Feuer gelegt. Aber das Gegenteil war der Fall. Er starrte dich an und du ihn. Total unreal."

Jason sprach davon, als wäre es eine Nichtigkeit. Der geplante Mord an mir, *Vampirin*. Alles kam mir plötzlich so idiotisch vor. Bis er die Erinnerungen, an meine erste Begegnung mit Corvin wieder wach rüttelte. *Wie wunderschön und interessant seine Augen auf mich wirkten. Wie sanft sein Duft mich einhüllte.*

„Da hatte ich nun meinen *Vampir*, diesen Bastard. Wenigstens einer von dieser Sippschaft würde mir gehören. Und obwohl ich anfangs Zweifel hatte, so einfach an ihn heranzukommen, zerschlugen sich diese schnell, denn er war so mit dir beschäftigt, so fixiert, dass er mich in seiner Nähe nicht einmal wahrnahm.

Es war ein Leichtes ihm aufzulauern; denn wenn ich ihn suchte, brauchte ich nur in deiner Umgebung zu suchen.

Du kannst dir nicht vorstellen, welche Genugtuung es war, ihm den *Pflog* in die Brust zu rammen."

Ich weiß nicht, ob es nur die Worte waren, welche mich so hart trafen oder ob es die Erinnerungen waren, die mich plötzlich schluchzen ließen. Ich spürte, wie mir heiß die Tränen über die Wangen liefen, während die Bilder aus dem Wald, wie ein Film vor meinem verschwommenen Blick abliefen.

„Ich war mir sicher, dass er bei aufgehender Sonne verbrennen würde, aber du kamst mir in die Quere", schrie Jason und schlug erneut heftig gegen die Holztür.

Es war nur noch eine Frage der Zeit, bis sie nachgeben und vor mir zerbersten würde. Doch so weit wollte ich es nicht kommen lassen. Ich konnte nicht. Inzwischen hatte sich so viel Wut in meiner Brust breitgemacht, dass ich selbst wie verrückt geworden gegen die Tür hämmerte.

„Hör auf! Hör verdammt noch mal auf damit!", schrie ich und war drauf und dran hinauszustürmen. Doch viel zu ruhig, viel zu ausgeglichen drang Jasons Stimme zu mir.

„Wieso? Ich bin doch noch gar nicht fertig", sagte er in einer Tonlage, welche dem Singen fast gleich kam.

Sogleich wusste ich, dass ich es nicht einfach nur mit einem normalen Menschen zu tun hatte, sondern mit einem Psychopaten, dem alles zuzutrauen wäre.

„Lina es gibt nur einen Grund, weshalb jemand einen *Vampirangriff* übersteht, und den nennt man Glück. In dienem Fall würde ich sogar sagen, du bist dem Tod direkt von der Schippe gesprungen.

Glaub mir, er wird dich töten! Wenn nicht heut, dann morgen."

„Corvin würde mir nie wehtun", schrie und rechtfertigte ich mich und schützte Corvin; denn nichts mehr hatte ich mir in diesem Moment gewünscht, als dass er diesen Wahnsinn beenden würde.

„Oh, einen Namen hat *diese Bestie* also auch? Naja wie auch immer. Jedenfalls hast du einfältiges, dummes, naives Mädchen, meine Pläne durchkreuzt und dafür solltest du büßen. Wenn auch nicht direkt, aber dann wenigstens als Köder für ihn, in einem Schauspiel, bei welchem ich der Regisseur sein wollte."

Jasons Lachen wurde so laut, dass es wieder und wieder an den Fließen umher hallte. So laut, dass ich mir mit den Händen die Ohren verschloss. Ich wollte nicht wissen wie es weiter ging, nur weinen und hoffen, dass mich bald jemand erlösen kommen würde.

Doch es kam niemand. Ich beruhigte mich.

„Um es kurz zu machen, den Unfall habe ich nicht raufbeschworen. Aber hätte ich geahnt, was das bei deinem *Vampirfreund* auslöst, hätte ich das sicher auch organisieren können.

Ich hatte gar nicht gleich mitbekommen was passiert war. Mich hat es nur gewundert, dass deine Eltern plötzlich wie Falschgeld rumliefen und deine Mam ständig flennte. Dann habe ich Corvin", er sprach den Namen aus, als hätte er etwas übel schmeckendes im Mund, „gesehen und bin ihm gefolgt. Er war plötzlich derart verletzlich, dass ich ihn zu jeder Zeit und Stunde hätte um die Ecke bringen können und du hättest es nicht einmal gemerkt. Aber das wäre zu einfach gewesen."

Wieder schossen mir die Tränen aus den Augen. Allein der Gedanke, dass Corvin vielleicht durch mich fast ins Messer gelaufen wäre, zerriss mir das Herz. Ich hätte es nicht mitbekommen. Sicher hätte ich es nicht mitbekommen, aber wenn doch, hätte ich es mir nie verzeihen können.

„Und dann erfuhr ich von einem meiner Leute, dass du zum Zelten mitfährst."

Ich wurde hellhörig.

„Was heißt, einer meiner Leute?", wollte ich wissen und ahnte keine aussagekräftige Antwort zu erhalten.

„Streng mal deine grauen Zellen an. Das ist nun wirklich nicht so schwer. Ich habe ihm viel Geld für die Info geboten und noch mehr, wenn du hier erscheinst. Davon abgesehen, dass einige Hintergrundinformationen auch ein paar Scheinchen gekostet haben."

Plötzlich war ich verwirrt. Alle möglichen Gesichter schossen mir durch den Kopf. Doch eines nach dem anderen schloss ich mit Sicherheit aus.

„Jedenfalls warst du auf dem Zeltplatz und ich auch. Du kanntest mich nicht, ich dich dagegen schon. Doch nachdem ich trotz Höflichkeit und Anbandlungsversuchen, kein einziges Wort über deinen kleinen Freund raus fand, musste ich andere Geschütze auffahren. Eigentlich hatte ich nicht vor, dich dermaßen zuzurichten, aber der Alkohol hat mich mutig gemacht. Und da sich Corvin", wieder betonte er seinen Namen unhöflich angewidert, „ja ziemlich hat bitten lassen, um aus der Reserve zu kommen, dachte ich mir, wir drehen noch ein bisschen auf und geben ihm einen Grund, endlich einzugreifen. Und siehe da. Er kam."

„Und ihr habt versagt", grummelte es aus mir raus.

Es wurde immer schwerer mich zu kontrollieren; denn eine Wut, so heftig wie ich sie nur am letzten Tag auf dem Zeltplatz verspürte, stieg in mir auf. Ein Grollen, ein Schnauben, ein Knurren. Ich konnte kaum so schnell realisieren was passierte. Während ich den Schlosshebel drehte, die Tür aufriss und Jason mir gegenüberstand.

„Du bist krank", fauchte ich ihn an, zu wütend, um auch nur noch eine Träne zu weinen.

Ich ging zum Spiegel. Völlig verlaufen verteilte sich der schwarze Kajal um meine Augen und auf meinen Wangen.

„Er liebt dich nicht. *Vampire* können nicht lieben. *Sie* sind geschaffen Menschen zu betören, um deren *Blut* zu trinken, um den Tod zu bringen", sagte Jason plötzlich, während er mir im Rücken stand und zusah, wie ich mir die Schminke aus dem Gesicht rieb.

Er hätte mir genauso gut ein Messer zwischen die Rippen treiben können; denn den gleichen Effekt hatten seine Worte auf mich.

Ich drehte mich zu ihm um, den Blick in seine Augen geheftet.

„Lass mich in Ruhe! Lass mich einfach nur in Ruhe!", schrie ich ihn jetzt an.

Seine Hände griffen nach meinen Schultern. Sie hinderten mich daran zu gehen.

„Früher oder später tötet er dich sowieso. Glaub mir! Vertrau mir! Ich könnte dir ein besserer Mann sein, als er es je sein würde."

„Du willst mir was von Vertrauen erzählen? Dann hör mir mal gut zu! Halte dich aus meinem Leben raus! Spiel deine Spielchen weiter mit wem auch immer du willst, aber nicht mit mir! Ist das soweit angekommen?"

Ich sah ihn wütend an. Keine Reaktion folgte. Nicht einmal als ich ihn vor mir wegschob. Er blickte mich nur an, erst verwirrt, dann mit einem Grinsen im Gesicht, was das Fass zum Überlaufen brachte. Ich holte aus und schlug ihm mit der flachen Hand ins Gesicht.

„Fahr zur Hölle, du Monster!", fauchte ich ihn an und ging.

Ich wollte nur raus, weg von Jason und weg von dieser verdammten Party.

... fällt alles wie ein Kartenhaus

zusammen

Völlig kopflos irrte ich durch den Flur, dicht gefolgt von Jason. Ich konnte ihn hören, spürte seine Anwesenheit mit jeder Faser meines Körpers. Und obwohl ich vielleicht hätte Angst haben müssen, hatte ich keine. Im Gegenteil, mein Kopf war so voll und so völlig leer zugleich und schwirrte wie verrückt, dass es mich fast zur Weißglut trieb. Was er mir eben erzählt hatte, raubte mir den Nerv.

Allmählich verstand ich, dass mein Leben seit einem halben Jahr an Fäden hing, welche durch ihn gesteuert wurden. Ich hätte mir bis jetzt nicht träumen lassen, dass so etwas möglich sein konnte. Doch offensichtlich, ist es einfacher als ich dachte, ein Leben zu kontrollieren oder in meinem Fall, fast zu zerstören.

Ich wollte stehen bleiben, mich an die Wand lehnen und einfach nur mal durchatmen, doch mit Jason im Rücken, empfand ich diesen Gedanken plötzlich beklemmend. Ich wusste nicht was geschehen würde, wenn ich es doch täte. Wie würde Jason reagieren? Vielleicht ging er einfach an mir vorbei. Vielleicht blieb er aber auch stehen, um mich weiter vollzuquatschen, oder um mich sogar anzugreifen.

Ich wankte weiter, bis in den Saal und sah mich um. Die Stimmung war ausgelassen und die Tanzfläche voll, während sanft flackernd das gelborangefarbene Licht durch den Raum schoss.

Mit einem Stoß gegen meine Schulter, welcher mich fast zu Fall brachte, stahl Jason sich an mir vorbei. Er drehte sich noch einmal um, kam ein Stück auf mich zu und meinte.

„Früher oder später kriege ich ihn. Und wenn es sein muss, dich gleich mit."

Fletschend lagen seine Lippen weit über seinen Zähnen. Der Blick so eiskalt und hasserfüllt, dass mir das *Blut* in den Adern gefror.

Jason wandte sich ab und ging.

Ich sah ihm nach, vergewisserte mich, dass er wirklich durch die Tür nach draußen verschwand und starrte noch eine ganze Weile in diese Richtung.

Allmählich ließ das Zittern nach. Ich konnte meine Glieder wieder kontrollieren, wenn auch nur schwach und müde. Ich ging wenige Schritte, den Blick in die Massen gerichtet, in der Hoffnung, jemanden zu entdecken, der bereit wäre, mich nach Hause zu fahren. Doch niemand von all den Leuten, sah danach aus, heimwärts aufzubrechen.

Verzweifelt und den Tränen wieder ganz nah, stand ich da und starrte vor mich hin. Nur noch mit mäßiger Aufmerksamkeit beobachtete ich das bunte Treiben, bis ich es sah, dass strahlend blaue Augenpaar, welches mich besorgt musterte. Sofort erstarrten meine Glieder wieder.

Was war geschehen? Ich war mir so sicher seine Augen, ihn gesehen zu haben. Wie wild schlug ich den Kopf hin und her, suchte nach seinen Haaren, der Kleidung, seinem Gesicht, im Gewühl der Menge und erhaschte einen kurzen Blick, als er zur Tür hinaus verschwand.

Völlig kopflos irrte ich durch die Menge, schob die tanzenden Leute unsanft beiseite, während in meinem Kopf nur eine Frage hämmerte. Warum lief er vor mir weg?

Ich erreichte die Tür zum Hof. Feuchte Hitze schlug mir ins Gesicht, nahm mir fast die Luft zum Atmen, während ich wie besessen die Stufen aus dem Lichtkegel raus, zum Hof runterlief. Mein Schritt verlangsamte sich. Denn je weiter ich ging, umso mehr umschloss mich die Dunkelheit der Nacht.

Mein Mut und die Hoffnung ihn zu sehen, schwanden von Minute zu Minute, in welchen ich reglos da stand. Wie dichter Nebel schien sich die Nacht nun um mich zu legen, mich einzuhüllen. Jeder Funke Hoffnung erstarb in mir und machte nackter Verzweiflung Platz. Tränen schossen mir ungehalten aus den Augen und legten heiße Spuren über meine Wangen. Ich spürte es kaum, dass aus meinen Beinen jede Kraft verschwand. Erst als ich zusammensackte und sich kleine Steine in meine Knie bohrten, hatte ich es bemerkt, doch es tat nicht weh, nicht so sehr wie der Schmerz, welchen ich wegen ihm empfand.

Plötzlich, einige Meter von mir entfernt, hörte ich ein lautes Knacken. So, als ob jemand auf einen trockenen Zweig getreten wäre und mein Kopf fuhr hoch. Ich schaute mich um, versuchte den genauen Ort festzumachen, aus welchem das Geräusch an mein Ohr drang. Und dann sah ich ihn, die blauen Augen, die leuchtend die Dunkelheit der Nacht zerschnitten.

Ohne zu zögern sprang ich auf, ging langsam einen Schritt und dann einen zweiten, bis ich erkennen konnte, dass auch Corvin sich auf mich zu bewegte. Ich rannte los, wollte ihn einfach nur noch in meine Arme schließen und endlich von hier weg, heimgehen.

Doch Corvins Blick veränderte sich. Seine Züge wurden hart und tieftraurig zugleich, als er meinte.

„Lina, du solltest nicht hier sein! Es ist zu gefährlich für dich."

„Was meinst du? Wovon redest du?"

Meine Freude machte nun nackter Trauer Platz. Ich wurde langsamer, sah ihn verzweifelt an und wollte ihn dennoch mit jeder Faser meines Körpers spüren.

Nur noch drei Meter trennten uns noch voneinander und mit jedem Zentimeter, so hatte es den Anschein, verhärtete sich seine Miene zusehends. Ich wollte ihn doch nur spüren, meinen Kopf an seine Brust schmiegen, als plötzlich eine Stimme erklang.

„Stop – beide – sofort!"

Ich erkannte die Stimme, welche mir im selben Moment eine Gänsehaut über den Körper trieb. *Jason*, rannte es mir durch den Kopf.

„Nur einen Schritt, eine winzige Bewegung und sie ist auf der Stelle tot", schrie er hasserfüllt und Corvin, wie auch ich blieben wie versteinert stehen.

So nah war ich Corvin nun gekommen und konnte ihn dennoch nicht berühren. Mein Blick fixierte sein Gesicht, welches nun entschuldigend zu mir sah.

Ich wollte nicht von ihm weg sehen. Meine Angst, er würde wieder verschwinden, stach wie ein Dolch in mein Herz. Doch ich musste wegsehen, musste schauen, was hier geschah und, obwohl meine Angst mich zu ersticken drohte, wandte ich den Blick.

Im schwachen Licht der Lampe vom Hof, erkannte ich Jasons Umrisse. Er trat einige Schritte auf uns zu. Je näher er kam, umso deutlicher wurde es meinen Augen, dass ich genau in den Lauf einer Pistole schaute. Mein Herz begann wie wild zu rasen. *Was soll das hier alles?* Meine Gedanken fuhren Achterbahn.

Wie in Trance, bewegte ich den Kopf zwischen den beiden Männern hin und her. Eine ganze Zeit lang, dass es mir vorkam wie eine Ewigkeit. Schließlich verharrten meine Augen fragend bei Corvin, doch er sah mich nur an, die Miene unverändert, wie bei einer Statue.

Wut kroch in mir hoch. Der Gedanke, dass beide Männer wussten worum es hier ging, entflammte in mir einen tiefen Zorn. Ich war die, die in der Schusslinie stand und dennoch hielt es keiner für nötig, mich aufzuklären.

Wütend schrie ich Corvin lauthals an, „was ist hier los, was will er von dir?", als gäbe ich ihm gleichzeitig die Schuld, für diese Situation. Aber er reagierte nicht, starrte mich nur an und mein Zorn wurde so groß, dass ich zu ihm gehen und ihn schütteln wollte.

Meine Füße bewegten sich ohne mein Zutun, bis ein leises, dumpfes Geräusch, die nächtliche Stille durchschnitt. „Halt!", schrie er, während der Lauf wieder zu meinem Kopf zurück wanderte. „Beim nächsten Schritt, treffe ich dich."

Und ich begriff. Er hatte geschossen. Nur um eine Haaresbreite hatte er an mir vorbeigezielt und abgedrückt. Fassungslos starrte ich ihn an, während seine Drohung in meinen Ohren widerhallte, weiter in meinen Kopf. Und plötzlich verstand ich die Welt nicht mehr. Warum nutzte Corvin seine Fähigkeiten nicht, dieses Szenario zu beenden? Fragend sah ich ihn an.

Und nach endlosen Sekunden, öffnete er endlich den Mund.

„Er ist ein Jäger", sagte er nur, völlig belanglos, als hätte diese Information jetzt kein Gewicht mehr. Als wäre die Zeit, uns aus dieser Zwickmühle zu schaffen vorbei. Es schien, als hätte Corvin resigniert, bevor es überhaupt richtig begann. Ich öffnete den Mund, wollte etwas sagen. Doch bevor ich überhaupt einen Mucks herausbringen konnte, schnitt er mir das Wort ab.

„Lina, es tut mir so leid, ich hätte es viel früher sehen müssen. Aber ich war so sehr damit beschäftigt dir hinterher zu steigen, dass ich darüber hinaus, die schon ewig lauernde Gefahr nicht erkannte. Es tut mir so leid", entschuldigte er sich wieder und wieder und es zerriss mir fast das Herz, ihn so hilflos zu sehen.

Ich wollte zu ihm hin laufen, ihn in die Arme nehmen und ihm sagen, dass es nicht seine Schuld war. Doch der Lauf, welcher immer noch auf mich gerichtet war, hielt mich davon ab.

„Was meinst du mit Jäger?", stieß ich letztlich hinaus, als wäre es ein verzweifelter Hilfeschrei.

Ich verstand einfach nicht, was das alles zu bedeuten hatte.

„*Vampirjäger*", meinte Corvin nur und wandte den Blick von mir ab.

Mein Kopf begann zu arbeiten, spielte im Schnelldurchlauf jede mir Aufschluss gebende Szene des vergangenen halben Jahres vor und allmählich fügten sich die Puzzleteile zusammen. Ich sah immer deutlicher, dass mein Leben in den letzten sechs Monaten, weder von mir, noch wirklich von Corvin beeinflusst gewesen ist; denn nur Jason allein war es, der all die grausamen Sachen geschehen ließ. Der mich so viele Schmerzen ertragen lassen hatte, der mich an den Punkt brachte, fast mit dem Kämpfen aufzuhören. Er hatte mich benutzt, als Köder, um an Corvin ranzukommen. Er würde ihn töten, egal was jetzt auch geschieht, dessen war ich mir bewusst.

In dieser Nacht würde es Opfer geben.

Nackte Wut stieg in mir auf und das einzige was ich wollte, war es Jason ins Gesicht zu schreien, die Faust zu ballen und einfach zuzuschlagen. Jede Faser meines Körpers schien plötzlich wie elektrisiert. Mein Verstand setzte aus und nur der verzweifelte Schrei von Corvin war es, der mich schaffte wachzurütteln. Doch im selben Moment ertönte schon der dumpfe Knall und mit ihm, der Hieb gegen meine Schulter. Ich wankte, stürzte rückwärts auf den Hintern.

Verwirrt schossen meine Blicke hin und her. Jason lachte. Corvins Miene war schmerzverzerrt, die Augen weit aufgerissen, strahlend blau und auf mich gerichtet. Plötzlich wich der schockierte Blick und anstelle dessen, trat Hass. Eine so tiefe Wut, dass ich sie nicht nur sehen, sondern auch spüren konnte. Corvins Hände ballten sich. Weiß spannte sich die Haut über dessen Gelenke. Wie ein Tier, dass zum Angriff bereit war, kauerte er sich hin, die Hände jetzt zu Klauen geformt, zum Absprung bereit. Während sich die Oberlippe hob und strahlend weiße, lange Eckzähne entblößte.

Ich erschrak vor seinem Anblick, welcher jetzt mehr einem Tier, als einem Menschen ähnelte; denn noch nie hatte er seine gut gepflegte Fassade so unachtsam bröckeln lassen. Mir wurde erst jetzt bewusst, wie sehr er in meiner Gegenwart, gegen seine Natur gekämpft haben musste.

„Das würde ich an deiner Stelle lassen! Ich habe noch einige Kugeln im Lauf und wenn du nicht willst, dass ich ihr ihren kleinen, süßen Kopf wegpuste, solltest du es lieber nicht wagen, auch nur einen Schritt auf mich zuzutreten."

Nur langsam und völlig widerwillig gab Corvin seine Angriffshaltung auf, während Jasons ein schallendes Lachen
lachte.

„So ist gut. Du willst doch nicht, dass ich sie noch mehr
verletzte?"

Fragend heftete Jasons Blick an Corvin, während er jetzt
nur mich in den Augen hatte. Er sah mich so eindringlich
an, dass mir Jasons Worte nur aus weiter Entfernung, getragen durch den sanften Wind, ins Ohr hallten.

Was meinte er nur, mit nicht noch mehr verletzen? Ich
fühlte mich doch gut.

Langsam versuchte ich mich aufzurappeln, mich meinem
Gegner wieder würdig gegenüberzutreten. Da kam der
Schmerz. Stechend wie ein Pfeil bohrte er sich in meine
Schulter und scheinbar durch sie hindurch. *Blut, Blut,*
überall war plötzlich *Blut* und tränkte mein Kleid und
meinen nackten Arm. Ich hatte es nicht gespürt. Weder
das Eindringen der Kugel, noch das Laufen des warmen
Blutes über meine Haut.

Wie gebannt starrte ich darauf. Mein Körper schien gelähmt.

Erst als mir der rostig, salzige Geruch in die Nase stieg,
erwachte ich aus meiner Trance. Übelkeit bahnte sich
den Weg vom Magen bis in die Speiseröhre und ich
schluckte sie runter. Auf keinen Fall sollte Jason sehen,
welche Schmerzen und die damit verbundenen Erinnerungen, er in mir aufwühlte. Ich rappelte mich auf,
während sein Blick fast bewundernswert, schockiert und
amüsiert an mir klebte. Ohne auch nur eine Miene zu
verziehen, sah ich ihn an.

Jason konnte nicht in mich hineinsehen und somit nicht
sehen, welche Schmerzen mich wirklich quälten. Doch
Corvin konnte dies. Er sah mich an, entschuldigend und

sich selbst hassend gleichermaßen. Ich wollte ihm so gern sagen, dass es nicht seine Schuld war, ihm die Last des Vorwurfs nehmen. Aber ich konnte nicht zu ihm und wusste nicht, ob er in meinen Gedanken las; denn selbst wenn es so war, konnte ich nicht zulassen, dass Jason davon Wind bekam.

Keine Schmerzen mehr.

Ich betrachtete Corvin einen Moment. Die tief violetten Schatten unter seinen Augen schienen immer dunkler zu werden. Meine Sorge um ihn wuchs; denn dadurch bestätigte sich mir meine Vermutung, dass er seit Tagen, wenn nicht schon seit Wochen kein *Blut* mehr zu sich genommen hatte. Er war schwach und das wusste er auch. Dessen war ich mir jetzt sicher, sonst hätte er nicht längst aufgeben und vielleicht gekämpft. Gekämpft um seines Willens und für mich.

Doch ich konnte die Angst in ihm spüren. Den Kampf, welchen er mit sich austrug, so heftig, als täte ich es selbst. Und plötzlich begriff ich. Von seiner Kraft schien nur noch ein Bruchteil erhalten zu sein. Er kämpfte mit sich, ob er den Angriff wagen sollte oder nicht. Im stetigen Wechsel traten Wut und Entschlossenheit in sein Gesicht und gleich darauf wieder Resignation. Ich konnte spüren, wie er die Wahrscheinlichkeit überschlug, ob er mich lebendig oder tot aus dieser Situation befreien konnte.

Die Sekunden verstrichen und Jason beäugte Corvin gleichermaßen aufmerksam, wie ich es tat. Und als Corvin, für das menschliche Auge kaum sichtbar, sich für den Kampf zu entscheiden schien, erklang Jasons Stimme.

„Lina, geh!", sagte er und wandte den Blick zu mir.

Ich verstand nicht, schüttelte den Kopf.

„Verschwinde, oder ich sehe mich doch gezwungen, dich zu töten!", herrschte Jason mich daraufhin an.

Vielleicht war es wirklich besser für mich zu gehen. Nur wohin sollte ich gehen? Zurück auf die Party, in meinem

Blut getränktem Kleid? *Ausgeschlossen.* Jede Faser in meinem Körper, wehrte sich gegen diesen Gedanken.

„Nein", schrie ich ihm lautstark entgegen und forderte so unser aller Schicksal heraus.

Jason entsicherte die Pistole in seiner Hand und legte den Finger auf den Abzug, während der Lauf meine Stirn im Visier hielt.

„Okay, du hast es ja nicht anders gewollte", sagte er ohne Skrupel, mit einer Eiseskälte in der Stimme.

Und plötzlich lief Corvin los, ganz langsam, genau auf ihn zu und im selben Moment drückte Jason ab. Dumpf kam der Knall. Doch ich konnte nicht fassen, in welche Richtung er ging. Ich sah an mir herab und es schien, als hätte Jason sein Ziel, mich zu treffen, verfehlt.

Mein Blick fiel auf die Waffe. Sie war nicht mehr auf mich gerichtet und ich erkannte den vorn rangeschraubten Schalldämpfer. Welcher der Grund war, weshalb die Nacht jeden Schuss so schnell verschluckt hatte. Ich folgte dem Lauf und erhaschte den Ort des Geschehens, genau in dem Moment, als Corvin neben mir auf die Knie sank. Erschrocken fuhr ich ganz zu ihm herum und musste mit ansehen, wie er vor meinen Augen in sich zusammensackte.

Genau wie bei mir, hatte Jason ohne mit der Wimper zu zucken, auf ihn geschossen.

„Du Bastard", schrie ich, während mir die Tränen aus den Augen schossen.

Ich griff nach meiner Schulter und als ich die Hand zurückzog, war sie über und über mit *Blut* beschmiert. Die tiefe Wut, welche ich eben noch empfand, entwickelte sich spürbar zu nacktem Zorn, so heftig, dass ich darüber hinaus die Schmerzen vergaß.

Meine Augen fixierten Jason, als könnte ich ihn allein dadurch in die Knie zwingen. Doch er stand nur da und grinste, während mein Körper vor Aufregung zu kribbeln begann.

Jeder Muskel schien sich jetzt in eine andere Richtung zu bewegen. Ich zuckte, während mein Blick zu Corvin schweifte, der sich immer noch den Bauch hielt und flehend zu mir sah. Ich wusste, er konnte meine Gedanken hören und was er hörte gefiel ihm nicht. Mit aller Kraft stemmte er sich hoch.

Ich sah erneut zu Jason. Nur der Hass war es, der alles aus mir heraussprudeln ließ.

„Vom ersten Tag an, hätte ich dich ignorieren sollen, wie es mir mein Bauchgefühl befohlen hat."

„Wieso? Aus uns könnte durchaus ein sehr ansehnliches Paar werden. Überleg es dir doch noch mal!", unterbrach Jason mich und brachte somit das Fass endgültig zum Überlaufen. Die Wut in mir, stand kurz vor dem Siedepunkt. Nur der erste Schritt auf Jason zu, verhinderte, dass ich wie eine Bombe explodierte.

„Lieber würde ich sterben, als dich …", begann ich ihn anzuschreien, kam jedoch nicht zum Schluss des Satzes. Fast pfeifend zerriss der Schuss die Nacht und den dünnen Stoff meines moosgrünen Seidenkleides, bevor mich ein Hieb in die Bauchmitte traf. Und mit ihm kam der Schmerz, so heftig, dass mir der Schrei im Hals stecken blieb. Stattdessen drang nur ein Stöhnen aus meiner Brust.

Ich stolperte zurück, während meine Hände um den Bauch griffen. Mein Blick ging entsetzt nach unten und als ich Tränen weggeblinzelt hatte, quoll schon das *Blut* zwischen den Finger empor.

Es schien wie in meinem Traum. Meine Hände, mein Bauch, alles war plötzlich voller *Blut*. Sofort flogen meine Augen zu Corvin, prüften seine Miene, aus Angst er würde sich wie in meinem Albtraum, hungrig auf mich stürzen. Doch nichts dergleichen konnte ich in seinem Gesicht lesen, nur Schmerzen, Trauer und die Vorwürfe, die er sich selbst machte. Vorwürfe, die er sich im Bezug auf mich machte.

Ich sah wieder zu Jason, dessen Blick immer noch an mir klebte und ging auf ihn zu, während er den Lauf weiterhin auf mich gerichtet hielt. Wieder entsicherte er die Waffe. Und wieder lag sein Finger am Abzug.

„Nein. Lass sie. Hör auf!", schrie Corvin und stürzte einige Schritte auf Jason zu. Doch ehe er ihn erreichte, löste sich ein zweiter Schuss.

Ich spürte, wie sich die Kugel einen Weg zwischen meine Rippen bahnte. Der Schmerz kam schnell und heftig, während ein plötzliches Rauschen in meinen Ohren, jegliche andere Geräusche auszublenden schien. Meine Beine wollten mich auf einmal nicht mehr tragen und ich musste kämpfen um nicht umzufallen, während mir Tränen die Sicht vernebelten.

Das knisternde Rauschen in meinen Ohren wurde schlimmer und ich begann zu schwanken. Nur eine schnelle Bewegung und ein krachendes Geräusch, wie brechende Knochen, nahm ich noch wahr, als ich erkannte, wie Jason plötzlich, leblos wie ein nasser Sack zu Boden ging.

Meine Augenlider begannen zu flattern, heftig und unkontrolliert, während die letzten Kräfte aus meinem Körper schwanden. Ich fiel, landete jedoch weich wie auf Watte.

Das konnte nur der Himmel sein, dachte ich, die Wolken, die mich nun so sanft trugen und doch, war da dicker Nebel, welcher mir die Sicht nahm. Dicht und dunkel, wie in einem schlammigen Sumpf, in welchem ich jetzt kurz unter der Oberfläche trieb und dennoch nicht schaffte, mich darüber hinaus zu befreien.

Doch plötzlich spürte ich wieder den Schmerz. So stechend, dass ich nicht glauben konnte, dass dies wirklich der Tod sein konnte. Er dürfte nicht so unbarmherzig und schmerzhaft sein. *Also lebe ich noch.*

Mit einem Ruck tauchte ich auf, aus den dunklen, schlammigen Tiefen des Sumpfes und schlug die Augenlider hoch.

„Lina?"

Ich hörte die Stimme, die sich nur ganz leise und undeutlich einen Weg in meinen Kopf bahnte. So aufgelöst und gleichzeitig ruhig, wie der Gesang eines Engels. *Aber ich bin nicht tot. Ich kann nicht tot sein!*, dessen war ich mir sicher.

Langsam drehte ich den Kopf in die Richtung, aus der die Engelsstimme zu mir kam und entdeckte ihn. Nur schwach konnte ich sein Gesicht erkennen. Wie ein Schleier hatten sich Tränen und Schmerz vor mein Blickfeld gelegt und verwischten jedes Bild vor meinen Augen, zu undeutlichen Linien.

„Corvin.", flüsterte ich.

„Ja ich bin da", erwiderte er und schluchzte, als würde er jeden Moment zu weinen beginnen. Doch ich wollte nicht dass er weint, wollte nicht, dass es ihm schlecht ging, wegen mir.

Ich suchte nach seiner Hand, konnte meine jedoch kaum heben, bis er danach griff. Er nahm sie, dass konnte ich ganz deutlich spüren und legte sanft seine Lippen darauf.

Kalt fühlte sich sein Kuss an, seine Haut so eisig, dass ich zu zittern begann. Genau in dem Moment, als sich die Kälte wie ein Lauffeuer in mir auszubreiten schien. Ich zitterte immer heftiger, immer unkontrollierter und stieß plötzlich ein Husten aus, welcher mir den Geschmack von *Blut* brachte. Ich spürte die warme Flüssigkeit in meinem Mund, erst wenig und dann immer mehr, bis es mir zu den Mundwinkeln hinauslief und von da an wusste ich, dass ich diese Nacht nicht überleben würde. Vielleicht schaffte ich es noch eine halbe Stunde. Vielleicht aber auch nur noch Minuten und der Gedanke daran trieb mir einen Schwall Tränen über das Gesicht.

Ich weinte so heftig, dass ich mich fast am *Blut* verschluckt hätte, wäre Corvins Arm nicht in meinen Nacken gerutscht. Er zog mich sanft an sich, hielt mich an seiner Brust und verbarg sein Gesicht in meinen Haaren.

„Du musst aufhören zu weinen Lina, damit nicht so viel *Blut* aus den Wunden tritt. Bitte Lina, hör mir zu!", flehte er. Doch das einzige was ich lauter wahrnahm, war das immer stärker werdende Rauschen in meinen Ohren.

„Lina. Bleib bei m…", hörte ich ihn noch sagen.

Dann hörte ich seine Stimme nur noch stockend und spürte, wie er mich schüttelte.

„Du schaffst d… Hilfe kommt … . Lina? …"

Dann riss mich der schlammig, glitschige Boden ins Wasser zurück, wieder hinunter unter die Oberfläche. Ein Sog hinein in den dicken Nebel, wo die Schmerzen verstummten.

Es kam mir vor wie eine Ewigkeit, dass ich im Nebel trieb. Die Luft wurde knapp und ich spürte zu ertrinken. Langsam füllten sich meine Lungen. Doch sie füllten sich nicht mit Wasser, sondern mit Ruhe, mit Zufriedenheit und Wärme, mit Geborgenheit, in welche ich mich nun fallen lassen konnte. Bis plötzlich eine Hand nach mir griff. Fest und unbarmherzig riss sie an mir, zog mich aus den wohligen Gefühlen, welche mich so zufrieden gestimmt hatten, zurück in den Schmerz.

„Lina. Lina sieh mich an!", schrie eine Stimme. „Sieh mich an! Du kannst jetzt nicht gehen. Bitte", flehte sie.

Doch ich konnte nichts sehen. Meine Augenlider waren zu schwer.

„Ich bin müde", brabbelte ich.

Ich konnte fühlen, dass es meine Lippen waren, die sich bewegten.

„Lass mich schlafen!"

„Nein Lina, sieh mich an!", schrie die Samtstimme und es war wie ein Befreiungsschlag. Meine Augen flogen auf.

„Oh Gott. Es tut mir so leid ...", begann die Stimme zu winseln, während die Erinnerung in mir zurückkehrte.

„Corvin", flüsterte ich und suchte seinen Blick.

„Du kannst mich nicht verlassen! Hörst du, Lina Mayer? Ich liebe dich doch."

Und wieder kam dieses wohlige Gefühl zurück. *Corvin liebt mich!* Er hatte es eben gesagt. *Ich wusste es von Anfang an.* Mein Herz machte einen Satz und der Schmerz trat erneut mit voller Wucht ein.

Ich versuchte ihn zu unterdrücken, für Corvin und für mich, dass ich ihn noch einmal ansehen konnte. Mit letzter Kraft drehte ich den Kopf, um in sein Gesicht zu schauen.

Einmal noch, wollte ich es sehen, so unendlich schön und zu perfekt, um wirklich wahr zu sein. Ich wollte ihn berühren. Die kühle Haut, die sich wie polierter Marmor, ganz glatt unter meinen Fingern anfühlen würde. Doch ich fand die Kraft nicht, welche meine Hand bewegen sollte.

Nur Wut und Trauer darüber, dass ich ihn nicht noch ein letztes Mal berühren konnte, breitete sich in mir aus. Aber für Corvin, für ihn dürfte ich nicht traurig sein. Ich musste jetzt stark sein, um es ihm nicht noch schwerer zu machen, als es so schon für ihn war.

Also drückte ich sanft seine Hand und als seine Augen auf mir ruhten, flüsterte ich

„Ich liebe dich auch" und schenkte ihm, wenn auch, ein sehr schwaches Lächeln.

Corvin füllte nur einen winzigen Bruchteil in Linas Leben aus, ein halbes Jahr und in diesem kaum einen ganzen, zusammenhängenden Tag und dennoch wurde ihr in diesen Sekunden bewusst, dass er alles für sie ist, dass er ihr alles bedeutet. Als Mensch und als *Vampir*, in Liebe und in Hass. Im Leben, und letzten Endes sogar im Tod. Lina wurde es warm ums Herz und dann ließ sie es zu.

Der Nebel umhüllte sie und mit ihm die Dunkelheit, die beängstigend schien und doch jeden Schmerz, jeden Albtraum und jede schlechte Erinnerung erlöschen ließ.

Ende